LAW & BUSINESS
法商圖書

并购

Merger and Acquisition

冷静交易之道

Approaches to Rational Deal

俞铁成　主编

法律出版社 | LAW PRESS
北京

图书在版编目(CIP)数据

并购：冷静交易之道／俞铁成主编. -- 北京：法律出版社，2023

ISBN 978-7-5197-7584-1

Ⅰ. ①并… Ⅱ. ①俞… Ⅲ. ①企业兼并－文集 Ⅳ. ①F271-53

中国国家版本馆CIP数据核字(2023)第027746号

并购:冷静交易之道
BINGGOU:LENGJING JIAOYI ZHI DAO

俞铁成 主编

责任编辑 赵明霞 魏艳丽
装帧设计 汪奇峰

出版发行 法律出版社
编辑统筹 法商出版分社
责任校对 李慧艳 王语童
责任印制 胡晓雅
经　　销 新华书店

开本 710毫米×1000毫米 1/16
印张 26.5 **字数** 446千
版本 2023年8月第1版
印次 2023年8月第1次印刷
印刷 三河市兴达印务有限公司

地址:北京市丰台区莲花池西里7号(100073)
网址:www.lawpress.com.cn
投稿邮箱:info@lawpress.com.cn
举报盗版邮箱:jbwq@lawpress.com.cn

销售电话:010-83938349
客服电话:010-83938350
咨询电话:010-63939796

书号:ISBN 978-7-5197-7584-1
定价:118.00元

凡购买本社图书,如有印装错误,我社负责退换。电话:010-83938349

代序

善护念

不久前和一位身价百亿的老板喝茶。在阿里、恒大、海航、苏宁等企业巨头纷纷出事后他感到很迷茫，就问我中国民营企业到底做到多大规模才是“天花板”？在中国企业到底该如何扩张成长才是正道？

相信这不只是一个大老板的困惑。我苦苦思考了很久，有天读《金刚经》时看到三个字“善护念”，顿时浑身一颤，或许这就是解决当今中国老板们扩张困惑问题的一把“钥匙”。（“如来善护念诸菩萨。善付嘱诸菩萨。”——《金刚经》）

一呼一吸为一念，一念之间有八万四千烦恼。“善护念”即好好地照顾自己的思想、心念以及意念。这三个字，包括了所有人生的修养和道德成就的方法，每个人，都要善护念，不忘初心，念念为善。人生的成功失败，往往就在一念之间。而老板的一念之差就可能让企业陷入万劫不复之地。

做企业非常不容易，企业越大操心的事越多，老板从早到晚都被无数事务性的工作包围，往往睡觉做梦都要思考公司的事情，可谓“杂念丛生”。

修行人最好的“善护念”方法是“应无所住而生其心”，追求无欲无求，清净心生。

而企业家在红尘杂事中不可能完全无欲无求，只能尽量保持一颗警觉的心，观察自己烦恼痛苦的念头产生的“根源”，念头通达时，烦恼即刻散去。

善护念，就是要护住企业经营的初心，公司做得再大都不要忘了当初为何要出发？公司的使命有没有发生偏离？

善护念，就是要护住造福苍生的善心，相信善有善报，恶有恶报，为了眼前的销售利润增长而从事的业务如果最终造成大面积的社会贫困、动荡不安，就宁愿不做。

善护念，就是要护住公司的核心主业和人才，把自己最擅长的事情做到极致，面对新的热点机会不盲从心动，通过股权分配让核心人才和公司形成利益共同体。

善护念，就是要护住一颗财富平常心，既不能挥金如土、铺张浪费，也不能为了“面子”或“热点”胡乱赌博式投资并购，损耗社会资源。

善护念，就是要护住一颗命运平常心，看淡财富排行榜排名，用心做事，接受一切结果，达则兼济天下，穷则独善其身。

企业并购是极其高风险的一门“技术活”，可惜中国企业家们在对待并购时往往简单粗暴，带来的结果就是大部分并购以损失惨重甚至引发企业破产而告终，因此企业并购时“善护念”就更加重要。

2021 年年初，我联合 30 多位中国优秀的上市公司董事长，发起成立了国内第一家聚焦资本市场和上市公司并购重组的专业智库——广慧并购研究院。

研究院成立后得到各方大力支持，国际顶级并购整合专家 Danny A. Davis 先生，中国著名金融投资并购等领域的专家陈琦伟先生、夏大慰先生、范永进先生、陈伟恕先生、周勤业先生、干春晖先生、黄峰先生、葛培建先生、史占中博士等十几位在学术和实务界享有盛誉的大咖纷纷加入研究院学术专家顾问团队。

研究院也聚集了一批毕业于英美顶级高校、在国内外著名专业机构从业过的年轻精英加盟担任核心研究员与特约研究员。

特别令人感动的是，2021 年 4 月我到中国证监会原主席周道炯先生的家里汇报广慧并购研究院的发展情况，90 岁高龄的周先生对研究院致力于总结中国上市公司并购重组经验教训、开展实战型并购案例研究的发展方向积极鼓励，并为研究院题名。

广慧并购研究院成立两年多以来，已经发表了数十篇并购方面的专业文章，在业内影响日渐增长。基于广慧并购研究院200多家上市公司合作伙伴而成立的“广慧投资联盟”也得到越来越多省市政府的重视，许多政府纷纷邀请广慧投资联盟前去考察交流投资并购合作机遇。

本书以“并购：冷静交易之道”为主题，精选了已经发表和尚未发表的一些文章，期望能帮助中国企业家们在并购时更加冷静、从容和专业。

相信不管你来自投资界、企业界、政界还是学界，都会从本书中获得有益的感悟与提升，对于企业并购会有更深的理解，从而提升并购研究和实务的水平。

愿我们不忘并购初心，冷静交易，携手共进。

俞铁成

2023年5月

目录

并购理念 第一部分 PART ONE

并购技能 第二部分 PART TWO

第一部分

并购理念

谁能为中国老板们的扩张欲望“踩刹车”？

俞铁成[*]

为什么中国的企业家们毕生都在拼命地扩张做大并且大都没有好的结果？本文分析了背后的深层原因，并提出另外一个更加重要的问题：谁来给这些老板们的并购投资欲望“泼冷水”或“踩刹车”？

2021年在中国经济发展史上会以一个重要现象而被记住，那就是以海航、恒大、苏宁、紫光为代表的一批曾经风光无限、资产千亿元甚至万亿元的企业巨头纷纷出事“坠落”。中国老板们出事的路径基本都离不开“盲目多元、短钱长投”这几个字。

为什么中国老板们会控制不住自己的扩张欲望，拼命要做大规模？

---

[*] 俞铁成，中国资深并购专家，现任广慧并购研究院院长、广慧投资董事长、上海金融文化促进中心副理事长、江西省属国有资本运营集团外部董事、全联并购公会学会与培训专家委员会委员。曾担任10家上市公司的独立董事、上海交通大学海外教育学院国际并购研究中心主任及多个地方政府的经济顾问。发表数十万字并购专业文章，出版《公司紧缩：资本运营新境界》《并购陷阱》等专著。

我主业是做股权投资与并购咨询，副业给上海交大、复旦、财大、中科大等高校总裁班或高级管理人员工商管理硕士（EMBA）等讲授企业投资并购方面的课程，每年平均有数千名企业家听我的课。因此我认识非常多的数千万元到数百亿元身价的老板。

在与各层级老板交流的过程中，我大致总结了中国老板们扩张欲望的一些“诱因”。

一、500 强“魔障”

几年前我曾为中国 GDP 排名前 5 名的某著名县级市的一批大企业老板们讲课，晚上一起聚会。因为地方小，老板们彼此都很熟悉，聊着聊着就谈起国家刚刚发布的中国民营企业 500 强榜单。这些企业中有五六家都进入了中国企业 500 强，于是大家都互相报了一下自己的最新排名。排名靠前及上涨的老板满脸红光、趾高气扬，排名靠后或大幅下滑的老板则神色黯淡、略带忧伤。还有一些未进入榜单的老板们则默默喝酒，看着榜单里的老板们的眼神中满是“羡慕嫉妒恨”，发誓要尽快做大规模，也能跻身 500 强……

进入 500 强有许多隐形福利，比如一个中国 500 强企业老板到一个地方，地级市的书记、市长都会热情接待，而一个世界 500 强的企业老板到一个地方，该省的书记或省长通常都会出面接待。各地政府招商引资也往往以引进多少 500 强企业作为考核指标，并给予 500 强企业许多特别优惠的土地税收政策优惠。

2020 年中国民营企业 500 强排行榜上，苏宁排名第二，恒大排名第六。

二、“规模越大越安全”

在中国做企业很没有安全感，特别是传统制造业。企业竞争力的关键就是规模效应，通过做大规模降低单位成本、提高竞争力。于是在这种想法主导下，中国许多老板不由自主地就陷入永无止境的产能扩张“军备竞赛”中。问题是所有的老板都这么想、都来扩产能，那么这个行业一定迅速从产能不足进入产能过剩，大家来打价格战，结果就是增产不增效益，背上一堆负债和固定资产及人工包袱，企业垮掉也就不奇怪了。

这两年光伏和锂电池板块热得发烫，中国前十大光伏及锂电集团目前都竭尽所能地通过私募、增发、贷款等筹集资金以扩大产能，地方政府也对这些企业青睐有加，给予从资金到政策的有力配套。2021 年以来，包括比亚迪、宁德时代、中航锂电、亿纬锂能、蜂巢能源在内的动力电池头部企业宣布未来 5 年新增产能累计超 2TWh，约为今年装车量的 20 倍。几年之后我们就会看到这轮产能"大跃进"的扩张潮的结果了。

三、潜意识里想当"企业皇帝"

中国几千年的封建体制加上这些年铺天盖地的宫廷戏上演，许多中国老板骨子里还是很羡慕古代皇帝的。我见过不少企业家，一心做大企业的潜意识就是打造一个庞大的"企业帝国"，这样他就能满足当一个"企业皇帝"的愿望，生活奢靡、前呼后拥、一言九鼎……

四、"过把瘾就死"

有这种想法的往往是贫寒起家的老板群体，他们从一无所有奋斗到百亿元身价，靠冒险博取了巨额财富，习惯了追逐各种可能的暴富机会。这些老板最喜欢跨界追逐热点去扩张并购，希望能踩对时代的步伐，跟上历史的潮流，压根不会考虑自己是否对新进入的行业有充分的产业研究和必备人才。他们最喜欢说的口头禅是"爱拼才会赢""人生就是体验""大不了失败了重新回到乡下种田"……

五、"浑水摸鱼"

这些年，我见过少数老板拼命做大规模后企业垮掉破产，但这些老板个人依旧积累了巨额的财富，过着腐烂奢侈的生活。他们的玩法就是找一些市场容量大的行业，尽可能以牺牲效益为代价把营业额做大，尽早进入省级 500 强然后再进入中国 500 强乃至世界 500 强（现在各种企业 500 强评选基本都是以销售额为第一评选标准），这样就可以获得地方政府支持以较低成本拿地，再向银行大量借款，在销售一路扩张的同时把资产和负债规模也同步做大。当企业资产做到一定规模时这些老板就会通过各种方式"掏空"资产来"洗钱"，把公司的财富输送给自己能控制的各种利益关联方。一个几千亿元规模的集团最终资不抵债垮掉后，老板已经至少洗出了几百亿元的财富放在他能控制的“白手套”名下。

六、“通胀恐惧”

中国最近20年以房地产为代表的核心资产价格一路上涨，导致许多老板有强烈的货币贬值恐惧症，见不得公司账上趴着大量现金。一旦企业账上多出大量现金，老板们就会彻夜难眠，想方设法寻找新的投资机会把钱投出去变成资产。

中国老板们几十年来在扩张做大的单行道上一路狂奔，“不撞南墙不回头”。我们不禁要问，谁能给中国企业家们的扩张欲望“踩刹车”？我们不妨分析一下。

（1）家人。许多老板告诉我，我奋斗做大就是为了我的父母、老婆、孩子、孙子甚至各种亲戚，要让家人们都能住上大房子、过上好日子。老板一人辛苦拼搏换来整个家族幸福享受，因此指望家人们来给老板们踩刹车很难。

（2）信仰。很多人告诉我，老板们可以通过信仰佛教或其他宗教来减少扩张欲望。现实中，我确实见到许多老板虔诚地给佛寺捐款几百万元甚至几千万元，但他们的扩张野心丝毫未减分文。再深究考察，发现这些老板给寺庙捐款的根本原因是在商场上干了太多见不得人的事、赚了不义之财，内心不安才会通过这种方式来“赎罪”或换取内心平衡。

（3）老师。现在的老板们都热衷于去读各类总裁班、工商管理博士（DBA）、高级管理人员工商管理硕士等，在课堂上结识了许多著名的大咖、教授、导师，可这些老师有几个会建议老板们不要扩张、不要做大？大部分老师传授的恰恰是企业“做大秘诀”。在这里我也要反思检讨，虽然我讲课时经常会强调企业不能盲目多元扩张并购，但还是会讲授一些企业通过并购产业整合做到行业第一的例子，也在无意中助长了老板学员们奋斗扩张的欲望。

（4）同学。很多中国老板对马云、马化腾身价千亿元不会嫉妒，但是当他听说他的一个高中或大学同班同学企业上市、身价几十亿元后他会心痛如绞、彻夜难眠，于是就不由自主走上攀比做大之路。

(5)高管。大部分中国企业做大后,老板就慢慢变成了“企业皇帝”,高高在上,听不得任何反对质疑之声。这种企业文化下,公司高管一般也都不敢和老板唱反调,只是顺着老板的意思办事,结果好坏也都是老板来承担。

(6)顾问。巴菲特针对美国上市公司CEO们热衷于并购的现象很不满,说了一句话非常有深意:“永远不要到理发店问理发师是否需要剪头发。”中国老板们在并购扩张做大时往往都会询问一些他认识的投行专家、会计师或律师,这些中介机构基本都会积极推动老板们去实施投资并购,这样他们就会从中赚取交易服务费用,他们不仅不会帮老板们在扩张时“踩刹车”,反而“加油门”!

2020年6月我出版了《并购陷阱》,2020年年底,我联合30家上市公司发起成立了中国第一家聚焦资本市场上市公司并购重组研究的智库组织——广慧并购研究院,就是想系统性地总结中国企业并购中所犯的各种错误和遭遇的诸多陷阱,帮助中国企业家们在并购扩张时多些理性和冷静。

2021年我们也尝试和若干大企业签署了咨询合同,帮助他们梳理并购战略,在对外并购时帮助他们监督中介机构的尽调流程,针对每个重要并购项目提供专业的并购风险分析报告,发挥了一定的“踩刹车”作用。但是在实施过程中,我们也感受到来自这些企业内部中高管及中介服务机构的“阻力”,这时就是考验老板的时刻:到底听谁的?

2021年即将过去,2022年即将到来,在此我衷心地给中国热衷扩张做大的企业家们一些建议:

(1)清醒认识自己的综合能力,客观评估自己可以掌控的资产和人员规模;

(2)向内寻找生命的真正意义,不要把赚更多的钱作为此生唯一的目标;

(3)未来企业的竞争一定不是拼规模,而是拼核心竞争力的“护城河”;

(4)多读书、多运动、少应酬、少攀比。

写于2021年12月

中国并购大亨们该向巴菲特学习的“并购秘诀”

为什么巴菲特在并购之路上一直非常稳健，没有犯致命的错误？中国的企业家应该向巴菲特学习哪些“并购秘诀”？

俞铁成

2019 年一年，中国的并购大亨们接连出事，日子不好过。

前 10 年狂飙猛进的一些大型并购集团公司在各种因素交织下要么资产大甩卖，要么资金链陷入困境，要么创始人被抓甚至意外身亡……

2018 年 2 月底，伯克希尔－哈撒韦公司公布了 2017 年年报，87 岁的巴菲特和 94 岁的老搭档芒格再次给世人以震撼。到 2017 年年底公司盈利 650 亿美元，净资产增加到 3480 亿美元！集团拥有 37 万名员工，但是总部只有 26 名员工！1965 年到 2017 年以每股净资产计算的综合年化收益率高达 19.1%！

2017 年的公司年报与以前年报相比有个很大的亮点，巴菲特第一次系统性地把其并购核心理念披露了出来。

笔者尝试对其中的一些核心“并购秘诀”做了梳理，希望能对中国做并购的企业家们有所借鉴。

秘诀一:坚守标准

巴菲特对收购什么样的公司已经形成了非常成熟的标准,并让整个团队都能接受并执行这个并购标的标准。

2017 年年报里,巴菲特写道,"选择收购标的公司的标准为:

(1)越大越好(希望单笔交易在 50 亿到 200 亿美金之间);

(2)已经被证明有可持续盈利能力;

(3)人少、负债率低且盈利能力强;

(4)称职的管理团队(我们没法替代);

(5)业务简单(如果太多高科技我们没法理解);

(6)价格确定且合适(当一个标的公司的出售价格还没有确定时,我们不想浪费时间和卖方精力)"。

每个企业都应该根据自己的实际情况来确定当前最适合自己的并购标的筛选标准。伯克希尔公司总部人员只有 26 人,精力和管理能力有限但账面常年有过千亿美元的可投资现金,在这种情况下巴菲特提出的收购标准就非常契合其现状。

中国的并购大亨们恰恰相反,不管有没有现金和管理能力,都对并购各类当下热门题材有极大的冲动。房地产、豪华酒店、影视、足球俱乐部、银行、芯片、机器人、VR、新能源汽车、区块链……并购大亨脑子里的热点转换速度惊人。他们不管自己是否真正能理解一些热门高科技行业的技术,也不管这些公司是否真正具有可持续盈利能力及合适的价格,当风口来临时,脑子一热就去并购,享受着交易完成时成为各媒体和朋友圈焦点的片刻快感。

秘诀二:厌恶杠杆

巴菲特在信中对这几年越演越烈的杠杆收购浪潮给了当头一棒:

2017 年债务融资极度便宜且充足,这又给收购行为火上浇油。归根结底,只要用上了债务融资,即便是高定价的交易通常也会提振每股收益。伯克希尔的做法相反,我们是在纯股权的基础上评估收购,我们对总体债务水平的容忍很低……我们也从不考虑协同因素,经常也找不到这种因素……在过去这么多年里，我们对杠杆的厌恶对回报确有影响，但我和芒格睡得安稳。我俩都相信，拿你拥有的东西和你需要的东西，去换你不需要的东西是疯了。

中国并购大亨们目前陷入诸多问题的根源之一就是杠杆放得太大。如果有可能，这些大亨恨不得能用 1 块钱去借 99 块钱来做收购。

这些大亨们会找经济学家和投行出很厚的分析报告为每一次并购提供理论支持，这些报告会把两个原本不相干的行业之间的并购描绘出许多"业务协同"效应，并让大亨们看了非常开心。巴菲特的这句"我们也从不考虑协同因素，经常也找不到这种因素"真的应该让这些大亨们放大挂在办公室墙上，时时做个警醒。

中国并购大亨们喜欢杠杆收购的主要原因在于，这样可快速做大资产和销售额，先成为中国 500 强再成为世界 500 强，然后获取更多的社会荣誉、江湖地位、更多的贷款额度，在国内各地成为省长市长们的座上嘉宾，到海外小国家享受和总统元首称兄道弟的快感……许多大亨不是不知道高负债高杠杆的危险，但是在"爱拼就会赢""借得越多越安全""即便日后灰飞烟灭，至少我曾享受过云端帝王般生活"等中国式野蛮生存格言的指引下自觉或不自觉地走上了不归路。

秘诀三：善意收购

"*We will not engage in unfriendly takeovers.*"

简单的一句话但价值连城。

美国资本市场充满了腥风血雨，敌意收购甚至就是华尔街最引以为豪的一道风景线。1989 年出版美国出版商 Harper & Row 出版的一本《门口的野蛮人：RJR Nabisco 的坍塌》(*Barbarians at the Gate*: *The Fall of RJR Nabisco*)。这本书记载了 20 世纪 80 年代美国波澜壮阔的杠杆收购大潮中最有代表性的一场大戏——RJR Nabisco 公司的收购案。后来该书被改编拍成电影，更加红极一时。每年美国都有不少大型恶意收购案例上演，而近期美国芯片巨头博通发起 1400 亿美元的针对高通公司的恶意收购更是举世皆惊。

美国为何成为恶意收购的沃土？这有几方面的原因：一是美国上市公司股权极为分散，第一大股东持股比例往往不到 10%；二是美国金融体系高度发达，拥有杠杆收购最充沛的资金配套来源；三是美国有全球最顶尖的投资银行，这些投行都把并购服务作为最核心盈利部门，绞尽脑汁鼓吹和推动企业并购；四是在股东分散导致 CEO 实质性控制公司的情况下，这些 CEO 和高管们大都能秉持职业道德把公司日常经营做好，不管并购还是被并购他们都会获得巨大的交易成就和不菲的业绩报酬（比如公司被收购 CEO 离职将获得巨额“金色降落伞”的补偿）。

为什么巴菲特会如此讨厌恶意收购？其实道理很简单：强扭的瓜不甜。并购就是一群人对另一群人的“霸王硬上弓”式的婚姻，恶意收购往往导致原有企业的高管和核心管理技术骨干大量离职，带走公司核心资源，从而导致企业业绩大幅下滑。美国恶意收购虽然经常发生，但成功率不到 10%。巴菲特的投资风格是高度尊重并依赖被投资企业现有核心高管团队，如果做恶意收购导致这些高管流失，总部只有 26 名员工的伯克希尔怎么来接管？

从中国资本市场发展 30 年的历史来看，恶意收购每年都有发生，累计起来应该也有几十起了，但我们几乎说不出一个恶意收购成功的案例！2018 年宝能发起对万科的中国资本市场并购史上最著名的恶意收购案例最终还是以宝能黯然收场而告终。

为何中国做恶意收购这么难、成功率这么低？第一，中国上市公司第一大股东持股比例远高于美国，平均持股在 30% 以上，这导致在中国从股市上发起恶意收购成本太高；第二，中国上市公司高管往往由第一大股东全部控制，在被恶意收购的情况下，这些高管可能会被逼采取一些有利于第一大股东但不利于中小股东的反收购行为；第三，当恶意收购不可避免发生公司控制权转移时，收购方一般会清洗明显带有原来第一大股东“印迹”的高管团队，导致公司管理震荡甚至混乱；第四，中国的资金成本远高于美国，恶意收购往往导致收购方背负巨额高息资金成本，收购后怎么整合都不能弥补。

秘诀四：从不竞标

“We don’t participate in auctions.”

在国外，一个企业如果要出售，标准的操作模式就是聘请一个卖方投行，制订出售标书，对外发布收购招标信息。大部分企业出售项目都是按照这个模式来操作的。

为何巴菲特不参加这种竞标式的收购呢？参考前文所述巴菲特对并购标的选择标准就知道答案了：他喜欢合适的并购价格——说白了就是喜欢价格便宜、被低估的资产。比如2008年金融危机时，在金融股暴跌、全世界一片恐慌之际，巴菲特果断出手花65亿美元买进高盛股票，在2017年公司年报里我们看到这笔投资的市价已经涨到290亿美元。而竞标式收购最大的弊端就在于买家互相对决导致收购成本大幅上升。

中国的并购大亨们可不这么想。前几年，我们常常看到，当一个中国甚至世界知名企业要出售，一堆中国大亨都会热血沸腾参与投标报价。国外企业现在出售时最喜欢看到几个中国买家争得头破血流。古人云，“人争一口气，佛受一炷香”，当这个竞标信息被媒体一报道变成焦点时，大部分参与竞标的大亨都为了“面子”咬牙挺住，最终付出高昂的并购成本和惨痛的代价。

2011年11月初，刚刚上任不久的加拿大自然资源部部长乔·奥利弗到访中国，拜会了中石油、中石化、中海油的董事长。知情人士告诉记者，在这些会面中，奥利弗邀约中国的石油企业去加拿大投资，其中加拿大第十四大石油公司尼克森公司是重点推荐的项目之一。中国三大巨头都对尼克森产生了收购兴趣，于是在中国“三桶油”之间就开始了明争暗斗，收购价格不断上升，2013年2月，中海油按照比市价溢价61%的每股27.5美元的价格出资151亿美元收购尼克森，同时还有承担尼克森43亿美元的债务。中海油为这一高溢价收购付出了昂贵的学费。2016年上半年中海油亏损77亿元人民币，亏损的罪魁祸首正是尼克森资产减值近百亿美元！

秘诀五：保持冷静

“回顾2017，各种表现尚可但远称不上极佳的企业，要价都冲上了史上新高。而实际情况也是如此，乐观的收购者太多，价格似乎变得不重要了。

“为什么收购这么疯狂？部分是因为CEO这项工作本身的性质是‘能做事’类型的。华尔街的分析师或董事若是敦促CEO考虑收购，就好比是叮嘱本就血脉偾张的青少年要有正常的性生活。

“一旦某个CEO渴望达成交易，他或她就不会缺乏用来强调收购正确的预测数字。下级也会欢呼雀跃，憧憬扩大市场，而且期盼薪酬水平按照常理随着企业规模的扩大而提高。嗅到大笔手续费的投行人士也会击掌相庆。如果收购目标的历史业绩不足以证明收购的合理性，就会有人预测出一大堆‘协同效应’，数据表从不会令人失望。”

巴菲特在信里这样警告那些听投行或分析师们建议去收购的企业家们：“永远不要去问理发师自己该不该理发。”

“*The less the prudence with which others conduct their affairs, the greater the prudence with which we must conduct our own.*”

2017 年，手握千亿美元以上可投资资金的伯克希尔主要只买了一个 PFJ 公司 38.6% 的股权。若是中国的并购大亨控制了伯克希尔，估计 2017 年至少要做几千亿美元的并购。

巴菲特坚持把伯克希尔总部放在一个不到 40 万人口的内陆小县城奥马哈，住在一个美国乡间最普通的两层小屋，办公室也只有十几平方米，过着极为简单朴素的生活。或许正是这种简朴的工作和生活环境让巴菲特及其团队远离喧嚣的硅谷和浮华的纽约，长期保持淡定冷静投资心态。

反观中国的并购富豪们，相继成为香港山顶顶级豪宅邻居，坐着私人飞机满世界寻找并购标的，经常在国内外各大顶尖论坛上发表高论指点江山……不要说冷静，就是保持一颗平常心也不容易了。

中国正处于一个国家强盛、资本过剩的时代，在未来相当长的时间内，各种并购依旧会不断地在中国经济发展的大河中翻起巨大浪花。中国的并购大亨将一代代兴起、封王或崩塌。

希望中国的并购大亨们能有空静下心来，找个远离尘嚣之所，精心研习巴菲特的投资并购技术，更重要的是向巴菲特学习如何长保朴素之心！

本文写于 2020 年 2 月

2019年，中国多元化企业集团大崩盘启示录

俞铁成

2019年，中国一批著名民营大集团相继出事，在研究了这些企业的成长轨迹和出事原因后，作者写出了这篇在2019年年底轰动中国财经界的“雄文”，对中国企业家冷静思考多元化扩张的深层风险，聚焦主业做深做透，打造企业核心竞争力具有重要参考价值。

2019年即将过去，回首这一年，让我印象最深的经济现象是一大批中国著名的民营企业集团从年初到年末接连爆发资金链断裂的新闻，陷入彻骨寒冷的濒临破产重组的困境，海航、三胞、丰盛、金盾、盾安、精工、银亿、新光……

这些集团有惊人的相似之处：

(1)资产大多在500亿元以上；

(2)旗下平均都有2家以上上市公司；

(3)产业横跨平均5个以上；

(4)创始人绝大多数是1960~1970年出生；

(5)公司创立时间多在20年以上；

(6)集团资产负债率大多在60%以上。

这些集团的发展路径也大致相似。

第一步:创始人先从事一个行业,从小公司做到该行业领先乃至成功上市。

第二步:创始人自信心爆棚,从产业经营转向资本经营,希望能在其他行业再复制第一个上市公司的成功经验,于是把第一个上市公司的股票质押贷款(上市公司大股东在股票上市后3年内不能出售,3年后也不能随便套现,否则一公告影响股价),因为中国证监会严禁同业竞争的原因,股票质押贷款出来的钱不能投资于原有主业,必须进入新的行业寻找投资机会。

第三步:由于各种因素,新进入的第二个产业也发展顺利,几年后又产生一家上市公司,这时集团创始人基本上就进入"天下英雄舍我其谁"的自信心爆棚阶段,于是就迫不及待地在第二家公司上市后把该公司股票质押套现继续寻找第三个行业、第四个行业……

第四步:当发展到10年后,这些集团平均有了百亿元资产和至少一家上市公司后,各种社会荣誉光环纷至沓来,许多老板都甚至成为全国人大代表或党代表,当地各大金融机构负责人争相给他们贷款,钱来得太容易了,于是老板们头脑发热加速扩张,左手尽可能从股市及银行、债市募资,右手尽可能寻找各热门行业的投资机会下注……

第五步:当中国经济狂奔猛进30年、终于在2019年进入实质性大调整之际,这些多元化扩张的民营大集团们突然发现自己直接从酷暑进入寒冬:公司原有的主营业务进入发展瓶颈期停滞不前,新兴业务陷入竞争红海不断烧钱,公司每年产生的经营性现金流覆盖不了几百亿元的债务所产生的利息,于是被迫玩起了"十个锅七个盖"的资金游戏,拆东墙补西墙,正常融资通道堵死就从民间集资,资金利息成本也一路水涨船高。

第六步:终于有一天,这些集团下面一个规模几亿元的小信托产品或债券产品出现违约,好事不出门,坏事传千里,瞬间各路债权人蜂拥而至上门追债,集团顿时资金链断裂,债务危机爆发。

第七步:因为这些几百亿元规模的大集团都是当地龙头企业,也是当地重要的用工大户和税收大户,地方政府基本都会参与到拯救这些集团公司的事务中,出钱出力稳定局面;同时这些集团开始资产大甩卖套现自救。但发展至此,这些集团基本都元气大伤,能度过此次债务危机就是万幸了。

这些大集团出事的最大元凶就是“多元化扩张”。

中国企业关于“多元化”还是“专业化”经营，在20年前就曾经展开过轰轰烈烈的大争论。当时吴晓波先生的成名作《大败局》里面的许多案例都是源于盲目多元化扩张。我曾在2001年就出版了中国第一本系统阐述公司紧缩原理、技术及应用的专著《公司紧缩：资本运营新境界》，对当时的中国企业盲目多元化扩张进行过系统批判，并提出运用资产剥离、公司分立、分拆上市、股份回购及自愿清算等多种手段处理非核心业务资产并做大做强主业。

2019年中国多元化大企业集团集中出事后，我多次感叹“中国的企业家们不长记性”！

为什么中国老板们这么喜欢多元化扩张？

这些老板多元化扩张的理论依据经常有：

（1）不要把鸡蛋放到一个篮子里；

（2）之前我成功在一个行业做大并上市，企业经营都是相通的，我可以在其他行业复制之前的成功经验；

（3）全世界企业界曾经疯狂追捧的500强企业通用电气就是标准的依靠多元化扩张而成功的典范，中国的复星集团也靠多元化非常成功；

（4）只要我做好“多元化投资、专业化经营”，在每个行业找到最优秀的职业经理人并加上股权激励就可以克服新行业水土不服的风险；

（5）中国各种新兴行业层出不穷，不多元化就永远跟不上时代潮流。

确实，这些集团公司覆盖的行业里都少不了房地产、金融投资等这些年高速发展而且来钱快的热门行业。

确实，在中国前20年高速发展、资金充沛的阶段，大多数多元化集团扩张速度远远高于专业化集团扩张速度。

以万亿元资产的海航集团为例，海航的收购，开始是沿着航空产业链展开的，但后来摊子越铺越大。陈峰在2018年年底总结，中国22个大行业，海航进入了12个，涉足44个细分行业。当海航进入500强名单后，海航管理层不断修改目标。最后，甚至提出要进入“世界10强，资产30万亿”的目标。

2019年，资本市场给多元化集团老板们上了最好的一堂课。

谁也没想到，恒瑞医药的董事长是丈夫孙飘扬，豪森医药的董事长是妻子钟慧娟，随着豪森在香港上市，窝在苏北小城市连云港、创业不挪窝的夫妻俩以近千亿元的身价成了医药界的首富。

谁也没想到，全世界曾经的多元化偶像通用电气近几年从业务到财务全面崩盘，股价暴跌近70%，连续每年亏损过百亿美元！

谁能想到，中国目前多元化最成功的复星国际集团（0656）2018 年净利润134 亿元，2019 年中期净利润 76 亿元，公司每股净资产 13.4 元，每股收益 0.89元，但股价只有 11 元，市值才 900 多亿元，相当于按净资产打 8 折。郭广昌多个场合表示复星国际股价被严重低估，个人也不断增持，但市场就是很残酷，没有给好的市值表现。这根源就在于复星国际横跨十多个行业，业务太庞杂，投资者没法看清楚公司主营业务和核心竞争力，只能把复星国际当作一个大的准金融投资性质的上市私募股权集团来看待，其估值自然高不了。

反倒是复星旗下的复星医药很争气，复星国际控股复星医药，复星医药净利润接近 30 亿元，但市值稳定在 700 亿元左右，高点时超过 1200 亿元，比母公司复星集团的市值还高。

通过以上分析可知，资本市场对于多元化和专业化公司的估值相差巨大，这足以让中国的企业家们深刻铭记。

因此，2019 年的这场多元化大集团“暴雷潮”最大的好处是终于能够让中国的企业家们头脑冷静下来，好好思考未来发展到底是多元化还是专业化。

为何企业多元化扩张到一定阶段就必然出事？

道理很简单，当今的市场经济竞争太残酷，每个产业和细分行业都在进行你死我活的激烈竞争，即便你聚集全部资源到一个行业也不一定能活得长久。许多老板都是因为觉得自己所在行业赚钱太辛苦，眼红其他行业的发财机遇于是跨界去赌一把，殊不知当今世界各行业就是一个个“围城”，城内人的人觉得城外好发财，城外的人削减脑袋想进入城内分一杯羹。

这几年国内一些官办或民间商学院、创业营等大力鼓吹企业家们要寻找“第二条曲线”，积极投资新的产品、行业来“突破瓶颈”，对此我坚决不认同。这世间哪有那么多“第二条曲线”？当每个老板都想寻找到“第二条曲线”时，很多新兴产业和行业立刻就从“蓝海”变成“红海”，难道说“第二条曲线”失败后再去找“第三条曲线”“第四条曲线”？

与其寻找"第二条曲线"，倒不如老老实实想好自己最擅长的专业和技能是什么，然后聚集所有的精力和资源"单点爆破"，把一个产业深挖吃透，通过扎实的技术创新引领产业升级。以光伏行业为例，西安隆基股份就是在绝对红海竞争领域的光伏电池片领域，凭借金刚线切割技术的率先突破而一举掀翻传统几大光伏巨头的江湖地位，成为新的光伏霸主。十几年来中国光伏企业正是靠这种技术上的你追我赶、不断竞争突破，才成为全球光伏行业的领军者。这才是我欣赏的中国企业家该有的经营战略：围绕核心产业深耕细作，依靠科技进步突破技术瓶颈，凭借资本市场实现市值同步提升，产品经营稳步推进的同时自然获得资本市场良好的表现回报。

断了浮躁多元化扩张的心，就没有那么多额外的资金需求，企业负债率也能控制在比较低的水平，企业自然就能活得安全滋润，老板也就能安静下来做真正该用心做的事业。

最后，想用曾文正公的一段话来与大家共勉：

"用功譬如掘井，与其多掘数井而皆不见泉，何若老守一井，力求及泉而用之不竭乎？"

本文写于2019年12月

中国企业家在并购中为何“一错再错”？

俞铁成

中国企业并购的失败概率高于全球平均水平，作者总结了中国企业家在并购中经常犯的“八大错误”。如果能知错就改，中国企业以后再并购时就一定能提高成功概率。

企业并购难不难？

难！从全球知名咨询公司多个调查统计结果来看，全球范围内企业并购失败概率大概在50%，也就是一半的并购最终结果都不如预期。

而根据我20多年在国内并购研究及实操的经验，中国企业家并购失败概率会更高，远超过50%，大部分并购在几年以后都陷入各种困境中，有相当多原本发展不错的中国企业都是因为一起大并购的严重不良后果而导致整个集团“一夜回到解放前”。

更可怕的是，许多老板在一次并购失败后并没有能够冷静地分析失败原因，前一个“伤口”还没“愈合”，又迫不及待地杀入另一个正在“风口”的并购项目，结果自然不言而喻，再次遭遇重创。

中国企业家在并购中“一错再错”的问题根源在哪里？

一、低估并购的专业性和复杂性

企业并购说起来很简单，就是一个企业或其实控人通过各种方式实现对另一个企业资产或股权控制的行为。但是在真实的商业环境里，为实现同一个控制目的，我可以为一个并购案设计十种以上的交易结构，每种交易结构的交易架构、资金流向、支付方式、税收筹划等都存在差别。

并购从战略规划、组建团队、搜寻标的、尽职调查、估值、谈判、协议、交割到整合等全流程存在数十个重要节点，更可怕的是收购方只要忽视其中任何一个重要节点，往往会导致整个交易满盘皆输！

许多中国老板从零起步创业，把公司做到几十亿元甚至数百上千亿元时，基本都认为自己“无所不能”，骨子里觉得自己是“经营之神”。在这些老板心里，企业并购也没啥了不起的，不就是花钱买个企业然后派人接管经营吗？我的主业经营如此出色，并购企业自然不在话下。

在这种盲目自大的驱动模式下，许多中国企业家在做并购时就会非常急躁、草率、冲动和业余，甚至会犯许多并购中的“低级错误”，让人扼腕叹息。

2020 年我出版了一本书《并购陷阱》，系统总结了中国企业并购中 70 多个大陷阱、200 多个小陷阱。新书出来后，好几位企业家朋友看完拿起电话就责备我：“为什么你不早写出来，我们前些年已经在并购中踩雷损失了几个亿……”

二、缺乏清晰的并购战略规划

并购战略规划建立在企业发展战略规划基础上，企业最高决策层在外部专家顾问的帮助下，从企业发展战略推导出企业并购战略，包括短期并购战略和中长期并购战略。

许多企业都聘请国内外知名咨询公司做了企业发展战略，但是没有在此基础上延伸一步制定企业并购战略，甚为可惜。

判断一个企业是否有清晰的并购战略规划非常简单，就是问该企业老板：如果你现在要并购，理想的并购标的有哪几个重要条件或特征？通俗地说，就是为并购标的“画个像”。

很遗憾的是，这么多年，只要我问中国企业家这个问题时，许多企业家一脸茫然，因为他们从来没有主动思考过这个问题，都是被动地被各种机构推介各种并购标的，然后被动进行分析研究。

还有不少老板思考过这个问题，但没有深入下去，结果是只能支支吾吾地说出两三条并购标的条件。这么多年我极少见到能一口气列出超过5条并购标的条件的中国企业家。

给大家展示一条前几天一位国外朋友发我的委托我找中国标的公司的微信：

俞兄好，××科技集团是××国最大上市软件集团公司，市值约××亿元人民币，非常看好中国市场，因为其初来乍到，希望谨慎保守投资，投资标准如下：

（1）控股型投资。

（2）标的销售额最低2500万元，上不封顶，一定是软件行业，服务传统行业，业务稳定优先；对所服务的行业不挑剔。

（3）不会投资过于早期或估值太高的企业。

（4）希望投资对外商友好的领域。

（5）第一笔投资金额约2500万元人民币到1亿人民币，希望收购51%—100%股份；但如果标的好，可以最高出资到3亿元人民币左右。

（6）希望是软件服务业，包含但不限于在商业服务，加工制造业服务，金融服务业等传统行业都可以；求稳不求快。

（7）估值按照销售额2—5倍来定，EBITDA为正数，净利润可以为负数。

（8）希望投资后以此为平台持续并购。

外资到中国来收购企业找我合作时基本都会列出8—10条并购条件，从这些并购标的的“画像”条件中可以很清楚地看到该企业的并购战略思考深度。

我最不能忍受中国企业家的是类似下面这样的对话：

×老板：“兄弟好，最近我卖了一个矿，账上趴着几十亿元，现在很焦虑，不能看着钱一天天贬值，你快点给我找些好的并购项目。”

我：“×老板，可以的，你有什么标的并购条件吗？”

×老板：“啥，标的并购条件？我不懂的，你帮我把关，只要确保赚钱就行……”

在并购战略规划中，很多老板也都读过高级管理人员工商管理硕士，听到我的关于并购标的条件的问题，大致会说按照产业链进行横向或上下游产业链垂直并购。这听起来似乎逻辑完美，但在并购中，无论是横向并购、上游并购或下游并购，每种细分并购战略都有一些隐藏很深的“并购陷阱”。如果企业家们没有对这些“并购陷阱”事先学习掌握，很容易就会因轻易拍板收购一家上游或下游的产业链公司而出事。

三、缺乏科学的并购决策流程和并购组织体系

我常见的中国企业并购是这样决策的：老板召集高管开会，说昨天有人推荐了一个项目，我晚上想了一下感觉这个项目不错，你们也发表一下意见。

其结果是，公司各副总、财务总监等高管都顺着老板的想法纷纷表态认为该项目有前途能发财值得收购。

出现这种情况的企业都有一个共同特征：老板过于强势，管理风格“一言堂”。

我目前的主业之一是做股权投资，在项目考察阶段，我都会特意安排一个让标的公司老板和所有核心高管在一起开会或吃饭聚会的场景，观察公司高管和老板相处的方式。

如果发现该公司老板无论说什么话，高管们基本都顺从老板的意思，不敢说一个“不”字，这样的企业我肯定会放弃，不投资。

具体到并购业务上，如果老板想做一个并购，其手下具体分管并购的高管在很多时候会推波助澜，极力推动老板来实施并购。理由很简单，这是老板想做的事，一旦并购项目展开，分管并购的副总就“有事干”，在公司里立刻地位上升，在外面立刻会被“闻风而动”的并购投行、会计师或律师等中介机构负责人所包围，请客送礼吃饭等。

交易完成若是结果好，老板会发给该分管副总一大笔奖金，并购后如出现严重亏损，这些高管大不了辞职另谋高就，说不定会因为有在前东家数额巨大的并购亏损项目经验，获得另外一个更大集团公司老板的赏识（他们认为前一个公司已经为该副总交了巨额学费）。

中国企业缺乏科学并购决策流程的根源在于缺乏科学的并购组织体系。

大部分中国企业并没有为并购建立一套科学有效的组织体系。这套体系的“司令部”是“并购指挥中心”（“战略投资委员会”），由公司董事长、高管和外部核心并购顾问组成，负责决定并购项目的最终立项推进、执行及整合等重大事项。

这套体系的“正规军”是“并购部”（“战略投资部”或“产业投资部”），负责并购项目初步筛选、组织具体项目内部实施团队和外部中介团队、全程跟踪协调把关并购事务等。

这套体系的“突击队”是来自公司研发、采购、生产、营销、销售、人力资源、法务等各核心部门的若干名业务骨干，他们平时从事本职工作，在某重要并购项目实施时又能抽出时间和精力加入该并购项目工作小组中去发挥重要作用。

在中国企业并购决策中，老板们往往最后依据的，是一个汇集公司各业务部门意见所写的“××项目并购可行性分析报告”。极少有老板会在做并购决策时能看到另一份“××项目并购不可行分析报告”或“××项目并购风险分析报告”！

这个“××项目并购风险分析报告”一般由独立的专业并购顾问机构出具，他们的顾问收费和并购交易结果不挂钩，因此会客观冷静地对相关项目从行业、技术、商业模式、财务和法律风险、估值风险、整合风险等各方面提出专业意见，供收购方老板决策时参考。

不光是企业，许多地方政府这几年在对外投资和并购中也常常“踩雷”，损失惨重。我们去年底担任了某国家级经济技术开发区的项目风险咨询顾问，为该开发区所有重大拟落地且需政府平台公司出资投资的每一个项目提供“××项目风险分析报告”，目前已经累计开具近20份项目风险分析报告，揭示了大量项目风险，帮助地方政府更加科学地决策，减少了因为招商引资盲目用国有资本参与落地投资的潜在重大损失。

四、低估或高估并购服务机构作用

并购服务机构包括并购投行、会计师事务所、律师事务所、战略咨询公司、技术咨询公司、人力资源咨询公司、环保咨询公司等许多类型。投行、会计师和律师属于并购“标配”服务机构，其余的属于“选配”机构。

中国企业家常常会低估这些专业机构的作用，对于自己及公司投资团队的实力过于自信，能不请外部机构就不请，即便要请中介服务机构时也常常倾向于找“高性价比”的不知名小机构。

在这些企业家眼里，并购中介服务机构更多扮演了“花瓶”的作用。遇到这类企业家，我会很严肃地批评这种轻视专业机构的心态。

举个例子，一份并购协议往往有几十页纸、数万字内容，有时一个标点符号挪一个位置就会导致整段话意思发生逆转。许多老板就是因为不重视请高水平律师而在并购协议中踩雷中招。

另外一个不好的现象是，一些企业家又过于迷信并购服务机构，特别是“头部”“明星”机构的光环，对这些知名机构的项目组成员过于依赖。

我曾写过一篇很有影响力的文章《中国企业并购暴雷根源：并购决策陷阱》，专门描述了现阶段在激烈的市场竞争环境下，出于提高行业排名及实际收入（作为买方顾问一般收费都会和交易成功与否挂钩，按照交易额的一定比例收费）的目的，许多并购服务机构都会竭力推动股东客户（收购方）去完成一笔交易。

如果这类服务机构为业内大牌，而收购方老板又特别仰慕或迷信这类一线大牌机构的品牌时，很容易发生老板被中介“忽悠”从而收购一个“问题资产”或“致命资产”。

五、杠杆过高、“短钱长投”

这几年因为并购消化不良出事的、资产几百亿元或数千亿元的著名大集团，几乎都有几个共同特点：经过十几年或二十几年的高速扩张发展，基本旗下都有 2 家以上上市公司，基本都会横跨至少 5 个行业，资产负债率基本都在 70% 以上。

中国经济高速增长了 40 年，钱存在银行基本只能获得 3% 左右的回报。在这样的背景下，身边许多老板最烦恼的事就是——“如何让资产财富不跑输通货膨胀率？”钱越多，越烦恼。前 20 年中国一线城市房产价格也确实验证了借钱买房对财富积累的重要意义。

问题在于,许多老板把借钱买房的“成功经验”复制到借钱买公司上。

企业股权和房地产是完全不同的两类资产,房地产资产的价值相对稳定并在货币增发的背景下同步上涨,而企业股权资产则是高风险不可控资产。

如果没有很好的产业运营经验和高素质管理团队,买来的好资产极有可能迅速贬值甚至亏损破产。

山东如意集团自 2010 年以 31.4 亿元人民币拿下日本服装巨头 Renown 后,接连将法国时尚集团 SMCP、香港利邦控股及莱卡面料业务等收入麾下。公开资料显示,山东如意集团 10 年来累计投资金额超 400 亿元,曾凭借收购一举进入全球奢侈品集团前 20 强。

但这种狂飙猛进的收购背后是集团负债迅速增长到 400 多亿元,在被收购资产消化不良、无法创造预期利润和现金流反哺集团的情况下,如意集团在 2020 年陷入债务危机。

“短钱长投”则是中国企业并购的另一大财务“恶疾”,指企业并购所用的资金大部分都是一年期内需偿还的短期融资资金。这犯了并购中最忌讳的“资金期限错配”错误,因为企业并购一般都是长线投资行为,资金投出去到回收本金一般至少需要 3 年到 5 年的时间。

当“短钱长投”积累到一定阶段时,集团资金链就一定会出问题。2019 年底如意集团 450 亿元负债中有 260 亿元为短期负债,而集团净利润从 2018 年的 23 亿元骤降至 2019 年的 7 亿元,加剧了集团债务危机的扩散。

六、容易冲动付出过高的并购价格

中国企业家在并购时经常会为一个好的标的付出过高的价格。

中国企业家们在并购时对出价多少没有个“谱”,特别是当老板参与到一个知名竞标并购案之中时,在媒体聚光灯的照耀下,这些老板都会为“面子”而忘了理性出价,最终把成交价炒到一个极高的水平。

在国内文化传媒、轻资产模式、互联网等领域,中国企业家很难看清企业的真实价值,也不懂企业并购报价的一个基本模型(企业独立运作价值 + 企业并购后的增值空间),特别容易报出一个并购“天价”。等交易结束后,老板们冷静下来才发现,这笔天价交易或许永远都无法通过并购项目自身的收入和现金流来回本。

中国企业家在收购海外项目时更加容易跌进价格陷阱。比如2016年暴风科技和光大资本联合设立了一个52亿元人民币的并购基金，收购了英国一个体育传媒公司MPS，2018年年底MPS公司就被法院强制破产，52亿元几乎全部归零。

从事后复盘来看，MPS被收购时的企业价值被中介严重高估，而暴风的老板或许自己也没有专业能力判断这个估值报告的合理性，最终酿成并购惨案。

七、重交易轻整合

并购就是企业之间的战争，大部分中国老板都喜欢享受打仗的过程以及获得胜利那一刻的“快感”，至于战争胜利后如何和被收购公司友好相处资源整合则看得很“轻松”：整合不就是派几个我公司的高管过去接管对方，然后把我方的制度文化等复制过去就好了！

这些企业家不知道的是，有国外研究机构统计，70%的并购失败原因是并购整合的失败！

中国企业家并购整合中犯的常见错误有：

(1)整合工作在并购交易后才启动，而正确的做法是在企业选好初步标的，从尽调团队入场那一天开始并购整合工作就同步启动；

(2)在并购协议签署前没有一个系统的可操作性的并购整合细化方案，涉及采购、生产、销售、人力资源、企业文化等各方面；

(3)缺乏一个系统性的整合组织体系，简单粗暴地把标的公司董事长总经理和财务总监换成收购方的人就以为万事大吉。

八、重有形轻无形

中国企业家在并购时往往会把尽职调查以及估值的重点放在对方的土地、厂房、设备、存货、存款、理财产品等看得见摸得着的资产，但是对于许多标的公司的无形“资产”就不太重视。而根据我的经验，这些被中国企业忽视的企业无形资产对并购成败往往更加重要。

中国老板经常忽视的无形资产包括：(1)标的公司历史积累的优秀的做事

流程、管理方法和生产工艺等;(2)标的公司的优秀企业文化特质;(3)标的公司特殊的原料供应渠道或销售通路;(4)标的公司关键性技术或业务人才。

对大部分企业而言,企业并购的关键是如何留住对方最有价值的那一群人,许多老板在并购时对物的关心程度远甚于人,结果控股企业后,核心人才离职,最终结果都不会好。

希望中国的企业家们以后再做并购时能多一份敬畏之心,多一些专业思考,多咨询专家意见,多方位考虑细节,逐步提高并购成功概率。

本文写于2021年4月

并购基金在中国为何是一门“危险生意”？

“富贵险中求，并购基金在中国具有很大的发展空间，但并非一般的PE基金可以玩得转。”本文总结了并购基金在中国面临的六大风险，给想开展并购基金的机构敲响警钟。

俞铁成

国外最大的私募股权（Private Equity，PE）基金如黑石、KKR集团、凯雷、德太资本等都把并购基金作为其旗舰基金，把并购作为主要投资模式。

中国目前最大的并购基金无疑是高瓴资本。2017年高瓴资本530亿元收购百丽鞋业，2019年，百丽旗下“滔搏”子品牌上市，市值600亿元，高瓴资本首次大并购宣告胜利。在此鼓舞下，2019年10月，高瓴资本通过几轮激烈的角逐，获得了格力电器15%的股权，总共9.0235亿股，成为格力电器第一大股东，当时的交易金额约416亿元。不幸的是这几年格力电器股票表现不佳，高瓴资本浮亏不少。2021年3月高瓴资本再度出手，收购飞利浦家电业务，交易总价达44亿欧元，高瓴资本的并购范围从中国走向全球。

中国有许多基金都在向高瓴资本学习，都想尝试向并购基金的方向转型，这样可以迅速做大规模，提高市场影响力和“江湖地位”。

比如一个基金 100 亿元，如果做传统参股型投资，即便每个项目投资 5 亿元也要找到 20 个合适标的，这对基金管理人是巨大的挑战。而如果做并购控股型投资，可能并购两个到三个项目就可以把 100 亿元花掉。不管投资结果如何，按照实收 100 亿元资金管理人的管理费就是一笔极为可观的收入。

并购基金在中国真的会成为 PE 大基金的终极发展方向吗？

在我眼里，中国的并购基金有一些重要风险因素制约着其发展。

一、中国缺乏并购基金所需的长线 LP

并购是个长线投资行为，基金收购一个项目或对一个行业进行整合，收购许多企业，到最终把这些项目上市；或再次转手套现，一般至少需要五六年甚至更长的时间。因此国外并购基金的存续期一般都在 10—12 年。而中国的有限合伙人（Limited Partner，LP）通过近 10 年的 PE 投资实践发现这个领域的投资平均回报率并非很高而且投资缺乏流动性，因此中国 LP 目前很难接受超过 10 年的 PE 基金，一般民营 LP 能忍受的投资上限就是 5—7 年，国有 LP 能忍受的投资上限最多也就 7—9 年。

二、中国的并购基金所需要的大 LP 资金越来越少

并购基金是风险系数相对偏高的股权投资基金，因此只有民营 LP 会愿意冒险参与。而并购基金又需要相当规模的资金体量才能运转起来，小的并购基金规模也要 10 亿元起，一般并购基金动辄几十亿元甚至上百亿元，对单一 LP 的出资下限一般都是几千万元甚至上亿元起。根据我的观察，现在即便是身价几十亿元的上市公司实际控制人，能一次拿出 1 亿元以上现金参与并购基金出资的老板也数量极为有限（因为大部分老板的身价都在上市公司的股票里，不能随便减持）。

目前，中国 PE 的主力 LP 毫无疑问是各级国有资本，但是国有资本对参与高风险的并购基金出资一直相当谨慎。

美国欧洲并购基金的主力 LP 往往都是国家主权基金、大型退休基金、养老基金、大学基金、保险基金等长线成熟机构投资者，这些投资机构会把资金分配

到不同风险程度的各类基金以对冲风险，因此会有一部分稳定的资金配置到并购基金中去长线持有。

三、中国并购基金缺乏并购实战及并购整合人才

并购是一门极其复杂的高风险运作生意，从全球统计范围来看，并购的失败概率高于50%，因此需要极其专业和富有经验的人才来操作才能减少失败概率。

中国的PE基金集聚了大量高素质的科技人才、财务及法律精英，但是绝大部分基金里都没有具有丰富并购才能和经验的专业人才。我认识的一些并购大咖往往都是在一些大集团里分管并购的高管，他们习惯了背靠产业集团"大树"，围绕主业进行并购得心应手。要这些并购高手加入一个并购基金，没有产业靠山完全要依靠基金自有资源来并购整合项目获利，他们往往心存顾虑。

目前中国PE基金的掌舵者大多是券商、基金、会计师或律师出身，精通交易过程，但对并购后的整合完全没有实战经验，最终多以失败告终。

我认识的若干在国内PE及投行领域极有声望的大佬这些年都分别高价收购了一家上市公司，收购时都想学巴菲特，踌躇满志要把该上市公司改造为中国的伯克希尔－哈撒韦公司。但这几个案例都基本以上市公司出事或玩不转被再度转手而悲惨收场。

"重交易、轻整合"将仍然是未来相当长一段时间内中国并购基金们出事的最重要根源。

四、中国并购基金缺乏优质的并购标的

中国人都想自己当老板，都想自己的公司能上市。当注册制全面推行，北交所横空出世，中国老板们突然发现上市的门槛变得前所未有的低。在这种情况下，中国的并购基金们想收购一个优质的标的就会很困难。道理很简单，企业独立上市的估值平均市盈率可以到30倍，而卖给基金的平均市盈率一般不会超过15倍。一个企业如果有几千万元利润肯定首选独立上市，只有当存在一些"上市硬伤"的情况下才会考虑出售给基金。

在未来一段时间内，中国的并购基金们都会面临着优质并购标的的"项目

荒”。更具挑战的是，中国的几千家上市公司也在积极寻找合适的并购标的，一个项目如果出售面对产业投资者和财务投资者时，通常产业投资者可以凭借产业赋能的优势而获得更多赢面。

国外并购基金发达有一个重要的基础就是大量的上规模的企业股权都极为分散，第一大股东往往不到20%而且都是被基金持有。一个好公司的股权在不同的基金手上不断转手是很正常的事，公司的管理层也习惯了大股东的不断更迭。因此国外的并购基金和国内比有更多的选择机会。

五、中国并购基金并购后派不出足够的职业经理人

国外每个并购基金都有一个庞大的高素质职业经理人“人才库”，一旦收购了一个标的公司都会很容易派出一支管理人才团队去接管企业。在国外，一些大型上市公司或500强企业的高管也习惯了被不同的并购基金“挖墙脚”去负责一个又一个新的并购标的企业。因为这些高管的薪酬普遍很高，而在国外创业的难度又很大，因此这个庞大的高级职业经理人才库永远不会担心无人可用的危机。

中国并购基金购买的企业往往原来是老板一股独大，公司高管都是老板亲信或“死党”。当交易完成后，标的公司原来老板往往会带着公司的核心高管离开公司享受人生或另起炉灶。在这种情况下，中国并购基金就必须能派出一支强有力的高素质职业经理人团队来运作该企业。

可惜“一将难求”，许多交易完成后，并购基金们重金聘请各路猎头公司在市场上广撒英雄帖，但效果往往不尽如人意。因为，最优秀的人才还是会尝试自己创业当老板。愿意来给并购基金打工的职业经理人往往不是市场上最优秀的人才。在这种情况下，被并购标的公司的未来前景自然风险四伏。

六、中国并购基金缺乏高效的项目退出通道

并购基金收购企业，运作几年后就要谋划项目套现。套现的方向基本只有三条：(1)上市；(2)出售给外部投资人；(3)出售给公司经营层。

国外并购基金因为运作周期长，可以耐心地培育企业做大，或者在一个细分领域并购整合一堆小企业拼成一个大企业后把这些企业上市或出售实现退

出。国外上市的门槛远低于中国，而且企业股权交易市场也比中国发达。国外并购基金互相之间的项目买卖非常频繁，这个市场也很有效。国外的管理层想做管理者收购（Management Buy - outs，MBO），其杠杆融资的资源也比中国丰富许多。

在中国目前的审核体制下，每年能够上市的数量也就几百家，因此估计只有20%左右的项目能够靠上市来退出。

出售给外部投资人包括出售给产业投资者或第三方并购基金，中国缺乏一个高效的企业股权出售交易市场，大的投行都把主要精力放在首次公开募股（Initial Public Offering，IPO）上稳赚“制度红利”的钱，因而对市场化撮合型并购交易并不上心。小型并购咨询公司或投行又没有足够的资源和人手来帮助并购基金们完成大型交易。

卖给管理层是个不错的选择，也是最能保证标的公司平稳过渡的交易方式。但当并购标的规模很大时，即便公司经营层想做MBO，也苦于自有资金实力不够而没法操作。

总之，富贵险中求，并购基金在中国具有很大的发展空间，但并非一般的PE基金可以玩得转。

建议所有想设立并购基金或转型做并购基金的朋友们三思而后行。

本文写于2022年3月

揭秘：全面注册制后中国资本市场并购八大趋势

2023年年初，中国资本市场期待已久的全面注册制改革终于吹响“号角”，中国上市公司新股发行注册制在北交所、上交所和深交所全面推行，与国际资本市场惯例接轨。伴随着新股发行注册制的全面推行，中国资本市场并购业务也将产生一些重要变化，谁能先适应这些趋势和变化，谁就将在新一轮轰轰烈烈的资本市场并购大潮中抢占先机。

俞铁成

一、上市公司“壳”价加速贬值

2017年1月，我在秦朔朋友圈发表了一篇业内刷屏的文章《谁先崩盘：100亿的壳费还是40万一平方的学区房?》，对当时部分上市公司“壳”价炒到100亿元的现象进行抨击，并指出40万元一平方米的北京学区房价格虽然会很坚挺但是上市公司的壳费会大跌。

不出所料，这几年上市公司的“壳”价逐步回落。目前中国股市上的一个上市公司“壳”价还维持在15亿—20亿元，还是有许多人会按照这个估值买一些基本没有什么资产和盈利能力的“壳”上市公司来进行资本运作。

我预计随着注册制全面推广，企业上市环境更加宽松，上市公司数量进一步扩容，未来几年内深交所和上交所的“壳”价有望跌到10亿元以内，北交所开盘三年后也会开始出现卖“壳”的交易而且5亿元以下的“壳”会逐步增多。

二、买壳市场“国进民退”加速进行

最近几年，中国上市公司控股权转让市场出现了一个非常重大的变化：国资入场并成为主力。从央企到省级国企，再到地市级，甚至是县区级国企，都在积极地找寻收购上市公司的机会。

前不久我到一个中部省份省会城市给当地最大的一个国企平台公司讲课时了解到，该集团仅在过去两年内就先后谈判了30多家上市公司并购标的，现在仍在积极地找“壳”。

我们预计随着注册制推广，上市公司数量快速增多，“壳”价加速贬值时，控股一个上市公司往往只需要花费3亿元到5亿元资金，这对于动辄数百亿元甚至上千亿元资产的国企集团，这点并购成本完全没有压力。

前不久我和某省一个数千亿元资产的国企集团交流得知，该集团已经有4家上市公司，但集团还是不满足，还想委托我们收购一家和集团主业完全不同的新兴产业上市公司。

三、从“买空壳”到“买壳带肉”

前几年，一些没有实质性资产和业务但债务负担轻的比较“干净”的“壳公司”在市场上很受欢迎，许多买家喜欢收购这类真正意义上的“壳公司”，然后注入一些当时市场推崇的“性感”资产让股价暴涨从而获利。

全面注册制后，一些优质公司基本都会选择自主独立上市而不愿意借壳（借壳意味着公司大股东持股比例会被大量稀释）。特别是掌握大量资金的许多大国企集团，现在委托我寻找标的上市公司时基本都提出要收购具备一定规模化盈利能力和市场竞争力的优质上市公司，这些国企控股优质上市公司后就会设法让这些公司迁址到国企所在地或转移主要资产和税收到当地，为当地招商引资和GDP排名增长发挥积极作用。

四、市值加速分化，中小市值上市公司通过并购做大市值的意愿显著提高

中国目前5000多家上市公司的市值已经开始出现明显分化，70%的上市公司市值低于100亿元，50%的上市公司市值低于50亿元，近800家上市公司市值低于20亿元。市值越低，交易就越清淡，机构投资者就越不敢买进；越没有机构买进，股价就跌得越凶，如此形成恶性循环。

我们预计，随着注册制的全面推广，中国资本市场的两极分化会进一步加剧，小市值上市公司会面临更大的市值危机！现在许多中小市值上市公司加入广慧并购投资联盟，就是希望能借助我们的资源和专业能力，帮助他们快速而高效地收购到优质资产从而快速做大做强并提高市值，进入主流机构投资基金的“股票池”。

五、注册制“负面清单”上的企业积极寻求被上市公司并购，而且成交价格预期降低

前不久，伴随着注册制改革的消息，一个企业上市“红黄蓝”负面清单在业内广为流传，吓倒了许多拟上市的传统行业企业。虽然该清单至今没有得到官方确认，但就注册制改革官方文件里对鼓励上市的行业描述，未来国家会大力扶持具有科创属性的高科技高成长企业优先上市已成定局，传统行业的公司即便利润非常高也不容易上市。

我们预计，未来不在国家重点扶持上市行业之列的许多传统行业企业会放弃独立上市的念头，转而寻求被现有同行业或相关行业上市公司并购的机会，而且这类交易的估值预计也会逐步下降。

六、上市公司发行股份收购资产的积极性会大幅提高

原来在审核制下，上市公司为并购发行股份需要证监会审核，整个流程较为冗长。现在注册制全面推广，上市公司为并购资产而发行股份的权力下放到交易所，整个运作流程预计明显缩短。

另外，这次注册制改革对《上市公司重大资产重组管理办法》也做了相应调

整，特别是下面两条的修改会让上市公司更加有积极性做重大资产并购交易：

第12条第2款改为“购买、出售的资产在最近一个会计年度所产生的营业收入占上市公司同期经审计的合并财务会计报告营业收入的比例达到百分之五十以上，且超过五千万元人民币”（原来没有且超过五千万元的规定）；

第45条第1句修改为“上市公司发行股份的价格不得低于市场参考价的百分之八十”（原来是百分之九十）。

七、上市公司并购交易动机从“市盈率套利”转向“提升核心竞争力”、产业链整合或“转换赛道”

前10年的中国上市公司并购基本形成了一个“怪胎式”并购模型：只要标的公司大股东敢对赌未来3年到4年的净利润，上市公司就敢按照未来对赌3年到4年平均净利润的10—15倍市盈率进行并购。因为上市公司自身市盈率往往在30倍以上，这样的交易结果会增厚上市公司每股收益，从而能有效提高上市公司股价。但经过10多年的发展，这种基于业绩对赌式的市盈率套利游戏给中国股市带来许多负面效应，往往对赌完成后，标的公司原有核心团队瞬间集体辞职，标的资产业绩迅速滑坡甚至崩盘，导致上市公司业绩也随之暴跌，甚至因为巨额并购商誉的减值让一些上市公司一年就亏损数十亿元！

注册制推广后，中国股市投资基本逻辑将逐渐和国际接轨，投资者将更加专业和理性，不会因为简单的市盈率收购价差效应而轻易买一个上市公司的股票，将更多地关注企业核心竞争力的改善与产业发展前景等要素。

因此，未来中国上市公司并购将更多围绕提升自身核心竞争力进行“补强式并购”，围绕产业链上下游进行“整合式并购”或围绕构筑新利润增长点打破行业赛道天花板进行“破局式并购”。

八、PE投资基金投资项目会更积极寻求被上市公司并购

目前在中国证券投资基金业协会备案的股权投资基金管理公司接近5万家，管理13万亿投资基金，加上中国各大企业自有股权投资基金（CVC）至少7万亿，中国目前在一级股权投资领域常年有近20万亿的存量规模。中国近10年私募股权投资基金投出去的项目总数保守估计超过20万家企业。而即便注

册制全面推广后,在未来 5 年内中国企业每年境内境外直接或间接上市数量最多不会超过 1000 家,这就意味着中国所有 PE 基金投资的项目中 90% 的企业都不会通过上市的方式获得退出。注册制并不能解决中国庞大数量的 PE 投资项目退出难题!

研究中国各大 PE 排行榜前 30 强的顶尖投资机构的数据也会发现一个冰冷的数据:这些中国最顶尖股权投资基金的投资组合里,能够上市的项目平均比例也就在 20% 左右,这也意味着即便对于大部分中国头部基金,也会面临 80% 投资项目无法上市退出而要寻找其他退出途径的难题。

PE 基金投资一家企业,经常会约定几年上市不成后要求创始人回购股份,但是大部分创业企业的创始人全部身家都在企业内,甚至个人房产抵押贷款借给企业发展,因此估计至少有一半的创始人在上市不成需要回购投资人股份时是没有回购能力的。在这种情况下,无论是基金股东还是创始人就只剩下一条路:出售公司控股权。而中国最有购买欲望和购买实力的企业群体毫无疑问是上市公司。

2023 年 1 月 1 日,广慧并购研究院联合国浩律师事务所、立信会计师事务所和荣正咨询集团四家单位联合发起成立中国第一个旨在帮助中国 PE 和上市公司进行项目并购对接交易的组织——广慧并购投资联盟,在业内得到强烈反响,目前已有近百家上市公司和头部大基金加入联盟。我们四家核心操作机构直接覆盖了超过 2000 家上市公司客户,可以帮助中国 PE 投资之企业更高效地匹配给最合适的潜在上市公司买家。

展望未来的中国资本市场,资本市场并购交易将此起彼伏、波澜壮阔。

一个新交易时代即将到来。

第二部分

并购技能

中国企业并购管理需要“四大金刚”

俞铁成

中国企业如要把并购作为常态化的资本扩张手段，就必须认真研究建立并购战略梳理体系、并购作战组织体系、并购风险控制体系和并购整合管理体系。谁能尽早建立这并购管理“四大金刚”，谁就能在并购中立于不败之地。

一晃入行26年了，一直从事和并购与投资相关的业务，参与了大大小小许多企业的并购项目，一些朋友因并购一飞冲天身价数十亿元甚至百亿元，也看到一些大集团因并购出事轰然倒地，而这些并购出事的朋友中许多恰恰是靠并购起家暴富的那些朋友，真可谓：“眼看他起朱楼，眼看他宴宾客，眼看他楼塌了！”

创办广慧并购研究院一年多来，得到几十位优秀上市公司创始人的大力支持，让我能聚集一批实业与投资精英一起挖掘与梳理总结中外企业并购的兴衰起落，通过对多个并购案例的深度研究与剖析试图得出一些有价值的参考或建议，帮助中国的企业家们在并购时能够更加从容应对。

现在，我们根据中国企业的实际情况，推出适合中国国情的企业并购管理四大体系，也可以称为企业并购“四大金刚”。有此“四大金刚”保驾护航，中国企业的并购成功概率将大幅提高。

一、并购战略梳理体系

并购的本质是一个企业和另一个企业之间的婚姻，婚姻幸福与否往往取决于双方能否在一些关键的因素和资源上实现共识共享。

选对人很重要，选对并购方向也同样如此。

可惜，大部分出事的并购就缘于一开始选错了并购方向和并购标的。

为什么会选错？因为决策太随意。

中国大部分企业在做并购决策时太过随意，公司核心层从来没有就并购战略问题进行过深入讨论和研究，往往都是老板随心所欲，心血来潮，追逐热点，看到一个新行业赚钱就眼热，忍不住就想跟风杀入，于是给总经理和高管团队下任务去找寻这些新行业的可投资并购标的。而公司高管往往不愿或不敢和老板唱反调、提异议，就发动公司投资部、财务部、研究部等许多业务部门员工满世界去找老板随口提到的新赛道中的可投资标的……

我和一些老板们提到不该随便就给下面布置任务找新业务新标的，没想到许多老板直接怼我：“不能让员工们闲着，让他们多给我在外面跑找新项目总归没坏处，说不定就被我撞上一个好项目。”

在这种时候，我也只能长叹一口气，这样随意做并购决策，一开始就基本注定了最后的悲惨结局。

企业并购一定要有一个非常清晰、可操作性强的并购战略作为“作战总纲”！

我们提出的企业并购战略梳理体系由一套工作流程组成。

1. 建立并购作战“司令部”，由企业老板、董事、核心高管与资深并购专家顾问组成，负责制定企业并购战略。这样可以避免老板“一言堂”盲目草率决策的行为发生。

2. 确定短期并购战略目标（3 年以内）和中长期战略目标（5—10 年）。并购战略目标是为企业战略目标服务的，也是企业战略目标的重要组成部分。

3. 系统梳理企业现有各类资源（固定资产、无形资产、资金、人才、社会关系、客户和供应商关系等)，客观评价企业现有能力。这一点非常重要，许多企业并购出事的原因就是老板高估了自身的资源能力，即便找到了一个非常好的并购标的，最终也因自身实力不够而无法顺利收购或整合导致最终失败。

4. 可以按照围绕主业以及跨界并购来分别规划并购方向。主业并购包括同行、上游和下游，要客观分析每一个方向的利弊、必要性和可行性。在我们眼里，主业并购不管哪个方向都有许多并购陷阱存在，必须事先做到心里有数才行。对于跨界并购我们也建议谨慎操作，即便跨界也要和现有业务有一定的关联，比如这几年我们大力推动一种"同客户不同产品"的并购战略就是很好的跨界并购方向选择思路。

5. 新的并购方向和赛道确定后，我们还要帮助企业家为潜在的并购标的"画像"：交易估值上限、公司规模(总资产、净资产、收入、净利润、市值、现金流等)、股东结构和控股比例要求、交易结构(股份还是资产？境内支付还是境外支付？支付现金为主还是支付股份为主?)、管理层要求(管理风格、专业、文化匹配度等)、市场标准(包括客户基础、品牌美誉度、区域表现、分销渠道等)、研发标准(专利、授权、研发管线、费用处理方式等)、和收购方核心业务的关联度、行业竞争地位及前景、未来主导的整合模式……只有为并购标的进行清晰画像后，公司才能快速屏蔽舍弃大量无用的项目信息，节省下宝贵时间精力和财力用于真正符合公司需求的优质项目。

二、并购作战组织体系

我见过一个上市公司董事长特别有意思，他经常和我联系探讨并购项目，也让我帮忙推荐项目。每次见面他就一个人，也不带个助理，夹个小包，神采奕奕，谈起并购眉飞色舞激情四射。他说他上市后主要精力就是抓并购，正常业务让总经理来管，他就满世界出差找项目谈项目，谈得差不多了通知公司法务部跟进来签合同。他不知道，老板不能这样来管并购，肯定要出事的。因为没有谁是神仙，能包揽所有的事。

也有不少上市公司是这样管理并购的：董事长任总指挥，找一个副总(董秘或财务总监)分管投资，证券部(投资部)具体执行。但是在操作中就会发现许多问题，比如总经理夹在中间很难受，副总往往跳过总经理直接向老板汇报，总经理觉得丢了面子或感到职务危机，暗中搅局不让并购顺利完成；当并购尽调需要生产、研发、采购、销售等其他业务部门派人予以支持时，这个副总发现这些部门不归自己管理，因此调动不了这些业务部门的骨干配合工作；有的副总是老板亲信但不懂财务或法律专业知识，并购过程中对一个项目价值的判断、交易结构的设计、核心条款的谈判等关键问题上和公司总经理或其他副总意见不一致，导致内部矛盾冲突……

还有许多公司搞不清楚并购投资团队和并购整合团队的关系与分工，导致双方磨合不畅，比如并购投资团队在从项目寻找到尽调到谈判交易的全过程都闭门进行不通知整合团队，等到交易合同签署后才让整合团队进场。这其实已经闯祸了，因为并购整合团队在并购尽调阶段就应该正式进场一起“作战”。

我们为中国企业并购设计了一套“作战”组织体系（见图1）。

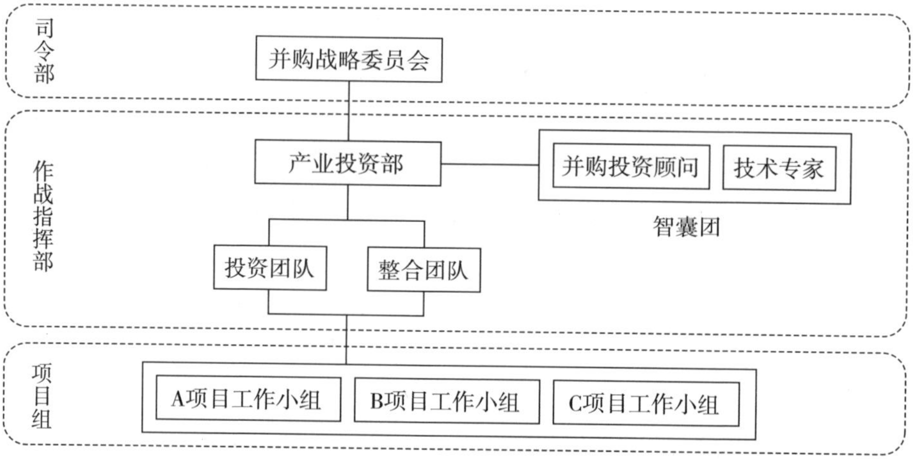

图1　企业并购“作战”组织体系

在这个体系下，我们根据并购流程，从并购战略规划、到标的公司搜寻、立项、初步接触、预尽调、签署意向、尽职调查、估值、谈判、签约到整合等全流程设计了20余项细分工作流程，每个流程具体负责机构、职责以及输入材料输出成果等都一一明确。

有了这样的组织体系和工作细化流程，就可以保证一个大企业在并购时不会出现之前提到的诸多问题，各部门之间的矛盾也会化解。

最重要的是把老板解放出来，老板只在关键时候参与到并购交易中，负责处理和拍板重大事项。

三、并购风险控制体系

中国企业家管理并购基本分为两种。

一是自我迷恋型。老板觉得自己经营企业一帆风顺，做实业成功做并购也不在话下，不就是收购一个企业自己管理吗？我能管好自己的企业，收购一个企业来一样可以管好。对于外部的专业并购投行、会计师和律师从心底里不当回事，甚至有老板直接和我开玩笑说："你们这些专家再牛不还只能当当顾问吗？你比我财富少多了，有什么资格来指导我如何收购和管理企业？"这类企业做并购时能不请中介就不请，所有的事尽量用企业内部的财务部、法务部和投资部的人来做。涉及上市公司并购时，企业迫不得已要根据国家规定要请外部专业机构时也只是走走过场，老板压根不把这些中介机构的报告建议等当回事。

二是专家迷恋型。很多企业家实业经营得非常棒，也去读了国内外一些知名的高级管理人员工商管理硕士和总裁班，了解到并购是一个极其复杂专业的综合工程，一个并购失误可能会导致整个企业陷入绝境。因此这些企业家在并购时会尽量请能请到的最好的并购投行、咨询公司、会计师和律师等专业机构来帮助自己做并购。在这种情况下，公司内部投资财务条线业务骨干就处于协助的地位，并购项目尽调、估值、交易结构、谈判、协议要点等都以外部专家的意见为准。最终一个企业在一堆外部顾问专家的运作下交易成功，再过一两年这个被收购的企业各种问题爆发，老板也不会想到这一切的根源可能是他曾经如此信任的那些"专业人士"，而是把这个并购失败的结果归纳为自己缺乏整合能力或"运气不好"。

第一种企业并购出事基本是毋庸置疑的，甚至一些老板原来自我迷恋、亲自指挥并购损失惨重后，转身就走向另一个极端，变成第二种专家迷恋型。

以上都不可取。

企业并购风险存在于并购的全流程中，从并购战略梳理到搜寻标的公司到尽调到交易完成及并购整合，有无数的细节需要逐一夯实谨慎对待，这也是我一直宣扬的“全流程细节管理”。

我们建议的并购风险控制体系是基于我们设计的并购作战组织体系来运作的，通过这个组织体系能有效地把外部专家和内部团队有机高效地融合在一起，通过一个公正且高效的决策流程由下至上层层把关，这样可以大大提高决策的科学性和并购的成功概率。

现在中国企业并购出事很大的一个原因是并购中介服务链条的一个重大缺陷。目前为中国企业提供并购服务80%以上都是并购投行、会计师事务所和律师事务所，另外还有少部分的管理咨询、人力咨询、评估机构等，但还缺一个“并购风险控制机构”。

我多次让我的一些企业家朋友做一个测试，让他向他认识的这些中介机构朋友咨询一个问题：某某项目是否值得收购？结果不出所料，90%以上的答案都是：此项目有一定的价值，建议启动收购，对该项目进行深入尽调评估……

出现这个现象的答案其实一目了然，巴菲特就多次提醒企业家们在并购投资决策时对中介机构保持警惕——“永远不要向理发师咨询是否需要剪头发”。

中国许多顶尖的并购中介机构的一些高管与合伙人都是我好朋友，我也非常敬佩和信任他们的专业技能，在许多项目上会主动推荐这些专业机构一起协同作战。离开他们的专业支持，大部分交易会变得更糟。

广慧并购研究院目前在给中国企业家们建议引进“并购刹车机制”，即企业在聘请投行、会计师、律师的同时再聘请一个专业并购风险控制机构来监督整个并购流程和外部中介机构的工作质量。这个风控机构的工作和并购交易成败不挂钩，因此没有必要为获得并购服务中的交易成功佣金或奖励费用而违心掩盖并购中发现的各种问题和风险。

为何中国目前缺少这样的并购风险控制专业机构？答案很简单：赚钱性价比太差。

比如一个5亿元的并购交易，投行撮合成功可以收到500万元到1500万元的成功佣金，会计师和律师提供尽调及合同起草等服务可以收到100万元到300万元的服务费用，但老板们为并购风险控制咨询机构愿意付的费用往往只有几十万元！

有一个上市公司非常想收购一个产业相关的高科技公司，之前已经接触谈判了快半年，到了最后交易收尾阶段。这时公司和我们签约做并购风控，我们进入项目组调研后发现该项目存在致命的巨大整合风险，强烈建议公司谨慎收购。如果公司一定要收购，我们也根据我们的估值模型让公司把收购价格压低至少30%以降低收购风险。最终客户听从我们建议放弃了该项目。虽然该公司损失了一些前期尽调的费用，但避免了未来大概率会发生的整合不力标的公司持续亏损导致数亿损失的风险。

所以，我们倡导的并购风险管理体系由企业内部相关人员、外部专业交易服务机构和并购风险控制机构共同组成，这样企业的并购才会更加理性和冷静，大大降低踩雷的风险。

四、并购整合管理体系

并购整合，听起来似乎有些空洞。

一些老板和我聊起并购整合话题时甚至不屑地对我说：你们把并购整合想得太复杂了，在我看来整合是很简单的事，把企业买下来，核心岗位全换成我的人，把我现有公司全套管理制度直接复制过去，搞定！

每次听到类似这样的话，我都感到悲哀和无奈。

在我眼里，并购整合是商业世界里最具有挑战性的核心难题之一，大部分企业和管理人员都在这个问题上交出不合格的答卷。

并购整合由系统的组织体系、严密的信息流管理制度、精心设计的人力资源整合计划、重点运作的销售和客户资源整合、分区域和分业务流程的多部门整合、文化问卷调查分析和冲突管理、零死角全覆盖的员工沟通管理以及几十项辅助工具组成。

比如并购整合的流程比许多企业家想象的要长得多。许多老板都是在并购协议签署后才开始考虑并购整合的问题，殊不知已经犯下不可挽回的错误。我们认为，并购整合工作要尽早开展，在并购战略规划阶段就开始设立自己将来的主导整合模式，在并购意向协议签署后开始尽职调查时，并购整合团队就要正式组建到位，并在尽调第一天加入尽调工作小组，开始从整合的角度收集目标公司的关键信息，预估可能的并购整合难点并提前做好整合解决应对方案。

比如关于并购整合执行阶段需要首先重点关注和解决的问题是什么？许多老板都忙于各种公章、证件、资产证明的交接和高管更换，关注怎么样降低采购成本、财务成本、管理成本等以尽早实现成本降低的协同效应。但我们的建议却并非如此，我们建议企业在并购整合实施初期最重要的工作是稳住现有客户和销售渠道资源，要用一切方法留住现有客户，研究交叉销售的增量协同效应。关注重点次序的不同会有非常大的整合效果的差异。

比如并购整合组织体系，许多企业并购时想当然地让并购交易的执行团队摇身一变成为并购整合团队，这会带来内部管理的极大混乱。并购交易执行团队里发挥重要作用的投资、金融和法律人才并不一定能适合进行并购整合的精细化扎根企业运营管理的需求。这两个团队的定位、人才素质要求和工作内容有很大的区别，因此需要搭建一个独立完整的并购整合管理组织体系（见图2）。

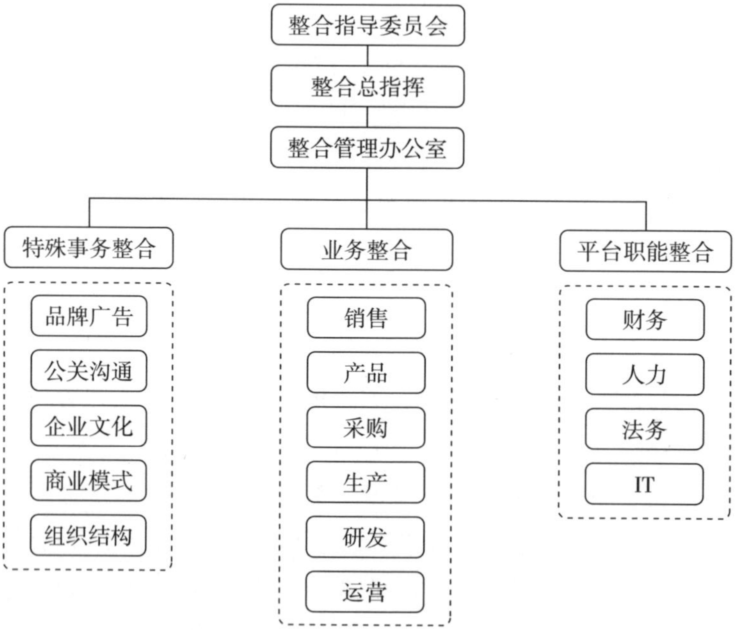

图2 并购整合管理组织体系

图2是我们常用的一个并购整合体系结构图，看起来似乎挺简单(也有老板反馈说看了这张图就开始头晕……)，但要真正让整个组织高效运转起来需要无数的制度、工具、细节和经验作为支撑。每一层级每一分部的人员组成、汇报格式、工作方法、考核指标等都各有不同，如果没有一个专业机构给企业全程指导并派人深入一线参加整合，核心整合期间(平均需要6个月到1年)会有各种混乱、失控、不安及损失此起彼伏。

比如并购整合管理中有一个极其重要的日子:DAY1(交割第一天)。我认识的大部分中国老板基本都不知道这一天的特殊意义，以为就是公章档案的移交以及开个新闻发布会等工作。其实在交割第一天需要做大量的事前准备工作，包括全天工作计划时间表、新公司详细组织结构图、老板的欢迎词或安抚稿、员工上下级定岗、百日整合计划发布、IT系统更新、各类有针对性新闻稿的定向发布、内部各级沟通小组工作计划等都需要有条不紊地预先准备和安排。

再如文化整合，永远都是整合里很有挑战性的部分之一。有个夸张的说法“70%的并购失败缘于并购整合失败，70%的并购整合失败缘于并购文化整合的失败”。

而企业文化又是看不见摸不着的，似乎是虚无缥缈的传说，许多老板在并购整合时把精力都放在资产和业务整合上，对于文化整合总是感到心有余而力不足，不知如何下手。

广慧并购研究院结合中国国情设计了一套企业文化调查问卷，通过微信小程序可以很方便地测试一个企业的核心文化特征。因此，收购方可以用此套问卷工具对自己和被收购企业在交易前进行一次双方的文化“摸底”，挖掘双方文化的差异程度以及对将来并购整合工作的实际影响。

我们用这套问卷对自己公司的企业文化特征做了一个调查分析(见图3)。

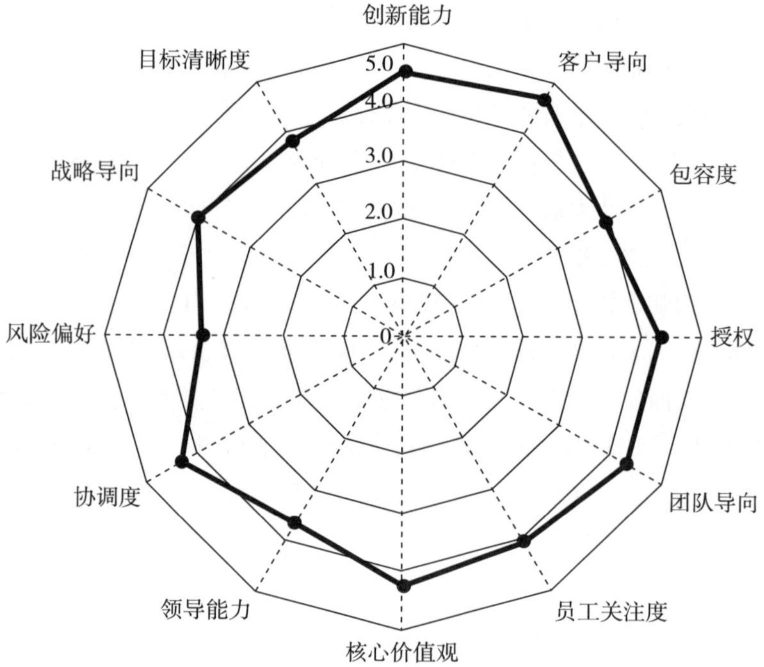

图 3　广慧并购研究院企业文化分析

总之，并购是门艺术，也是门复杂的手艺活，需要企业和各类顾问机构精诚配合协同作战才能取得好的效果。

谁能拥有上述“四大金刚”，谁就在并购中拥有更多的胜算。

世间一切因果相随，不预不立。

并购亦如此。

本文写于 2022 年 5 月

财富中文网专访俞铁成：恒大、海航犯了一个相同的错误*

俞铁成

“当下值得赞赏的中国企业家该有的经营战略应该是：围绕核心产业深耕细作，依靠科技进步突破技术瓶颈，凭借资本市场实现市值同步提升，产品经营稳步推进的同时，自然获得资本市场的良好表现回报。”

一家企业能做多大，取决于企业领导能把控住多大的资产和财富。陈峰和许家印都是草根出身、靠“赌性”起家。海航当年买飞机是忽悠索罗斯“空手套白狼”，恒大的地产是一直在用高负债、高周转去赌，始终在钢丝绳上跳舞。

当他们在顺境时赌成功，能把控住一家几百亿元资产企业的时候，会觉得自己“无所不能”，相信自己也能管理几千亿元甚至几万亿元的企业“帝国”。他们在企业内部就像帝王一样，高高在上“一言堂”。他们想做的事情，没有高管

* 本文系 2021 年 9 月财富中文网采访记录。

敢说一个“不”字。

最近有一份《恒大高级管理层的宾馆接待要求》的表格传播很广。一家企业的高管层生活奢迷，下属溜须拍马、揣摩研究老板喜好、像皇帝一般侍候老板，其中的细节看了让人瞠目结舌。这种企业文化很危险。

多元化企业埋下危险的基因，是企业家把自己当成了“经营之神”。后面的一路扩张能否成功，完全取决于他本人的眼界、专业和修行，也含有运气成分。这些出事的企业领导们把控不住后来所做的这些事情，是导致他们企业崩盘的根源所在。

海航和恒大的多元化有很大区别。相对于海航来说，恒大的多元化要收敛一些。原来它一直做房地产，后面跨界算是从恒大冰泉开始。恒大冰泉可能烧掉了几十亿元，没有伤筋动骨。后来搞足球队，问题也不大。让许家印伤筋动骨的，是恒大汽车，在里面投了成百上千亿元，步子迈得太快太大。

海航是企业多元化的典型负面教材。陈峰自己在2018年讲过，中国22个大行业，海航进入了12个，其中涉足44个细分领域，几乎无所不包。高峰时期，海航下面有1500多家子公司、“孙公司”。

虽然都是高负债下的多元化，恒大的现金流仍然是过度压在房地产板块，房地产行业一旦出现风吹草动，就会出现大麻烦。大象倒下，足以引发局部地震。而海航虽然进入破产重整，但是国家出面拆分，下面还存有一些优质资产，比如航空业务。

海航的多元化程度之高，也带来另外一个后果。扩充了那么多板块，根本就管不了。世上没有可以1个人管理44个细分行业的“经营之神”。

在盲目自大的驱动模式下，许多企业家在多元化时就会非常急躁、草率、冲动和业余，甚至会犯许多“低级错误”，让人扼腕叹息。

一、盲目扩张、“短钱长投”

包括海航在内，此前很多中国企业在海外并购，有一个现象是“出钱不出声”。陈峰在2017年收购德意志银行，后来砸下去一笔钱，成了主要股东之一，但没有任何影响力和控制力。膨胀期的创始人追求的就是一个“爽”字，成了某某跨国公司的股东，但实际上对他的主业没有任何帮助。

梳理海航崩盘、恒大危局的根源，除了已经说过的盲目多元化扩张，还有一个重要原因是："短钱长投"。

海航、恒大的多元化并购扩张，绝大多数属于长线投资行为。但是他们没有这么多自有资金做长线投资，中间有一部分中长期贷款，更多的还是需要靠集团层面来发各种一年内要还的短期融资产品。

"短钱长投"是中国企业多元化的一大财务"恶疾"。如果企业扩张所用的资金大部分是短期融资而来，这犯了并购中最忌讳的"资金期限错配"错误。因为企业并购一般都是长线投资行为，资金投出去到回收本金一般至少需要 3 年到 5 年的时间。

如果投出去的每一个项目都很好，被投资企业每年都有盈利、可分红，分红能够覆盖掉借款的利息，那问题也不大。但问题是中国民营企业的盈利分红，很难覆盖投资方的资金成本。当"短钱长投"积累到一定阶段时，集团资金链就一定会出问题。

海航很像十几年前的中国著名民营企业德隆，他们最初是 10 个锅 10 个盖子，后来变成 8 个盖、5 个盖，然后总有捂不住的一天，就爆掉了。

因为缺乏经验管理，不能够输入很多资源，盲目多元化扩张不能创造效益，在这种情况下，他们又用了短期资金来做扩张和并购投资，崩盘就成了必然结果。

二、世间哪有那么多"第二曲线"？

最近几年，国内一些官办或民间商学院、创业营等大力鼓吹寻找"第二曲线"，积极投资新的产品、行业来"突破瓶颈"，我对此坚决不认同。

这世间哪有那么多"第二曲线"？当每个老板都想寻找到"第二曲线"时，很多新兴产业和行业立刻就从"蓝海"变成"红海"，难道说"第二曲线"失败后再去找"第三曲线""第四曲线"？

全世界没有哪个国家的人，像我们中国人这样勤劳，努力地整天想着赚钱，先为了养家糊口，然后为了光宗耀祖。当很大一部分国民都处于这种状态的时候，其实每一个跑道，都有一堆人在竞争。

创业者、企业家觉得自己的跑道很累很辛苦的时候，会想着换一个跑道，但是你不知道别人有多苦多累,有多少人想着进入你现在的跑道。

如果说占了任何一个市场的行业份额到20%,或者变成前三名的时候,这个时候你考虑去跑第二个跑道,这是可以的。你不能在行业市占率只有1%、2%的时候,就觉得这个行业好累,要换个跑道,那么其他的跑道可能更累。

第二、第三、第四曲线不能乱找,这涉及战略性方向的选择。我最近几年在研究多元化的方向,一个建议是:理性、适度的多元化,要按照“同客户不同产品”的方向去做。

比如你是做汽车方向盘的,做到了行业前三,跟中国所有整车厂商关系都很好,要考虑多元化的话,你可以干什么?可以去投一个做汽车座椅或是汽车音响的公司,但不能盲目跨界。

看一下美国大企业的发展,关于多元化、专业化的结果已经非常明显。当年多元化的代表、世界上最有价值的公司通用电气,从杰克·韦尔奇(Jack Welch)去世以后,一路多元化,一路滑坡,市值已经跌了百分之八九十。反过来看这几年美国的巨无霸公司,苹果也好,谷歌、亚马逊也好,这些公司他们其实都是围绕他们的核心主业在发展。账上都有大量的现金,也没有去乱投资、乱并购。

三、企业领导的脑袋,一定要保持清醒

如果说海航和恒大给中国民营企业敲响了警钟,我觉得最需要警醒的,是民营企业家们一定要保持脑袋清醒。尤其是在融资特别方便的时候,在辉煌时期,1号位的脑子一定要保持清醒。

举个例子,宁德时代和隆基股份分别是中国锂电池和光伏行业霸主,现在所有的金融机构对他们都是一路绿灯,所以他们拿钱都很容易。在这样的情况下,这个钱是不是能拿多少就拿多少?宁德时代和隆基现在的疯狂扩张真的没有风险吗?

许多老板会觉得只要能融到钱,不拿白不拿,拿到可以快速地往热门的领域里面砸钱。比如说深圳的两位房地产富豪,许家印和姚振华,都在汽车领域损失惨重。

海航之前有很多佛教的符号,包括那幢被解读成形似佛像的总部大楼。陈

峰一直对外展现的也是虔诚的佛教徒的形象。

佛教说,人的苦来自贪、嗔、痴、慢、疑,贪是放在第一位的。从产业扩张的角度来看,海航太“贪”了!

这和另外一个学习佛法的企业家有很大不同——福耀玻璃曹德旺,他能够控制欲望,做力所能及的事情,专注做汽车玻璃。

《财富》世界500强企业,这几年其实有几家民营企业冒出来,很多人不注意,但其实是值得大家关注和研究的。比如说苏州的两家企业,恒力集团(2021年《财富》世界500强第67位)和盛虹控股(2021年《财富》世界500强第311位)。我十几年前去的时候他们规模都还很小,然而他们这么多年坚持做化纤纺织主业,都做到了几千亿元规模。

当下值得赞赏的中国企业家的经营战略应该是:围绕核心产业深耕细作,依靠科技进步突破技术瓶颈,凭借资本市场实现市值同步提升,产品经营稳步推进的同时,自然会获得资本市场的良好表现回报。

断了浮躁多元化扩张的心,就没有那么多额外的资金需求,企业负债率也能控制在比较低的水平,企业自然就能活得安全滋润,老板也就能安静下来做真正该用心做的事业。

上市公司如何管理“对赌式并购”？

中国上市公司对外收购流行业绩对赌，本文系统分析了中国上市公司对赌式并购的原因、法规、风险等，提出极具参考价值的八条建议，将极大地改善中国上市公司并购的成功率。

俞铁成

一、从宁波东力并购“惨案”说起

宁波东力作为中国齿轮箱、电机、门控系统等通用设备的知名公司，2007 年在深交所中小板上市后也曾风光一时。但 2012 ~ 2015 年连续 4 年扣非净利润为负，一直处于保壳状态。

2016 年 6 月 30 日，宁波东力拟以发行股份和支付现金的方式，以 21.6 亿元购买年富供应链 100% 股权，形成 17 亿元并购商誉。

年富供应链是深圳较为知名的供应链企业，主业为客户提供采购执行、进出口代理、资金结算支持、仓储、物流配送、分销执行等综合性一体化供应链管理服务，主要服务于电子信息领域。2016 年并购时年富供应链的业绩承诺是

2017年、2018年、2019年实现的扣非净利润分别不低于2.2亿元、3.2亿元和4亿元。

2017年8月，年富供应链并入公司合并报表。宁波东力业绩在2017年度实现爆发，营收由2016年度的5.15亿元增至128.7亿元，同比增长近24倍；扣非净利润也由此前的510万元上升至1.55亿元，同比增长近30倍。

2018年8月6日晚间，宁波东力公告，全资子公司年富供应链法定代表人李文国及高管团队涉嫌隐瞒年富供应链实际经营情况，通过多家海外关联企业，侵占公司资金，骗取公司股份及现金对价21.6亿元，骗取公司增资款2亿元，诱骗公司为年富供应链担保15亿元。

2018年12月27日，宁波东力收到年富供应链转发的民事裁定书。深圳市中级人民法院裁定受理对年富供应链的破产清算申请。

2018年宁波东力巨亏28亿元，主要源于对年富供应链股权投资计提减值准备23.6亿元，对年富供应链应收款计提坏账准备13.86亿元。

证监会处罚决定显示，2014年7月至2018年3月，年富供应链通过虚增出口代理服务费收入和利润、虚增境外代采业务收入和利润的方式，虚增营业收入34.82亿元，相应虚增营业利润4.36亿元。

宁波东力收购年富供应链导致上市公司崩盘的惨案是近些年中国上市公司涌现的大量并购惨案中的一起，这些并购惨案无一例外都有一个共同特征：存在“对赌”交易条款。

本文将对中国上市公司对赌式并购产生的原因、政策法规、问题及解决方案等进行深入分析，希望对中国上市公司并购减少“踩雷”概率提供有益帮助。

二、何谓“对赌式并购”

所谓对赌式并购指收购方在收购标的公司时，和标的公司大股东或其一致行动人签署的一个交易支付对价调节机制，基于未来设定的“对赌条件”确定交易对价水平及动态调节方案。

国外也有类似的对赌安排，被称为Earn－out，和中国不同的是，中国的对赌式并购一般都是买家先全部支付完交易对价，然后每年考核对赌指标是否完成决定卖家是否要承担补偿义务“回吐”之前收到的支付对价（通常是股份或现金)；而国外流行的 Earn - out 则是买家不一次性支付完对价，而是先支付一部分，然后后面根据考核对赌指标完成情况再分年支付剩余对价。

中国上市公司对外收购企业时 90% 以上案例都存在对赌条款，国外大概有 60% 的案例存在对赌条款。中国上市公司的对赌概率远远高于国外，这和中国上市公司并购的一些特殊情况有关系。

为何中国上市公司并购时流行设置对赌条款呢？有以下一些原因。

(一)收购估值偏高，设置对赌便于通过审批

基于收益法或市场法评估导致标的公司估值远高于净资产，在这种情况下为了便于通过董事会、股东会或证监会审批设置了业绩对赌。

对于许多轻资产类型的公司，比如文化传媒、软件、系统集成、园林工程等企业，收购估值往往是净资产的 5 倍甚至 10 倍以上，如此高的并购溢价率意味着巨大的资产泡沫风险。在这种情况下，如果不设置未来至少 3 年的盈利业绩对赌指标，上市公司董事会、股东会或证监会审批时基本通过不了。

但这类并购即便设置了对赌条款，后面基本都是“一地鸡毛”。

案例 1：华谊兄弟收购冯小刚导演公司的荒唐交易

2015 年 11 月 19 日，上市公司华谊兄弟发布公告，拟以 10.5 亿元高溢价收购冯小刚、陆国强分别持有的浙江东阳美拉公司 69%、1% 的股权，收购完成后华谊兄弟持有东阳美拉 70% 股权，冯小刚持有 30% 的股权。而当时公告东阳美拉刚成立才半年，未经审计的资产总额为人民币仅 1.36 万元，负债总额为人民币 1.91 万元，净资产仅为人民币 5500 元，公司注册资本仅为人民币 500 万元。为弥补高溢价收购，冯小刚等股东做出高额业绩承诺，冯小刚和陆国强作出的业绩承诺期限为 5 年，2016 年承诺东阳美拉公司未经审计扣非后的净利润 1 亿元，自 2017 年度起，每个年度的业绩目标为在上一个年度承诺的净利润目标基础 上增长 15%，即 2016 ~ 2020 年承诺东阳美拉净利润应不低于 1 亿元、1.15 亿元、1.32 亿元、1.52 亿元、1.75 亿元。

华谊兄弟在几年前除了收购冯小刚的公司，还以类似的方式高溢价收购了好几个明星创办的“皮包公司”。这种疯狂对赌式并购最终导致华谊兄弟连续亏损，几百亿元市值灰飞烟灭。

（二）市值管理的需求

许多上市公司进行对赌式并购的背景是自己原有主业后续乏力或者已经开始走下坡路，为了维护股价和市值，必须找到新的利润增长点。在原有主业内已经不可能再投资的情况下，并购一个新的业务加上3年业绩对赌就变得很迫切。至少，企业在收购后3年内有稳定的业绩增长预期。

我观察到一个特别有意思的现象，许多上市公司往往是在上市后的第三年进行大规模对赌式并购。这是因为上市公司实控人的股份在上市后3年内因不能出售被锁定，从第四年开始才逐步解冻可以抛售。而许多上市公司业绩上市一两年后就“变脸”，到第三年暴跌，等到股票解封之日老板财富损失巨大。在这种情况下，许多上市公司希望通过第三年进行并购注入一些利润，保证公司在解封后的3年内业绩能够稳中有涨，这样自己可以逐步卖出股份，实现个人财富的“落地为安”。

（三）并购后整合管理的需要

如果收购的标的公司和上市公司处于同一行业，上市公司收购时对于并购后的公司及业务整合就会比较轻松。但许多上市公司收购是跨界收购，如果不设置3年或更长时间的对赌，他们担心原有核心业务骨干在并购后很快离职，自己的业务团队又因不懂标的公司的业务而无法接管，这样并购肯定会出事。收购方设置对赌条件至少能逼迫标的公司原大股东和核心团队在对赌期内认真经营好企业。

三、上市公司“对赌式并购”的危害

中国上市公司“对赌式并购”存在重大的风险，如果不能有效管理，将可能导致公司满盘皆输。

（一）并购商誉减值风险

商誉（goodwill）是指购买方对合并成本大于合并中取得被购买方可辨认净资产公允价值份额的差额。

对赌式并购基本都会产生商誉，因为对于并购标的的估值基本都会采用收益法或市场法，导致交易估值远高于公司净资产，这样必须要靠对赌条款的设置来便于通过审批和控制风险。

但因此产生的并购商誉却是上市公司极大的财务负担。目前中国上市公司因为并购累积产生的并购商誉高达1.3万亿元，这1.3万亿元的商誉每年都要做减值测试，考量被收购资产是否发生业绩下滑等减值因素，如果发生了业绩滑坡就要对并购产生的商誉进行减值，直接冲减当期净利润。

案例2：利欧股份转型并购商誉暴雷

利欧股份于2007年登陆A股上市，是国内第一家水泵行业的上市公司。2014年开始，这家传统制造业公司向互联网数字营销行业跨界，到2016年完成收购了上海漫酷、上海氩氪、琥珀传播、万圣伟业、微创时代、智趣广告，覆盖营销策略和创意、媒体投放和执行、效果监测和优化、社会化营销、精准营销、流量整合等完整的服务链条。2021半年报显示，该公司旗下数字营销业务占其营收的80%。完成收购后，利欧股份的商誉值从2013年的7710.57万元飙升至2016年的38.51亿元（见图1）。跨界更让利欧股份的业绩暴涨，其营业收入从2013年的18.41亿元升至2020年155.48亿元。

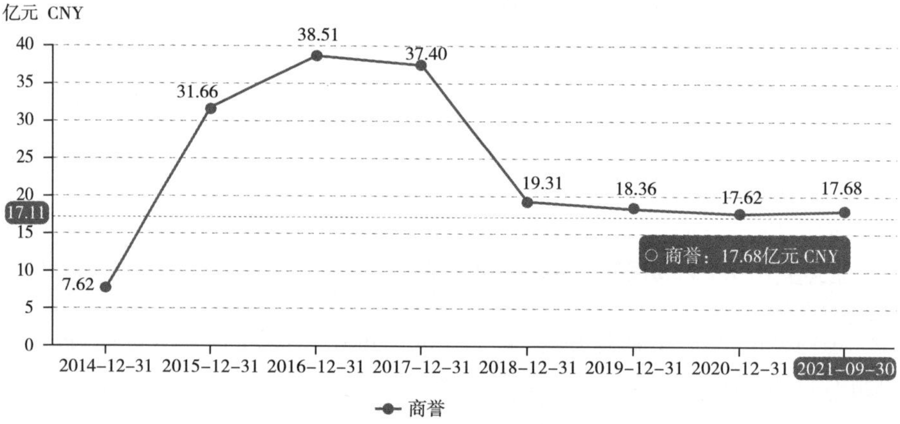

图1　利欧股份[002131.SZ]－资产负债表

但2018年公司亏损18.6亿元，亏损原因主要是计提了巨额商誉减值。2018年年度报告显示，截至2018年12月31日，利欧股份财务报表所示商誉项目账面原值为 38.9 亿元，减值准备为 19.58 亿元。

（二）并购标的失控风险

中国上市公司对赌式并购还存在一个巨大的失控风险。

上市公司要求标的公司大股东至少对赌 3 年业绩，标的公司大股东就会和上市公司提出一个要求：对赌期这 3 年内，标的公司必须由原有团队全盘掌控管理，上市公司不得派人进入标的公司高管层担任例如副总等职务。为了让上市公司看起来掌握该公司控制权，一般只同意让大股东派人担任该标的公司董事长，财务总监往往都不让上市公司派人担任。标的公司大股东这么做的理由是：如果上市公司派人进入核心高管层，就等于上市公司也派人参加了该标的公司的实际运营，将来标的公司业绩不达标也有上市公司的责任，责任具体分担多少是很难界定清楚的。因此为了避免将来因双方分不清责任而互相扯皮的状况发生，上市公司就不能在对赌期内参与到标的公司的日常管理中。

这个逻辑不能说没有道理，但是在现实运作中渐渐走了样。

许多上市公司在对赌期内真的就彻底“放权”，让标的公司原大股东和团队操控公司几乎 100% 的运作，放任自流。

这几年已经爆发了数十起上市公司起诉全资控股某子公司管理团队的案例，几乎都是因为业绩对赌，上市公司失去了对该子公司的控制权。

案例 3：文化长城收购翡翠教育“全面失控”

2017 年 9 月 19 日，文化长城与翡翠教育 16 名原股东共同签订了《发行股份及支付现金购买资产协议》和业绩对赌协议，约定文化长城通过发行股份和支付现金的方式，购买翡翠教育 16 名原股东合计持有的翡翠教育 100% 股权。交易对价为 157,500 万元，其中以发行股份方式支付对价 82,170.438 万元，以现金方式支付对价 75,329.562 万元；股份支付对价为限售流通股。本次交易完成后，上市公司将会确认商誉 120,687.54 万元。

翡翠教育的核心管理团队鲁志宏、李振舟、陈盛东及张熙承诺，自股权支付对价交割日起，鲁志宏、李振舟、陈盛东三人仍需至少在翡翠教育任职 60 个月不离职；张熙仍需在上海昊育信息技术有限公司任职 60 个月不离职。

在业绩承诺期限届满前，翡翠教育法定代表人、总经理由安卓易（北京）科技有限公司委派人员担任，财务负责人由文化长城委派。未经文化长城书面同意，股份支付股东不对锁定期内的标的股份设定任何质押等第三方权利。翡翠教育截至评估基准日的滚存未分配利润及评估基准日后至股权交割日期间实现的净利润归文化长城所有。

翡翠教育 11 名业绩承诺股东及核心管理团队鲁志宏、李振舟、陈盛东及张熙 4 人的盈利承诺为：翡翠教育 2017 年到 2019 年分别实现净利润 9000 万元、20,700 万元和 35,910 万元。

上述协议签订后，至 2018 年 3 月 27 日，公司完成了工商变更登记。

2019 年 6 月，文化长城发布公告，宣布收购翡翠教育完成后，因翡翠教育不配合公司管理，导致公司完全失去对翡翠教育的控制，具体如下：

（1）翡翠教育只以邮件方式提供电子财务报表，拒绝提供信息披露所需要的财务明细账；拒绝提供签字盖章的书面财务报表及重要的财务资料（如银行对账单、定期存单复印件、重要的业务合同等复印件）；多次提供不同的 2018 年 12 月财务报表，重要的货币资金科目前后出现差异近 1.1 亿元，并拒绝解释差异原因。

（2）公司依据《发行股份及支付现金购买资产协议》向翡翠教育派驻财务总监，但翡翠教育核心管理团队阻挠其正常开展工作，致使公司派驻的财务总监无法正常履职。

（3）自 2018 年 3 月翡翠教育 100% 的股权过户至公司名下后，在翡翠教育的日常经营中，核心管理团队未遵守翡翠教育章程和内部审批权限，未经翡翠教育的股东或董事会审批同意，多次与没有业务关系的第三方进行大额资金往来，其中大额资金拆出合计 112,459.32 万元、大额资金拆入合计 78,660.5 万元（拆出资金大于拆入资金 33,798.82 万元）。

（4）自 2018 年 3 月翡翠教育 100% 的股权过户至公司名下后，翡翠教育核心管理层和经营团队未曾向翡翠教育的董事会进行经营述职，且存在多次违规进行资金调拨、对外投资、对外收购、对外处置子公司的行为。

（5）公司作为翡翠教育的全资股东，多次向翡翠教育提出查阅账簿、查阅银行对账单定期存单等重要财务资料，翡翠教育管理层均置之不理。

(6)依照《发行股份及支付现金购买资产协议》第7条,在公司向股份支付股东发行股份后,翡翠教育截至评估基准日的滚存未分配利润及评估基准日后至股权交割日期间实现的净利润归公司所有,公司作为100%持股的股东做出翡翠教育的分红决定,并多次要求翡翠教育实施分红,但翡翠教育均予以拒绝。

(7) 2018年度审计期间,翡翠教育拒绝向负责审计的大华提供3亿元定期存单原件,拒绝向大华提供重要的收入确认资料。

(8)翡翠教育核心管理团队违反《发行股份及支付现金购买资产协议》,对公司聘请的审计机构开展的2018年审计工作进行多维限制,拒绝提供核心的银行存单、收入确认资料,导致大华无法对翡翠教育的财务报表发表审计意见,无法对翡翠教育2017年度、2018年度业绩承诺实现情况进行鉴证,逃避可能存在的业绩承诺补偿责任。

(9)翡翠教育发生多起诉讼,如上海联升创业投资有限公司诉北京翡翠教育集团有限公司股权转让纠纷等,均未向公司履行报备义务。

(三)标的公司核心团队离职风险

即便标的公司原有的核心团队在对赌期几年内兢兢业业工作,和上市公司大股东也磨合得不错,业绩对赌全部完成,上市公司仍然会面临着接下来的巨大挑战:这些核心的管理、技术和销售等高管人才全部离职怎么办?

特别是以现金收购为主要支付方式的对赌式并购案例中,当标的公司原有大股东和高管完成对赌后,意味着之前收到的巨额股权转让款彻底“落袋为安”,许多人财富自由了,那么还有什么理由继续留在上市公司帮助运营管理该子公司呢?上市公司能给多少薪水才能留住这些已经套现几千万元到几亿元的高管呢?

许多上市公司在收购时都会设定“竞业限制”条款,不允许这些标的公司的大股东和高管辞职后几年内继续从事和原有公司业务相同或相近的业务。但这在善于经营钻空子的人面前几乎没有实质性威胁,因为他们可以找人代持股份注册公司从事原有业务,把原来的核心客户挖走。

经常有上市公司老板向我咨询某某项目是否值得收购,我都会说你们先把第一个问题弄清楚再决定是否要收购:当收购标的公司原有核心团队在对赌期满之后全部离职的情况下，上市公司是否能立刻派人有效接管公司，继续保持原有的经营能力和盈利水平？

一些上市公司老板问我：巴菲特收购了许多公司，基本都是100%收购，为何那些被收购公司的原有大股东和高管基本都会继续在公司里帮巴菲特打工几十年直到退休或去世？我为什么不能成为巴菲特这样的人？

对于巴菲特的这种神奇的并购后留用原有团队的现象我做了不少研究，最终答案是中国企业家学不来。其中最核心的原因有两点：一是那些被巴菲特收购的公司的原创始人们都对该公司有极深的感情，都不想轻易换个陌生工作，愿意在自己创办的企业干一辈子，他们往往对于财务的欲望没有中国创业者那么强烈，解决了财富自由问题后继续享受在原有公司管理的生活工作状态；二是巴菲特的个人魅力征服了所有被收购公司的创始人，巴菲特永远不会随意插手子公司日常经营，只是积极帮助他们解决问题、对接资源，而许多公司也以加入巴菲特的伯克希尔大家庭为荣耀。

四、中国上市公司对赌式并购的核心政策规定

（一）《上市公司重大资产重组管理办法》第35条

采取收益现值法、假设开发法等基于未来收益预期的方法对拟购买资产进行评估或者估值并作为定价参考依据的，上市公司应当在重大资产重组实施完毕后3年内的年度报告中单独披露相关资产的实际盈利数与利润预测数的差异情况，并由会计师事务所对此出具专项审核意见；交易对方应当与上市公司就相关资产实际盈利数不足利润预测数的情况签订明确可行的补偿协议。

……

上市公司向控股股东、实际控制人或者其控制的关联人之外的特定对象购买资产且未导致控制权发生变更的，不适用本条前二款规定，上市公司与交易对方可以根据市场化原则，自主协商是否采取业绩补偿和每股收益填补措施及相关具体安排。

（二）《监管规则适用指引——上市类第1号》（证监会2020年发布）

1. 业绩补偿

交易对方为上市公司控股股东、实际控制人或者其控制的关联人，应当以其获得的股份和现金进行业绩补偿。构成重组上市的，应当以拟购买资产的价格进行业绩补偿计算，且股份补偿不低于本次交易发行股份数量的90%。业绩补偿应当先以股份补偿，不足部分以现金补偿。

业绩补偿期限不得少于重组实施完毕后的3年。

2. 业绩奖励

（1）上市公司重大资产重组方案中，对标的资产交易对方、管理层或核心技术人员设置业绩奖励安排时，应基于标的资产实际盈利数大于预测数的超额部分，奖励总额不应超过其超额业绩部分的100%，且不超过其交易作价的20%。

（2）上市公司应在重组报告书中充分披露设置业绩奖励的原因、依据及合理性，相关会计处理及对上市公司可能造成的影响。

（3）上市公司应在重组报告书中明确业绩奖励对象的范围、确定方式。交易对方为上市公司控股股东、实际控制人或者其控制的关联人的，不得对上述对象做出奖励安排。

（4）涉及国有资产的，应同时符合国有资产管理部门的规定。

五、如何有效管理中国上市公司的"对赌式并购"

（一）选好并购方向，避免盲目跨界

虽然许多上市公司进入一个新的业务或行业是因为自己原有主业已经产能饱和陷入红海或已经处于衰退期，但仍然可以认真对未来的并购方向进行深入彻底的研究，利用外部专家智库的帮助集思广益，尽量选择和原有主业有一定关联度的行业。

比如可以按照以下思路来寻找新的赛道：

（1）和原主业相同客户但生产不同产品（我们最推荐的方向）；

（2）和原主业有共同的核心原材料上游产品；

(3)和原主业有共同的核心生产工艺或装备；

(4)和原主业有相近的研发技术和专业方向。

如果一定要进入一个和原有主业完全无关的新行业，建议要先找到这个行业里真正的专家咨询把关，尤其避免追逐热点去投资并购一些“网红”赛道产业。

(二)学会用“双重估值”来降低综合收购成本

现在上市公司收购的公司中，大部分标的公司都有一些财务投资人如各类私募股权投资基金等，这些财务投资人一般都不参加和上市公司的对赌，对赌义务一般都只由标的公司大股东和其一致行动人来执行。

大股东承担了对赌义务，把标的公司估值太高，财务投资性质的小股东们不参加对赌，等于“搭便车”享受了大股东的“福利”，在这种情况下一些上市公司收购标的公司时就针对大股东和小股东设置“双重估值”来降低收购成本。

所谓“双重估值”，就是给参加对赌的标的公司股东给予一个较高的股权估值，对不参加对赌的标的公司股东给予一个较低的股权估值，这样可以降低总交易成本，参加对赌的大股东也会心理平衡。

以下为部分“双重估值”的交易案例：

(1)中环装备(300140)收购兆盛环保，有对赌的股权估值 ÷ 无对赌的股权估值 = 1.2 倍；

(2)天广中茂(002509)收购神农菇业，有对赌的股权估值 ÷ 无对赌的股权估值 = 1.43 倍；

(3)新元科技(300472)收购清投智能，有对赌的股权估值 ÷ 无对赌的股权估值 = 1.31 倍；

(4)中际装备(300308)收购苏州旭创，有对赌的股权估值 ÷ 无对赌的股权估值 = 1.46 倍。

(三)支付方式尽量多用股份少用现金

为了争取让标的公司原核心团队在对赌期满后能继续留在公司长期工作、一起战斗，上市公司在支付交易对价时应该尽量争取多用股份少用现金。这样可以把这些核心团队的利益和上市公司股价紧密捆绑在一起，至少不会让他们恶意把标的公司利润转走、业绩做垮，否则上市公司股票暴跌他们前期拿到的股份也都损失惨重。

在一个交易中，支付股份和现金的比重该如何设计？

我们建议现金支付比例控制在20%—30%，主要用于标的公司股东套现时要缴纳相关税收及适当的个人生活改善所需。当然最后比例取决于双方的谈判。

买卖双方博弈的另一个核心因素是上市公司的股价表现。当股票价格处于高位、市盈率很高时，上市公司无疑发行股份支付能让利益最大化，但是卖方的风险就会显著增加；反之在股市低迷、上市公司股价处于地位时，上市公司往往舍不得稀释股份，而是宁愿选择借款，用现金为主进行收购，但这时卖方反而可能会主动要求多换股少要现金。

案例4：拓尔思（300229）收购天行网安100%股份

（1）交易方案

拓尔思公司向深圳创新及荣实等9名自然人非公开发行股份27,890,760股，购买深圳创新及荣实等9名自然人持有的天行网安80%股权，同时支付12,000万元现金，购买银科九鼎、深圳创新及荣实等9名自然人持有的天行网安20%股权。

本次交易，天行网安100%股权的交易对价为60,000万元。

（2）股份锁定

本次向荣实、李志鹏、令狐永兴发行的股份自发行结束并完成股份登记之日起18个月内不得转让；自完成股份登记之日起18个月后，解禁全部取得股份的15%；自完成股份登记之日起30个月后，再解禁全部取得股份的30%；自完成股份登记之日起42个月后，再解禁全部取得股份的55%。

本次向毕然等6名自然人、深圳创新发行的股份自完成股份登记之日起12个月内不得转让；自完成股份登记之日起12个月后，解禁全部取得股份的26.53%；自完成股份登记之日起24个月后，再解禁全部取得股份的33.33%；自完成股份登记之日起36个月后，再解禁全部取得股份的40.14%。

上述股份锁定期间，持股人承诺不以质押、代持等任何方式处置或影响该等锁定股份的完整权利。解禁股份前需要先扣除以前年度因未达承诺利润和减值测试而已经执行补偿的股份。同时，盈利补偿条款约定的现金补偿支付给拓尔思前，或者利润承诺期结束后应收账款保证金支付给拓尔思前，待解禁股份不得解禁。

（3）业绩承诺及业绩补偿

深圳创新及荣实等9名自然人承诺2014年、2015年和2016年，天行网安扣除非经常性损益后的净利润分别不低于4100万元、5150万元和6200万元。

盈利承诺期内，标的公司截至当期期末累积实际净利润数低于截至当期期末累积承诺净利润数，深圳创新及荣实等9名自然人应当对拓尔思进行补偿。当期补偿金额＝（截至当期期末累计承诺净利润－截至当期期末累计净利润实现数）/补偿期间内各期的承诺净利润数总和×标的资产交易价格－已补偿金额。

补偿金额按照按深圳创新及荣实等9名自然人获得现金对价和股份对价的比例分别进行现金补偿和股份补偿。股份补偿数量按"应以股份补偿的金额"除以本次发行股份价格计算。在本次发行的定价基准日至补偿日期间，若拓尔思发生送股、转股等事项，则发行价格应进行除权处理，补偿数量应据此作相应调整。

在盈利承诺期内，若深圳创新及荣实等9名自然人截至当年剩余的拓尔思股份数不足以补偿的，则当年应补偿的股份数为深圳创新及荣实等9名自然人剩余的拓尔思股份数，当年应补偿股份金额的差额部分由深圳创新及荣实等9名自然人以现金进行补偿。当年应补偿股份现金数＝当年应补偿金额－深圳创新及荣实等9名自然人剩余的拓尔思股份数×本次发行价格（如果拓尔思在盈利承诺期内实施公积金或未分配利润转增股本的，则此处"本次发行价格"应进行相应除权处理）－应补偿现金。

本次补偿金额应以业绩承诺人取得的拓尔思股票和现金为限。

本次重组实施完成后，如因不可抗力等原因导致未来标的公司实际净利润数低于承诺净利润数或利润延迟实现的，拓尔思与深圳创新及荣实等9名自然人经协商一致，可以通过书面形式对补偿数额予以调整：

深圳创新及荣实等9名自然人内部按照标的资产交割日前各自持有的标

的公司出资额占其合计持有的标的公司出资总额的比例分担补偿责任。

本次交易于 2014 年 7 月 23 日获得证监会审核通过。

（四）分步交易，不要一次收购全部股份

我们建议上市公司收购资产时最好分两步走，先收购 51% 的股权，期满一年后再收购剩余 49% 的股份。为了保证上市公司对该标的公司有彻底的控制权，可以要求标的公司剩余股东把 49% 的股份先质押给上市公司，或把表决权委托给上市公司。

两步走的收购还可以分为两种类型：一是先让上市公司控股股东收购 51% 的股权，然后过 1 年后上市公司收购标的公司 100% 股权；二是上市公司先收购 51% 的股权，过 3 年后再收购 49% 股权。

这样做最大的好处是将并购商誉降低了将近一半，这种交易属于同一实际控制人下的企业合并，按照有关财务处理规定，收购价超过可辨认净资产的部分不体现为商誉！

案例 5：盈峰环境收购中联环境减少 60 亿元并购商誉

2017 年 6 月，盈峰环境（000967）母公司盈峰控股便收购了中联环境 51% 股权，取得了控制权，交易价格为 73.95 亿元，盈峰控股根据当时可辨认净资产计算溢价确认商誉为 57.14 亿元。

2018 年 7 月 17 日，盈峰环境发布重大资产重组报告书，公司拟以 152.5 亿元收购中联环境 100% 的股权。在评估基准日中联环境的净资产只有 31.64 亿元，评估增值率高达 382.78%，简单估计上市公司的商誉应该增加 120 亿元左右。但是，根据 2018 年年报，上市公司却只确认了商誉 57.14 亿元。

因此，盈峰环境通过和控股公司完美配合，两次分步并购（相隔 1 年以上），成功少入账 60 多亿元并购商誉！

如果是上市公司先收购标的公司 51% 股权对赌 3 年业绩，3 年期满后再对赌 3 年业绩收购剩余 49% 股权时，一定要小心设计交易条款，把收购与否的主动权掌握在自己手里。

科华生物收购天隆科技就因为交易条款细节陷入极大麻烦。

案例6：科华生物收购天隆公司被逼天价收购38%股份

2018年6月，科华生物(002022)与天隆公司创始股东签订了《投资协议书》，将分两步走收购天隆公司股权。

第一步，分为两次交割，科华生物共出资5.54亿元，收购天隆公司62%的股权，资金来源为银行并购贷款和自有资金。

第二步，在交割完成后，双方约定将于2021年处理剩余38%的股份，分为两种方案：第一，按照12亿元或天隆公司2020年度扣非后净利润30倍进行收购；第二，也可由天隆公司其他股东提出要求，按照9亿元或天隆公司2020年度扣非后净利润的25倍进行收购，两种方案以孰高为准。

或许是天隆公司收购时的糟糕财务状况让科华生物降低了警惕才签下这样的交易协议。天隆公司2017年营业收入为1.24亿元，净亏损0.12亿元，2018年第一季度营业收入为0.3亿元，净亏损350.23万元。

万万没想到的是，新冠疫情暴发后，天隆推出新冠病毒核酸检测整体解决方案，由此推动2020年天隆营业收入、净利润飙升至20.79亿元和10.86亿元。

2021年7月13日，天隆公司股东向上海国际经济贸易仲裁委员会提出仲裁申请并获受理，要求科华生物支付其天隆公司剩余38%股权价款105.04亿元、违约金10.5亿元及延迟付款违约金。并表示，如上述仲裁请求未获支持，则天隆公司股东有权分别以4.29亿元及0.33亿元回购科华生物持有的西安天隆和苏州天隆62%的股权。

天隆公司还打出“组合拳”，一方面，要求科华生物支付股权价款，拒绝配合审计；另一方面，天隆公司通过诉讼官司，冻结了科华生物62%股权对应的财权和人事权，即股权转让、财产分配和人事管理权。

科华生物在2021年年报中表示，于2021年7月30日收到西安市未央区人民法院作出的(2021)陕0112财保546号民事裁定书，裁定查封科华生物在天隆公司持有的62%的股权，期限为3年。由此，科华生物在公告中表示，公司对天隆公司的管理控制无法得到天隆公司管理层的执行，公司已暂时失去对控股子公司西安天隆和苏州天隆的控制。

科华生物申诉认为，西安天隆业绩的增长情况已超出了各方在订立《投资协议书》时正常可预见及可预测的范围，希望能够重新商议收购价格。同时，针对天隆公司少数股东的仲裁申请，科华生物表示，天隆公司 2020 年度收入和利润的爆发式增长构成法律规定的“情势变更”情形。由此，在上述情形下，科华生物认为自身依法有权要求重新协商，以变更或者解除“进一步投资”交易条款。

2022 年 4 月 29 日晚间，科华生物发布公告称，由于该公司对控股子公司天隆公司暂时失控，导致 2021 年度财务报表被出具无法表示意见的审计报告，也因此，科华生物被深交所实施退市风险警示。

2022 年 5 月 6 日，科华生物复牌后变更为 * ST 科华，一字跌停。

（五）分期支付对价

国内上市公司目前的对赌大部分都是采用了“先付后讨”的方式，即上市公司先足额支付交易对价，然后考核对赌方在约定期间内是否逐年完成承诺对赌条件来决定是否要对赌方补偿股份或现金等前期已经支付的交易对价。

这种方式让上市公司处于被动状态，有些案例出现了交易对手拿到现金后“人间蒸发”的荒唐情形，上市公司即便打赢了对赌官司也无法正常履行对方的赔偿责任。

所以我们建议上市公司尽量争取分期支付对价，先付一部分，然后把剩余对价根据对赌年限分期支付，完成一期对赌就支付一笔直至交易全部完成。这样可以把主动权掌握在自己手里。

案例 7：大东南（002263）并购游唐网络 100%股权

（1）交易方案

大东南公司向游唐网络的全体股东发行股份及支付现金购买其持有的游唐网络 100% 的股权，并同时募集配套资金用于支付部分现金对价。

本次交易的交易标的为姜仲杨、陆旻、韩军、上海完美、苏州龙跃合计持有的游唐网络 100% 股权。游唐网络 100% 股权的交易作价为 56,250 万元。其中 60% 以发行股份的方式支付 33,750 万元，剩余 40% 以现金方式支付 22,500 万元。现金对价分四期向交易对方支付，第一期支付 45%，第二期支付 20%，第三期支付 20%，第四期支付 15%。

（2）股份锁定

姜仲杨、陆旻、韩军以资产认购而取得的上市公司股份，自正式发行结束之日起 12 个月内不得转让；12 个月之后，在业绩承诺期年度《专项审核报告》分别出具后分三期解锁，每期解锁比例分别为 35%、35%、30%。

（3）业绩承诺及业绩补偿

姜仲杨、陆旻、韩军承诺，游唐网络 2014 年度、2015 年度和 2016 年度实现的合并报表扣非后归母净利润数不低于人民 4500 万元、5850 万元和 7350 万元。

游唐网络在承诺年度实际净利润未达到当年度承诺利润的，姜仲杨、陆旻、韩军应向上市公司进行现金补偿，姜仲杨、陆旻、韩军各自承担利润补偿责任的比例为 54.12%、35.29%、10.59%。

每年应予补偿的金额依照下述公式计算：承诺利润金额－实际净利润金额。

姜仲杨、陆旻、韩军在游唐网络任一承诺年度未达到当年度承诺利润时均应按照上述方式进行补偿，游唐网络在其他承诺年度超额完成的利润并不能冲抵该年度应补偿金额。姜仲杨、陆旻、韩军应补偿金额不应超过本次交易总对价扣除交易对方缴纳税收后的部分。

本次交易于 2015 年 1 月 21 日获得证监会审核通过。

（六）不要只用净利润作为对赌指标，灵活设计对赌指标

我们见到的大部分对赌式并购都是和标的公司净利润指标挂钩，但是单一用净利润作为对赌指标有很大风险，因为净利润可调节的方式太多，一些特殊行业（比如广告传媒行业）可以随心所欲地通过签一些代理销售合同来实现账面净利润以及巨大的应收账款和极差的现金流。

我们可以在净利润指标外加上一些指标提高标的公司业绩的“含金量”，比如设置“应收账款＋净利润”或“经营性现金流量净额＋净利润”。

对于互联网企业，可以设置注册用户数量的增加或活跃用户数量的增加等指标作为对赌。

总之，要根据标的公司所处行业的特殊性来设置针对性的对赌指标。

三花智控收购德国亚威科中，双方采取了传统的财务指标 EBITDA；在洛阳钼业收购海外矿产资源中，作为采矿行业，双方将矿产资源的市场平均价格作为业绩指标；在 Shire 收购 SARcode Bioscience 中，双方采取混合指标，既将收入作为业绩指标，又将公司被批准上市作为业绩指标；在复星医药收购 GLAND PHARMA 中，业绩指标依据的是诺肝素是否市场化。

案例 8：碧桂园服务（6098）收购港联不动产

港股碧桂园服务于 2019 年 7 月收购港联不动产公告披露采用的承诺期业绩考核指标即为管理面积的增长率（见图 2）。

業績承諾及估值調整機制

第一賣家向集裕承諾，於截至2019年12月31日、2020年12月31日及2021年12月31日止各財政年度（「估值調整期間」），目標集團管理的可收費管理面積的年均增長率不低於10%。基於目標集團於2018年12月31日的經審核可收費管理面積達13,468,200平方米，目標集團於估值調整期間內將實現的可收費管理面積的業績目標如下：

財政年度	於相關財政年度12月31日的可收費管理面積（平方米）	可收費管理面積的目標淨增加（與2018年比較）（千平方米）
2019年	14,815,000	1,346.8
2020年	16,296,500	2,828.3
2021年	17,926,200	4,458.0

图 2　碧桂园业绩承诺及估值调整机制

（七）“掺沙子”

上市公司在对赌式并购交易中，通常无法在对赌期内向标的公司派人担任副总经理级别的高管，很容易失去对标的公司的正常管理和有效控制。

在这种情况下，我们提出一种“掺沙子”的解决方案。

这个方案最好和“两步走”并购模式结合，先收购标的公司 51% 的股份对赌 3 年，再对赌 3 年收购剩余 49% 的股份，这样可以把对赌期从 3 年拉长到 6 年。

在这 6 年时间内，上市公司即便不在标的公司高管层面派人担任职务，但是可以想办法派人通过各种方式“潜伏”到标的公司的中低层员工中去。

“潜伏”的手段包括员工招聘、内应介绍、外围合作伙伴推荐等。通过6年的时间若能派自己的多位员工“潜伏”到标的公司的中层和底层，这样可以逐步从下往上渗透整个公司实现逐步了解和控制的目的。

对于标的公司的原有核心中高管，只要上市公司肯用心，用6年时间来“摆平”其中部分骨干也是有机会的。

（八）终极解决之道：与好人做交易

企业并购和一般商品买卖相比要复杂得多，但有个原则是共通的，那就是“买的不如卖的精”！

在企业并购中，对于标的公司的真实情况，卖方处于信息的优势掌握方，买方永远处于劣势。

所以如果卖方想欺骗买方可以有无数种方法，让买家防不胜防。

所以最安全的防骗手段是：与好人做交易。买方一定要想尽一切办法来对交易对手的核心人物做全面调查，确定其人品和信誉是否靠谱。

而判断一个人的人品好坏，似乎没有非常准确的方法，更多的是一种“看人”的艺术，这就要考验买家及其顾问的“江湖经验”了。

本文写于2022年5月

中国上市公司控股权出让“秘笈”

俞铁成

近年来许多上市公司控股权发生转让，本文深入分析当今中国上市公司控股权转让的现状、原因、交易对手、交易风险以及改进交易的实战建议等，是迄今为止最全面的上市公司“卖壳宝典”。

中国股市发展至今30年，已经有近5000家上市公司，围绕上市公司控股权的收购一直是资本市场的热点。一方面有许多企业想通过收购上市公司控股权尽快实现进入资本市场的梦想；另一方面许多已经上市的企业老板发现资本市场没有想象中“好玩”或“有油水”，于是动脑筋想出让上市公司控股权套现走人。于是，中国上市公司变成了一个“围城”，城里的人想出去，城外的人想进来。

本文将探讨中国上市公司控股权转让的一些核心问题。

图1展现了2008～2021年中国上市公司控股权转让的公告数量变化，从中可以看到，2021年创造了上市公司控股权转让新高纪录。在220单控制权转让案例中有130单已完成交易，其中主板完成92单，创业板完成38单。

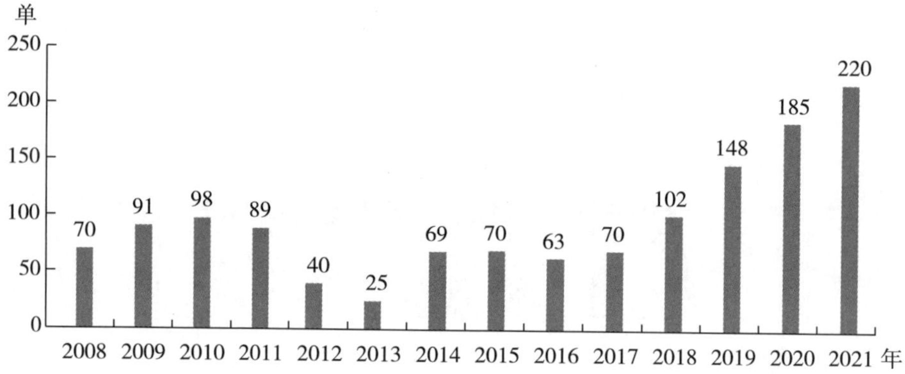

图1　2008～2021年中国上市公司控股权转让公告数量变化

一、为何卖？

到2022年4月底，我国实有市场主体1.58亿户，而上市公司数量还不到5000家，占市场主体比例仅有万分之零点三，绝对属于稀缺资源。

中国企业上市长期以来实行审核制，这几年开始改革转成注册制，但上市之路依旧非常艰辛，目前长期有近800家企业排队等待审核或过会后等待发行，一个企业从递交上市申请到成功敲钟上市还是需要平均至少一年半的时间。

那么，为什么越来越多的上市公司加入到控股权转让的队伍中呢？

我们把上市公司按照所有制性质分为国企上市公司与民企上市公司，2021年度，A股公告控制权转让的上市公司中，民营企业合计194家，占比88.2%；国有企业有26家，占比为11.8%。可见民企占了出售的大头，当然这和民企上市公司总数量也远远高于国企比例有关。

（一）国企上市公司出售的原因

1. 国企混改

一些国企上市公司处于激烈的市场化竞争行业中，因此引进民企来做大股东可以更好地发挥市场竞争的灵活性。

天津中环电子信息集团有限公司(以下简称中环集团)2019 年 1 ~8 月营业收入和净利润分别为 111 亿元和 6.77 亿元。中环集团控股的三家 A 股上市公司经营良性,其中中环股份 2019 年营收、净利分别为 168.87 亿元和 9 亿元;控股 25.35% 的天津普林以印刷电路板为主业,2019 年营收、净利分别为 4.18 亿元和 1267.15 万元;控股 52.53% 的七一二 2019 年营收、净利润分别为 21.41 亿元和 3.45 亿元。另外,中环集团还持有乐山电力 14.76% 的股份以及硅产业公司新傲科技 2.03% 的股份。

TCL 科技 2020 年 7 月 15 日晚公告透露,出资 109 亿元成为中环集团 100% 股权转让的最终受让方。这将加快 TCL 科技在上游核心材料供应链的布局,促进其半导体面板业务“生态领先”战略的落地。

2. 行业清理

一些特殊行业要求国企主动退出,比如中国高校上市公司最近几年的大面积出售就是典型。

2018 年 5 月,中央全面深化改革委员会第二次会议审议通过《高等学校所属企业体制改革的指导意见》,要求高等院校所属企业体制改革要坚持国有资产管理体制改革方向,对高校所属企业进行全面清理规范,厘清产权和责任关系,促使高校聚焦教学科研主业(见表 1)。

表 1 高校股权转让一览

高校	股票代码	企业名称	最新市值/亿元	高校退出时间
北京大学	601901.SH	方正证券	684.09	2021 年 10 月 21 日
	600601.SH	方正科技	83.19	2021 年 10 月 21 日
	000788.SZ	北大医药	36.65	2021 年 10 月 21 日
	600730.SH	中国高科	25.23	2021 年 10 月 21 日

续表

高校	股票代码	企业名称	最新市值/亿元	高校退出时间
清华大学	300523. SZ	辰安科技	72.12	2020 年 4 月 13 日
	000990. SZ	诚志股份	160.39	2021 年 12 月 10 日
	000938. SZ	紫光股份	569.73	2021 年 12 月 10 日
	002049. SZ	紫光国微	799.18	2021 年 12 月 10 日
	000526. SZ	紫光学大	52.09	2020 年 6 月 19 日
	600100. SZ	同方股份	178.72	2020 年 1 月 2 日
	000826. SZ	启迪环境	99.28	2020 年 12 月 1 日
	000590. SZ	启迪药业	21.82	2020 年 12 月 2 日
浙江大学	600797. SH	浙大网新	71.93	2019 年 7 月 11 日
	000925. SZ	众合科技	31.96	2019 年 7 月 12 日
上海交通大学	600661. SH	昂立教育	42.55	2019 年 1 月 31 日
复旦大学	600624. SH	复旦复华	58.68	2020 年 1 月 21 日
同济大学	600846. SH	同济科技	50.61	2020 年 7 月 21 日
哈尔滨工业大学	600701. SH	＊ST 工新	12.11	退市
	002698. SH	博实股份	110.64	—
华中科技大学	000988. SZ	华工科技	237.30	2021 年 3 月 29 日
	300161. SZ	华中数控	29.78	2019 年 11 月 15 日
	300205. SZ	天喻信息	45.76	2021 年 9 月 3 日
南京大学	300346. SZ	南大光电	169.75	—
天津工业大学	300334. SZ	津膜科技	22.81	—
中山大学	002030. SZ	达安基因	298.14	2020 年 12 月 22 日
中南大学	002297. SZ	博云新材	34.64	2019 年 7 月 16 日
中国石油大学	603026. SH	石大胜华	106.81	2020 年 7 月 15 日

续表

高校	股票代码	企业名称	最新市值/亿元	高校退出时间
山东大学	000915.SZ	山大华特	56.12	2020年3月26日
吉林大学	300597.SZ	吉大通信	25.06	—
中国科学技术大学	002230.SZ	科大讯飞	866.98	—
四川大学	002253.SZ	川大智胜	30.19	2020年12月15日

数据来源:Wind、上市公司控股权转让观察。

3. 国资接力

在这几年许多国资上市公司控股权的买家也是国资,包括一个地方国资上市公司在不同集团之间的划转(如上海国投集团收购华建股份);一省国资上市公司卖给另一省国资公司(如上海北外滩集团收购江苏的丹化科技),地方国资上市公司卖给央企上市公司(如宝武集团就陆续收购了马鞍山钢铁、太原钢铁、新余钢铁等地方龙头国企)。

(二)民企上市公司出售的原因

1. 主业滑坡或亏损,卖壳装新资产

一些传统行业上市公司上市几年后业绩大幅滑坡或严重亏损,所在行业也日落西山,这时上市公司大股东就会积极寻找优质资产合作"借壳上市",优质资产的原大股东通过各种方式最终成为上市公司新实控人。

分众传媒借壳七喜控股、顺风股份借壳鼎泰新材、360借壳江南嘉捷等都是经典的"腾笼换鸟"案例。

2. 主业经营压力巨大,主动寻找靠山

这几年,中国许多做"商家到政府"(B2G)业务的上市公司,特别是园林、环保和工程类企业,主要客户是各地政府和国企等,公司回款慢、现金流紧张,于是以碧水源和东方园林为代表,越来越多的B2G上市公司主动出让控股权给各地国企。

例如,2021年12月22日,深圳文科园林股份有限公司控股股东、实际控制人李从文、赵文凤夫妇及一致行动股东深圳市文科控股有限公司与佛山市建设开发投资有限公司签署了《股份转让协议》，文科控股与佛山建投签署了《表决权委托协议》。2022 年 4 月 28 日，文科园林公司收到中国证券登记结算有限责任公司深圳分公司出具的《证券过户登记确认书》，赵文凤及文科控股协议转让给佛山建投的无限售流通股合计 117,936,422 股股份已于 2022 年 4 月 27 日办理完成了过户登记手续。本次权益变动事项完成后，佛山建投直接持有公司股份 117,936,422 股，占公司总股本的 23.00%，拥有公司表决权的比例为 26.80%。佛山建投成为公司单一拥有表决权比例最大的股东，为公司的控股股东，公司实际控制人变更为佛山市人民政府国有资产监督管理委员会。

再如，2022 年 5 月 8 日，福建龙净环保股份有限公司控股股东龙净实业投资集团有限公司及其一致行动人西藏阳光瑞泽实业有限公司、西藏阳光泓瑞工贸有限公司、林腾蛟先生、吴洁女士与紫金矿业集团股份有限公司签署《关于福建龙净环保股份有限公司的控制权转让协议》。龙净环保实控人按照 17.3 亿元出售 1.6 亿股上市公司股票（占总股本 15.02%）给紫金矿业。本次交易完成后，公司控股股东将由龙净实业变更为紫金矿业，公司实际控制人也将由吴洁变更为闽西兴杭国有资产投资经营有限公司。

3. 创始人岁数偏大，子女不愿接班

例如，东杰智能（300486）注册成立于 1995 年 12 月，注册地是山西省太原市，2015 年 6 月公司登陆深交所创业板上市，目前总市值约 50 亿元。公司是国家重点扶持和发展的“专精特新”企业，主要产品包括智能物流仓储系统、智能物流运输系统、智能涂装系统以及机械式立体停车系统等四大板块。2018～2020 年，东杰智能分别实现营收 6.98 亿元、7.36 亿元、10.35 亿元；净利润分别为 0.64 亿元、0.91 亿元、1.04 亿元。2021 年，实控人姚卜文年过八旬，其子董事长姚长杰也已年近 60 岁，并且早年举家已入籍加拿大，其子女均无意接管东杰智能，姚长杰便决定寻求一个靠谱且有实力的国资股东，助力公司做大做强，决定将公司控股权转让。

4. 激流勇退，享受人生

秀强股份是其中的代表。2021 年 1 月 13 日，珠海港发布《关于公司对外投资的提示性公告》。公告称，为进一步拓展能源环保主业的发展空间，提高公司可持续发展和整体盈利能力，珠海港拟通过协议受让方式，以自筹资金分别收购宿迁市新星投资有限公司和香港恒泰科技有限公司所持有的创业板上市公司秀强股份 92,681,270 股和 62,000,000 股股份。收购完成后，珠海港将持有秀强股份合计 154,681,270 股股份，占其总股本的 25.009%，从而成为秀强股份控股股东。公告还透露，收购秀强股份的交易价格为每股 6.3 元，交易总金额为 974,492,001 元。

秀强股份是中国家电面板玻璃龙头企业，2019 年和 2020 年公司净利润都在 1.2 亿元以上，业绩非常稳定。

我认识公司董事长卢秀强先生，他非常儒雅，对中国传统文化研究极深。这次引进珠海港大国企作为新的控股股东，卢总以后可以花更多的精力用于研究和普及中国传统文化了。

5. 大股东深陷债务危机，出售上市公司控股权救急

例如，浙江盾安集团曾经控股数家上市公司，资产几百亿元，风光无限。但 2019 年盾安集团债务危机爆发，资金链岌岌可危。

根据 2022 年 1 月 15 日披露的收购报告书，格力电器拟受让盾安精工持有的盾安环境 27,036 万股无限售流通股股份（占报告书披露日上市公司总股本的 29.48%），每股转让价格为 8.10 元，格力电器应支付的标的股份转让价款总额为 21.90 亿元。盾安环境是格力电器的核心零部件供应商之一，此次并购是典型的产业链上下游一体化整合。

6. 司法拍卖或破产重整被迫出售

上市公司大股东出现债务危机时，其持有的上市公司股票基本都被质押或冻结，当债务危机发酵时，大股东持有的上市公司股票就会被司法强制拍卖或进入破产重整（见表 2）。

表 2　2020 年司法拍卖导致上市公司控制权变更的情况

公司代码	简称	拍卖比例	拍卖价格/亿元	成交估值/亿元	溢价率
600671	*ST 目药	20.53%	4.52	22.02	59.68%
000971	*ST 高升	15.02%	3.93	26.17	14.83%
000835	*ST 长动	6.97%	—	—	—

续表

公司代码	简称	拍卖比例	拍卖价格/亿元	成交估值/亿元	溢价率
002445	*ST 中南	24.50%	3.51	14.33	-16.83%
600275	ST 昌鱼	17.39%	3.14	18.06	5.92%
300029	ST 天龙	10.00%	1.15	11.50	-6.35%
603779	ST 威龙	18.81%	3.97	21.11	14.54%
603779	ST 威龙	40.79%	9.05	22.19	12.81%
600807	济南高新	5.82%	1.94	33.33	13.83%
300411	金盾股份	6.31%	—	—	—

数据来源：Wind、上市公司控股权转让观察。

2021年国务院印发的《关于进一步提高上市公司质量的意见》明确提出，完善破产重整制度，优化流程、提高效率，畅通破产重整等上市公司多元化退出渠道，支持上市公司通过破产重整等方式出清风险。2022年年初，沪深交易所就上市公司破产重整等事项发布监管指引（征求意见稿），对破产重整进行了全流程规范。

最近几年中国上市公司重整案例数量迅速增加。2016年至2021年的6年间，法院裁定批准45家上市公司的重整计划，每年的数量分别为3家、1家、3家、6家、13家、19家（见图2）。

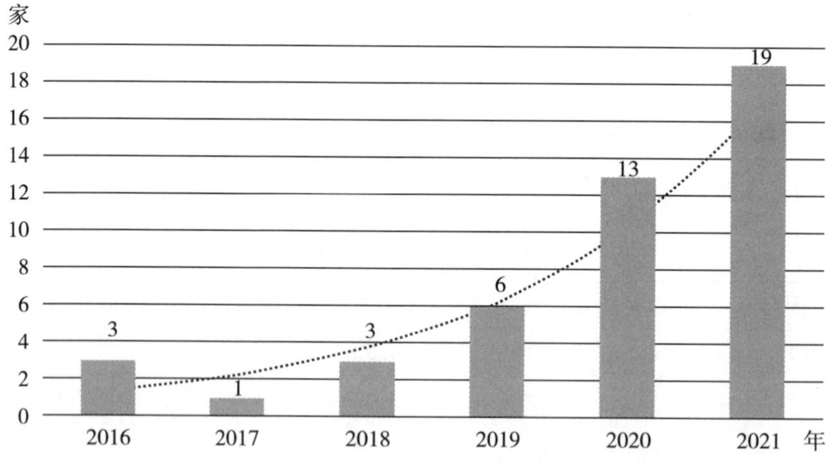

图2　2016～2021年上市公司重整案件数量

二、何时卖?

上市公司大股东什么时候出让控股权也是有讲究的。

(一)在公司业绩好的时候卖还是坏的时候卖?

很多民企上市后因为各种原因主业从盈利变为亏损,第一年亏损发生后还没有想出让控股权的想法,希望第二年通过努力扭亏为盈。当第二年继续亏损时,这些上市公司老板才开始着急要寻找人来接盘注入优质资产,否则第三年继续亏损公司就要被强制退市。但现在做一个重大资产重组项目一年时间往往都没法完成整个流程,所以一些上市公司开始从出现亏损的第二年就积极寻找“接盘侠”。不管是亏损的第二年还是第三年卖控股权,这时公司已经负面消息缠身、股价大跌、市值锐减,想卖一个好价钱并非易事。

因此,我们建议上市公司老板先要对自己行业和公司业务进行客观冷静的分析,确认公司未来业绩持续盈利增长的可行性。如果确认公司目前已经到了发展的“天花板”,后续增长几乎无望时,可以考虑引进新的有资源的大股东,在公司业绩还没有出现滑坡之前来卖控股权。

这两年国资成为上市公司的主力买家,我和一些国企董事长介绍上市公司出售项目信息时,许多国企都表示对于已经亏损的上市公司基本不考虑。因此,如果等到公司亏损再来找买家就会失去目前最大的一个买家群体客户。

(二)在股市行情好的时候卖还是坏的时候卖?

股市行情好时,公司市值高,大股东如能顺利出让控股权肯定很开心。但是对于买家来说意味着上市公司的“泡沫严重”,收购风险增大就不愿成交。特别是国企收购时对于交易价与市价之间的“溢价比”非常敏感,有的地方直接就规定国资收购上市公司时溢价比不能超过20%。

对于要通过注入大量资产“借壳上市”的潜在买家,肯定希望壳公司股价越低越好,这样同样估值的资产可以换来更多的上市公司新发股份。

因此,卖家不能死等股市到了交易火爆的牛市时才考虑出售控股权,中国股市的一个显著特征就是“牛短熊长”,牛市的窗口期特别短。

建议股市最惨的时候不到迫不得已不要卖控股权，在股市不温不火、股价相对保持在正常区间的时候就可以考虑出售控股权了。

（三）在身体好的时候卖还是身体差的时候卖？

虽然都是上市公司，但不同行业上市公司老板的辛苦程度是完全不同的。许多传统制造业的老板每天从早忙到晚拼命工作，一年也就几千万元净利润，而很多新兴行业老板非常轻松游山玩水，公司每年几个亿利润。

这样导致辛苦工作的企业家们大多未老先衰、健康透支，他们也习惯了整日忙碌，闲下来反而觉得无聊，但突然有一天体检出自己得了某种严重的疾病甚至危及生命时，这些老板才会想到一个严肃的问题："要钱还是要命？"这才开始考虑是否要转让公司控股权。

所以我经常和一些上市公司老板交流，建议他们不要眼里总是盯着那些身价几百亿元甚至上千亿元的富豪，建议他们在上市后已经财富自由的基础上认真思考自己后半生的生活目标和生活方式。我建议他们，如果不是把财富作为此生追求的唯一目标，那么可以考虑在企业上市后，趁自己还未老，身体还健康，把公司控股权交给更合适的有资源的买家，交易完成后选择自己喜爱的事情享受余生。

我认识一位企业家，上市之后爱上了打高尔夫球，一周平均打三场，两年时间从"三轮车"打到80多杆。后来他越发上瘾，定了个目标：要打遍全球排名前100位的"百佳"高尔夫球场。为了实现这个目标，2021年他把上市公司控股权卖掉了，一把套现数十亿元现金。现在每次在球场见到他，他黝黑的面孔上都堆满了笑容……

三、卖给谁？

（一）产业链巨头

卖给产业链巨头对上市公司非常有价值，产业链巨头可以在业务上给予上市公司巨大的支持。这也是我建议上市公司首选的买家类型。

产业链巨头既有同行业的行业冠军，也包括上下游产业的龙头企业，可以是同客户不同产品的行业龙头，也可以是能提供特殊产业价值的平台巨头。

比如宝武集团收购马钢、太钢、新钢等地方钢铁龙头企业，就是典型的产业整合，这些区域钢铁龙头加入宝武大家庭后，在铁矿石采购成本控制、提高生产技术和管理水平、销售渠道共享等多方面都可以得到明显提升。

再如，2020 年 3 月 18 日，安徽国祯环保节能科技股份有限公司（300388）发布公告称，公司控股股东安徽国祯集团股份有限公司拟向中国节能环保集团有限公司协议转让其持有的国祯环保 100,588,051 股股份，同时国祯集团将其持有的国祯环保 41,977,700 股股份对应的表决权委托给中节能行使。本次协议转让完成后，中节能将成为国祯环保控股股东，国务院国有资产监督管理委员会成为实际控制人。作为中国央企唯一以节能环保为主业的大国企，国祯环保可以借助中节能的丰富产业资源获得新增项目订单、技术提升等诸多好处。

（二）资本玩家

资本玩家指一些没有主业的民营企业，他们以并购上市公司、金融机构和类金融机构为核心业务，通过高杠杆控制几千亿元甚至上万亿元资产，通过资产股权的买进卖出赚取利润。

中国资本市场发展 30 年来涌现了不少资本玩家，都冠以“××系”称之。这些资本玩家绝大部分发展到一定规模就会出事。曾经叱咤江湖的德隆系、明天系、中植系、涌金系、新湖系、先锋系等都是这类买家，他们有的已经崩盘，有的还在继续扩张中。

一些上市公司老板愿意和这类资本玩家做交易把控股权卖给他们，一方面是这些资本玩家财力雄厚，往往可以开很高的价格；另一方面他们非常灵活、神通广大，往往可以解决上市公司老板一些见不得人的“特殊需求”。

对于这类资本玩家，我一直都劝身边的上市公司实控人们尽量不要和他们做交易，因为风险太大。

如果真看重对方开的高价，建议选择出售全部股份落袋为安。

（三）借壳者

借壳者指买家的核心业务与资产和拟卖控股权的上市公司主业不相干，买家希望通过用资产置换或注入的方式把自己的核心资产装到上市公司的壳中，上市公司原有资产由原实控人带走。

这类买家如果有非常好的拟注入资产（“行业前景佳+盈利能力强”），我会建议上市公司老板们认真考虑和他们做交易。

做这类交易时，要提前对收购方拟注入资产进行尽调，不要装入“有毒资产”。

如果确信对方能注入非常好的资产，预计交易完成后股价会大涨，建议交易时一定要留一部分老股以分享未来股票上涨的“红利”。

借壳上市在中国受到证监会严格监管，审核时按照“类上市”标准严格把关，因此要作好充分的准备。

例如，安徽芜湖顺荣股份于2011年3月在深圳证券交易所中小板首发上市，主营业务为汽车塑料燃油箱的制造和销售，2013年开始向传媒娱乐领域转型。当年10月，顺荣股份以发行股份和支付现金的方式，以19.2亿元的对价收购了三七玩60%的股权。2015年5月，顺荣股份通过非公开发行A股的方式，收购三七玩剩余40%股权，公司更名为三七互娱。

公司净利润从2013年的368万元暴涨到2021年的28亿元（见图3），公司市值也随之涨了几十倍。

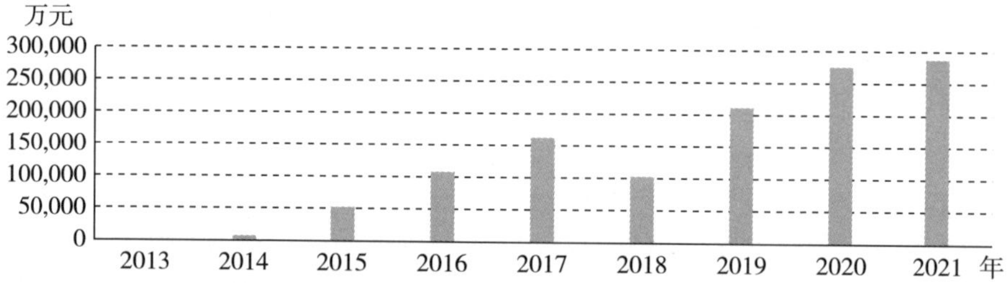

图3　顺荣股份2013～2021年归属净利润变化

2021年，完成借壳上市的仅有2例，为返利科技借壳昌九生化和上海外服借壳强生控股，其中后者系上海国资内部的资产整合。

2022年4月28日，润泽科技借壳普丽盛项目获审核通过，成为创业板首家借壳上市过会的公司。

（四）并购基金

这几年随着中国私募股权投资基金行业的快速发展，中国出现了一些管理几百亿元到数千亿元的并购基金。这些并购基金开始直接收购国内 A 股上市公司的控股权。最有代表性的案例是高瓴资本收购格力电器。

2019 年 12 月初，让整个资本市场聚焦的格力集团 15% 股权转让一事尘埃落定，格力集团与高瓴资本控制的珠海明骏签署《股份转让协议》，约定珠海明骏以 46.17 元/股的价格受让格力集团持有的格力电器 902,359,632 股股份（占格力电器总股本的 15%），合计转让价款为 416.62 亿元。

另外一个案例是领泰基石收购聚隆科技。2019 年 5 月 19 日，聚隆科技（300475）披露要约收购公告，称深圳市领泰基石投资合伙企业（有限合伙）（以下简称领泰基石）及其一致行动人领驰基石、领汇基石、弘唯基石已于 5 月 16 日与上市公司实控人刘军、刘翔、宁国汇智及其他 18 个自然人股东签订了股份转让协议，拟通过协议转让方式收购聚隆科技 5286 万股，占聚隆科技全部已发行股份总数的 26.43%，收购价格为 14 元/股。此外，领泰基石及其一致行动人还发起要约收购聚隆科技的计划，拟向聚隆科技其他股东要约收购 2600 万股，占上市公司总股本的 13%，要约收购价格仍然为 14 元/股。该受让股份和要约收购成功实施后，领泰基石及其一致行动人将合计持有聚隆科技 7886 万股股份，占上市公司总股本的 39.43%，超过目前上市公司的实控人刘军、刘翔父子（转让股权后持股 35.48%），将成为新的实际控制人。

并购基金作为上市公司买家最大的问题是存在退出压力。只要是基金就存在一个基金存续期，一般并购基金最长也就 10 年，短的只有 5 年。在这种情况下，一个基金收购上市公司从成功的第一天开始就要为几年后再次出售进行谋划布局。这也意味着上市公司的命运还会在几年后发生剧烈的波动，这对一个大企业而言并非好事，一些优秀的员工可能因此而流失。

并购基金通常的打法是收购一个上市公司后，再利用上市公司的平台收购整合一些优秀资产来提高上市公司的利润与市值。比如基石资本收购主营洗衣机减速离合器业务的聚隆科技后就让上市公司出资 16 亿元现金收购半导体分销企业联合创泰科技有限公司 100% 股权。这一收购让聚隆科技业绩立马爆炸性增长。表3为聚隆科技(现更名为香农芯创)2019~2021年收入净利润数据。

表3　聚隆科技2019~2021年收入净利润数据

单位:元

成长能力指标	年份		
	2019年	2020年	2021年
营业总收入	3.011亿	2.648亿	92.06亿
归属净利润	6461万	6438万	2.239亿
扣非净利润	3091万	3076万	1.626亿

如果并购基金整合不力,没有给上市公司带来有效增量,上市公司的股票可能连续下跌。比如高瓴收购格力电器后,格力电器的利润不增反降,股票也从高点一路回落,到2022年5月11日格力电器收盘价33.3元,比起高瓴资本46.17元的每股成本已经跌去近30%!

中国目前并购基金还处于刚萌芽的状态,大部分并购基金缺乏成熟的企业运营和产业整合经验。

建议上市公司老板们选择中国并购基金作为买家时一定要谨慎,弄清楚对方的实力、后续整合战略、拟注入资产前景等。

(五)国有企业

这几年资本市场一个非常值得关注的现象就是"国进民退"。从央企到地方省级、市级到县级的国企都纷纷出手将一家又一家上市公司揽入怀中。

2022年4月24日神开股份(002278)披露,公司股东上海业祥投资管理有限公司(以下简称业祥投资)所持公司股份的司法拍卖于当日完成,建湖县国有资产投资管理有限公司(以下简称建湖县国资公司)以2.67亿元的出价在竞买中胜出。这意味着建湖县国资公司将取代业祥投资成为神开股份的第一大股东。

2018年、2019年、2020年这三年上市公司控股权转让市场,国资是买方主力军,占到50%以上。到2021年,民企买家占到六成,首次超过国资买家。

图 4 是 2021 年各省国资公告收购上市公司的案例数量统计，广东和山东是最积极的买家省份。广东的广州市和珠海市，山东的济南、青岛和淄博市都已经在市场上树立了上市公司收购大户的形象。仅是 2020 年和 2021 年这两年，珠海国资已涉足的上市公司就有 21 家。

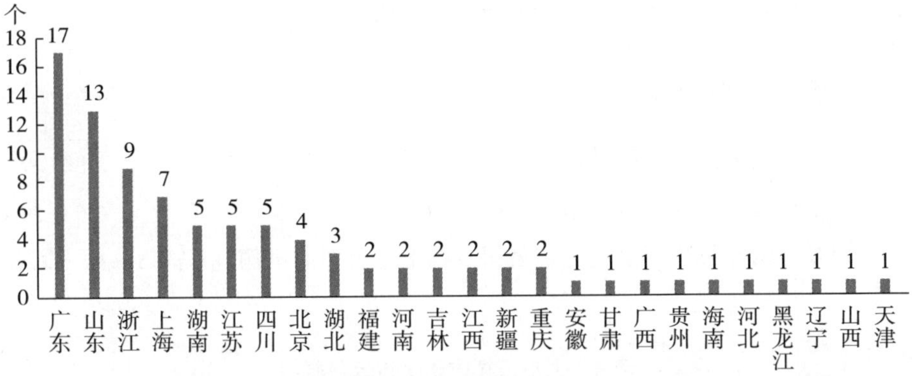

图 4　2021 年各省国资收购上市公司的案例数量

数据来源：wind、上市公司控股权转让观察。

国企收购上市公司的原因很多，包括利用上市公司平台实现国有资产证券化、帮助当地政府招商引资、利用上市公司平台在当地进行产业整合、收购完迁址增加当地上市公司数量（有些地方政府把每年新增上市公司数量作为官员业绩考核指标之一）等。

上市公司控股权卖给国企买家要注意以下一些风险。

（1）敏感信息泄露风险。我担任过多家大型国企的投资顾问或外部董事，对于国企的决策流程非常熟悉。每个项目的投资决策流程一般要经过国企内投资部、财务部和法务部的审核，然后经过党委会前置会、总经理办公会到最后的董事会，层层出意见书，层层把关。在这个过程中，某上市公司控股权转让消息在该国企内部知道人非常多，这样就有内幕消息泄露的风险。

（2）决策效率低下风险。因为国企收购一个大项目的审批和决策流程非常长，在这个过程中只要一个环节过不了就会导致整个交易终止。

（3）交易价格非常敏感。国企对收购溢价非常敏感，许多地方国资委都对所辖企业收购上市公司的收购溢价设定一个最高溢价比例（收购价比股票市价溢价通常不超过20%)。2021年从已完成案例的溢价率来看,国资收购上市公司的平均溢价率为10.39%,溢价率中值为11.68%。在这种情况下一些交易就很难推动。

当然引进国企当买家好处非常明显,国企控股后对上市公司在融资、业务拓展、市场信誉度、财力等方面的改善立竿见影。

(六)上市公司

曾经中国证监会不鼓励甚至限制一个民营企业控股多家上市公司,更不用提一个上市公司控股多家上市公司的行为。

但是这两年发生了多起上市公司收购上市公司的案例,俗称"A+A"(见表4)。

表4　上市公司收购上市公司案例

股票代码	上市公司	收购方	交易方式	进展	综合溢价率
600055	万东医疗	美的集团	协议转让	完成	43.00%
300160	秀强股份	珠海港	协议转让	完成	-7.62%
300058	蓝色光标	拉卡拉	协议转让	完成	4.44%
300239	东宝生物	国恩股份	协议转让	完成	-2.44%
2655	共达电声	韦尔股份	协议转让	完成	15.42%
603010	万盛股份	南钢股份	协议转让 定向增发	进行中	-17.57%
2011	盾安环境	格力电器	协议转让 定向增发	进行中	-14.67%
2022	科华生物	圣湘生物	协议转让	终止	22.53%
600702	舍得酒业	豫园股份	司法拍卖	完成	—
600221	*ST海航	方大集团	破产重整	完成	—
600723	首商股份	王府井	换股吸收合并	完成	—

上市公司为何要收购上市公司?

(1)收购方自身实力强大,借助并购拓展新业务。比如美的集团有几千亿元规模，账上趴着大量现金，遇到合适的上市公司就下手。2021 年 2 月，万东医疗公告称，美的集团以 22.97 亿元的价格受让万东医疗控股股东鱼跃科技、实控人吴光明及股东俞熔持有的共计 29.09% 的股份，成为新的控股股东。2022 年 3 月 22 日，万东医疗发布公告称，非公开发行 A 股股票 1.62 亿股，募集资金总额 20.62 亿元；控股股东美的集团全额认购，持股比例由 29.09% 上升至 45.46%。主营影像类医疗器械的万东医疗作为国产三大家之一，具备领先的技术与能力，可充当美的快速切入医疗设备领域的平台与跳板。美的集团通过收购万东医疗，再加上集团的机器人布局，完全有可能赶上数字医疗这辆"快车"。万东医疗旗下的万里云已布局远程医疗，走在了医学影像大数据云平台的行业前端。该医学影像大数据云平台，可与美的的工业互联网平台结合，丰富美的智能家居生态圈，让智能家电产生的数据与远程会诊、家庭医生等形成新商业模式。未来不排除美的集团继续收购其他上市公司。

(2)上市公司支付手段多样。上市公司和非上市公司相比，在并购时最大的一个优势在于可以用市场化定价的股票作为支付手段，大大增强了上市公司的并购实力。2014 年 11 月 21 日，上海文化广播影视集团有限公司整合旗下上市公司整合方案出炉，百事通以新增股份换股吸收合并东方明珠，成为上海文化广播影视集团有限公司统一的产业和资本平台。百事通换股价格为 32.54 元/股，东方明珠换股价格为 10.69 元/股，东方明珠与百事通按 3.04∶1 的换股比例进行换股，百事通作为存续方更名为上海东方明珠新媒体股份有限公司。

(3)上市公司进行同行产业整合。中国许多行业里绝大部分优秀的企业都已经上市，在这种情况下上市公司如果做产业链的并购整合，就只能在已经上市的公司里寻找合适标的。2022 年 4 月长飞光纤拟通过"协议转让 + 表决权"方式获得博创科技的控制权，总代价约为 10 亿元；2022 年 5 月 8 日晚昆药集团控股股东华立医药及其一致行动人华立集团拟将其合计持有的昆药集团 2.12 亿股股份(占昆药集团已发行股份总数的 28%)转让给华润三九，转让总价款为 29.02 亿元，对应每股转让价格为 13.67 元。上述股份转让完成后，华润三九将持有昆药集团 2.12 亿股股份，成为昆药集团控股股东，昆药集团实控人变更为中国华润。

买卖方都是上市公司的情况下，更加应该重视并购信息的保密问题。

（七）境外投资者

境外投资者收购中国上市公司主要依据商务部颁布的《外国投资者对上市公司战略投资管理办法》来操作，核心要点包括：

（1）该办法适用于外国投资者通过协议转让、上市公司定向发行新股（包括非公开发行股票募集资金和发行股份购买资产）、要约收购以及国家法律法规规定的其他方式取得并持有一定时期上市公司A股股份的行为。

（2）外国投资者成为上市公司控股股东的，实有资产总额不低于1亿美元或管理的实有资产总额不低于5亿美元；或其实际控制人实有资产总额不低于1亿美元或管理的实有资产总额不低于5亿美元。

（3）如外国投资者取得单一上市公司25%以上股份并承诺在5年内持续持股不低于25%，商务主管部门在颁发的外商投资企业批准证书或出具的备案回执上加注"外商投资股份公司（A股并购25%以上）"。

综上所述，现在A股上市公司控股权卖给境外投资者的方式包括现金协议转让、现金定向增发、外资现金要约收购或者外资用境外资产之股份来参与上市公司定增四种。

从交易便捷度，现金协议转让和现金定向增发当为首选。

齐翔腾达是国内碳四综合利用行业的领军企业，也是国内规模最大的甲乙酮生产企业。2021年以来，由于化工多品种价格创新高，齐翔腾达业绩表现较好，2021年收入348亿元，净利润23亿元。

2022年3月7日，齐翔腾达（002408.SZ）公告其控股股东筹划控制权变更事项暨重大事项停牌事项。

2022年3月16日，齐翔腾达揭开了买家的面纱，公告称太盟投资集团与公司控股股东齐翔集团及其一致行动人雪松实业、实控人张劲签订了《框架协议》，约定太盟投资向雪松实业提供融资及流动性支持，并且可以要求承接雪松实业持有的齐翔集团股权（以下简称潜在购股交易）。此次收购齐翔集团股权后，太盟投资将间接控制齐翔腾达。若太盟投资后续决定推进潜在购股交易，则可能触发上市公司全面要约事宜。

潜在买方太盟投资是专注亚洲的较具规模之一的综合性投资机构，管理资产规模逾450亿美元。据报道,该公司私募投资组合中有约2/3投在中国,且近期新的筹资活动凸显了对中国强烈的投资兴趣。

基于齐翔腾达的长远发展需求及控股股东的资金需求,太盟投资与上市公司控股股东方签订《框架协议》,明确太盟投资完成对齐翔腾达及其控股股东齐翔集团尽职调查是推进交易的必要前提。此次交易分为两部分:一方面太盟投资为控股股东方提供4.2亿元融资;另一方面承接雪松实业持有的上市公司控股股东齐翔集团股权转让价款不超过83.5亿元。

这几年外资并购A股上市公司的案例非常少,但从太盟投资大手笔收购齐翔腾达开始,国际顶尖的并购基金巨头如凯雷、黑石、德太资本等估计都会积极研究新的并购机遇。

(八)管理层

国外上市公司控股权卖给管理层(MBO)是很常见的行为。国内上市公司高管或小股东通过收购或增持成为上市公司实控人的案例这几年也逐渐多了起来。

在各类投资潜在买家中,对企业内部经营波动影响最小的是管理层收购,其他买家来收购上市公司都避免不了一场剧烈的人事动荡,并对公司日常经营带来负面干扰和影响。

大多数情况下管理层个人财力有限,因此在做管理者收购时常联合一些私募股权投资基金及金融机构放大财务杠杆来收购。高瓴资本收购格力电器的交易结构里其实就隐隐约约看到董明珠借助高瓴资本管理者收购的影子。

《上市公司收购管理办法》第51条第1款规定:“上市公司董事、监事、高级管理人员、员工或者其所控制或者委托的法人或者其他组织,拟对本公司进行收购或者通过本办法第五章规定的方式取得本公司控制权(以下简称管理层收购)的,该上市公司应当具备健全且运行良好的组织机构以及有效的内部控制制度,公司董事会成员中独立董事的比例应当达到或者超过1/2。公司应当聘请符合《证券法》规定的资产评估机构提供公司资产评估报告,本次收购应当经董事会非关联董事作出决议,且取得2/3以上的独立董事同意后,提交公司股东大会审议,经出席股东大会的非关联股东所持表决权过半数通过。独立董事发表意见前,应当聘请独立财务顾问就本次收购出具专业意见,独立董事及独立财务顾问的意见应当一并予以公告。”

2020 年修订的《公开发行证券的公司信息披露内容与格式准则第 18 号——被收购公司董事会报告书》第 2 条规定,被收购公司董事会应当在收购人要约收购上市公司或管理层收购本公司时,按照本准则的要求编制被收购公司董事会报告书。第 27 条规定,在管理层收购中,被收购公司的独立董事应当就收购的资金来源、还款计划、管理层收购是否符合《收购办法》规定的条件和批准程序、收购条件是否公平合理、是否存在损害上市公司和其他股东利益的行为、对上市公司可能产生的影响等事项发表独立意见。第 32 条规定,独立董事除应当签字、盖章外,还应当声明是否与要约收购(或管理层收购)存在利益冲突,是否已履行诚信义务、基于公司和全体股东的利益向股东提出建议,该建议是否客观审慎。

蔚蓝锂芯(002245)原名澳洋顺昌,以金属物流配送业务起家,是金属物流配送细分领域龙头企业。2011 年公司成立江苏澳洋顺昌光电技术有限公司拓展 LED 业务板块,2016 年又通过收购江苏绿伟锂能进军三元锂电市场,目前形成由 LED 芯片业务、锂电池及金属物流配送三大板块支撑的格局。

蔚蓝锂芯是一家董事会充分授权的职业经理人的公司。公司实控人沈学如自上市以来至 2019 年 5 月一直担任公司董事长,CHEN KAI(陈锴)是公司第二大股东,自公司上市以来则一直担任总经理。

2020 年 7 月澳洋顺昌公告,公司控股股东澳洋集团与绿伟有限公司签署《股权转让框架协议》,澳洋集团拟向绿伟有限公司转让其持有的公司股票 4907 万股,占公司现有总股本的 5.00%。若本次转让全部顺利实施完成,绿伟有限公司及其一致行动人将合计持有公司 22.16% 股权,澳洋集团将不再是公司控股股东,沈学如将不再是公司实际控制人,公司实际控制人将变更为陈锴。

陈锴从总经理、第二大股东变为实控人兼董事长后大刀阔斧发展业务,公司更名为蔚蓝锂芯,股价也从 2020 年 7 月控股权变更时的 6 元左右一路涨到 2021 年底最高 33 元。这是一个非常成功的管理层收购案例。

四、什么价？

上市公司控股权转让定价比上市公司收购资产对资产的定价要容易，主要就是参考上市公司的最近股价进行谈判。

一般情况下收购上市公司的股价都会比市价高，存在一个溢价，这个溢价可以看作“控制权溢价”，即买家为了获得上市公司实际控制权需要多出的交易对价。

上市公司控股权转让价格溢价水平受到以下一些因素的影响。

（一）盈利能力

盈利能力强则溢价水平高。

（二）股市行情

牛市溢价水平高，熊市低。

（三）是否净壳

所谓净壳，就是上市公司大股东出让控股权后再用一笔钱把上市公司原有主要资产及对应负债买走，让上市公司只剩一堆现金。如果是净壳交易则溢价水平会非常高，因为多出的溢价部分还将通过上市公司原大股东的回购资产而重新回流到上市公司里。

（四）交易金额

通常交易金额小的案例溢价水平高于交易金额大的案例溢价水平。

中国上市公司控股权转让交易金额大部分都在 10 亿元以下。

图 5 是 2021 年对已完成控股权转让金额的上市公司数量统计。

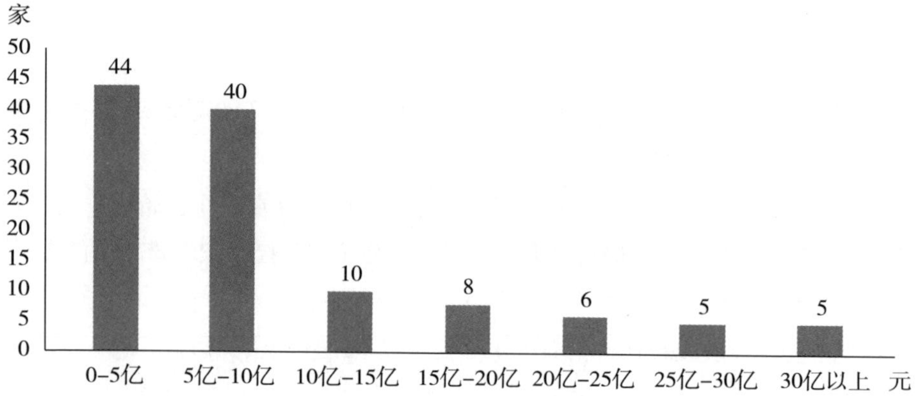

图5　2021年已完成控股权转让金额的上市公司数量

数据来源：Wind、上市公司控股权转让观察。

（五）所处板块

据统计，创业板控股权转让溢价高于主板溢价水平。2021年控股权转让案例（扣除老股转让加八折定增的案例）主板平均溢价率为9.74%，创业板的平均溢价率为13.95%。

（六）买家性质

通常民企比国企出价高，外资比内资出价高。2021年全市场控股权转让公告案例整体平均溢价率为7.21%，其中，主板平均溢价率为5.60%，创业板的平均溢价率为10.95%；其中，国资买家的平均溢价率为6.61%，民资买家的平均溢价率为7.64%。

（七）卖家出售急迫程度

上市公司大股东陷入债务危机为了救急往往会把控股权价格压低甚至按市价打折以尽快套现，越着急卖越卖不出好的价格。

（八）买家的购买欲望

当某个上市公司对一些买家有极强的吸引力，买家“一见钟情”甚至“神魂颠倒”时就会出非常高的溢价进行收购，力求成交。

(九)是否对赌?

上市公司大股东出售控股权如果需要对买家做三年业绩承诺对赌交易时，交易价格就会比没有对赌高许多。2021 年有 25 单控制权转让案例由原实际控制人进行业绩对赌。在这些对赌的控股权转让案例中，大部分都是属于国企收购民营上市公司控股权，国企通过追加对赌条款来保障未来三年上市公司业绩的稳定。

2021 年 6 月绵阳市国资委旗下九洲集团收购依顿电子(603328)控股权案例中，原实际控制人李永强、李永胜和李铭浚的业绩对赌及补偿方式如下：李永强等三人承诺，上市公司在业绩承诺期(2021 年至 2023 年)归属于上市公司股东的扣除非经常性损益后的净利润分别不低于人民币 1.8 亿元、2.11 亿元以及 2.42 亿元，即合计不低于人民币 6.33 亿元。业绩承诺期满，若上市公司承诺期内累计实现的实际净利润未达到承诺净利润，李永强等三人控制的依顿投资应对九洲集团进行现金补偿，补偿金额按照如下方式计算：补偿金额 = 累计承诺净利润 - 累计实现的实际净利润。该种方式也是目前市场普遍采用的补偿方式，2021 年共有 14 家上市公司采用这种方式，占所有进行业绩对赌公司的一半以上。

(十)单纯转让老股还是“组合式并购”?

这几年非常流行“组合式并购”上市公司，把老股协议转让、表决权委托和八折定向增发组合在一起，这样可以大大降低新实控人的收购总成本。通常情况下单纯卖老股的溢价水平就没有组合式并购中的老股转让溢价水平高。

现在流行的“组合式并购”包括：

(1)协议转让 + 定向增发；

(2)协议转让 + 表决权委托(放弃)；

(3)协议转让 + 定向增发 + 表决权委托(放弃)。

自 2018 年起，采取股东表决权委托转让的协议安排来转移控制权的案例呈现爆发式增长，尤其是在国有资本参与民营企业纾困中被大量运用，经常见到国有企业只收购不到10%的上市公司老股，然后上市公司原大股东委托近20%的表决权给国企，让国企实际拥有上市公司表决权达到29%左右（超过30%需要走要约收购审批流程，因此一般第一次收购不超过30%）。

2014～2021年上半年，上市公司涉及表决权放弃事项的公告有40条，涉及表决权委托事项的公告有431条。这些公告绝大部分发生在2019年至2021年上半年（见图6）。

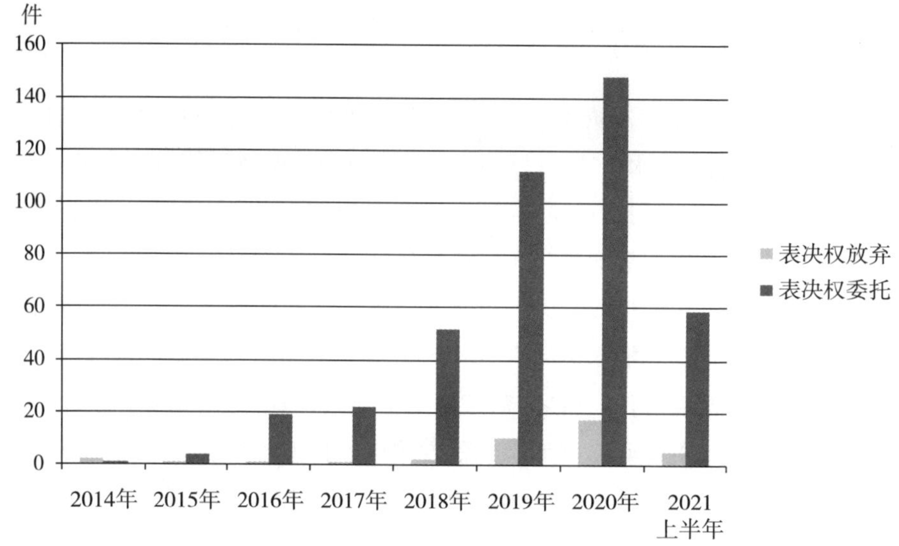

图6　2014～2021年上半年股东表决权放弃及表决权委托情况

2018年4月发布的《上市公司收购及股份权益变动信息披露业务指引（征求意见稿）》和《深圳证券交易所上市公司收购及股份权益变动信息披露业务指引（征求意见稿）》均规定，如果出售方将其对上市公司的表决权委托给收购方，收购方和出售方之间形成一致行动关系，双方的表决权按照合并后的表决权由收购方行使。该两份征求意见稿发布后，上市公司控制权交易公告的案例一般按照一致行动关系的原则处理。这个征求意见稿出来后，许多公司为避免控制超过30%的表决权采用了放弃表决权的新思路。

中国风电塔筒著名企业泰胜风能（300129）的案例极有代表性和可参考价值。泰胜风能通过"小比例高价转让老股＋大比例低价定增"成功引入广州市国资巨头凯得投控作为新实控人。泰胜风能实际控制人为柳志成、黄景明等五人，其合计持有公司22.25%的股权。

2021年7月18日晚，泰胜风能突然发布停牌公告，公司实际控制人拟联合其他股东向凯得投控转让5.01%股权。同时，公司筹划向凯得投控定向发行股份。本次交易如果顺利完成，将涉及公司控制权变更。7月25日，易主方案进一步明确。公司实际控制人柳志成、黄景明等向凯得投控合计转让5.01%股权，转让价格为15元/股，转让总价款为5.41亿元。本次股权转让溢价率惊人。7月16日，泰胜风能收盘价为6.55元/股，15元/股的转让价格较其收盘价溢价129.01%。

这么高的溢价率国资肯定不会批准，所以泰胜风能同时向凯得投控低价定增，公司拟向凯得投控定向发行2.16亿股股份，发行价格约为5.01元/股（按照董事会决议日前20日均价打八折确定），募资总额为10.81亿元。发行完成后，凯得投控将持有公司21.92%股权，加上受让的股份，合计持有公司26.93%股权，一跃成为公司控股股东。通过组合式收购，凯得投控的综合收购成本一下降到每股6.3元，甚至还低于当时市价。因此这个方案顺利得到广州国资委和证监会的批准。

五、怎么卖？

上市公司出售控股权需要非常谨慎小心地操作，一个不慎就会引发诸多严重后果。我根据20多年的实操经验，提出下面一些建议供参考。

（一）找一个靠谱的卖方并购顾问

买企业或许可以不用请并购顾问，但卖企业我们强烈建议要找一个并购顾问。首先，大股东千万不能自己直接宣扬企业出售的信息，需要一个并购顾问做润滑剂；其次，一个好的并购顾问有大量潜在买家资源；最后，因为上市公司控股权转让的运作流程、估值、尽调管理、谈判、交易合同等内容非常复杂专业，需要有经验的机构全程辅导与把关。

请独家卖方顾问还是找几家卖方顾问？请一家顾问的风险在于企业出售的命运就掌握在这个机构手中，合作一年过去交易没有做成对中介机构损失的仅仅是一些人力成本，但对上市公司来说可能这一年市值又跌去几亿元甚至几十亿元，损失就大了。

如果聘请的是国内外一线顶级并购投行，估计对方都要求签署独家顾问协议，企业也没有办法只能答应；但是如果请的是二三流甚至不知名的中小并购投行，建议上市公司老板可以同时请两到三家，让投行“赛马”，最后谁找来买家并做成交易，成功佣金就支付给谁。

（二）保密、保密、保密

在上市公司控股权转让初期最大的风险就是保密问题。上市公司控股权变动是上市公司股价敏感的题材之一，稍有风吹草动股票就立刻有反应。有几次我参加上市公司控股权转让的第一次见面谈判，第二天该股票就涨停。中国证监会对上市公司内幕交易有非常严格的监管与处罚规定，内幕交易也被写入刑法中作为重要的商业犯罪行为进行约束。

为了保密，上市公司老板千万注意不要自己散布寻找买家的信息，而应聘请专业顾问来运作此事。卖方顾问可以在自己信得过的买家里小范围沟通某上市公司控股权转让的信息，即便消息扩散上市公司老板也可以一口否认，把责任推到中介身上，认为是中介在自作主张发布虚假信息。

除了减少内幕交易的风险，保密的更大意义在于“稳定军心”！

上市公司老板卖控股的消息一旦扩散，公司高管可能最早知道，然后中层、底层都会迅速得知这一消息。一旦公司上上下下的员工都知道老板在卖企业的时候，公司的许多管理人员、技术骨干等都会忐忑不安，有能力的员工就开始偷偷在外面找工作。公司内部运转效率迅速下降，各种谣言四起，乱象横生。

更可怕的是公司的竞争对手这时会主动扩散这个消息，趁机挖上市公司的核心客户与原材料供应商资源，特别是在这个时候挖上市公司的人才非常容易成功。

我见过几个上市公司，老板不注意保密，将卖公司的消息四处发布，结果一年过去也没卖成，公司亏损严重处于退市边缘，更加无望出售。

和买家初步接触的时候尽量不要安排到上市公司总部，可以在公司外面寻找合适的安静隐蔽的场所见面。

（三）建立有效的出售组织体系

控股权转让和收购企业不同，收购企业可以大张旗鼓调动公司各级资源成立作战组织体系，但企业内部组织出售控股权时必须严格控制参加人数，原则上核心小组就由董事长、公司最核心的若干高管、财务法务负责人及并购顾问的项目组负责人组成，越精干越好。

（四）客观估值，确定交易底价和报价策略

卖方并购投行一般进场后会先对上市公司进行“摸底”，收集资料进行初步尽调，在此基础上会通过财务模型给企业进行估值。上市公司的交易定价虽然以市价作为主要参考依据，但具体报价多少还是需要以有理有据的财务估值模型作为支撑。

上市公司实控人要和投行一起确定一个交易底价以及对外初步报价。这样可以减少因为内部信息沟通不畅导致报价混乱的状况。

（五）寻找到合适买家

首先要确定最合适的买家类型，是财务型还是产业型？是集团公司还是并购基金？是内资还是外资？是国企还是民企？……

然后由公司老板和并购顾问一起来梳理各自关系网，拉出一张初步可能感兴趣的买家清单。

由并购顾问想办法和初步清单所列之企业进行联系（上市公司老板不能出面直接沟通），发布一条最简单的出售信息（隐去上市公司名字，对上市公司基本概况做简略介绍），收集第一轮意向投资者。

并购顾问对于第一轮意向投资者进行第二轮一对一沟通，这时可以把上市公司名字告诉对方，让对方根据上市公司公开信息进行研究，确定是否继续跟进。这样可以筛选出第二轮意向投资者，这时可能只剩下 3 个到 5 个意向买家。

这时上市公司老板可以出场了，并购顾问安排买卖双方实控人一对一见面，通常第一次沟通就可以基本筛选出最有兴趣的 2 个买家。

上市公司老板和这2个买家再深谈一轮，如果都有兴趣优先选择一个愿意支付交易保证金的买家签署框架协议；如果都不愿意支付保证金则可以和这2个买家继续推进交易。我们的经验是保持至少2家潜在买家形成“竞标”氛围，这对出售成功非常重要，如果只有一个买家而该买家也知道这个情况时，交易就很难达成好的成交条件。

（六）学会使用保证金或定金锁定交易

上市公司控股权转让存在很大的不确定性，一般签署了股份转让框架协议就要向市场公告。但这个框架协议并不能保证交易成功，一般都会约定买家尽调后如果没有发现重大问题才会成交。

为了锁死交易、保护自己，上市公司大股东可以在股份转让协议里加入保证金条款或定金条款，让买家打一笔钱到大股东指定账户或一个律师事务所开立的由双方共同监管的账户，规定若在约定的期限内卖家只和该买家“独家谈恋爱”，若交易最终未能成交，上市公司大股东有权没收这笔资金作为赔偿。我经常在总裁班讲课时开玩笑说这笔钱相当于“青春赔偿费”。当然这个条款谈起来比较困难，取决于买卖双方谁处于更有利的位置谁就能谈成更好的条件。

（七）精心安排尽职调查

对卖方而言，买家的尽职调查有重大风险。买家往往聘请第三方券商、会计师事务所、律师事务所等一堆中介机构人员以及买方自己的收购团队，几十号人聚集到上市公司开展业务、财务、法律、人力资源等方面的全面尽调，时间从一两周拖到一个月都很常见。

我们建议卖方在应对尽调时要注意以下几点：

（1）同行尽调严格控制尽调人员规模和尽调范围，公司核心生产车间、研发中心等严禁任何买家尽调人员进入；

（2）尽可能缩短尽调周期，我们一般建议现场尽调最多控制在两周内，因为时间一长上市公司内部会产生大量谣言和军心波动；

（3）对于公司最核心的专利、技术、生产工艺等严格保密；

（4）让卖方顾问隐蔽地对买家的实力、信誉、背景等进行调查。

（八）小心签署并购协议

卖方一定要聘请高水平的精通上市公司并购的律师为整个交易全套协议进行把关。并购协议和普通商品买卖协议相比要复杂得多，上市公司并购协议比非上市公司并购协议又要复杂。一个完善的上市公司并购协议主合同通常都是三五十页，加上附件往往厚达一两百页。

在并购协议中，关于卖方的承诺与保证、交易结构、资金支付节点、或有债务赔偿、对赌安排、违约赔偿等核心条款都极为重要，需要逐字逐句地推敲定稿。

并购领域律师水平相差很大，一分钱一分货，千万不能为了省钱找便宜的律师，为了省几十万元的律师费被坑几亿元。

（九）妥善安排员工后路

上市公司一旦公告大股东控股权转让框架协议，公司所有员工都知道即将面临重大的职业生涯风险，因为买家通常都会在收购后进行裁员及“换血”来淘汰更换一部分原有员工。

上市公司老板不能只顾自己股份套现而不管员工死活。有良心的老板都会提前做好公司员工处置方案。

对于公司核心中高管员工要和他们逐一沟通，如果他们想留在公司，则在并购谈判中把这些核心员工的留任作为交易条件写到协议中；如果有部分员工不愿给新老板打工而想跳槽或创业，上市公司老板也应该调动自己的资源予以支持，为他们介绍新公司或者让他们跟自己继续干或者进行天使投资。

对于公司底层员工，上市公司大股东也应该和买家约定，即便裁员也应有个尺度，不能出现因为大裁员导致当地社会不稳定因素的出现，这样会严重损害上市公司大股东的个人名声和社会声望。

在卖控股权时，上市公司大股东可以保留小部分股份，继续以股东身份留在上市公司里，这样可以既可安抚民心，也能有效监督新实控人的员工整合工作。

本文写于 2022 年 5 月

中国企业并购整合的10条“军规”

企业并购整合的成败往往决定了并购的成败，大多数中国企业家对并购整合的重要性认识不够或者不知道如何开展并购整合工作。本文系统分析了中国企业并购整合可以采用的10条军规，可以有效提高中国企业并购整合的效率。

俞铁成

决定企业并购成败的关键因素有很多，但并购整合无疑是重要的环节之一。

在中国，企业老板和并购中介“重交易、轻并购”的现象非常普遍。老板们往往觉得只要控股公司了，之前管理公司的制度经验“复制”或“移植”到标的公司去就不会有太大问题，不必为并购整合大动干戈，浪费时间精力和金钱。并购中介们喜欢策划交易、推动交易，一旦交易完成拿到该收的丰厚交易服务费用和奖励费用，就立刻“移情别恋”寻找新的交易项目服务机会。

并购整合服务是典型的“吃力不讨好”的咨询类业务，耗时耗人耗精力而且收费也和交易结果无关，赚的是辛苦费。所以中国迄今就没有几家本土的真正把并购整合咨询当作公司核心业务的专业服务机构！

在没有好的并购整合咨询机构服务的背景下，我将用本文梳理、总结出企业并购整合的10条“军规”，帮助和指导中国企业家们在并购整合之路上少踩“陷阱”，顺利操作，成功到达终点。

一、并购整合工作尽早启动

我见过太多的企业家，提到并购整合都说这事是很重要，但要等我完成交易、成功控股后再开始讨论这个话题。这种情况下启动的并购整合基本都不会有好结果，因为太晚了！

并购整合工作应该何时启动呢？

我们建议在初步确定并购标的公司时，并购整合小组负责人就应该参与到这一标的公司收购可行性讨论中，站在并购整合的必要性、可操作性和重要性等角度提出参考意见。

收购方正式开始对标的公司进行尽职调查时，并购整合工作小组成员就应该基本到位，并派人参加到尽职调查中去，根据尽调过程不断发现的各种问题考虑并购后相对应的整合方案。

当并购协议签署、并购消息公布时，从第一天开始并购整合全套作战人员进入岗位，推进落实整合计划。

二、搭建高效运转的并购整合管理体系

广慧并购研究院为中国企业并购搭建了一套“并购作战组织体系”，用于指挥并推动并购交易高效进行。与此同时，我们还为中国企业搭建了一套“并购整合管理体系”，用于管理并购整合的全过程。

这套并购整合管理体系由并购整合指导委员会、整合总指挥、整合管理办公室、业务整合团队、平台整合团队及特殊事务整合团队等构成。每个具体整合团队的职责、分工、工作汇报流程、工作计划表、工作进程监督、整合问题处理流程等都有清晰的分工与合作。

如果没有这套并购整合管理体系，许多企业并购后就会陷入管理混乱状态，企业的核心价值和人才就会在这一片混乱中逐步流失，给企业带来巨大

损失。

三、事先确定整合的最佳模式

企业并购有四种整合模式：

（1）吸收：收购方为主，目标公司融入收购方；

（2）独立：双方互不干涉；

（3）反哺：收购方学习目标公司；

（4）共进：双方共同寻找优点。

在每一种模式下采用的整合策略是截然不同的。收购方虽然是买家，但并不一定意味着其永远可以采用居高临下的态度来整合被收购方。

比如一个高科技公司在企业管理、制度、文化甚至技术水平方面都远高于收购方，仅仅因为经营不善陷入困境、资金枯竭，被没有什么文化和科技水平的一个“土财主”煤老板收购，在这种情况下如果煤老板还想用其煤矿企业的管理体系和文化来整合这个高科技公司，结局一定是悲剧。

反之，如果煤老板有自知之明，在收购前就确定了双方采用“反哺”的整合策略，收购后更多的是收购方向该高科技公司来学习现代化的企业管理体系和文化特征，这样在并购谈判、交易以及后续整合过程中，煤老板自然会以一种谦虚、和气甚至尊敬的态度对待对方员工以赢得好感和信任。

四、交易结束前制订严密的、可操作性强的并购整合计划

在并购尽职调查过程中，并购整合团队就深入介入被并购公司，从行业、采购、技术、研发、生产、销售、财务、人力资源、企业文化等各方面研究标的公司和收购方之间的共同点、差异、协同整合的难点、机遇和方法等，并在此基础上要分不同业务部门和条线制订一个严密的可操作性并购整合计划。

这个计划必须要在并购交易宣布前就完成，如果交易宣布前没有做好这个整合计划，我会强烈建议老板暂缓签约并公告交易直至此整合计划做好才公告。

凡事预则立，不预则废。

并购整合亦如此。

五、速度、速度、速度

天下武功，唯快不破。

并购整合第一门要学的武功就是速度快。

这么做的原因是，并购消息一旦公告，标的公司股东、员工、董事、供应商、客户等所有利益相关体都会立刻被此消息震动并采取一些应对举措，有些举措可能就会损害企业当下或未来的实际利益，因此需要收购方从并购消息公告第一天开始就以雷霆风格全面展开并购整合，业务、人力、文化、制度、媒体等各方面的整合小组迅速按照事先制订的并购整合操作计划展开工作。

比如某企业收购完成，第一天的整合工作节奏是这样的：上午9时正式对外宣布并购交易消息；上午10时新公司的组织结构正式颁布；下午3时新公司所有部门员工及负责人名单发布并签署新用工合同；晚上6时30分收购方老板和高管请标的公司20位中高管共进晚宴，同时发布未来整合阶段性目标任务……

企业被并购后，公司里会迅速弥漫着悲观、怀疑、愤怒等各种不良情绪，这是人的本能反应。如果整合速度足够快，这些不良情绪就会迅速减少并化解；反之并购后如果关于企业发展目标、组织架构、人员定岗等迟迟不能宣布，这些不良情绪会越发累积并可能在某一时点爆发至不可控局面。

六、优先整合销售与客户资源

并购整合虽然要全面展开，但在各业务链条和板块中，还是应该分清用力主次，否则眉毛胡子一把抓效果很差。

我经常在一些总裁班讲到整合重点时，让同学们投票，在采购、研发、生产、销售、人力、财务等各业务环节中，应该最先整合哪个环节？

投票结果非常多元化，我每次都会斩钉截铁地说这个问题的正确答案是——销售环节。

企业就相当于一个活生生的生命体，企业的现金流就是其血液，支持着企业的生命。而现金流的长期稳定来源就是企业源源不断销售出产品或服务，依靠借款来续命的企业注定活不长。

并购整合期最可怕的一个风险就是标的公司原有核心客户的流失，这些客户流失的原因有很多：或许是某些和这些客户私交甚好的销售经理被收购方裁员；或许是收购方未经沟通单方修改了一些销售合作条件；或许是收购方曾经的一些负面新闻和过往不良历史让这些客户感到不舒服，等等。

无论是什么原因，一旦标的公司原有大客户流失，收购方想重新把他们拉回来“破镜重圆”就太难了。

因此，在并购整合初期，一定要把稳定标的公司现有客户放在首位，必要时收购方老板和高管要亲自去拜访沟通标的公司前几大核心客户的老板与高管，阐述未来长期合作愿景，稳固客户关系。对于其余重要客户也应该安排公司销售客服人员逐一就并购消息进行友好沟通与答疑。

在稳定现有客户的基础上，收购方要展开“cross - sales”战役，即调动买卖双方公司所有的相关业务骨干，研究如何把收购方的现有产品卖给标的公司的现有客户；如何把标的公司的现有产品卖给收购方的现有客户；如何整合双方共同的市场与客户关系联合公关打单，攻克原来双方都不曾拿下的重要客户……

优先聚焦销售整合的另一好处是可以通过双方销售与客户资源的整合让公司销售业绩快速提高，这类好消息可以快速安抚因为并购带来的各种负面情绪和谣言，稳定军心，为公司潜心整合其他板块打下良好基础。

七、沟通、沟通、沟通

并购就像婚姻，只不过是一群人和另一群人的婚姻。婚姻幸福的核心秘诀在于沟通，并购也是如此。

当收购方发布并购消息后，收购方内部洋溢着一派欢欣鼓舞的气氛，而标的公司内部则愁云密布、谣言四起。企业各种利益相关方也都“各怀鬼胎”：

高管：公司有没有前途？新老板会不会继续重用我？要不要委托猎头偷偷找后路？我看不上的对方某高管会不会被派到我们公司来管我？

中层：我的高层靠山会不会被裁员？是不是多找几个靠山？

底层：我会不会下岗或换岗？工资会不会下降？福利会不会减少？

股东：公司业绩是否会下滑？公司股价是否能上涨？公司分红是否减少？

客户：该公司产品质量会否下降？供货能否及时？销售对接人是否换岗？

供应商:之前发的货能否准时回款?以后账期是否会拉长?新老板会不会找其他供应商?我要不要去找关系巴结一下新老板?

银行行长:以前的贷款能否如期偿还?新业务会不会再找其他银行合作?以前的存款会不会抽走?

税务局局长:企业经营会不会受到影响?今年的税收上缴会否大幅下滑?新老板会不会转移部分业务到外地去,减少本地交税额?

政府官员:新老板人好不好相处?公司会不会经营滑坡大量员工下岗、增加不稳定因素?以后再上新项目是否会选择外地?

如果收购方在并购消息发布前没有针对上述这些重要的"利益相关方"逐一制订一个详细的针对性的沟通计划,在消息发布后沟通不够及时就可能带来非常大的麻烦。

收购方派驻到标的公司的整合管理"大员"们也必须时时注意自己的一言一行,千万不要因为自己是收购方管理代表而傲慢处事待人。

以下是几条具体建议:

(1)说任何话必须要言辞达意,表达清楚,切忌说模棱两可的话,比如"我们将尽最大努力保障所有员工的合法利益""一切照旧""这是一次平等并购""美好的未来在等着你们"……

(2)言必信,行必果,切忌整合第一天就说"我们不准备调整核心团队",这样说就没有退路了,后面哪怕裁掉一个管理人员都会让整合领导者的信誉一夜破产。

(3)抓住所有机会和各级员工交流,就他们提出的"谣言"或"传闻"及时予以澄清或共同寻找答案。

(4)举止温和谦虚,学会尊敬对方的各级员工,避免任何让对方感到粗鲁、傲慢、盛气凌人的言行举止,这样员工们自然会主动和收购方人员坦诚交流,减少误解和对立。

(5)派一名"沟通大使"以基层员工的身份加入标的公司,可以及时收集标的公司的各种消息动态,并能第一时间站在收购方角度予以解答安抚。

八、留住关键人才

当今企业竞争的核心在于人才的竞争,并购整合成败的关键也在于能否把对方关键的技术、管理、销售等核心岗位的人才给留住。

国外并购界流行一个“百日整合计划”，提出10天内最高层人员到位，30天内核心层人员到位，90天中层人员到位。

但根据我们在中国多年的实践和观察，这个整合策略对中国企业不适用。中国人的“疑心病”特别重，当一个企业被收购后，其骨干人才潜意识里都希望能继续得到新东家的重用，希望能尽快得到自己继续保留工作岗位甚至提拔的正式通知。对于自己留任与否的确认通知如果一周内没有发布，相关人员开始不安；当一个月还没有发布，他们会开始恐慌，一些人开始偷偷在外面找新的工作机会以作“退路”；当两个月还没消息时，一些优秀员工开始绝望，这时如果有人来挖人基本都会成功……总之，我们给中国企业家的人才整合建议是在并购消息发布前就已经把绝大部分重要岗位的人选敲定，一旦消息发布后在最短的时间内公布并执行，该留的留，该辞退的坚决辞退。这一工作最晚不能超过一个月，以防夜长梦多。

标的公司哪些人才要保留，这需要收购方在做人力资源尽职调查时就要当作极为重要的调查内容，特别要找到一些目前不被重用但确实有才华的一些“关键先生”。

留住人才的一个重要建议是快速描绘并购后企业未来发展的美好愿景并统一思想，让人才为了这个宏伟的奋斗目标而留下来。

在物质待遇上也要尽量宽厚大方，比如给予这些人才更高的报销额度、更好的出差待遇、更有吸引力的薪酬激励体系等。

在国外一些并购案例中，收购方往往会专门给标的公司关键人才一笔钱作为“留用奖励”(stay bonus)。

如果收购方的人力资源部经理素质较低，强烈建议收购方专门聘请一个人力资源顾问公司来为收购后的人力资源整合提供专业服务。

九、高度重视文化冲突和文化整合

什么是企业文化？不同的人有不同的解读，但没有一个标准答案，企业文化似乎看不见摸不着。

这也让许多老板对并购后的文化冲突不以为意，对文化整合的必要性不当回事，结果发生了一些难以挽回的损失。

我在《并购陷阱》这本书里描绘了两个老板的细节特征，从生活习惯到工作作风，许多的细节对比就会体现出两个企业的文化差别。

说到底，对于大部分公司，企业文化就是老板的文化。

老板甲如果并购了老板乙的公司，估计双方会爆发比较激烈的文化冲突，并购整合的挑战会非常大(如表1)。

表1　两种企业老板的细节特征

老板甲	老板乙
西装革履	运动休闲装
名片上一堆头衔	名片一个头衔或没有头衔
所有发票自己签字审核	大额发票自己签字审核
喜欢迈巴赫和劳斯莱斯	喜欢路虎和哈雷
喜欢下属叫自己“主席”	喜欢下属叫自己“某总”
事事管控，一杆子插到底	充分授权，扁平化管理
处处节省抠门，股权高度集中	慷慨大方，股权分散给员工
晚上去夜总会酒吧	晚上跑步或学习国学
暴躁霸道，粗口不断	谦谦如玉，温文尔雅
决策武断，敢于冒险	专业规划，冷静决策
重用亲朋好友	严格禁止家族成员进入公司
喜欢挑起下属斗争，坐山观虎斗	讨厌公司内斗和公司政治损耗
家中红旗不倒，外面彩旗飘飘	一生只爱一人
遇到麻烦人民币开路	宁愿吃亏也要合规守法
严禁下属在媒体曝光，只能自己出风头	自己永远躲在幕后，让手下高管出名
股东第一、客户第二、员工第三	客户第一、员工第二、股东第三
和下属以微信方式交流	和下属以散步或吃饭方式交流
提拔员工把忠诚度放在首位	提拔员工以业绩为首要标准
公司出事责任推给下属	公司出事首先承担责任

为了防止并购后出现严重的文化冲突，建议收购方在做尽职调查时一定要对双方的企业文化进行问卷调查。广慧并购研究院综合国内外各种企业文化调查问卷整理出了一套符合中国特色的企业文化调查问卷系统，通过微信小程序就可以很方便地对双方进行文化特征的深入分析。

在对双方核心文化特征梳理的基础上，就可以进行文化整合方案的设计，采用针对性的文化整合策略。

十、建立并购整合考评体系和复盘机制

并购整合的有效性除了有事前准备的完善的并购整合方案、一个执行力强的并购整合团队，还需要建立一套并购整合的考评体系和复盘机制。

并购整合应从第一天开始就全面启动，并购整合指导委员会领导下的并购整合办公室作为并购常设指挥中枢高速运转，调动下面各条线的整合团队开始工作。

我们建议为个业务条线分别设立明确的并购整合任务指标，在并购后第30天、90天、180天、一年和二年分别进行整合工作考评。

世界上没有两个一模一样的并购案例，但并购整合的许多经验和教训是可以借鉴参考的。

收购方要在整合工作持续考评的基础上及时整理出具有可参考价值的成功经验或失败教训，并将这些复盘宝贵成果系统整理，归档进公司“并购整合资源中心”，供后来者学习使用。

写于2022年6月

美国上市公司并购信息披露制度可借鉴之处

俞铁成

"中美上市公司信息披露方面存在的一些重大差异,这些差异并非小事,它们恰恰是资本市场即将全面推行的注册制能否顺利实施的最核心的制度基础之一。"

上市公司重大并购重组事件对上市公司具有极为深远的影响,对股价的刺激效应也极为明显,因此是各国股票市场信息披露的重点关注内容。

对比中美上市公司重大并购重组信息披露内容,美国上市公司在两个方面的信息披露程度远高于中国上市公司。

一、对并购重组过程的详细披露

中美上市公司在提交给董事会和股东大会表决的有关上市公司重大并购重组的表决文件中,美国上市公司会把整个并购过程的详细过程和细节完整披露出来。以2013年中国双汇集团(Parent 公司)收购美国史密斯菲尔德(Smithfield)案例为例,Smithfield 在最重要的一次股东大会文件中详细披露了收购的全过程，现摘录其中部分内容如下。

2013 年 3 月 21 日，摩根士丹利代表打电话给 Smithfield 的 CEO Pope 先生，告诉他 Parent 公司发非约束性要约给 Smithfield，以 30 美元每股现金收购其所有的普通股。

2013 年 3 月 21 日，Smithfield 董事会召开电话会议。出席人：Simpson Thacher律师事务所（Smithfield 董事会的专项法律顾问代表）、Pope 先生、Smithfield 董事会与摩根士丹利代表。经过讨论后，Smithfield 董事会意识到，Smithfield 董事会对 Parent 公司建议的 30 美元每股价格收购其所有普通股的建议没有兴趣。但是，管理层确定提高每股的价格是下一步商谈的前提和基础。

2013 年 3 月 22 日和 3 月 23 日，Pope 先生与摩根士丹利代表通过电话交谈了几次，并表示目前的条件 Smithfield 不接受。

2013 年 3 月 24 日，Parent 公司发出了新的非约束力要约，Parent 公司提出收购 Smithfield 普通股的所有流通股。且摩根士丹利传达给 Smithfield：在交易结束后，Parent 公司会尽量确保 Smithfield 的现有管理团队保持不变。

2013 年 3 月 25 日，Smithfield 提交了一个潜在的包装肉类的收购要约，2013 年 4 月 10 日该要约被正式拒绝了。

2013 年 4 月 4 日，巴克莱银行代表传达给摩根士丹利代表，认为 Parent 公司提出的 33 美元每股的价格是不够的，而巴克莱银行决定安排 Parent 公司和 Smithfield 之间的会议，讨论为何 Smithfield 公司值得更合理、更高的报价。

2013 年 4 月 17 日晚上，Pope 先生与摩根士丹利的代表谈话。在谈话中，Pope 先生表示，如果 Parent 公司收购 Smithfield 价格在每股 35 美元到 36 美元，他会支持该交易并让董事会也支持。

2013 年 5 月 8 日在中国香港，Pope 和 Smithfield 公司的首席法务官 Cole 与 Parent 公司的主席及代表见面。会议中，Parent 公司表达了强烈的意愿，并且重申了保留 Smithfield 现有管理层的重要性，确保有一个妥善的管理层保留计划。

2013 年 5 月 13 ~ 15 日，在盛信律师事务所（Simpson Thacher）的纽约办公室，Parent 公司代表、摩根士丹利、普衡律师事务所（Paul Hastings）参加了管理层报告，并获得了尽职调查信息。

2013 年 5 月 23 日，Smithfield 公司的管理层和顾问详细讨论 Parent 公司最新的建议,并且确认了 Parent 公司在 5 月 28 日还未见兼并协议执行就放弃交易的态度属实。Smithfield 公司在向 Parent 公司提出的建议中将价格抬到了每股 34.5 美元,反向终止费也提高到 3 亿美元,特殊终止费仍然为 7500 万美元,常规终止费相应提高到 1.75 亿美元。最终,Smithfield 和 Parent 的管理层基本同意,价格为每股 34 美元,反向终止费为 2.75 亿美元,常规终止费为 1.75 亿美元,特殊终止费为 7500 万美元。

2013 年 5 月 28 日,Smithfield 董事会在盛信律师事务所的纽约办公室召开会议,Smithfield 的管理层、巴克莱的代表、盛信律师事务所、mcguirem Woods 参加会议。会议中,McGuire Woods 的代表审阅了 Smithfield 董事会的诚信义务。Simpson Thacher 的代表为 Smithfield 审阅了兼并协议的最终材料条款。巴克莱的代表审阅了交易的财务部分,并向 Smithfield 的董事会提出口头意见,随后发出了书面意见:从财务角度,在意见发出的当下,考虑到各种资质、限制、假设,Smithfield 得到的兼并条款对股东合理。Smithfield 公司的董事会与公司管理层代表、巴克莱、盛信律师事务所、McGuire Woods 律师事务所讨论关于兼并的战略、业务、法务、本笔交易相对其他可能交易的优势、对与 Parent 公司合作完成交易的决心。讨论后,Smithfield 董事会全体一致通过了兼并协议和兼并相关的计划,并全票投票通过。紧跟着 2013 年 5 月 28 日的会议,Smithfield 在纽交所的普通股交易收盘后,多方执行了兼并协议及其他相关交易的文件,Parent 公司把 2.75 亿美元全额的反向终止费存入中国银行纽约分行,由第三方托管。

2013 年 5 月 29 日,在 Smithfield 的股票开盘前,多方发布了联合新闻,公告这笔交易。

整个过程中还披露有 A 及 B 两家竞争对手参与到这次收购战中,A、B 公司各自的报价谈判及否定原因及过程也都一一披露。

看完这一交易过程的信息披露,就像看了一场商战电影,非常过瘾。

上述仅仅摘录了部分交易过程内容,从最早收购方何时通过何种渠道向公司提出收购意向开始,把双方投行、律师、会计师及公司董事会高管等关键人物每一次重要见面的时间、地点、会谈结果等都披露出来,复原了整个交易过程,可以让参与表决的股东知道这次交易及谈判的完整来龙去脉,把一切交易曝光在阳光之下。

在我曾参与的一起收购美国上市公司案例中，在美国上市公司的信息披露文件里就数次出现了笔者的名字，当时我看了非常震惊。这种把项目核心参与人的真实姓名都披露的制度安排让投资者可以很轻松地了解交易中的关键人物以及未来可能起诉的对象。这种震慑力会让所有中介及公司核心参与者都仔细对待每一次见面，不会乱说话或做一些偷鸡摸狗的事情，因为未来这些细节都会被曝光！

中国的上市公司重大并购重组有一整套的信息披露指引文件，目前一个主流的上市公司发行股份购买资产的交易案例中，提交给股东会表决的交易预案文件内容非常丰富，一般都有 300 页以上，把买卖双方的详细资料、交易结构、拟收购资产行业及业务介绍、盈利预测等披露得非常到位。但是，唯独没有披露双方的交易谈判过程！

目前，中国上市公司停牌重组期就像一个黑洞，许多公司在停牌期内谈了多家潜在合作对象，最后匆匆找了一个公司就“结婚”。一些上市公司甚至和重组对方见面半天就可以谈好重组合作方案。这一过程在现有中国上市公司并购信息披露制度下是永远被掩盖了，普通投资者根本无法了解上市公司并购决策的整个过程。如果他们知道上市公司对某些重大并购重组的决策过程是如此草率和随意，那么还会投赞成票吗？

二、对并购重组文件的详细披露

美国上市公司并购重组披露文件中会把收购重组的协议全文在网上披露，双方签署的一些重要框架性协议全文也会披露，甚至签署页的原件扫描页都会放到网上供投资者参考。

在双汇收购 Smithfield 的案例中，双方签署的长达 88 页的交易合同全文、双汇和中国银行签署的收购保证金协议全文等都可以在网上看到。

中国上市公司并购重组的意向性文件或框架合同一般都不会对公众披露，最重要的收购重组协议也仅仅披露几页纸的内容摘要，中小股东无法看到核心交易协议的全文。

负责牵头撰写收购预案文件的券商项目负责人或许认为这些协议太专业、普通投资者看不懂，因此把核心条款提炼披露即可。但这种想法在美国是有很大问题的，因为几十页数万字的合同条款，券商是没有资格替普通投资者决定哪些条款重要哪些条款不重要，只有把协议全文披露才能把所有责任让投资者承担，否则投资者未来就有以信息披露不够完备导致投资亏损而起诉公司及董事会的权利！

在中国许多上市公司董事长或中介机构负责人看来，并购协议属于商业机密，不宜全文披露。但这对小投资者而言是不公平的，作为股东他们有权了解一个可能决定公司命运的重大并购重组的所有交易信息，这才是公平所在！

通过以上分析，我们可以清楚地看到中美上市公司信息披露方面存在的一些重大差异，这些差异并非小事，他们恰恰是资本市场即将全面推行的注册制能否顺利实施核心的制度基础之一。

股票发行注册制的核心理念是让投资者自己判断股票是否值得投资，证监会不取代投资者判断一个公司是否值得投资，只负责让企业充分披露其信息供投资者投资决策参考。

美国资本市场之所以如此发达，和其严格的信息披露要求有重大关系，企业上市容易，但上市后能否经受如此严格的信息披露要求考验则是个巨大挑战。众多中国概念上市公司在美国市场遭遇的“用脚投票”、股价暴跌困境，根源就在于其管理层忽视了美国上市公司信息披露高度透明化的要求，以为隔着太平洋就可以把许多中国发生的事情掩盖掉。

中国注册制未来能否成功实施全面推广，信息披露制度的进一步完善将是关键，这需要中国证监会多多吸取美国资本市场的成熟经验，取长补短，不断完善现有制度，让中国的投资者能更加透明公开地了解上市公司的所有重要信息，这样中国的资本市场才能真正健康发展！

本文写于 2022 年 6 月

上市公司并购子公司失控的法律责任

徐劲科*

上市公司子公司失控的案例越来越多，在这种情况下有关各方的法律责任该如何界定，如何提高并购管控水平减少并购子公司失控的概率，本文给出了专业解答。

一、案情概述

（一）购前已间接持股

2016年，主营业务领域为陶瓷的广东文化长城集团股份有限公司（代码：002619，以下简称文化长城）开始通过参股设立新余智趣资产管理合伙企业，间接持有北京翡翠教

* 徐劲科，中欧国际工商学院高级管理人员工商管理硕士（EMBA）、澳大利亚悉尼科技大学法学硕士。现任大成律师事务所上海办公室公司部资深合伙人、广慧并购研究院特约研究员、上海证券交易所第五届上市委员会委员。

育科技集团有限公司（以下简称翡翠教育）股权。①

截至文化长城正式公布并购翡翠教育计划的2017年9月20日，文化长城间接持有翡翠教育6.03%的股权。②

（二）领域高估值并购

2017年9月20日，文化长城与翡翠教育原股东及管理团队共同签订协议，收购翡翠教育100%股权，交易价格为15.75亿元（净资产仅3.65亿元，形成商誉12.1亿元），其中发股支付8.22亿元，现金支付7.53亿元，股东及核心管理团队承诺2017至2019净利润3.59亿元。③

2018年3月27日，翡翠教育100%的股权已过户至文化长城名下并进行了工商变更。变更后，文化长城占据了翡翠教育5个董事会席位中的3个、3个监事会席位中的2个，同时修改了《公司章程》，规定大额投资、资金往来、资产处置需要通过股东和董事会审议批准。④

（三）收购三个月后即开始失控

据证监会出具的文件⑤，2018年6月开始文化长城就逐渐对翡翠教育失去控制权，具体情形包括：

（1）未能任命翡翠教育财务总监；

（2）未能决定翡翠教育的大额资金往来（净拆出资金3.4亿元）、投资、资产处置；

---

① 参见2016年4月5日广东文化长城集团股份有限公司《关于公司对外投资暨参与认购新余智趣资产管理合伙企业（有限合伙）（筹）基金份额的公告》。

② 参见2017年9月20日广东文化长城集团股份有限公司《发行股份及支付现金购买资产并募集配套资金报告书（草案）》。

③ 参见2017年9月20日《北京市中伦律师事务所关于广东文化长城集团股份有限公司发行股份及支付现金购买资产并募集配套资金的法律意见书》《发行股份及支付现金购买资产并募集配套资金报告书（草案）》。

④ 参见2019年6月17日广东文化长城集团股份有限公司《关于公司年报问询函的回复》。

⑤ 参见2021年7月5日广东文化长城集团股份有限公司《关于收到中国证监会广东监管局〈行政处罚及市场禁入事先告知书〉的公告》、2019年6月24日广东文化长城集团股份有限公司《关于全资子公司北京翡翠教育失控、核心管理团队人员违反公司法及章程暨公司下一步措施的公告》。

(3)未能取得翡翠教育财务报表,未能完成年报审计工作。

但直到2019年6月,文化长城才在公告中披露“存在内部控制重大缺陷”。

(四)失控原因之一:未能全额支付现金对价

文化长城与翡翠教育原股东约定,2018年6月28日为7.53亿元现金对价的支付期限,但实际上文化长城仅支付1.46亿元,超6亿元未能支付。文化长城时任董事会秘书承认,“钱没到位”是翡翠教育失控的根本原因。①

为此,翡翠教育多位原股东对文化长城提起诉讼,要求支付现金对价及违约金。文化长城作为被执行人,持有的翡翠教育股权已被深圳福田区法院冻结。②

同时,翡翠教育多位原股东(包括翡翠教育高管控制的公司)也以文化长城股东身份提请召开临时股东大会,要求罢免文化长城董事长,双方矛盾蔓延到上市公司股东大会上。③

(五)结局:翡翠教育停摆,并购彻底失败

据文化长城的公告,截至2019年12月27日,翡翠教育总部办公场所已经处于空置状态,其工商登记显示为“该企业被列入经营异常名录”,公司彻底停摆。

2020年2月26日,文化长城公告称,文化长城收购翡翠教育被诈骗一案被北京市公安局东城分局立案侦查。④ 但直到现在仍无进展信息。

而关于翡翠教育原股东提出的诉讼,法院作出多份判决书,要求文化长城支付对价及违约金。⑤

---

① 参见任芷霓:《文化长城内讧继续　小股东指控董事长划走孙公司亿元资金》,载每经网,http://www.nbd.com.cn/articles/2019-07-23/1356590.html。

② 参见2019年6月28日广东文化长城集团股份有限公司《关于公司年报问询函的回复》。

③ 参见2019年7月2日广东文化长城集团股份有限公司《关于收到股东提请召开临时股东大会的函的公告》。

④ 参见2020年2月26日广东文化长城集团股份有限公司《关于公司被诈骗收到〈立案告知书〉的公告》。

⑤ 参见(2020)粤03民终17354号、(2020)粤03民终17356号、(2019)粤03民终21776号、(2020)粤03民终8552号、(2019)粤03民终24198号、(2019)粤03民终24199号民事判决书。

2021年9月3日，广东证监局出具行政处罚决定书，认定文化长城就翡翠教育失控在信息披露中有虚假记载等违规事项，对文化长城、实控人蔡廷祥与多位翡翠教育高管警告、罚款。①

二、上市公司失去子公司控制权中涉及的法律责任

（一）上市公司及其高管的法律责任

1. 行政责任

首先，子公司失控的直接原因必然是上市公司的控制制度存在问题。

证监会颁布的《上市公司治理准则》第94条第1款要求“上市公司应当建立内部控制及风险管理制度，并设立专职部门或者指定内设部门负责对公司的重要营运行为、下属公司管控、财务信息披露和法律法规遵守执行情况进行检查和监督”。各交易所的《股票上市规则》中对公司内控制度也有明确要求。上市公司违反内控条款可能面临证监会的行政处罚与交易所的纪律处分，并且上市公司高管可能被追究有关未尽责、违反勤勉义务的责任。譬如，在上交所《关于对河南黄河旋风股份有限公司及有关责任人予以纪律处分的决定》（〔2019〕68号）中认定：黄河旋风未采取有效措施对上海名匠进行控制，导致对收购标的子公司失去控制，严重影响了相关信息的披露，并最终对黄河旋风及其所有董事作出纪律处分。

其次，信息披露违规。

刚出现子公司失控迹象的时候，出于稳定股价等考虑，很多上市公司会选择暂时隐瞒、试图在可控范围内解决，而当正式披露的时候子公司常常已失控多时、无可挽回，文化长城与翡翠教育案也是如此。但是上市公司隐瞒、不及时披露子公司失控情况以及在内控评价报告中虚假记载行为均违反《证券法》第78条第2款的规定：“信息披露义务人披露的信息，应当真实、准确、完整，简明清晰，通俗易懂，不得有虚假记载、误导性陈述或者重大遗漏。”上市公司及其高管应承担相应行政责任。如上交所在《关于对深圳九有股份有限公司及有关责

① 参见《中国证券监督管理委员会广东监管局行政处罚决定书》（〔2021〕12号）。

任人予以纪律处分的决定》(〔2020〕93 号)中认定:上市公司对润泰供应链失控时点前后信息披露不一致,对 2018 年度财务报表合并范围产生较大影响,最终决定对九有股份与董事长、董事会秘书公开谴责。

最后,可能触发风险警示条款。

如果上市公司子公司失控,则公司也可能触发交易所上市规则中的风险警示条款,如《上海证券交易所股票上市规则》13.3.2 规定,上市公司如果最近一个会计年度的财务会计报告被出具无法表示意见或否定意见的审计报告,上交所将对其股票实施退市风险警示。如果连续两年触发强制退市情形,上市公司甚至可能因此被强制退市。如 ST 九有曾公告称,公司对重要控股子润泰供应链失去有效控制,无法获得其财务数据,上述事项已触及有关规定,被实施“其他风险警示”。①

2. 民事责任

首先,从文化长城与翡翠教育一案就能看出,并购标的失控不能直接免除交易对价的支付责任,上市公司可能需要在并购血本无归的情况下继续承担沉重的债务,除非在交易文本中规定支付交易对价的前提是并购标的公司不存在失控的情况。

其次,如果上市公司因隐瞒子公司失控事实、违反信息披露义务而造成投资者损失,根据最高人民法院《关于审理证券市场虚假陈述侵权民事赔偿案件的若干规定》,投资者可以对上市公司提起虚假陈述民事赔偿案件,上市公司可能需要承担民事侵权责任。而在本案中,文化长城因披露报告存在重大遗漏等原因,在 2021 年 9 月 3 日被广东证监局出具《行政处罚告知书》,公司被罚 60 万元,实控人被罚 90 万元,目前已有虚假陈述赔偿索赔者征集的消息。②

---

① 参见 2019 年 1 月 1 日《深圳九有股份有限公司关于公司股票实施其他风险警示的公告》。

② 例如,《【索赔征集】文化长城及相关责任人收行政处罚决定书及市场禁入决定书》,载微信公众号“兰迪投资者权益保护”2021 年 9 月 7 日,https://mp. weixin. qq. com/s/llT9sco4Llu3QZ7skKVvVw;《索赔动态:文化长城收到证监会正式行政处罚决定书,投资者索赔程序启动》,载微信公众号“北京中登律师事务所”2021 年 9 月 6 日,https://mp. weixin. qq. com/s/tqRTgjt6W1-qvK7CPwr0Mg;《文化长城行政处罚事先告知书下达,投资者索赔征集开启》,载微信公众号“国瓴股民索赔专业团队”2021 年 7 月 8 日,https://mp. weixin. qq. com/s/nUgOe0DcG0_2LUTHq32jXQ。

3. 刑事责任

《刑法》第 161 条规定,上市公司及其高管提供虚假或隐瞒重要事实的财务会计报告、不按照规定披露信息,严重损害他人利益或有其他严重情节的,应当承担刑事责任。

虽然目前已作出的判决中,违规披露、不披露重要信息罪主要适用于公司财务造假的情形,但如果在子公司失控的过程中,上市公司为隐瞒失控信息而提供虚假内控报告或财务会计报告,其高管也可能因触犯违规披露、不披露重要信息罪承担刑事责任。在类似案例中,华锐风电原董事长韩俊良,因公司向股东和社会公众提供虚假的财务会计报告(提前确认销售收入),被判定构成违规披露重要信息罪,尽管情节轻微且是公司自查发现并主动上报,仍被判处有期徒刑 11 个月,罚金 10 万元。①

(二)失控子公司及其实控人的法律责任

1. 民事责任

一方面,子公司脱离控制并不意味着原本的交易协议、业绩承诺协议失效。上市公司必然会要求业绩承诺方履行业绩承诺协议以部分追回子公司失控带来的损失,通常是子公司创始人、业绩承诺方的实控人需要承担业绩补偿责任或股权回购义务。

另一方面,《公司法》第 152 条规定,董事、高级管理人员违反法律、行政法规或者公司章程的规定,损害股东利益的,股东可以向人民法院提起诉讼。因此,上市公司作为股东的利益在子公司失控的过程中受损,如果在此过程中存在子公司高管未尽忠实、勤勉义务,或可提起损害股东利益之诉,要求失控子公司高管赔偿损失。

2. 刑事责任

面对子公司失控这样的恶性事件,上市公司必将追查到底,对于子公司及其实控人可能存在的问题也极有可能诉诸刑事手段。在过往众多失控案例中,各子公司及其实控人以多种案由被举报、立案侦查,如合同诈骗罪、职务侵占罪

① 参见北京市高级人民法院刑事判决书,(2017)京刑终 88 号。

等。本案中，失控子公司股东就被以诈骗罪立案，虽然目前未见最终追究结果。另外，上市公司福成股份的失控子公司及其经营者也以合同诈骗罪被报案，最终以非法吸收公众存款罪被立案侦查。①

三、并购后上市公司子公司治理要点

（一）控制董事会、监事会

在亚太药业子公司上海新高锋失控案中，证监会认定亚太药业董事长陈尧根未能组织亚太药业对上海新高峰采取必要及有效管控，导致亚太药业年度报告存在虚假记载，对信息披露违法行为负有主要责任。② 所以，并购之后采取必要管控措施，控制子公司董事会、监事会，不仅是上市公司控制子公司的重要手段，更是一种可能受到监管机构关注、必须尽到的义务。上市公司作为控股股东，掌握子公司董事会、监事会多数席位也是合理的。同时，上市公司还应当积极通过董事会、监事会行使权利，体现出上市公司对子公司的实际管控。

（二）加强对总经理、经营团队的监督

上市公司的并购通常都需要原股东、经营团队进行业绩承诺，而在业绩承诺期内，为了明确责任，上市公司一般不会直接参与子公司的实际经营，总经理、经营团队通常仍由原班人马担任、组成。虽然上市公司并不控制子公司的日常经营权，但仍然可以通过人事、业务和财务（资金）系统管理、委派财务人员控制财务等方式，让子公司的经营权时刻受到上市公司的监管，排查并尽早发现子公司失控的风险。

（三）严格规范印章、证照的管理

公司的印章（公章、财务章、合同专用章）、证照是公司对外作出法律行为的

① 参见2021年10月22日河北福成五丰食品股份有限公司《关于控股子公司被立案调查的公告》。

② 参见2021年4月22日浙江亚太药业股份有限公司《关于公司及相关当事人收〈行政处罚决定书〉及〈市场禁入决定书〉的公告》。

关键，特别是公章和合同专用章，在大多数情况下都可以单独代表公司。如果让经营团队单独控制印章、证照，则子公司失控的风险会增加，且一旦失控上市公司控制局面的难度将大增。因此，需要特别制定子公司印章、证照的管理制度，控制风险，并确保在极端情况下上市公司仍有权另行印制或申领新的证照。

总体而言，子公司的治理涉及方方面面，在实务中可以参考亚太药业发现子公司失控迹象的公告中所列举的应对措施：公司将认真落实内部控制整改措施，将对上海新高峰及其子公司公章、合同章、财务专用章、银行预留印鉴、各银行网银 U 盾等加强管控，进一步完善财务管理、印章管理、对外担保等内部控制存在缺陷的环节，加强相关人员培训教育，提高合法合规意识，规范公司治理，避免有关违规行为的再次发生。①

写于 2021 年 11 月

① 参见 2019 年 10 月 28 日浙江亚太药业股份有限公司《关于自查发现子公司违规担保等事项的公告》。

上市公司控制权争夺的核心战场：董事会

“反收购体系是建立在章程众多条款上的，而不是单独某一条款即可达到阻击收购者的效果，而且任何单独一项防御措施或条款的效率及合法性必须要放在公司所采取的整体防御措施中进行评价。”

徐劲科

现代企业制度中的所有权与经营管理权的分离，使得董事会成为上市公司控制权之争的主战场，谁控制了董事会，谁就掌握了主动权。从爱使股份(600652. SH)到康达尔(000048. SZ)，攻守双方在董事会席位的争夺中短兵相接。为了保住对公司的话语权，上市公司原实控人必然在董事会制度的各个方面对进攻方处处掣肘，绝不会坐以待毙。本文拟对下列三类公司章程中控制董事会或董事席位的有关条款，结合控制权争夺的意义进行分析：分期分级董事会条款、限制股东提案权条款和董事任职资格限制条款。

一、分期分级董事会条款

现今世界上的发达资本市场中，很多上市公司都采用了分组董事会制度，其核心便是分期分级董事会条款（亦称为交错选举董事条款）。美国《示范公司法》（Model Business Corporation Act）第8.06条即对分期分级董事会条款（staggered terms for directors）作出了定义，具体为：公司章程可以将董事分为两组或者三组（每组董事人数为董事总人数的1/2或1/3，即使每组董事人数无法相同，也应当尽可能接近）。在该制度下，第一组董事的任期到该组董事当选后的第一次年度股东（大）会为止，第二组董事的任期到该组董事当选后的第二次年度股东（大）会为止，第三组董事（如有）的任期到该组董事当选后的第三次年度股东（大）会为止。之后举行的每届年度股东（大）会，获选的继任董事任期应当为2年或3年。因此，在分期分级董事会条款下，每年都会有一组董事任期届满，每年也只有任期届满的董事会被改选。如此，即使恶意收购方在短时间内控制了公司的大量股份，囿于董事选举制度，也只能逐步、缓慢地取得董事会控制权。

美国许多上市公司都采用了分期分级董事会条款。如在纳斯达克上市的AROG PHARMACEUTICALS公司，其章程第7.2条规定，如公司出现触发事件，则董事应当分为三组，第一组董事的初始任期至触发事件发生后的第一次年度股东大会，第二组董事的初始任期至触发事件发生后的第二次年度股东大会，第三组董事的初始任期至触发事件发生后的第三次年度股东大会。触发事件（triggering event）的定义则由章程第16a（a）条规定为"单独或合计持有10%以上股权的股东及其关联方不再持有本公司股份"。

对于董事任期的安排，我国《公司法》仅在第45条作出规定，"董事任期由公司章程规定，但每届任期不得超过三年"。可见，《公司法》赋予了公司足够的自治空间以决定董事的任期，并未规定每位董事的任期长度必须相同。分期分级董事会条款无论从形式到实质均没有剥夺股东选任董事的权利，而仅仅是延缓董事会格局的变更。况且，选择、更换董事本就是公司股东的固有权利，笔者认为，分期分级董事会条款在中国法下的有效性不存在疑问。

经检索，我国也有不少上市公司建立了分期分级董事会制度。2015年10月，商赢环球（600146.SH）就在其公司章程中加入了限制董事被更换人数的条款，其章程第98规定："董事任期届满需要换届时，新的董事人数不超过董事会组成人数的1/3。"而在章程中存在"分期分级董事会条款"的上市公司还有福星股份（000926. SZ）、垒知集团（002398. SZ）、明德生物（002932. SZ）、世联行（002285. SZ）、伊利股份（600887. SH）等。

其中，商赢环球在公告章程修改议案后不久就收到了上交所的问询函，要求说明对章程条款的修改是否符合法律规定，是否涉嫌侵害上市公司股东权利。对此，商赢环球在公告中回复称："为维护全体股东利益，对董事换届时新董事人数进行比例限制，才能保证董事会的稳定；并且当恶意收购发生时，可以有效防止收购方迅速控制董事会从而全面控制公司的情形发生。"上交所虽然对商赢环球在章程中加入反收购条款的行为发函关注，但目前该章程已经得到股东大会批准并生效。

从我国上市公司采用的分期分级董事会条款来看，虽然表面上似乎也能达到每年仅替换一小部分董事的目的，同样可以达到阻止或延缓敌意收购方控制董事会的目的，但对比中美两国公司的分期分级董事会制度，最大的区别在于中国上市公司章程中仅规定董事分批改选，而在美国法下，除董事分批改选外，每次被改选的董事是确定的。

笔者认为，我国部分上市公司采用的分期分级董事会条款并未充分表达"分期"的内涵，其更准确的称谓应当是限制改选董事条款。因此有反对者认为，股东会选举董事，均系选举全体董事，如果只能选举部分新的董事，将损害股东的基本或固有权利——选举董事的权利。由于限制了公司股东大会更换全部董事成员的可能性，该等约定的合法性存在一定疑问。但截至目前，笔者尚未查到监管部门或司法机关否定限制改选董事条款合法性的案例。

结合中国法律规定，上市公司在运用分期分级董事会条款时，如无相应的配套规则，实现分期改选董事将带来另外一个问题，即每期改选时，原股东之间、新旧股东之间利益平衡的问题将更为突出，特别是当收购方持有或控制的股份已经高于原股东的情形。例如，假设公司董事共 9 人，收购方与原股东方的持股比例大致为 5∶4。在未使用分期董事会制度前，各方提名并能成功当选的董事人数基本反映了实际持股的对比情况；但如进行分期改选董事，假设每次改选 3 人，则在每期的选举中，持股比例略高的一方可能选出更多的董事，即各方提名并能成功当选的董事人数之比将有可能变为 2∶1，最终董事会构成中收购方提名并能成功当选的董事人数为6人,可能扩大了其中一方的优势。

综上所述,笔者建议,为了更好地发挥分期分级董事会条款的作用,上市公司设计条款时还应当注意与章程其他条款的相互作用与相互配合。否则,如果分期分级董事会条款适用不当,当收购方成为第一大股东后,就有可能削弱原大股东的优势地位。在现行法律框架下,除非公司章程另有约定,股东大会可以无理由罢免董事。因而公司章程中应当加入限制罢免董事的合理条件,以避免分期分级董事会制度成为“纸老虎”。除此以外,分期分级董事会条款与累积投票制、“金色降落伞”条款、绝对多数条款等结合使用也可以大大增加管理层/原股东对“野蛮人”的掣肘。

二、限制股东提案权条款

在董事席位的争夺中,防守方往往会就董事的提名程序限制收购方,典型的做法是规定单独或合并持有一定比例股份、且连续持股超过一定时间的股东,才享有提名董事候选人的资格。如方大集团(000055. SZ)的公司章程第84条规定,“除职工代表董事以外的非独立董事候选人由董事局、单独或合并连续365日以上持有公司发行在外有表决权股份总数5%或以上的股东提出”。那么该等章程条款是否会因违反相关强制性法律规定而被认定为无效呢?

《公司法》没有特别规定董事提名的程序,而仅规定了相关主体在股东大会提出提案的权利。根据《公司法》第102条、第118条以及《上市公司股东大会规则》(2016年修订)的规定,下列主体有股东大会的提案权:

(1)单独或者合计持有公司3%以上股份的股东(以临时提案提出,董事会必须将该等临时提案提交股东大会审议);

(2)董事会(直接提交);

(3)监事会(直接提交)。

《上市公司章程指引》(2019年修订)第82条规定,董事、监事候选人名单以提案的方式提请股东大会表决。但是,在该条的“注释”中却规定,公司应当在章程中规定董事、监事提名的方式和程序。因此,就董事提名这一细节事项,其实是交由公司在章程中自由约定的。如果公司在章程中没有特别约定，提名董事的方式只能通过提案的方式进行，其结果是即使董事会拒绝了股东的推举，股东仍可通过临时提案的方式来提名董事。须注意的是，《上市公司章程指引》(2019 年修订)只规定了董事提名的方式和程序可以自由约定，但并没有允许就提名主体的资格可以自由约定。

鉴于限制股东提案权条款与《公司法》第 102 条第 2 款的规定不符，其效力在理论界和实务界都尚无定论。主流观点认为，董事、监事的提名权是股东选择管理者权利的一个重要内容，属于强制性规范，公司章程是无权加以限制性规定的①。其他观点则认为，公司法没有对股东提名权作出明确的限制或禁止性规定，因此股东提名权属于公司章程自治的范畴。

经检索，尽管司法机关就限制股东提案权条款的判例极少，但却存在分歧。在湖南盛宇高新材料有限公司与湘乡市村镇银行股份有限公司董事会决议效力确认纠纷案[湘乡市人民法院民事判决书(2012)湘法民二初字第 134 号]中，湖南省湘乡市人民法院认为，《湘乡市村镇银行股份有限公司章程》第 33 条“股东大会依法行使下列职权”第(十)项对股东提出提案的条件作出了明确的规定，即审议代表本行有表决权股份总数的 5% 以上的股东的提案，董事会和包括原告在内的公司股东均应当遵守。原告仅持有湘乡市村镇银行股份有限公司 4% 的股份，未达到公司章程和议事规则规定的 5% 以上的股份的要求。股东大会不审议原告提出的议案，被告董事会作出不予提交 2011 年度股东大会审议的决定，符合公司章程和议事规则的规定。《公司法》规定持有公司 3% 以上股份的股东可以提出提案，而股东大会在该法律规定的范围内决定要持有公司 5% 以上股份的股东才能提交提案写入公司章程，并不违法。

而在中证中小投资者服务中心有限责任公司与上海海利生物技术股份有限公司公司决议效力确认纠纷案[上海市奉贤区人民法院民事判决书(2017)沪 0120 民初 13112 号]中，上海市奉贤区人民法院认为，根据《公司法》的规定，公司股东依法享有资产收益，参与重大决策和选择管理者等权利。在权利的具体行使方式上，单独或者合计持有公司 3% 以上股份的股东，可以在股东大会召开

① 王东、张秋生编著：《企业兼并与收购案例》，北京交通大学出版社 2004 年版，第 102 页。

10 日前提出临时提案，并书面提交董事会。上述规定表明，只要具有公司股东身份，就有选择包括非独立董事候选人在内的管理者的权利，在权利的行使上并未附加任何限制条件。分析被告在 2015 年第一次临时股东大会决议中有关《公司章程》第 82 条第 2 款第（1）项内容，其中设定“连续 90 天以上”的条件，违反了《公司法》的规定，限制了部分股东就非独立董事候选人提出临时提案的权利，该决议内容应认定为无效。

在实践操作中，世联行曾拟将提名董事的股东资格限定为持股 10% 以上且单独或合计连续持有公司股权达到 2 年，龙宇燃油（603003. SH）则曾拟将提名董事的股东资格限定为持股 10% 以上且单独或合计连续持有公司股权达到 270 日。前述两家上市公司修改公司章程的条款经交易所问询后，都撤回了拟修订章程的议案或删除了议案中的前述条款。

笔者认为，根据《公司法》规定的股份有限公司“同股同权”的原则，每位股东所持有的每一股对应的权利应当相等。只是作为资合性较强的股份有限公司，持有股份较多的股东享有较大的话语权。但如果规定股东最低持股时间，则实质上将该部分的股份所对应的权利与其他股份作了区分，因而违反了“同股同权”原则，才不被法院所支持。就限制股东持股比例，因《公司法》规定的 3% 是根据我国国情，经过反复及合理的立法考量，是基于既方便股东提案，又防止股东滥用提案权的立法平衡而确定的。但每家公司基本情况、股本结构都不尽相同，因而其“平衡点”可能也不相同。因此，章程约定持股比例高于 3% 的条款效力仍值得进一步探讨。

三、董事任职资格限制条款

除上述两类反收购条款，还有一类则在董事个人层面对收购者进行阻击，其聚焦于对董事任职资格的限制。董事任职资格限制条款是指在公司章程中规定的董事任职资格，具备某些特定情节或者不具备某些特定条件的情况下，不得成为公司董事。特定条件可分为积极条件和消极条件两类。

就消极条件，《公司法》第 146 条规定了不得担任公司董事的五种消极条件。《首次公开发行股票并上市管理办法》（2018 年修正）和《首次公开发行股票并在创业板上市管理办法》（2018 年修正）对董事任职的消极条件进行了详细列举。另外,《上海证券交易所上市公司董事选任与行为指引》(2013 年修订,现已失效)和《深圳证券交易所主板上市公司规范运作指引》(2015 年修订,现已失效)也对董事任职的消极条件作了规定。

就积极条件,《公司法》等法律并没有关于董事任职积极条件的规定,部门规章等规定中也无具体的董事任职资格、年龄以及国籍的限制,仅在《上市公司治理准则》(2018 年修订)中模糊、宽泛地规定"董事会成员应当具备履行职责所必需的知识、技能和素质"。

经查询目前在沪深两市的上市公司章程中,除银行类上市公司外,不少上市公司在其章程中列明了董事的任职资格,有些上市公司则明确要求在发生恶意收购情形下,收购方及其一致行动人提名的董事受到任职资格限制。该类董事任职资格限制条款举例如表 1 所示。

表 1　部分上市公司董事任职资格限制条款

序号	证券代码	证券简称	限制董事任职资格条款
1	000035	中国天楹	章程第 97 条:除法律法规、部门规章或证券监管部门另有要求外,股东提名的非独立董事候选人应当具有五年以上与提名时公司主管业务相同的业务管理经验,以及与其履行董事职责相适应的专业能力和知识水平
2	000726	鲁泰 A	章程第 96 条:非独立董事应符合以下任职资格条件:(一)最近三年连续在与纺织行业有关的企业或组织中工作或从事与纺织行业有关的工作五年以上;(二)具有一定的企业管理经验;(三)具有大学专科以上学历
3	600532	宏达矿业[1]	章程第 96 条:在发生公司恶意收购的情况下,为保证公司及股东的整体利益以及公司经营的稳定性,收购方及其一致行动人提名的董事候选人应当具有至少五年以上与公司主管业务相同的业务管理经验,以及与其履行董事职责相适应的专业能力和知识水平

续表

序号	证券代码	证券简称	限制董事任职资格条款
4	300335	迪森股份	章程第96条:如果发生本章程规定的恶意收购情形,恶意收购发生时的当届董事会任期届满时,为保证公司在被收购后的经营稳定性,维护公司及全体股东的长远利益,收购方及其一致运行人提名的董事候选人除应具备与履行董事职责相适应的专业能力和知识水平外,还应当具有与公司主管业务相同的业务管理经验。收购方及其一致行动人提名的董事候选人在股东大会、董事会审议其受聘议案时,应当亲自出席会议,就其任职资格、专业能力、从业经历、违法违规情况、与公司是否存在利益冲突、与公司控股股东、实际控制人以及其他董事、监事和高级管理人员的关系等情况进行说明

[1]拥有类似条款的公司包括证通电子(002197. SZ)、*ST 富控(600634. SH)等。

从上述条款可以看出,对董事任职资格的积极条件主要集中在工作经历内容或行业相似性、个人经验等方面。笔者认为,董事任职资格的条件之设定应当是公司根据其自身经营情况,以及拟任董事的知识水平、能力、股东对拟任董事的信赖程度等而确立的,是对公司治理制度做出的自治安排。因此,在不违反法律强制性规定和公序良俗的情形下,章程对董事任职资格的进一步限制应当认定为有效。

但对董事任职资格限制条款的合法性应当一案一议。如果因该等任职资格限制导致股东无董事可选,或可选董事仅限于现任董事,则该条款涉嫌对股东提名权的剥夺,其合法性存疑。特别地,部分上市公司的董事任职资格限制条款仅限制收购方,其动机不难被理解为是为了限制收购人的提名权和选举权,而不在于选择具备有能力胜任董事职位的管理者。该等条款未能平等对待全体股东,违反《公司法》第126条规定的“同股同权”的规则,其合法性更是存疑。

四、后事之师

综上所述,本文所述之反收购条款在中国法下的合法性判断或观点相左,或缺乏明确界限,往往只能根据法律法规的原则性规定进行判断。究其原因,反收购条款是收购方与原股东方在长期争斗中发展起来的一系列制度体系,没有标准化的模型，因而各家上市公司在设计反收购条款也是五花八门、各有不同。

2016 年 8 月，证监会新闻发言人张晓军明确表示，与控制权争夺相关的条款设置应当具有合法性、正当性和必要性，不得利用反收购条款限制股东的合法权利。在同年 9 月上交所第 45 期新闻发布会上，上交所在通报上市公司一线监管的情况中提到，将加大对公司章程增设反收购条款的监管问询力度，对反收购条款涉及的问题“及时发出问询函，督促公司补充披露设置相关条款的原因和目的、是否符合法律规定、是否损害了中小股东利益等关键信息，并将相关情况通报证监局”。

从监管机构的角度，反收购条款合法性的核心评判标准为是否损害股东固有的权利和利益，如何平衡公司自治和股东权利保护二者的关系将是决定反收购条款合法性的重要标尺。虽然现行法律没有明确禁止与董事会相关的反收购条款，但若不合理地设置重重壁垒，造成公司的控制权转移几乎没有可能性，使得公司变成内部人控制的“城堡”，这不仅阻碍了正常的市场自由竞争，也使市场无法有效监督公司内部人，损害了资本市场的发展。

中国社会科学院廖凡研究员在《抵抗的界限：美国反收购措施规制研究》一文中表示，法制规则永远赶不上现实发展的脚步，尤其在收购与反收购这个汇聚着华尔街天才头脑的领域。对反收购措施划分过于清晰的界限或者创设过于细致的规则，既有对公司过度干预之嫌，更容易导致司法自缚手脚。只要不触动信义义务这一底线，反收购措施的空间可以是无限的。

《公司法》第 147 条规定，董事、监事、高级管理人员应当遵守法律、行政法规和公司章程，对公司负有忠实义务和勤勉义务。无论反收购条款如何设计，董事都应遵守忠实和勤勉义务，反收购条款赋予董事职能的同时应使董事接受权责的约束，特别当董事与公司利益发生冲突时，董事仍应为公司最大利益行事。事实上，无论董事最初由哪个股东推选或提名，一旦当选，都应当对公司以及全体股东负有责任，而不是某个股东。公司的利益不能等同于公司大股东的利益，无论是同意收购还是抵制收购，董事都需要对全体股东，包括中小股东的利益进行保护。但在中国资本市场的实践中，这一点往往比较容易被董事、高管忽视，也易导致触犯背信损害上市公司利益罪。

反收购体系是建立在章程众多条款上的，而不是单独某一条款即可达到阻击收购者的效果，而且任何单独一项防御措施或条款的效率及合法性必须要放在公司所采取的整体防御措施中进行评价。上市公司需要结合自身实际情况，对具体的反收购措施采取细致和深入的法律分析，并综合性地运用，才能达到合法、有效地反收购的目的。

写于2019年11月

第三部分

并购实践

马斯克收购推特案跟踪分析系列

马斯克收购推特案自 2022 年 4 月初首次曝出消息后，几经波折，双方的决定和态度多次反复，还一度闹上法庭，“剧情”出现多次翻转，精彩纷呈。广慧并购研究院一直密切跟踪交易进展，在多个关键时点做出分析评论。双方在长达半年之久的拉扯之后，终于在 10 月 28 日，马斯克完成推特私有化交易，正式接管推特，担任 CEO。推特也于 10 月 28 日从纽交所退市。

案例跟踪分析系列——文章标题

硅谷“钢铁侠”使出“钞能力”，推特将何去何从

“钢铁侠”成功“抓鸟”，我却嗅到了危险的信号

首富也要“分手费”？马斯克与推特之间的 10 亿美元“分手费”到底是什么？

世界首富也“缺钱”？440 亿美元买推特，马斯克需要借多少钱？

虚假账户只是烟幕弹？深度揭秘马斯克终止收购推特的真实原因

收购完成并非终点：马斯克入主推特仍面临重大挑战

硅谷"钢铁侠"使出"钞能力",推特将何去何从

田雪雯*

埃隆·马斯克首次提出私有化推特的计划,顿时引起轩然大波,本以为是一场"你情我愿"的浪漫结合,不料,推特却坚决抵制不惜祭出"毒丸"计划。双方截然不同的态度背后究竟藏着怎样的博弈、马斯克收购推特究竟意欲何为、马斯克是否有足够的钱完成收购、是否有足够的精力和能力让推特走出困境。这一系列的疑问都让这场交易从一开始就扑朔迷离。

近几日,被称为硅谷"钢铁侠"的全球首富埃隆·马斯克(Elon Reeve Musk)成为全世界的焦点,他的一言一行都牵动着金融圈和科技圈的神经。

2022年4月4日,据美国证券交易委员会(SEC)披露,从1月31日到4月1日,特斯拉公司首席执行官马斯克一直在持续买入推特公司(Twitter)的股票,累计购入了7348.7

---

* 田雪雯,英国剑桥大学金融学硕士,现任广慧并购研究院核心研究员、广慧投资副总裁。曾就职于英国伦敦摩根大通集团(JP Morgan),任企业与投资银行部高级分析师。

万股，共花费约 26.4 亿美元，持股超 9.2%，一度成为推特第一大股东（随后很快就被基金管理公司先锋集团超越，位居第二），马斯克离 10% 的举牌线仅一步之遥。

推特是全球知名的社交网络及微博客服务公司、国际社交媒体巨头，在推特平台上，用户可以发送不超过 140 个字符的消息，此类消息被称作“推文”（Tweet），类似于中国的微博。推特成立于 2006 年，总部位于美国旧金山，并于 2013 年在纳斯达克上市，股票代码：TWTR. US。

2021 年，推特的营收为 50.77 亿美元，同比增长 37%，净亏损 2.2 亿美元；2020 年推特营收 37.16 亿美元，净亏损 11.4 亿美元。推特近日在分析师会议上表示 2023 年年底预计达成拥有至少 3.15 亿用户的目标；营收至少达到 75 亿美元。2022 年 4 月，推特市值约 344 亿美元（见图 1 至图 3）。

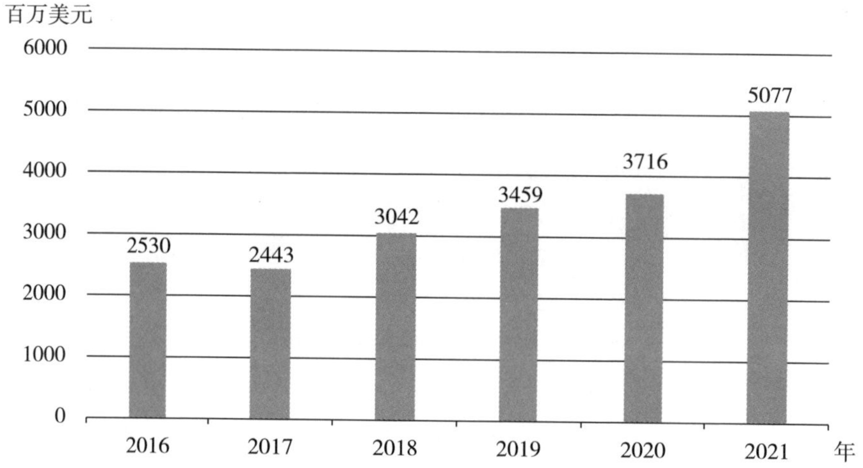

图 1　推特公司 2016 ~ 2021 年营收

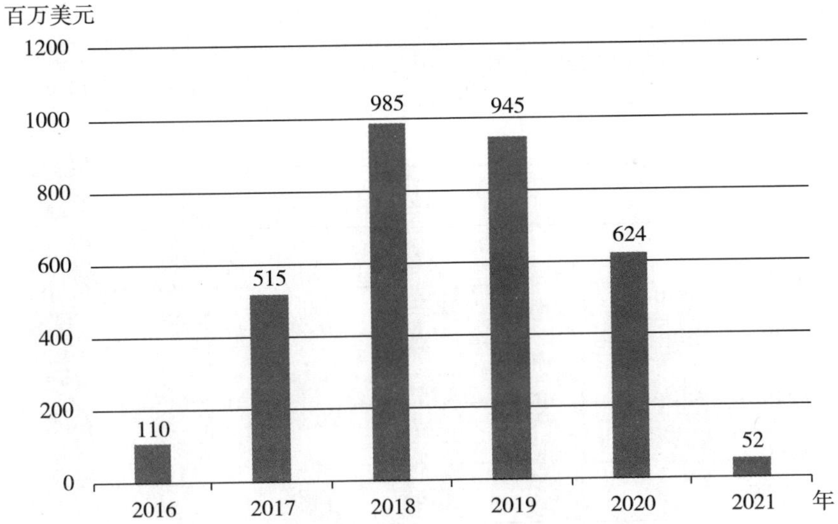

图 2　推特公司 2016～2021 年税息折旧及摊销前利润

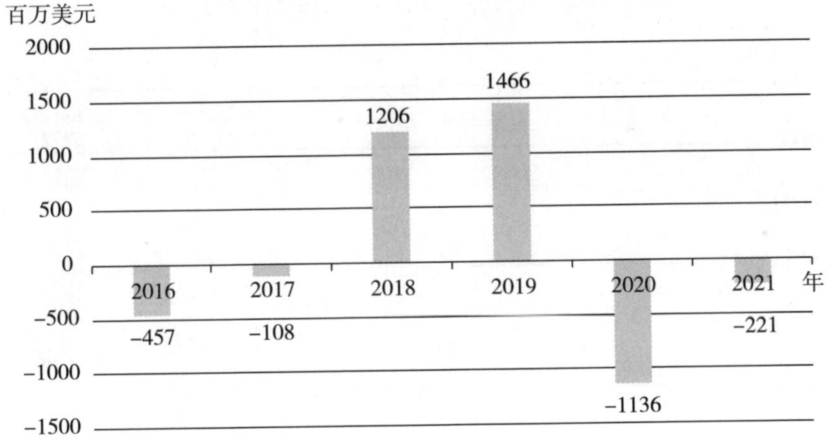

图 3　推特公司 2016～2021 年净利润

资料来源:推特官网,广慧并购研究院整理。

2021 年,推特总资产约为 140.6 亿美元,负债 67.5 亿美元,净资产为 73.1 亿美元(见图 4 至图 6)。

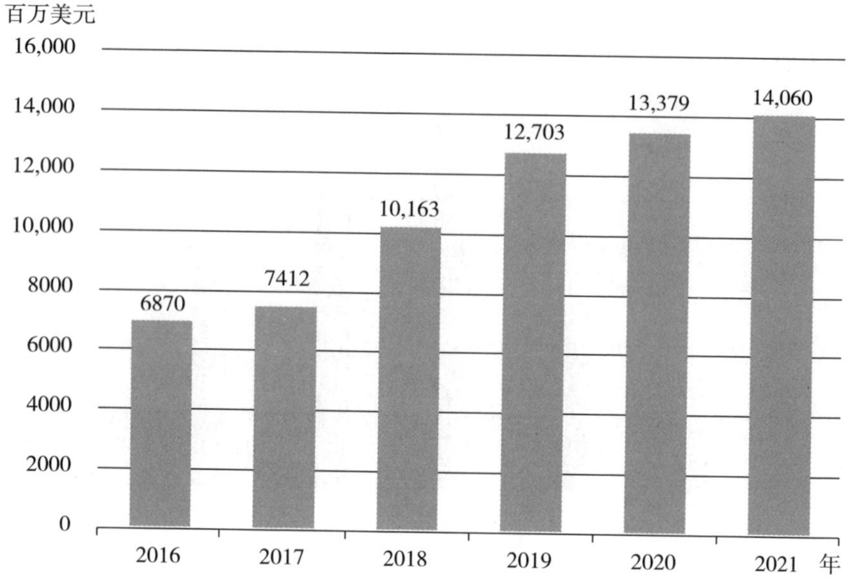

图 4　推特公司 2016～2021 年总资产

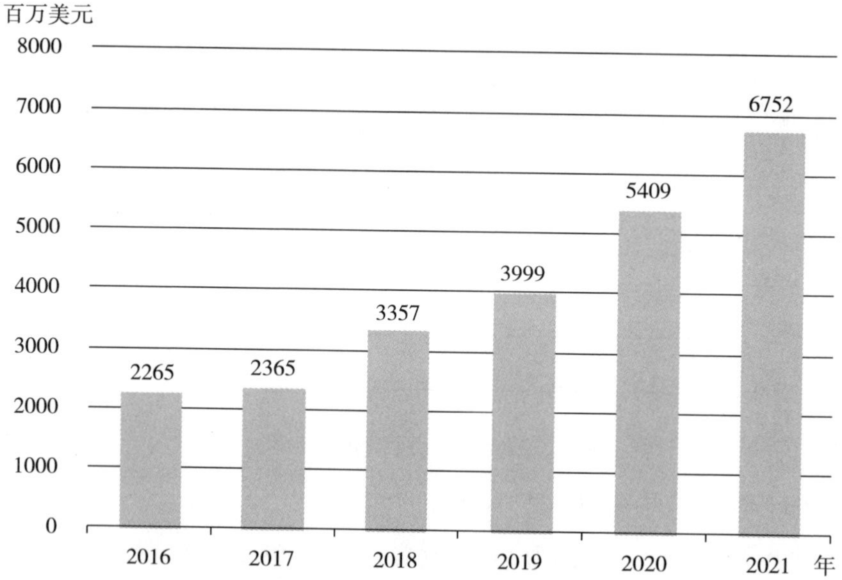

图 5　推特公司 2016～2021 年总负债

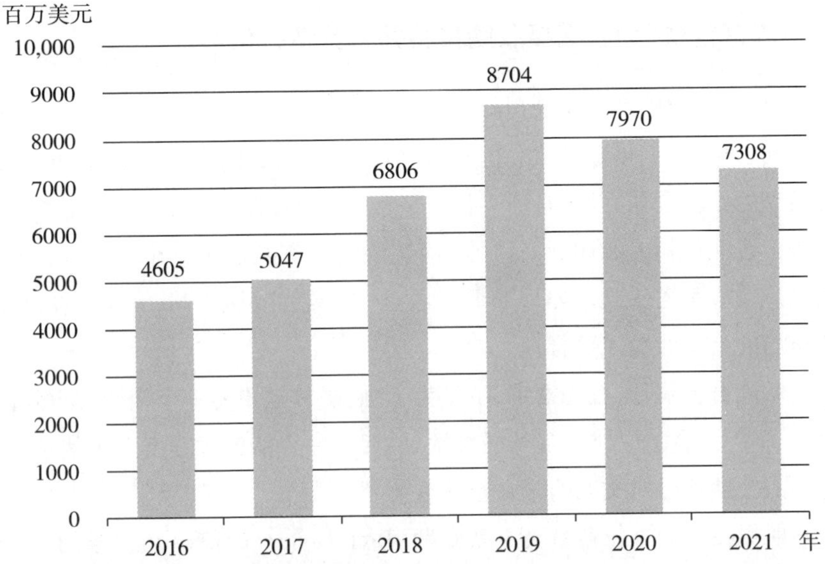

图 6 推特公司 2016～2021 年净资产

资料来源：推特官网，广慧并购研究院整理。

得到全球首富的青睐，推特股价一路上涨，推特首席执行官帕拉格·阿格拉瓦尔（Parag Agrawal）向马斯克发出邀请，请他加入公司董事会，共举大业。但让人意外的是，马斯克却拒绝了阿格拉瓦尔的邀请。

马斯克为什么不加入董事会？推特的管理层开始慌了。

有人推测是因为马斯克作为一个“放荡不羁爱发推”的大佬，不愿被董事会成员的身份所束缚。如果成了董事会成员，马斯克就不能随心所欲地在推特上发诸如“推特正在死亡”这样的冷笑话。也有人推测，马斯克是不愿被 15% 的持股比例所束缚，董事会成员所持有的推特公司的股份不得超过 15%，而马斯克不想止步于此。

马斯克拒绝阿格拉瓦尔的风波还未平息，2022 年 4 月 14 日，SEC 又公布了一份文件——马斯克全面收购推特和私有化推特的方案。文件显示，马斯克于 13 日提出以每股 54.2 美元的价格现金收购推特，并将其私有化，交易金额约 430 亿美元，约合人民币 2740 亿元！消息一出，全球震惊。

一、“钢铁侠”为什么要收购推特并将其私有化？

一般而言，收购都出于公司战略上的考虑，希望标的公司能带来业务、成本上的协同，为股东们创造价值。但马斯克收购推特，是以个人名义，而非特斯拉或马斯克的其他公司，并且马斯克作为一个造汽车、造火箭、造卫星、搞新能源、研究人工智能机器人和超级高铁的“钢铁侠”，却突然收购一个社交媒体平台，这确实让人摸不着头脑。如果非要说收购，也得是微软和 Meta 这些在社交领域有布局的公司收购才更合理。

马斯克自己解释，收购推特，不是为了赚钱。“这不是一个赚钱的方式，”马斯克在 TED 大会上说，“我强烈的直觉是，拥有一个能最大程度上去信赖、去广泛包容的公共平台对文明的未来至关重要。”

马斯克在写给推特董事会主席泰勒（Bret Taylor）的信中，也提到了自己收购推特的原因。信件全文如下：

我投资推特是因为我相信它有潜力成为全球的言论自由平台，而且我相信言论自由对于一个正常运转的民主国家来说是至关重要的。

然而，我投资之后意识到，以公司目前的形势，推特既不会繁荣发展，也不会满足言论自由这一至关重要的社会需求。推特需要转型成为一家私人公司。

因此，我提出以每股 54.20 美元的价格现金收购推特 100% 的股份，这个价格较我开始投资推特的前一交易日收盘价（2022 年 1 月 28 日）溢价 54%，较我公开宣布投资消息的前一交易日收盘价（2022 年 4 月 1 日）溢价 38%。我的报价是我能够提出的最好的也是最终的报价。如果它没有被接受，我将需要重新考虑我作为股东的立场。

推特有着非凡的潜力。我要释放它。

埃隆·马斯克

如果真如马斯克所说，那其收购推特便是出于个人因素——马斯克本人对推特这一社交媒体平台的热爱和对言论自由的执着，而非出于集团战略。

马斯克是推特狂热爱好者已是不争的事实。其他的美国企业高管或富豪诸如苹果的首席执行官蒂姆·库克、巴菲特等也有推特账户，但他们发布推文的数量寥寥无几。而马斯克几乎天天发推，发推时间点从凌晨到深夜都有过，而且许多推文都是在回复网友的评论，和网友频繁互动。马斯克在推特上有着8000万粉丝，发推特已是马斯克的生活常态，他和前女友Grimes也是在推特上相识相恋的。

同时，马斯克也一直是推特的批评者，他多次表示推特扼杀了言论自由。马斯克最近的推文表明，他将利用自己对公司的权力来反击内容审核政策，并消除推特之前在违反推特准则用户身上做出的努力。他还给推特指出了一系列需要改变的地方，包括添加编辑按钮以及允许订阅Twitter Blue的用户使用加密货币狗狗币付款等。马斯克想接过推特的指挥棒，通过将推特私有化来改变推特的现状，让自己最爱的社交平台变成自己想要的样子，这个理由放在马斯克这位天马行空、独树一帜的硅谷“钢铁侠”身上，倒也可信。不得不说，马斯克有钱，任性。

对马斯克收购推特的原因，市场上也有一些其他猜想。有人认为，就如同许多大佬和富豪会收购报纸、杂志等媒体资产一样，马斯克收购推特，是树立其公共形象和影响力的一种方式。研究公司New Constructs的首席执行官David Trainer在一份投资报告中说：“马斯克提出收购推特，是因为马斯克迫切地想获得关注……他提出购买推特而不是其他社交平台，是因为推特是马斯克最受欢迎的地方。”

二、430亿美元，推特会接受吗？

沃顿商学院管理学教授Mike Useem分析，马斯克的54.2美元每股的报价与推特目前的股价相比还是很有吸引力的，推特董事会要对全体股东负责，因此有责任对马斯克的报价和收购方案进行认真、全面的讨论，并从长远角度分析马斯克的方案是否合理。推特董事会不能草率地回答Yes或No，他们要与投行、律师一起，对推特在维持上市公司地位和目前战略的情况下，所能实现的长期价值做出判断，然后再和马斯克的报价进行比较。

当然也有很多人认为，马斯克的收购提案只是个烟幕弹，尽管54.2美元每股的价格高于目前推特的股价，但是远远低于推特去年夏天近72美元的股价，因此并不会让推特的股东们和董事会心动。例如，推特的另一大股东，沙特阿拉伯投资公司Kingdom Holding Company的董事会主席、亿万富翁、沙特王子Alwaleed bin Talal就发推文公开表示：“马斯克的报价并没有体现推特公司真正的内在价值……我拒绝马斯克的提案。”

三、“钞能力”的暴击下，推特可以“Say No”吗？

根据 SEC 的文件，马斯克提到，如果董事会没有接受他的收购方案，他将对推特的管理失去信心，他也看清自己无法带领推特实现必要的改变，那么他将重新考虑自己的股东身份。

市场推测，如果马斯克没有成功将推特私有化，那么他将抛售手里的股票，这对推特的股东来说并不是个好消息。虽然马斯克进一步解释，他这么说并不是威胁推特，但市场还是嗅到了一股危险的信号。

在“钞能力”面前，推特董事会在马斯克公布收购提案的第二日，紧急通过了一项有限期的股东权利计划。根据该计划，如果任何实体、个人或团体在未经董事会批准的交易中获得了推特已发行普通股的 15% 或以上的股权，则会触发股东权利计划。当该计划被触发时，股权持有人（触发权利计划的实体、个人或团体除外，他们的股权将失效并无法行权）有权利以低于当时市场价格的行权价购买额外的股票。

该股东权利计划将降低任何实体、个人或团体通过公开市场积累股票，在没有向股东支付适当的溢价，或者没有为董事会提供足够的时间来做出判断并采取符合股东利益的行动的情况下获得公司控制权的可能性。该计划将于 2023 年 4 月 14 日过期。

虽然推特董事会没有直说，但这就是一项“毒丸”计划（poison pill），是一种用来阻止恶意收购者的防御手段。它使除马斯克（或其他恶意收购者）之外的股东拥有以低于市场价的价格购买更多公司股份的权利，从而有效地稀释了马斯克（或其他恶意收购者）的股份，那么马斯克（或其他恶意收购者）从公开市场积累股份的方式就变得非常昂贵。虽然马斯克目前还不算是恶意收购者，他还在与董事会进行友好沟通，但推特董事会已经提前构筑了防御工事，未雨绸缪。“毒丸”计划一经采用，至少会产生 3 个效果：

（1）对恶意收购方产生威慑作用。

（2）“毒丸”计划可以作为推特与买家谈判时的筹码，有利于推特争取到更高的溢价。

(3)对推特感兴趣的买家会减少。

同时,推特还有另一套反收购的防御机制,那就董事分期改选制度(classified board)——在任何一年中只有1/3的董事可以被改选,这意味着要更换现任董事会将需要数年时间。如果马斯克开展公关活动争取股东支持,希望取代现有的董事会,那他也需要数年的时间。

有了这些防御手段,如果推特不接受马斯克,那么马斯克想通过恶意收购强攻,难度和风险都是非常大的。在4月14日下午的TED大会上,马斯克透露,如果推特董事会拒绝了他的收购提案,他还有"B计划",但他并没有透露更多信息,这不禁让人好奇这位"钢铁侠"葫芦里到底卖的什么药。

四、收购要约公布后,推特的股票交易表现

马斯克计划收购推特的消息一出,全球震动,但是推特的股价却在短暂冲高后回落,远低于马斯克给出的54.20美元的报价。可以看出市场对马斯克收购推特并没有什么信心。

市场对该收购持怀疑态度的原因,主要有3个:

(一)马斯克是否真心要收购推特

市场怀疑马斯克收购要约的严肃性,外国媒体对马斯克的形容是"a successful but sometimes erratic entrepreneur"(一个成功但有时很古怪的创业者)。举一个典型的例子,在2018年,马斯克通过他的推特账号宣布,他正在考虑以每股420美元的价格将他的特斯拉私有化,特斯拉股价和金融市场随即剧烈波动。但这笔交易从未发生过。最终马斯克收到了SEC的欺诈指控,支付了2000万美元的罚款,并辞去了特斯拉董事长职务。这次宣布收购推特,马斯克到底有几分真心,市场对此充满怀疑。

(二)马斯克是否真的有钱收购推特

马斯克的要约是现金收购,430亿美元并不是一个小数目。截至4月17日,马斯克尚未披露此次要约背后的资金来源。彭博社曾测算,虽然马斯克个人资产净值高达2700亿美元,已居全球首富,但流动资金仅为30亿美元左右。

Wedbush Securities 的管理合伙人丹尼尔 · 艾夫斯(Daniel Ives)分析，马斯克可能会利用他的特斯拉和 SpaceX 的股票作为抵押，筹集 150 亿美元至 200 亿美元的贷款，但这个方案实际操作起来并不容易。如果马斯克通过出售特斯拉和 SpaceX 的股票筹集资金，势必会引发两家公司的股价下跌，对特斯拉和 SpaceX 的股东来说并不是一个好消息。430 亿美元的巨款到此从何而来，目前还是个未解之谜。

（三）如果收购成功，马斯克是否有时间、精力或能力管理好推特

作为首席执行官，马斯克同时管理着价值万亿美元的公司特斯拉和价值千亿美元的公司 SpaceX，而且马斯克还拥有两家规模较小的初创企业，脑机接口技术公司 Neuralink 和研究超级高铁项目的公司 The Boring Company。如果收购了推特，马斯克就同时领导着 3 家世界知名的大公司，这是史无前例的。即使马斯克不做推特的首席执行官，那他也一定会深度参与到推特的日常管理中，投入精力和时间以实现他对推特的种种设想。“钢铁侠”是否真的有精力或能力同时领导 3 家大公司，让推特释放潜能，这也是市场不得不考虑的问题。毕竟，上一位已知的、尝试这一壮举的高管是个国际通缉犯。

他是卡洛斯 · 戈恩(Carlos Ghosn)，日产汽车和雷诺的前首席执行官，也是伏尔加和三菱集团的前董事长。2018 年他因有财务不端行为在日本被捕，当时他同时领导着上面提到的公司中的 3 家，后来他逃到与日本没有引渡条约的黎巴嫩，成为国际通缉犯。

马斯克收购推特一案还在持续发酵。亿万富翁、美国职业篮球联赛达拉斯小牛队老板马克 · 库班(Mark Cuban)在他自己的推特上推测，推特“将尽一切可能不出售”给马斯克，同时会试图找到“一个友好的人购买马斯克的股票并让他离开”。推特表示，董事会将认真审阅马斯克的收购提案，从而采取对公司和全体股东们最有利的行动。推特在聘请了高盛(Goldman Sachs)之后又聘请了第二家投行摩根大通(JP Morgan)来帮助应对马斯克的收购要约。最终，推特是会败给“钢铁侠”的“钞能力”，还是会用“魔法”打败“魔法”，我们拭目以待。

本文写于 2022 年 4 月

“钢铁侠”成功“抓鸟”*，我却嗅到了危险的信号

田雪雯

2022年4月26日，推特收购案迎来关键节点，推特改变之前的态度，接受了马斯克的收购。但通盘考虑仔细分析之后，笔者却对该收购案充满了担忧，因为交易背后隐藏着一系列不容忽视的问题。“圆满”的结局背后透出一丝危险的气息。

笔者在《硅谷“钢铁侠”使出“钞能力”，推特将何去何从》一文中，就马斯克（Elon Musk）公开收购推特事件的始末、马斯克为何要收购并私有化推特、推特的反收购防御机制——“毒丸”计划和董事分期改选制度，以及市场对该收购案的态度做了深度分析。

北京时间2022年4月26日早间，这一并购案突然迎来了官宣：推特周一宣布，公司董事会已接受亿万富翁马斯克440亿美元收购并将其私有化的提议。马斯克以每股54.20

---

* “抓鸟”，高尔夫术语，指高尔夫选手用了比标准杆还少1杆的杆数就打完该洞。

美元的价格收购了该公司，这与他早些时候提出的初始报价相同。没有恼人的讨价还价，没有熬人的来回拉扯，“钢铁侠”以令人意想不到的速度赢下“闪电战”。该交易预计于2022年内完成，交易完成后，推特将成为一家私人控股公司。

对此，马斯克本人难掩兴奋，当天就转发了相关声明，并配以“Yesss!!!”和一连串爱心、火箭来表达自己心中的喜悦。

马斯克在声明中表示：“言论自由是一个正常运行的民主社会的基石，推特是一个数字化的市政广场，所有对于人类未来至关重要的话题都可以讨论。”马斯克再次重申收购推特的主要目的不是赚钱，而是捍卫言论自由。这与他几日前在TED大会上的发言相呼应，“这不是一个赚钱的方式，”马斯克说，“我强烈的直觉是，拥有一个能最大程度上去信赖、去广泛包容的公共平台对文明的未来至关重要。”

4月14日，马斯克在写给推特董事会主席泰勒（Bret Taylor）的信中，也提到了自己收购推特是为了让推特成为言论自由的平台。马斯克在信中说：

我投资推特是因为我相信它有潜力成为全球的言论自由平台，而且我相信言论自由对于一个正常运转的民主国家来说是至关重要的。然而，我投资之后意识到，以公司目前的形势，推特既不会繁荣发展，也不会满足言论自由这一至关重要的社会需求。推特需要转型成为一家私人公司。

多年来马斯克一直称自己是言论自由主义者，例如2022年3月，马斯克就发推文指责了一些政府（并非乌克兰）要求星链封锁俄罗斯国有新闻媒体的做法，力主言论自由。

马斯克在4月26日还发布了一条推文称：“我希望对我最凶狠的评论都能够保留在推特上，因为这才是言论自由的真谛。”

但许多人对马斯克的这套说辞并不买账。他们认为马斯克并不像他自己所说的那样，是一名言论自由主义者，他所谓的言论自由似乎主要适用于他自己或他的粉丝。彭博社的消息指出马斯克的许多推文、公开言论和企业政策都表现出马斯克对那些有关他个人和他公司的负面言论或那些有关员工批评工作环境的言论几乎是零容忍，对他人的言论自由缺乏尊重和保护。

例如，2018年轰动一时的特斯拉“吹哨人”事件中，特斯拉内华达州的大型工厂的一名技术人员 Martin Tripp 作为“吹哨人”，在向上级反映问题无果后，选择向媒体和美国证券交易委员会（SEC）举报特斯拉在给投资者的声明中夸大了其每周 Model 3 车型的产量，虚标高达 44%，特斯拉还将有瑕疵的电池放入量产汽车，并重复使用了被认为是废品的零件，带来安全隐患。马斯克并没有听取质疑、调查自己的工厂是否真有其事，而是将炮火对准“吹哨人”，起诉了 Martin Tripp。Martin Tripp 公开了他与马斯克之间的邮件，在邮件中 Martin Tripp 控诉马斯克欺骗公众和投资者，而马斯克回应说：“威胁我只会让你的处境更糟糕。”据彭博社的报道，另一位“吹哨人”特斯拉前安全经理 Sean Goutro 爆料马斯克曾命人暗中监视员工和工会线上和现实生活中的动态。

再如，特斯拉要求客户承诺不在社交媒体上发布有关 FSD Beta 的批评性信息。FSD Beta 是一个实验性的全自动驾驶辅助软件包，特斯拉车主可以使用自己的汽车，无偿参与测试。目前已有大约 100,000 位车主参与此项测试。美国联邦交通安全局批评了特斯拉的这一做法：用户不被允许向公众反馈信息，那么特斯拉的安全隐患就无法被发现。特斯拉的一名员工自己的 Model 3 汽车在应用 FSD Beta 后撞上了路障，该员工将自己的遭遇上传到了 YouTube 平台，6 天后该员工就被特斯拉解雇。

这不由得让人想起特斯拉进入中国后持续不断的消费者维权风波。特斯拉刹车失灵也成为很多消费者心中的一个标志性事件，而特斯拉的态度却是“开怼”和“禁言”，还以诽谤为由起诉发现安全隐患的车主和自媒体人。

此外，据美国消费者新闻与商业频道报道，特斯拉在解雇员工时会让员工签署一份协议，其中有严格的非贬损条款（non - disparagement clause），并且是无限期的。该条款要求员工离职后不能以任何可能损害公司中个人和集团声誉的形式，贬损公司、公司产品、公司领导、公司高管、公司员工、公司股东、附属公司以及子公司。而且员工要对这份协议的细节严格保密。虽然特斯拉并不是唯一一家和员工签署非贬损协议的公司，但这一协议俨然已经剥夺了员工的言论自由。

这些事实无疑给马斯克的承诺打上了问号。因此，许多人并不相信马斯克会尊重和保护他人的言论自由，也不相信他买下推特是为了捍卫言论自由。

言论自由，这个让人听后心潮澎湃的命题实则充满了争议。

这个世界上真的有绝对的言论自由吗？我认为是不存在的。在法治社会里，言论自由是有限度的，是在法律允许的范围内的自由发言。马斯克所追求的，到底是法律范围内的自由发言还是他自己提到的“绝对的言论自由”？如果是法律范围内的自由发言，那马斯克基本什么都不需要做。如果是追求“绝对的言论自由”，而这却基本不存在，马斯克又能做什么呢？

推特，作为言论自由平台的边界到底在哪里？既然“言论自由”是一个无论从历史、政治、法律，还是从社会伦理等角度都充满争议和矛盾的命题，那马斯克又如何能够以上帝视角定义言论自由，并在言论广场上为此制定规则呢？

参议员伊丽莎白·沃伦（Elizabeth Warren）曾就收购案回应道：“这笔交易对我们的民主来说是危险的。像马斯克这样的亿万富翁正在使用与其他人不同的规则来积累影响力，谋取个人利益。我们需要通过税收和强有力的规则来确保大型科技公司承担起其应尽的责任。”

还有一个问题，也很值得思考。马斯克说推特只有私有化才能成为言论自由平台，但上市公司受到监管机构和公众的监督，有着严格的信息披露要求，比私人企业更加公开透明。私人企业往往是大老板一个人说了算，也不需要向公众披露有关公司的任何信息。那么，推特到底是作为一个受公众监督的上市公司，还是作为一个由马斯克说了算的私人公司，才更有利于实现大众对言论自由的期待呢？

马斯克的“言论自由说”是否是在“立人设”？其买下推特的真实原因又是什么？推特 2020 年亏损 11.4 亿美元，2021 年亏损 2.2 亿美元，仅仅因捍卫言论自由就以 440 亿美元的天价鲸吞一家正在亏损的公司是否缺乏理性和冷静？要知道微软收购领英才花了 262 亿美元，脸书收购 WhatsApp 也仅花了 190 亿美元。这一系列的问题不由得引发新的思考。

如同许多大佬和富豪收购报纸、杂志等媒体资产一样，马斯克私有化推特，很有可能是管理其公共形象和影响力的一种方式。欧美商业大佬入局传媒行业，已是一种基本操作：

- 亚马逊创始人贝索斯在 2013 年以 2.5 亿美元的价格从格雷厄姆家族手中收购了《华盛顿邮报》，还花费 500 万美元投资了财经新闻网站 Business Insider。

• 英超利物浦的老板 John Henry 从《纽约时报》手里买下了《波士顿环球报》。

• 泰国亿万富翁 Chatchaval Jiaravanon 以 1.5 亿美元的价格收购了《财富》杂志。

• 而《时代》杂志也早已被 SalesForce 创始人 Marc Benioff 所持有。

商业大佬控制传媒资产可以方便自己和公司向外界发声，增强自己和公司的影响力、号召力，同时通过影响舆论为自己的商业帝国保驾护航。

马斯克"迷幻"的行事风格也是许多人觉得该并购非常危险的原因。马斯克在 2018 年时，就因说了不负责任的话，扰乱了金融市场秩序，收到过美国证券交易委员会的欺诈指控，马斯克为此支付了 2000 万美元的罚款，并辞去了特斯拉董事长的职务。马斯克在推特上多次支持数字货币狗狗币，狗狗币的价值在 2021 年的前 5 个月飙升了 12000%，但马斯克在 5 月 8 日的一档综艺节目《周六晚现场》中又说狗狗币是一个"骗局"，狗狗币立即暴跌约 40%。《华盛顿邮报》专栏作家马克斯·布特（Max Boot）说："我对马斯克收购推特可能产生的社会和政治影响感到害怕。他似乎相信在社交媒体上随便干什么都行。"

马斯克最近的推文表示，他将利用自己对公司的权力来反击内容审核政策，并消除推特之前在违反推特准则用户身上做出的努力。但这很可能造成用户的流失，给推特带来新的危机。推特目前的内容审查制度禁止了仇恨言论和有关种族、性别、年龄、残疾、疾病等的不人道的言论。根据 techcrunch 的数据，推特在 2021 年上半年对 480 万个独立账户采取了行动，处理了包括水军、垃圾信息以及违反内容规则的行为等。如果按照马斯克的说法，为追求言论自由而放弃对内容的管理，那推特平台上很可能会充斥着暴力言论、仇恨言论、错误信息和其他辱骂性内容，这一定会吓跑很多老用户，也会劝退很多新用户，用户一旦流失，推特的经营状况将更加恶化。

更糟糕的是，一个充斥着辱骂、暴力言论、仇恨言论、错误信息和危险内容的平台还会吓跑金主——广告商。广告商对社交平台的言论环境非常敏感，他们绝不希望其推广的品牌与仇恨言论、辱骂或危险内容一起出现在屏幕上。为了减少自家产品卷入负面言论风波、遭到消费者抵制的风险，最稳妥、最直接的选择就是离开推特，另寻平台。这对推特来说将会是毁灭性的打击，因为目前推特超过85%的收入来自广告业务。如果马斯克真的选择放弃对平台内容的审查，那么他就要做好应对推特收入断崖式下跌的预案或为推特另寻收入来源。这并不是一件容易的事。

另一个非常危险的信号来自推特即将背负的巨额债务。据最新的美国证券交易委员会文件披露，为买下推特，马斯克从摩根士丹利（Morgan Stanley）、美国银行（Bank of America）、巴克莱银行（Barclays PLC）和三菱日联银行（MUFG Bank Ltd）等处获得了130亿美元的银行贷款，同时以部分特斯拉股票作为抵押，另外获得了125亿美元的贷款。完成收购后，推特就会被用来还债。

据彭博分析师Matt Levine的估算，私有化后，推特每年背负的贷款利息会从2021年的5100万美元猛增至约10亿美元！预计在2022年，推特扣除利息、税收、折旧和摊销之前的收入能达到约14亿美元，也就是说，推特的绝大部分收入都要被迫用来偿还巨额债务。美国证券交易委员会前经济学家约书亚·怀特（Joshua White）表示，这笔交易之后，推特偿还债务的能力将受到质疑。

巨额债务对本就亏损的推特来说无疑是雪上加霜。目前推特在标准普尔（S&P Global Rating）的信用评级为BB+，已经是不可投资级，也就是垃圾债级别。标准普尔表示，马斯克杠杆收购推特后，推特杠杆率的大幅增加很可能使该公司的信用评级进一步下降。标准普尔已将推特放入负面信用观察名单，并计划深入挖掘马斯克贷款的细节。评级机构Moody也表示，目前推特的信用评级为Ba2（垃圾债级别），由于推特的债务压力进一步提高，Moody也将再次审查推特的债务能力，推特面临极高的降级风险。

如果评级机构将推特降级，那么推特的融资成本就将大幅升高，推特就更加难以承受债务压力，形成恶性循环，后果不堪设想。

除此之外，私有化推特后，马斯克是否真的有精力和能力管理好推特？笔者在《硅谷“钢铁侠”使出“钞能力”，推特将何去何从》一文中也提到，作为首席执行官，马斯克同时管理着价值万亿美元的公司特斯拉和价值千亿美元的公司SpaceX，而且马斯克还拥有两家规模较小的初创企业，脑机接口技术公司Neuralink和研究超级高铁项目的公司The Boring Company。如果收购了推特，马斯克就同时领导着3家世界知名的大公司，这是史无前例的。“钢铁侠”是否真的有精力或能力同时领导3家大公司？毕竟，上一位已知的、尝试这一壮举的高管是个国际通缉犯——卡洛斯·戈恩(Carlos Ghosn),他是日产汽车和雷诺的前首席执行官,也是伏尔加和三菱集团的前董事长。

私有化后的推特不仅要面对巨额的债务压力,还要扭转多年的亏损,这对再优秀的企业家来说都是巨大的挑战,更别说这个企业家还同时管理着好几家公司。

“钢铁侠”收购推特背后这一系列的问题和担忧都值得深入思考,马斯克用实际行动给出的答案将决定推特去向何方,也将深刻影响着社交媒体行业乃至整个科技行业的未来。

本文写于2022年5月

首富也要“分手费”？马斯克与推特之间的10亿美元“分手费”到底是什么？

“悔婚”的代价是10亿美元？本文将深度解读马斯克和推特之间的分手费条款以及其背后的博弈。

田雪雯

娱乐圈分手、离婚常常爆出天价分手费的新闻，你可能不知道，分手费的概念在国外的并购圈也同样流行。最近，世界首富马斯克与推特（Twitter）的“恋爱”大瓜震动了整个金融界和科技界，在双方的合并协议中，推特豪爽地给首富开出了10亿美元的“分手费”。

协议中的“分手费”（termination fee/breakup fee）也被翻译为终止费。马斯克用个人公司X Holdings I，Inc与推特签署了该合并协议，其中约定在以下几种情况发生时，推特需要向马斯克的X Holdings I，Inc支付10亿美元分手费：

1. 推特由于接受了来自竞争买家提出的构成更优提案（Superior Proposal，协议中对更优提案有具体定义和要求）

的竞争性提案而终止该合并协议。

2. 或由于推特董事会提议股东向该合并协议投反对票,或由于推特更加倾向于其他竞争买家的方案,马斯克终止了该合并协议。

3. 或一项针对推特 50% 或更多股份或推特的合并资产的竞争性收购提议被公开宣布且未撤回,推特股东未通过与马斯克的合并协议或推特出现违约行为,并且在合并协议终止后的 12 个月内,推特与竞争性买家签订了关于收购推特 50% 或更多股份或合并资产的最终协议,并且该竞争性买家的收购随后完成。

一、何为“分手费”

如果由于合同中指定事件或情况的发生而终止合并协议,标的公司同意向买方支付一笔费用作为补偿,这笔费用就是“分手费”。“分手费”是买方用来保护自身利益的一种措施。

交易文件签署后,买方往往会要求标的公司做出 No shop 和 No talk(不招揽、不谈判)的承诺,即卖方不得再在市场上主动招揽、接触其他潜在买家进行交易。但标的公司董事会对股东们负有信义义务(fiduciary duty),需要为股东争取最大利益,这就意味着如果有竞争买家主动带着更好的报价、更优的条件提出收购,董事会有义务为了股东的利益抛弃原买家,选择新买家。

在公开并购交易中,出现竞争买家是非常常见的,因此,买家要求一笔“分手费”保护自身利益的做法也是被普遍接受的。同时,“分手费”还提高了竞争买家的成本,因为标的公司会把这笔额外费用转嫁到新买家身上,因此,“分手费”在一定程度上起到了“劝退”竞争者的作用。

此外,从协议的签署到交易的完成,是一条充满困难的道路,什么情况都有可能发生。万一在双方签署了合并协议后,标的公司的股东未通过并购协议导致协议终止;万一标的公司没有满足约定的前提条件,比如处理了买方看中的资产或是没按约定处理掉某些资产;万一在收购过程中标的公司出现债务危机,或由于其他原因变成一堆“烂摊子”,收购不得不终止,那买方自然希望得到一笔分手费来弥补自己在收购上花费的时间、资源和成本。即使收购不成,买方也不至于“赔了夫人又折兵”。

二、何为反向“分手费”

除“分手费”外，马斯克和推特的合并协议中还同时设置了 10 亿美元的反向分手费（reverse termination fee/reverse breakup fee）。

与“分手费”不同的是，反向“分手费”通常指在签署确定性交易文件后，由于特定事件，例如未能获得政府审批、买方未能获得足够融资等，导致并购交易终止，买方需要向标的公司支付的约定的费用。

马斯克与推特的合并协议中约定，在以下几种情况发生时，马斯克的 X Holdings I，Inc 需要向推特支付 10 亿美元反向“分手费”：

1. 买方已经满足完成合并义务的条件，但未能按照合并协议中的约定完成收购，推特终止了该协议。

2. 或买方违反其陈述、保证或承诺有可能导致相关成交条件无法满足。

马斯克向推特提供了有限保证条款（limited guarantee）以保证当有限保证条款中的条件满足时 X Holdings I，Inc 会向推特支付反向“分手费”。

和“分手费”一样，反向“分手费”也是一种交易保护机制，不同的是，它保护的是标的公司的利益，用来降低标的公司在被收购过程中承受的风险。

例如，监管机构以“反垄断”否定收购交易；签署并购协议后买方拖延收购进程，严重影响标的公司日常运营，标的公司员工开始流失；买方只是借收购之名来窥探标的公司的内部情况或商业机密，并不是真心收购；等等。这些都是标的公司在并购中可能遇到的风险，如果因为这些风险导致交易终止，那么标的公司要求一笔不菲的反向“分手费”也是对损失的补偿。

“分手费”和反向“分手费”在欧美国家的并购和中国企业的海外并购中非常普遍，在境内并购中却鲜有案例。随着中国经济的发展，近年来中国企业频频出海“买、买、买”，常常被要求反向“分手费”。

例如，2017 年万达集团欲斥资 10 亿美元收购美国 Dick Clark Productions 公司，由于国家发改委等四部委对境外投资方向的监管收紧，收购终止，万达集团需支付 2500 万美元反向“分手费”，占交易金额的 2.5%。

又如，2012 年中海油欲斥资 151 亿美元收购尼克森，双方约定，如果尼克森毁约需支付给中海油 4.25 亿美元“分手费”，而如果交易未被中国政府通过，则中海油需支付4.25亿美元反向"分手费",占整个交易价格的2.8%。

海外并购中双方需根据自身情况,明确在哪些特定情况下某一方需要向另一方支付分手费或反向"分手费",特定情况越明确,后续的纠纷越少。

马斯克和推特的合并协议中就明确了三条"分手费"的情况和两条反向分手费的情况。

在美国保险经纪业第二大公司怡安收购行业老三韦莱韬悦的300亿美元并购案中,明确了一项由于"反垄断"等法律问题导致并购终止的反向分手费的情况。最后该天价并购恰恰因未通过美国司法部的"反垄断"调查而折戟,怡安最终支付了10亿美元的反向"分手费"。

当然实操中也有约定不需要支付反向"分手费"的案例。例如,美国最大有线电视运营商Comcast公司452亿美元收购第二大有线电视运营商时代华纳的交易中,Comcast要求如果因监管的阻挠,交易终止,对方需放弃对反向分手费的要求。最后,恰恰由于监管机构的严苛审查,Comcast不得不放弃收购,但并不需要支付任何的反向"分手费"。

并购协议可以只设置"分手费"或反向"分手费",或既有分手费也有反向"分手费",如马斯克收购推特案。

"分手费"和反向"分手费"是双方博弈的结果。国内企业家在进行海外并购时可以积极争取"分手费"或反向"分手费"条款,保护自身利益,尤其是在并购预期时间较久、市场动荡、经济形势不好的情况下,"分手费"和反向"分手费"可以降低一定的交易风险。

三、"分手费"的金额

"分手费"的金额并没有统一的标准,但按照行业惯例,有着一个大致的区间。以美国最受欢迎的公司注册地之一特拉华州为例,其法院的判例中普遍支持交易金额2%—4%的分手费。但特拉华州法院也表示对"分手费"的约定需根据每个案件特定的事实进行判断,而不能根据以往判例中支持的比例分布直接认定。

根据投行华利安(Houlihan Lokey)的研究,过去5年间,"分手费"平均约占并购交易金额的2.5%—3.2%(见图1)。

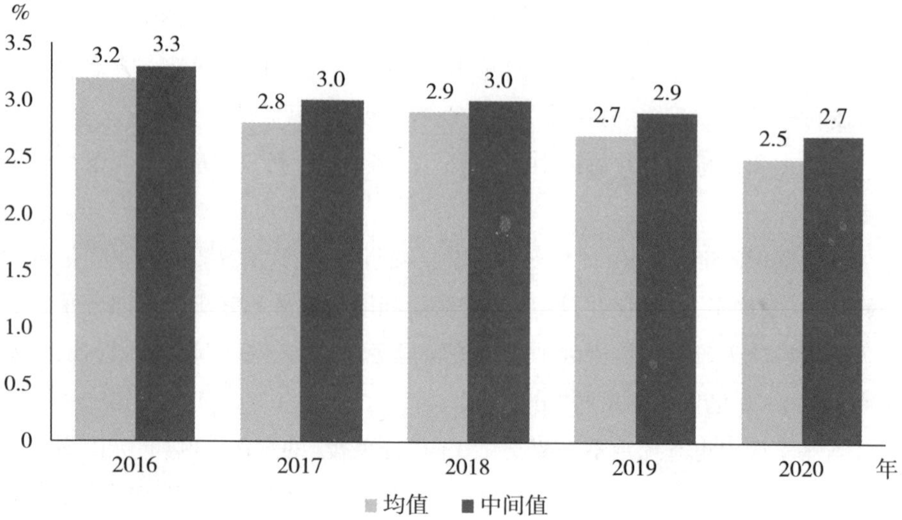

图1　2016～2020年“分手费”在交易金额中的占比

资料来源：路孚特，标普全球旗下的金融数据库和华利安。

四、反向“分手费”的金额

反向“分手费”是买家对标的公司的补偿，这是双方谈判的结果，并不是所有并购案的标配。据华利安的报告，2020年美国的120个并购案例里，有69个案例设置了反向“分手费”；2019年的150个并购案例中，有82个案例设置了反向“分手费”。

特拉华州法院认为反向“分手费”仅仅是并购双方之间的合同问题，超过交易金额的5%或10%的情况也并不罕见。

例如，在美国通信运营商AT&T放弃390亿美元对T-Mobile的收购计划后，根据协议，AT&T将支付高达30亿美元的现金反向“分手费”，同时包括转让价值10亿美元的7年期漫游协议和部分频谱资源。在这项交易里，单纯的现金反向“分手费”已经高达总交易金额的7.7%，再加上资产和服务，反向“分手费”价值共计约40亿美元，高达交易金额的10.2%。

买方同意支付高额的反向“分手费”意味着买方相比卖方对促成这笔交易更加迫切，这种情况下，卖方在谈判中往往有更大的话语权。

根据华利安的研究，过去5年间，反向“分手费”在并购交易金额中的平均占比为3.7%—4%（见图2）。

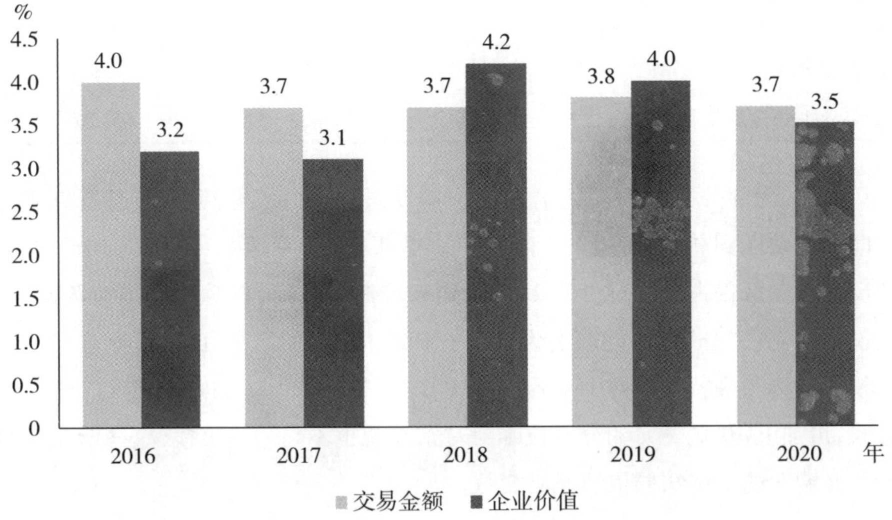

图2　2016～2020年反向“分手费”在并购交易金额中的占比

资料来源：路孚特，标普全球旗下的金融数据库和华利安。

除固定的金额外，反向“分手费”还可以采用双层结构，在不同的情况下要求不同金额的“分手费”。

例如，2011年，Eagle Parent Inc. 收购Epicor Software Corp. 的合并协议中约定，如果买方无法筹集足够的并购资金，导致交易终止，则买方需支付交易金额的2.5%给标的公司作为反向“分手费”，如果买方“故意违反”合并协议导致协议终止，则买方需要支付交易金额的7.5%。

华利安的数据显示，在前文提到的2020年的69个案例中，反向“分手费”金额高于“分手费”金额的案例占比为65.2%，二者金额相等的案例占比为30.4%。2019年的82个案例中，反向“分手费”金额更高的案例占比为72%，二者相等的案例占比为24.4%（见表1）。

表 1　反向"分手费"与"分手费"金额分析一览

情形	2019 年占比/%	2020 年占比/%
分手费和反向分手费金额相等	24.40	30.40
分手费金额更高	3.70	4.30
反向分手费金额更高	72.00	65.20

可见，大部分案例中，买家需要支付的反向"分手费"金额更高，马斯克能将反向分手费压到与"分手费"持平，比大多数买家都"幸运"。并且这 10 亿美元的反向分手费仅占交易对价的 2.3%，处于较低的区间，再对比具体的条款，可以说马斯克在"分手费"问题上为自己争取到了不错的结果，可见世界首富的话语权在这场与推特的博弈中不容小觑。鉴于"钢铁侠"一直以来"迷幻"的行为方式，再加上 10 亿美元的分手成本对首富来说也不是一笔大钱，故马斯克对推特的并购案的最终结局依然充满变数。

本文写于 2022 年 5 月

世界首富也“缺钱”？440 亿美元买推特，马斯克需要借多少钱？

杨淇茗*

2022 年 4 月 14 日，马斯克宣布以 440 亿美元的天价收购推特，后续推特董事会也欣然接受该收购要约。虽然贵为世界首富，但马斯克收购推特的 440 亿美元并非全部自掏腰包。马斯克募集的收购资金高达 536 亿美元，分别为债务承诺函 130 亿美元、保证金贷款承诺函 62.5 亿美元、股权承诺函 272.5 亿美元及共同投资者承诺函 71 亿美元。其中，优先级债务为 162.5 亿美元，马斯克个人提供担保或股权质押；次级债务为 30 亿美元，没有担保，但偿债优先级高于股权融资；劣后级股权融资 + 马斯克个人出资为 343.5 亿美元。收购推特成功后，马斯克将成为北美负债最多的首席执行官。

---

* 杨淇茗，英国伦敦政治经济学院金融统计硕士，现任广慧并购研究院核心研究员、广慧投资董事总经理，曾先后任职于普华永道会计师事务所和凯石资本。

2022 年 4 月 25 日，推特公司对外宣布其董事会已全票通过并接受埃隆·马斯克的收购和私有化要约，交易总规模高达 440 亿美元。该新闻一出，各路吃瓜群众第一时间都觉得出乎意料：明明 10 天前还气势汹汹推出所谓“毒丸”计划对抗马斯克的恶意收购，怎么这么快就放弃抵抗了？

我们从推特独立董事会主席 Bret Taylor 那里仿佛找到了答案：“推特董事会对马斯克的提议进行了深思熟虑和全面的评估，审慎地关注了价值、确定性和融资。这笔谈判中的交易将带来可观的现金溢价，我们相信这是推特股东的最佳出路。”“现金溢价”是其中的重点，意思是说马斯克的报价让我们无法拒绝。

一、马斯克真能自己掏那么多钱收购推特吗？

答案是否定的。虽然作为目前福布斯富豪榜排名第一的全球首富，马斯克总资产超过 2190 亿美元，买下“区区”440 亿美元的推特似乎也就相当于我们普通人买辆车。但是，买下推特的 440 亿美元可是需要实实在在的现金支付。一个人的总资产和可拿出的现金不是一个概念，就好比上海市某家庭总资产 1000 万元，这里面房子的价值就占了 800 万元，让这样的“千万资产”家庭拿出 100 万元买辆豪车可能都难以实现。只有实实在在躺在银行账户里的现金才能拿来购买豪车或收购公司。因此，本文就要分析清楚，马斯克收购推特的 440 亿美元现金，到底是从哪里筹集来的。

二、搞定资金的三份“承诺函”

美国证券交易委员会（SEC）官网披露的资料显示，马斯克于 2022 年 4 月 20 日提交了一份 Schedule 13D 文件，文件中详细披露了马斯克收购推特的资金来源，即三份“承诺函”，总金额高达 465 亿美元：

1. 债务承诺函（Debt Commitment Letter），总金额 130 亿美元，由摩根士丹利等 7 家金融机构提供。

2. 保证金贷款承诺函（Margin Loan Commitment Letter），总金额 125 亿美元，由摩根士丹利等 12 家金融机构提供。

3. 股权承诺函（Equity Commitment Letter），总金额 210 亿美元，由马斯克本人提供。

马斯克于 2022 年 5 月 4 日再次提交了一份更新的 Schedule 13D 文件，文件中披露保证金贷款承诺函总金额降为 62.5 亿美元，同时马斯克本人提供的股权融资承诺函总金额增加至 272.5 亿美元。此外，马斯克还提供了一份新增的共同投资者股权承诺函（Co – Investor Equity Commitment Letter），总金额约 71 亿美元，由红杉资本等 19 家机构及个人提供。马斯克为收购推特募集资金的总额高达 536 亿美元（见图 1）。

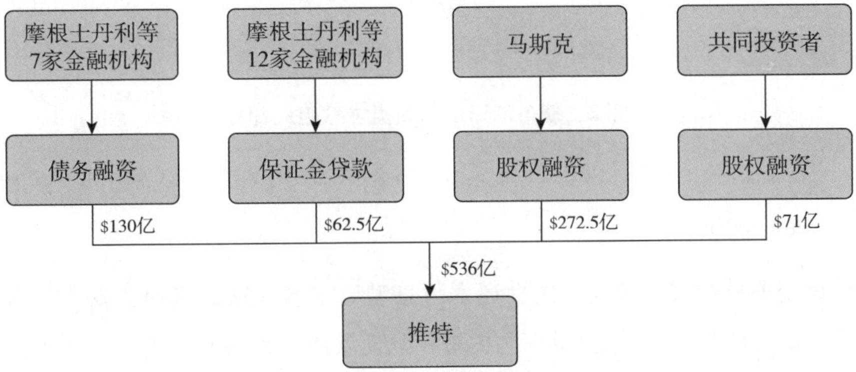

图 1　马斯克收购推特的资金来源

什么是承诺函？承诺函是金融机构向借款人承诺提供资金的信函，金融机构和马斯克出具承诺函的目的是向推特的董事会及股东证明收购的资金不是问题。从上述资金的来源看，马斯克收购推特的资金大约 1/3 源于向不同金融机构的借款。近 200 亿美元的借款可不是一笔小数目，这些金融机构凭什么敢借这么多钱给马斯克？如果国内的某个富豪也想在美国借 200 亿美元去收购一家公司，可能实现吗？带着这个疑问，我们继续对这四个承诺函进行深挖。

三、债务承诺函（Debt Commitment Letter）

该债务承诺函由 7 家金融机构组成的财团出具，分别为摩根士丹利（Morgan Stanley）、美国银行（Bank of America）及其证券公司、巴克莱银行（Barclays）、三菱日联金融集团（MUFG）、法国巴黎银行（BNP Paribas）及其证券公司、日本瑞穗银行（Mizuho）和法国兴业银行（Societe Generale），总金额为 130 亿美元，由以下四类贷款组成（见图 2）。

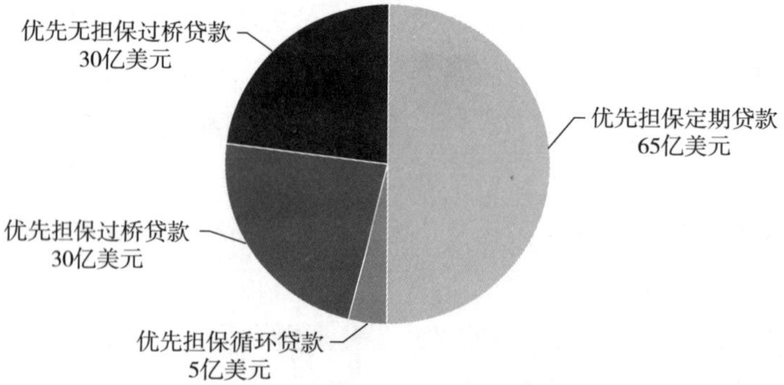

图2　债务承诺函的四类贷款组成部分

（一）本金总额为65亿美元的优先担保定期贷款（senior secured term loan facility）

该定期贷款属于到期一次性还本付息型。在国外这类定期贷款几乎出现于所有的并购贷款中，在贷款期间内每年只需要象征性地偿还借款本金的一小部分（债务承诺函中为1%），剩余本金和利息在到期后一次性偿还。

债务承诺函中，优先担保定期贷款的期限为7年，利率为Term SOFR（担保隔夜融资利率）+4.75%或替代基准利率（Alternative Base Rate，ABR）+3.75%（见图3）。

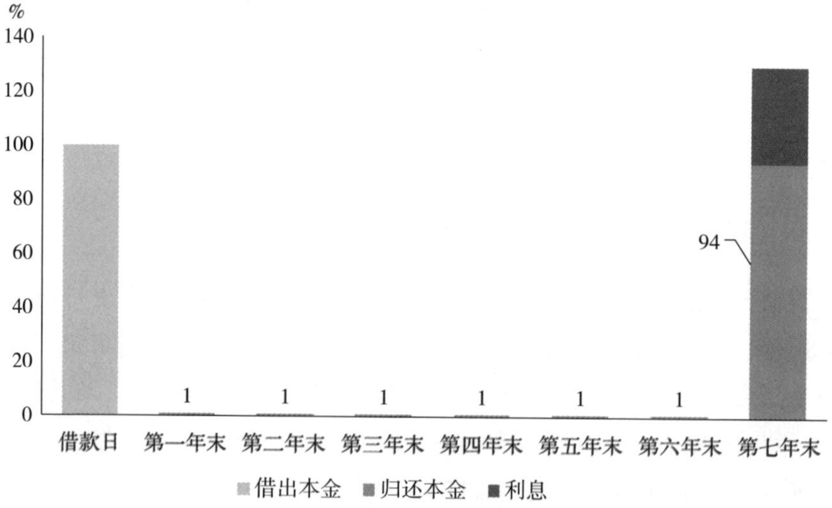

图3　定期贷款还款示意图

(二)授信总额为5亿美元的优先担保循环贷款(senior secured revolving facility)

该循环贷款属于随借随还型。这类循环贷款是金融机构给予的一个授信额度,允许借款人在授信额度和期限内自由借贷和偿还,通常是LBO融资结构中融资成本最低的借款类型,也常常与定期贷款同时出现在并购融资中。

债务承诺函中,优先担保循环贷款授信期限为5年,提取部分利率为Term SOFR + 4.50% 或 ABR + 3.50%,同时每年也要支付未提取部分0.5%的手续费。后续如果第一留置权杠杆比例达到约定的数值(银行给借款人设置的考核指标),则提取部分的利率最低可降低至Term SOFR + 4.00% 或 ABR + 3.00%,未提取部分的手续费最低可降至0.25%。

(三)本金总额不超过30亿美元的优先担保过桥贷款(senior secured bridge loan facility)

过桥贷款属于短期拆借型。在国外的大型并购交易中,为了补足交易资金,通常会安排一部分过桥贷款,在交易完成后再安排新的中长期贷款进行替换。过桥贷款的利率也比定期贷款和循环贷款要高。

债务承诺函中,优先担保过桥贷款的期限为并购交易完成日后的1年,第一季度的利率为Term SOFR +6.75%,后续每季度的利率比前一季度利率增加0.5%。

(四)本金总额不超过30亿美元的优先无担保过桥贷款(senior unsecured bridge loan facility)

这部分也是过桥贷款,只不过没有担保,因此利率是四类贷款里最高的。债务承诺函中,优先无担保过桥贷款的期限为并购交易完成日后的1年,第一季度的利率为Term SOFR + 10%,后续每季度的利率比前一季度利率增加0.5%。

说到这儿,相信很多人会有这些疑问:

1. 如此高额的贷款需要什么样的担保物?

找银行借过大资金的人都清楚,银行都需要借款人提供贷款抵押物,国内许多民营企业家贷款小几千万元都困难重重，马斯克凭什么能借到这么多钱？债务承诺函披露，前三类贷款合计 100 亿美元，都是由信贷方提供（credit parties）担保，信贷方包括担保人（guarantor）和借款人（borrower），其中，担保人包括马斯克个人成立的控股公司（Holding）及其相关子公司，而借款人包括本次收购主体（Bidco）以及后续交易完成后的推特公司。因此，前三类贷款相当于拥有世界首富马斯克的私人控股公司和全球顶级的互联网公司推特做担保，这两个条件还真是一般借款人所不具备的。

2. 马斯克的实际借款利率是多少？

由于四类贷款的利率都以 SOFR 为基准，我们需要先弄明白 SOFR 是多少。SOFR 是 Secured Overnight Financing Rate 的缩写，由美国国债抵押品的隔夜回购利率计算得出。过去一年，SOFR 平均值长期低于 0.1%，到 2022 年 3 月份涨至 0.3% 左右。我们取 SOFR 等于 0.25%，可大致算出优先担保定期贷款和优先担保循环贷款的利率分别为 5% 和 4.75%；而优先担保过桥贷款和优先无担保过桥贷款考虑到利率每季度递增，我们计算出平均值分别为 7.75% 和 11%。因此这部分 130 亿美元的债务融资加权平均利率约为 7.01%，考虑到利率较高的过桥贷款未来会被新的中长期债务融资取代，最终的综合融资利率可能会再降低。而国内民营上市公司的并购贷款利率通常在 8%—10% 之间，融资成本比国外高出不少（见图 4）。

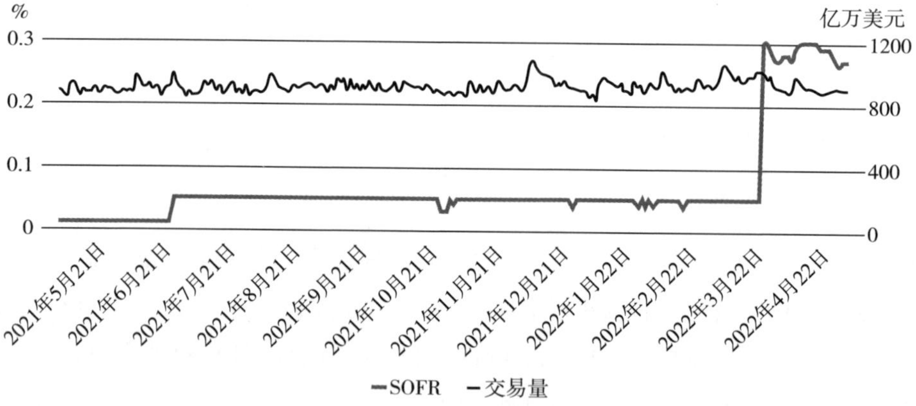

图 4　2021 年 4 月 25 日 ~ 2022 年 4 月 25 日 SOFR 趋势图

3. 七家金融机构分别如何出资？

如此大规模的资金需求一家金融机构往往吃不下，通常需要找其他几家金融机构组成财团共同放贷，也能够相互分摊风险。债务承诺函中的7家金融机构在四类贷款里的出资比例都是一致的，具体比例参见图5。

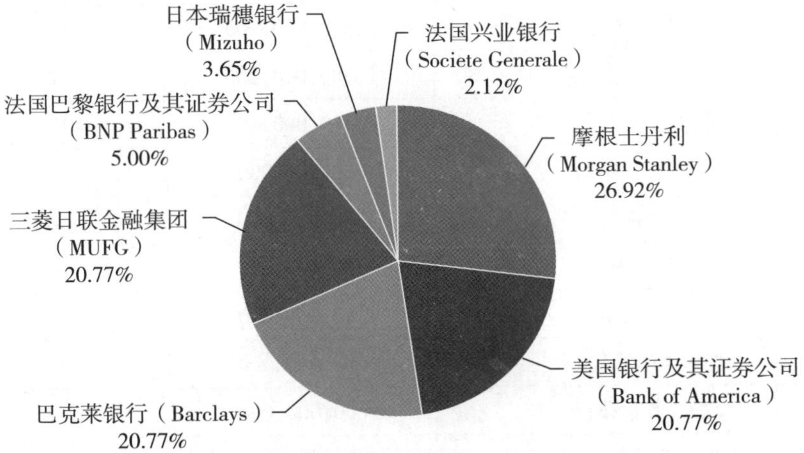

图5　7家金融机构在四类贷款中的出资比例

总结一下债务承诺函的四个关键词：

- 财团支持——7家顶级金融机构。
- 组合贷款——四类贷款形式。
- 提供担保——无担保过桥贷款除外。
- 利率适中——平均加权利率7%。

四、保证金贷款承诺函(Margin Loan Commitment Letter)

该保证金贷款承诺函由12家金融机构出具，分别为摩根士丹利(Morgan Stanley)、美国银行(Bank of America)、巴克莱银行(Barclays)、三菱日联金融集团(MUFG)、瑞士信贷银行(Credit Suisse)、法国巴黎银行(BNP Paribas)、花旗银行(Citibank)、德意志银行(Deutsche Bank)、日本瑞穗银行(Mizuho)、加拿大皇家银行(Royal Bank of Canada)、法国兴业银行(Societe Generale)和加拿大帝国商业银行(Canadian Imperial Bank of Commerce)，总金额为125亿美元，各家金融机构出资比例见表1。

表 1　12 家金融机构出资比例一览

机构名称	承诺贷款额度/美元	出资比例/%
摩根士丹利	2,000,000,000	16
美国银行	1,500,000,000	12
巴莱克银行	1,500,000,000	12
三菱日联金融集团	1,500,000,000	12
瑞士信贷银行	1,250,000,000	10
法国巴黎银行	750,000,000	6
花旗银行	750,000,000	6
德意志银行	750,000,000	6
日本瑞穗银行	750,000,000	6
加拿大皇家银行	750,000,000	6
法国兴业银行	600,000,000	4.8
加拿大帝国商业银行	400,000,000	3.2
总计	12,500,000,000	100

根据 2022 年 5 月 4 日更新的 Schedule 13D 文件，该保证金贷款承诺函总金额降为 62.5 亿美元。

保证金贷款通常以借款人的股票作为质押物，放贷机构以质押股票当前市值乘以一定的贷款价值比率（LTV Ratio，贷款金额除以质押股票市值）向借款人提供借款。由于股票价格存在波动，当质押股票的价格下跌导致 LTV Ratio 上升到约定的追加保证金比率（LTV Margin Call Level）时，放贷机构会要求借款人追加保证金，借款人若无法继续追加保证金则质押的股票将会被放贷机构强制出售，这跟加杠杆炒股或者炒期货无法追加保证金被强制平仓是一个道理。

根据该保证金贷款承诺函，金融机构提供的保证金贷款期限为 3 年，利率为 SOFR + 3%，此外还要一次性收取放款金额 0.5% 的手续费。承诺函中设置的最高初始贷款价值比率（Maximum Initial LTV Level）为 20%，即马斯克需要质押至少价值 312.5 亿美元的特斯拉股票才能获得最高 62.5 亿美元的保证金贷款；同时，追加保证金比率为 35%，这意味着如果特斯拉的股价下跌超过

43%(质押股票市值跌至约178亿美元),马斯克就需要在两个工作日内通过以下三种方式将贷款价值水平(LTV Level)降至25%以下:(1)增加特斯拉股票质押;(2)提前偿还部分贷款;(3)出售质押的特斯拉股票用以偿还贷款。

这份保证金贷款对马斯克意味着什么?目前,马斯克持有特斯拉的股份数量约为1.7亿股,持股比例约为16.7%。考虑到马斯克目前已经质押了超过8800万股的特斯拉股票,根据2022年5月5日的特斯拉股票收盘价873.28美元,本次收购推特至少新增质押约3600万股,剩余未质押股票仅剩约4600万股(不含路透社报道中提到的未行使的期权约5900万股)。若未来特斯拉股价低于500美元(下跌超过43%),则马斯克需要通过增加质押或者出售至少72亿美元市值的特斯拉股票将LTV Level降至25%以下,对应约1440万股。而大规模出售特斯拉股票会让股价进一步下跌,造成更大的追加保证金压力。自4月21日SEC披露了马斯克提交的保证金贷款承诺函后,由于市场普遍担忧马斯克后续可能会大量出售特斯拉股票,特斯拉股价已从1092美元跌至873美元,累计跌幅约20%。

总结一下保证金贷款承诺函的四个关键词:

- 财团支持——12家顶级金融机构。
- 利率较低——3.25%左右。
- 股票质押——特斯拉股票。
- 平仓风险——LTV Level达到35%。

五、股权承诺函(Equity Commitment Letter)

该股权承诺函中,马斯克承诺以股权融资的形式提供210亿美元的收购资金,后续增加至272.5亿美元。马斯克个人是否有272.5亿美元的流动资金呢?

首先,马斯克在2021年累计出售了价值约164亿美元的特斯拉股票,主要原因是其通过2012年业绩奖励计划获得的期权将于2022年8月到期,马斯克选择行权并立刻卖出大量股票用于缴纳因行权产生的个人所得税约100亿美元。此外,马斯克还额外卖出了约600万股股票,价值约64亿美元。而2022年4月28日特斯拉向SEC提交的最新监管文件显示,马斯克在4月26日至28日再次出售特斯拉股票套现约85亿美元。考虑到马斯克于2022年3月份收购推特9.2%股权的花费大约是25亿美元，目前马斯克个人持有的现金预计约125亿美元。

其次，根据SEC披露的委托书声明（Proxy Statement），马斯克到2020年年底累计质押了约1800万股特斯拉股票，到2021年6月累计质押的股票达到约8800万股。2020年12月和2021年6月，特斯拉的股价在500—600美元的范围，假设LTV Ratio同样为20%，8800万股的股票质押可贷款超过100亿美元。考虑到如今特斯拉股价较前次质押时涨幅超过50%，预计马斯克前期质押的8800万股特斯拉股票有可能提供约50亿美元的新增借款额度。由于前期质押的具体条款没有披露，我们无法具体测算可能的新增贷款额度有多少，也无法确定马斯克是否已经使用了该额度。

最后，马斯克一向是加密货币的拥护者，从2020年开始就陆续在推特上公开支持比特币和狗狗币。虽然他并没有披露各类数字货币的持仓数额，但从2021年1月至今，比特币和狗狗币各自累计涨幅分别超过600%和3000%。尤其是狗狗币，在2021年以前的大部分时间里都被大多数币圈投资者当作“山寨币”，自从马斯克2020年开始多次在推特上喊单狗狗币后，狗狗币开始得到众多投资者的关注，币价像坐上了火箭一样一飞冲天，目前已经成为主流的投资币种。马斯克如此卖力地推广狗狗币，难免让人怀疑他在2021年以前已经大量地低价收购狗狗币。甚至有国外网友爆料狗狗币持币第一名就是马斯克，其持有超过25%的狗狗币。

按照目前狗狗币超过180亿美元的市值来计算，马斯克持有的狗狗币的市值可能超过45亿美元。当然，考虑到马斯克公开提到未来要让特斯拉和推特接受狗狗币支付，狗狗币极有可能在马斯克商业帝国中扮演“支付宝”的重要角色，因此其短期内大规模抛售狗狗币的可能性较低，但可以部分出售用来补充收购推特的资金。

综合考虑累计套现特斯拉股票、数字货币及其他个人可动用的资金，马斯克或许有能力提供272.5亿美元的资金用于收购推特。

总结一下股权融资承诺函的两个关键词：

- 自掏腰包——马斯克个人承诺。
- 多种来源——出售股票、数字货币等。

六、共同投资者股权承诺函(Co－Investor Equity Commitment Letter)

该共同投资者股权承诺函总金额约 71 亿美元,其中 18 家机构以现金出资,1 位推特现有股东以现有推特股份出资,具体见表 2。

表 2　共同投资者股权承诺情况

机构名称	承诺出资金额
A. M. Management & Consulting	$ 25,000,000
AH Capital Management, L. L. C. (a16z)	$ 400,000,000
Aliya Capital Partners LLC	$ 360,000,000
BAMCO, Inc. (Baron)	$ 100,000,000
Binance	$ 500,000,000
Brookfield	$ 250,000,000
DFJ Growth IV Partners. LLC	$ 100,000,000
Fidelity Management & Research Company LLC	$ 316,139,386
Honeycomb Asset Management LP	$ 5,000,000
Key Wealth Advisors LLC	$ 30,000,000
Lawrence J. Ellison Revocable Trust	$ 1,000,000,000
Litani Ventures	$ 25,000,000
Qatar Holding LLC	$ 375,000,000
Sequoia Capital Fund, L. P.	$ 800,000,000
Strauss Capital LLC	$ 150,000,000
Tresser Blvd 402 LLC(Cartenna)	$ 8,500,000
VyCapital	$ 700,000,000
Witkoff Capital	$ 100,000,000
HRH Prince Alwaleed Bin Talal Bin Abdulaziz Alsaud(Kingdom)	34,948,975 股推特股票

共同投资者中,甲骨文首席执行官拉里·埃里森通过其信托基金(Lawrence J. Ellison Revocable Trust)出资 10 亿美元、红杉资本(Sequoia Capital)出资 8 亿美元、Vy 资本(Vy Capital)出资 7 亿美元、知名加密货币交易所币安(Binance)出资 5 亿美元。而此前公开表态"马斯克低估了推特价值"而拒绝收购

提案的沙特王子 Al Waleed bin Talal Al Saud 承诺，提供近 3500 万股推特股票，以保留该公司被马斯克收购后的股份。马斯克还表示，他正在与包括推特联合创始人、前首席执行官杰克 · 多尔西在内的某些现有股东进行接洽，讨论他们保留现有所持股份的可能性。

总结一下共同投资者股权承诺函的两个关键词：

- 资本力挺——多达 19 家知名机构及个人。
- 股东支持——部分现有推特重要股东可能保留推特的股份。

七、收购推特融资架构总结

综合来看，马斯克收购推特的融资结构分为三层（如图 6 所示）。

1. 优先级债务：包括优先担保定期贷款、优先担保循环贷款、优先担保过桥贷款和保证金贷款。该部分贷款均有担保或股票质押。

2. 次级债务：优先无担保过桥贷款，虽然没有担保，但是偿债优先级高于股权融资。

3. 股权融资：马斯克及共同投资者的股权出资，属于劣后级。

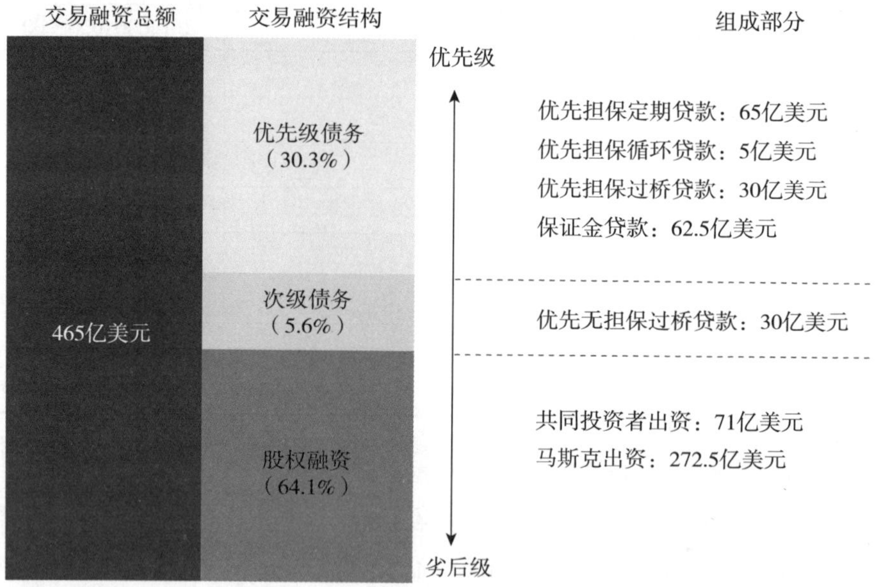

图 6　马斯克收购推特的融资结构

八、成功收购推特后，马斯克将成为北美负债最多的首席执行官

通过分析马斯克提供的三份承诺函，我们发现世界首富也“缺钱”。收购完成后，马斯克个人可能承担的债务金额也急剧飙升。综合前期 8800 万股特斯拉股票质押预计带来的 100 亿美元借款，本次收购推特带来的约 200 亿美元借款，以及其他未披露的潜在债务，马斯克个人承担的债务或担保合计可能突破 400 亿美元，成为北美负债最多的首席执行官，远超个人负债排名第二位的甲骨文首席执行官拉里 · 埃里森(240 亿美元)。

马斯克之所以能获得如此高额的借款，最重要的原因是他创立了世界上最成功的电动汽车公司并上市。特斯拉的股权为马斯克带来了巨额的财富，也成为他从金融机构获得大量借款的重要筹码。此外，推特在互联网世界拥有不可取代的价值，收购一家优质公司时，其稳定的现金流可以作为贷款的重要保障。因此，如果一个中国富豪也想效仿马斯克通过大额借款收购一家美国公司，建议还是先打造一家伟大的上市公司吧。

由于高额的负债中大部分涉及特斯拉股票质押，如果未来特斯拉股价出现暴跌，马斯克可能被迫出售大部分特斯拉股票，而推特也将面临更沉重的债务负担。马斯克未来是否会陷入“赔了夫人又折兵”的窘境，让我们拭目以待。

本文写于 2022 年 5 月

虚假账户只是烟幕弹？深度揭秘马斯克终止收购推特的真实原因

杨淇茗

2022 年 7 月 8 日，马斯克致函终止收购推特，核心理由是有迹象表明推特的虚假账户数量远高于其被披露的不到 5% 的数量。此消息一出，推特股价应声下跌 5%。而推特也于 7 月 12 日正式起诉马斯克，敦促特拉华州法院下令马斯克完成收购推特的交易。我们对马斯克这个终止收购理由持怀疑态度，因为客观上马斯克和特斯拉也是机器人账户的受益者。最可能的原因是在经济衰退和美联储持续加息导致特斯拉股价持续下跌的形势下，马斯克的财务风险和股票质押风险较 4 月决定收购推特时已经发生了重大变化，马斯克不得不终止交易。但马斯克退出推特交易须证明推特的虚假账户已经构成“重大不利影响”，而这也面临巨大挑战。

美国时间 2022 年 7 月 8 日，埃隆 · 马斯克致函推特，正式通知将终止对推特的收购，而这距离 4 月 14 日其高调宣布收购推特还不足3个月。马斯克方面给出的“悔婚”的核心理由就一条：推特一直未按照马斯克的要求提供完整的信息，导致马斯克及其顾问无法对推特平台上的虚假账户进行全面审查。同时，马斯克通过对推特提供的部分资料的分析，认为有迹象表明推特的虚假账户数量远高于其披露的不到总账户数的5%的数量。

根据双方之前的协议，马斯克主动终止收购需要支付10亿美元的反向分手费。而马斯克在对虚假账户评估后宁愿支付高额的分手费也要终止收购，让外界对推特的虚假账户数量有了无限遐想，对推特是个沉重的打击。此消息一出，推特股价应声下跌5%。而推特公司董事会主席泰勒也不甘示弱，发布推文表示：“推特董事会致力于按照和马斯克先生达成的价格和条款来执行合并协议，我们有信心可以在特拉华州法院取得胜利。”泰勒主席的潜台词就是：别以为你付了10亿美元就能一走了之，我要让你继续买！

果不其然，美国时间7月12日，推特正式起诉马斯克，向特拉华州法院申请要求马斯克完成收购推特的交易。推特还表示，马斯克律师函中列举的终止交易的理由，包括推特平台上存在虚假账号，都只是“借口”而已。推特还控诉“马斯克大张旗鼓地宣布收购推特，提出并签署了一份对推特友好的合并协议，之后自由地改变主意来破坏这家公司，扰乱公司运营，摧毁股东价值，然后退出”。

马斯克与推特的这桩“婚约”如果改编成电视连续剧，大致的剧情会是这样：

1.“高富帅”男主先高调向“白富美”女主求婚，而女主表示拒绝甚至不惜威胁要自我毁容；

2.男主再次提高彩礼的价格并表示这是全天下最贵的彩礼，女主只能同意，双方订婚；

3.订婚后不到3个月，男主公开说女主不配合做全面的体检，部分体检的指标显示女主的健康状况远没有表面看起来的那么理想，决定悔婚并支付高额分手费；

4.大家对女主真实的健康状况议论纷纷，众多之前的追求者纷纷远离，女主瞬间身价暴跌，决定对簿公堂让“渣男”继续履行婚约负责到底……

广慧研究团队对马斯克收购推特这桩“世纪并购”交易保持持续跟踪，此前陆续推出的四篇分析文章对交易的本质及存在的风险进行了充分揭示，双方走到如今对簿公堂的地步并非偶然。然而许多吃瓜群众依然带有不少疑问：马斯克放弃收购推特的真实原因到底是什么？马斯克到底有没有钱？有了天价分手费推特为什么还要马斯克完成交易？这桩交易后续会往什么方向发展？

这篇文章将为大家彻底揭开迷雾。

一、神秘的虚假账户

马斯克提交给推特的信函中提到终止收购最重要的理由是推特的虚假账户很可能远超5%，mDAU的数量被严重高估。推特大约90%的收入来自广告，因此真正的mDAU数量确实是评价推特公司价值的一个重要指标。

在此我们顺便科普一下mDAU。mDAU的意思是可获利每日活跃用户(Monetizable Daily Active Users)，其与我们常听到的日活跃用户(DAU)的区别在于剔除了非直接访问应用客户端及网页的用户，如通过第三方插件访问等。因为非直接访问的用户通常来说不会点广告，无法为平台创造收入，所以平台需要先挤掉水分，向资本市场展示可以创收的真实用户数据。

马斯克对推特的虚假账户也一直十分关注。早在推特接受收购要约前的4月22日，马斯克就发布推文表示：如果我们成功收购推特，我们要打败垃圾邮件机器人，不成功便成仁！

到了5月13日，马斯克就在个人推特上表示“推特交易暂停，直到有细节能够证明垃圾及虚假账户的比例少于5%”。

而5月17日马斯克再次发推表示“推特有20%的虚假/垃圾账户，是其宣称的4倍，该比例可能会更高”。

马斯克宣布终止收购推特的信函中更是详细披露了推特未按照马斯克的要求提供资料以及对授权马斯克团队访问的应用程序编程接口设置查询速率上限等，导致马斯克和他的顾问无法在合理的时间内进行想要的数据分析。鉴于推特的不配合以及对部分数据的分析，马斯克有理由怀疑推特的虚假账户数量远超5%，构成了合并协议中约定的“重大不利影响”。

但笔者对马斯克的这个终止收购理由持怀疑态度。

首先,对于志在改变世界、打造全球言论自由平台的世界首富来说,收购推特除商业价值的考量外,还有其公众价值的诉求。马斯克在宣布达成交易的声明中表示:"言论自由是民主制度正常运作的基石,而推特是一个数字化的言论广场,可以在这里辩论对人类未来至关重要的事务。我还想通过增加新功能来增强产品,让算法开源以增加信任,打败垃圾邮件机器人,并验证所有人类的身份,让推特变得比以往任何时候都更好。推特拥有巨大的潜力,我期待与公司和用户社区合作来解锁它。"如此伟大的愿景却仅仅因为部分虚假账户而退缩,说好的要打败垃圾邮件机器人呢?这还是我们熟悉的那个"钢铁侠"吗?

其次,马斯克是否真的对虚假的机器人账户深恶痛绝?未必如此。根据《洛杉矶时报》2022年4月12日的一篇报道,马里兰大学罗伯特史密斯商学院教授David A. Kirsch的一项初步研究表明,推特的机器人账号对特斯拉这种依赖讲故事的"未来股票"的上涨发挥了重要作用。Kirsch及其助理收集并回顾了特斯拉从2010年上市到2020年年底的有关特斯拉的推文,通过机器人账号识别软件Botometer进行分析后发现,关于特斯拉的推文有1/5是机器人生成的。他们追踪了186个与特斯拉相关的机器人账户,发现每个账户上线后特斯拉的股价都上涨了2%以上。虽然特斯拉的市值多年来一直在增长,但在这些机器人上线前后的时间段股价出现了大幅的增长,而其他时间段的股价则更多体现为上下波动。虽然没有证据表明马斯克和特斯拉通过机器人账户发布对特斯拉的积极看法,但客观上马斯克也是机器人账号的受益者。

因此,虚假账户很可能只是马斯克终止收购推特的一个"借口",其背后一定还有其他更重要的原因。

二、首富的财务状况

要弄清楚马斯克终止收购推特的真实原因,我们需要先彻底弄清楚马斯克真实的财务状况。

许多人都知道马斯克的传奇经历:1999年,第一家创业公司Zip2被收购,马斯克赚到人生第一桶金2200万美元;2002年,第二家创业公司PayPal再次被收购,马斯克拿到1.65亿美元。财富自由以后,马斯克又先后创办或收购了航天公司SpaceX、电动汽车公司Tesla、太阳能发电公司SolarCity、隧道公司the

Boring Company 以及脑机接口公司 Neuralink 这五家公司，并在 2021 年登顶世界首富，坐拥超过 2000 亿美元的资产。

可是在 2021 年以前，马斯克的个人资金很可能还买不起一套上海的汤臣一品。2008 年 SpaceX 面临重大危机，虽然马斯克把前两次出售公司套现的 1.8 亿美元全部投入 SpaceX 和特斯拉的运营，但前三次火箭发射的接连失败导致所有的投入付之一炬，钱花光后马斯克还向多位好友及特斯拉的员工借钱，他与妻子的婚姻也走到了尽头。虽然马斯克最终成功挺过危机，但个人除两家公司的股权外几乎没有任何资产，可以说“一夜回到解放前”。2010 年特斯拉的上市让马斯克有了财富变现的可能，但他一直坚持不领工资，并说“他将是最后一个卖特斯拉股票的人”。因此，在特斯拉上市后的 10 年时间里，马斯克似乎并没有从特斯拉获得任何的现金收入。

直到 2020 年和 2021 年，马斯克进行了两次特斯拉股权质押贷款，累计质押了约 8800 万股股票，质押时点的价格在 500—600 美元，按照 20% 的最大初始贷款价值比率（Maximum Initial Loan to Value Level，即初始贷款金额不超过抵押股票市值的 20%）测算，马斯克可申请的贷款预计高达 100 亿美元。这部分资金的具体用途尚未可知。

2021 年马斯克出售特斯拉股票累计套现了 164 亿美元，这背后的主要原因则是马斯克行使特斯拉期权所面临的天价税收。因为 2021 年马斯克行使期权时，特斯拉股价超过 1000 美元，而他的行权价仅为 6.24 美元，使他产生了巨额收益。根据美国法律，马斯克行使期权所获得的收益需要立刻缴纳个人所得税，因此马斯克不得不在行权后立刻卖出大量股票用于交税。根据特斯拉 2021 年年报，马斯克行权产生的收益高达 234.5 亿美元。其中，42% 的股票被立刻卖出用于支付税收，金额近 100 亿美元。此外，马斯克还额外卖出了约 600 万股股票，价值约 64 亿美元，这也是马斯克在特斯拉上市后获得的第一笔大额现金收入。

或许有不少人好奇：马斯克是如何获得具有如此高额回报的期权的？我们在此也顺便揭秘马斯克获得巨额收益的期权，这对我们了解马斯克的财务状况，尤其是流动资产至关重要。

2012 年和 2018 年，特斯拉董事会分别通过了两项针对马斯克的十年业绩奖励计划(2012 CEO Performance Award/2018 CEO Performance Award):如果马斯克能够在十年内带领特斯拉实现特定的市值增幅及经营目标,他将被授予特定数量的股票期权。两次业绩奖励计划的总结(见表1)。

表1　特斯拉针对马斯克的十年业绩奖励计划

事项	2012 年业绩奖励计划	2018 年业绩奖励计划
计划发布时特斯拉市值	32 亿美元	590 亿美元
设置里程碑的数量	10 个	12 个
解锁首个里程碑所需的市值	72 亿美元	1000 亿美元
解锁每个里程碑所需的市值增幅	40 亿美元	500 亿美元
解锁每个里程碑所需的经营目标	主要与产品开发及生产挂钩	与收入和税息折旧及摊销前利润(EBITDA)挂钩
解锁所有里程碑后特斯拉市值	432 亿美元	6500 亿美元
解锁所有里程碑可获得的期权数	25,499,505 股	101,320,210 股
行权价	6.24 美元	70.01 美元
奖励计划有效期	10 年	10 年
行权后禁售期	无	5 年

通过表1可以看出,马斯克的业绩奖励计划被设计成阶梯式,2012 年业绩奖励的期权被平均分成10份,每同步完成一个市值里程碑和一个经营目标里程碑可以解锁一份期权。因此,马斯克在特斯拉的收入100%与公司的市值和业绩挂钩,他获得所有期权的前提是实现特斯拉市值以及相关经营指标的大幅增长。为了让大家对这个市值增幅有个概念,我们以美国两大汽车巨头福特汽车和通用汽车的数据作对比。2012 年7 月特斯拉董事会批准2012 年业绩奖励计划时,福特汽车和通用汽车的市值分别约为350 亿美元和320 亿美元,而特斯拉的市值仅有32 亿美元,不到两家巨头的1/10。马斯克想要获得所有2012 年业绩奖励期权,需要带领成立不到10 年的特斯拉在10 年内市值超过两家百年历史的汽车巨头,这在当时是难以想象的。可马斯克却在2017 年年底就完成了所有10 个市值里程碑以及9 个经营目标里程碑,仅剩连续四个季度毛利率达到30%的经营目标没有实现。马斯克完成了在很多人眼里几乎不可能完

成的目标，因此他完全值得高额的期权回报。由于 2012 年业绩奖励计划将在 2022 年 8 月到期，马斯克于 2021 年将 2012 年业绩奖励计划已授予的 22,862,050 股期权全部行权。

在 2017 年马斯克解锁大部分 2012 年业绩奖励计划期权后，为了继续激励无所不能的“钢铁侠”，特斯拉董事会于 2018 年 2 月批准了新的业绩奖励计划。2018 年业绩奖励的期权被平均分成 12 份，分为 12 个市值里程碑和 16 个经营目标里程碑（8 个连续 4 个季度的累计收入指标和 8 个连续 4 个季度的累计税息折旧及摊销前利润指标），每同步完成 1 个市值里程碑和 1 个经营目标里程碑可以解锁一份期权，完成所有 12 个市值里程碑和任意 12 个经营目标里程碑可获得所有期权。具体指标如图 1 所示：

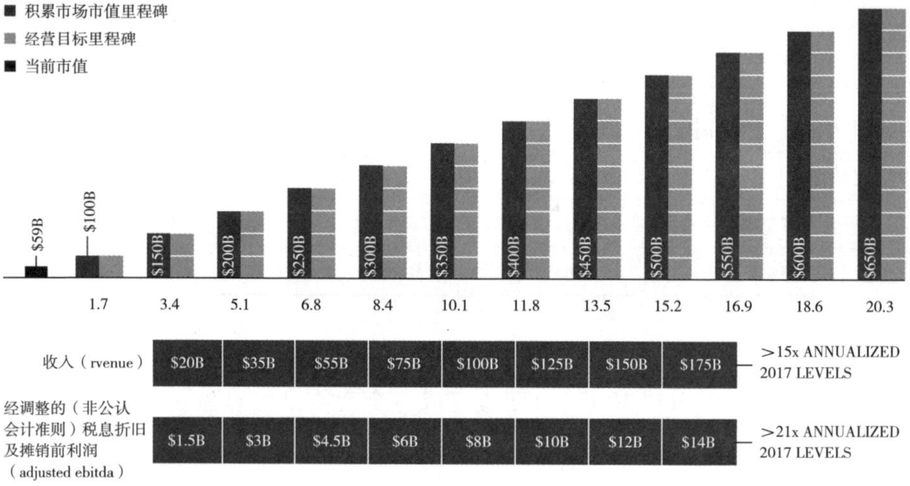

图 1　特斯拉 2018 年新的业绩激励计划具体指标

或许是因为马斯克超预期地完成了 2012 年的业绩奖励计划，特斯拉董事会给马斯克制定的 2018 年业绩奖励的各项指标堪称“大跃进”。完成所有指标意味着特斯拉的市值、收入和税息折旧及摊销前利润均比 2017 年翻 10 倍以上。同时，6500 亿美元市值的特斯拉将成为史上市值最高的汽车公司，要知道当时全球市值最高的丰田汽车公司市值也不过 2000 多亿美元。

根据特斯拉过去四个季度的财报，截至 2022 年一季度公司过去四个季度累计收入超过 550 亿美元，累计税息折旧及摊销前利润超过 120 亿美元，分别完成3个收入指标和7个税息折旧及摊销前利润指标，再加上所有市值指标已于2021年完成（超过6500亿美元），因此马斯克已累计解锁10个里程碑，可行权的期权数约为8443万股。截至2022年一季度，这部分期权马斯克暂未行权。即便马斯克于短期内行权，除需要交税而立刻卖出的股票外，剩余股票需要锁定5年。因此，未来5年内马斯克无法通过2018年业绩奖励授予的期权进行套现。

或许马斯克难以忍受账户上躺着几十亿美元的资金，他在2022年3月14日收购了推特9.2%的股份，根据推特当时的市值推算，这笔收购需要花费马斯克约25亿美元的资金。后来，马斯克一鼓作气在4月25日与推特达成了440亿美元的收购协议。

2022年4月26日至28日，马斯克在推特董事会接受收购要约后的3日内再次出售特斯拉股票，累计套现85亿美元，并于4月29日在推特宣布：之后不会有更多的特斯拉股票出售计划。

综上所述，马斯克早期出售两家创业公司所获得的约1.8亿美元已经全部投入SpaceX和特斯拉的运营，而他本人一直未从特斯拉领取工资，直到2021年和2022年卖出特斯拉股票合计套现约250亿美元。扣除行使期权需要缴纳的个税100亿美元和收购推特9.2%股份花费的25亿美元，马斯克目前个人持有的现金应不少于125亿美元（暂不考虑8800万股的质押贷款目前可使用的资金）。考虑到马斯克宣布短期内没有继续出售特斯拉股票的计划，我们初步确定马斯克收购推特可动用的个人资金为125亿美元，而他也似乎认为自己已经为收购推特筹集了“足够”的资金。

的确，我们在《世界首富也“缺钱”？440亿买推特，马斯克需要借多少钱？》这篇文章中分析了马斯克收购推特的资金构成，包括130亿美元债务融资、62.5亿美元保证金贷款和71亿美元共同投资者出资，马斯克本人只需补充176.5亿美元的资金。若8800万股的质押贷款仍剩余超过50亿美元的可使用资金，再加上无法被外界统计的马斯克的其他流动资产如比特币等，马斯克收购推特的资金或许已经充足。

三、特斯拉的泡沫破裂

然而随着时间的推移，马斯克的如意算盘被打破了，原因是特斯拉的股价持续下跌。

虽然目前马斯克麾下有多家知名公司，但只有特斯拉一家公司已经上市。不管从市值还是流动性来说，特斯拉是目前马斯克最重要的财富来源。马斯克宣布收购推特后，由于投资者担心马斯克由于资金紧张可能出售特斯拉股票以及管理推特会分散精力，特斯拉股价从超过1000美元跌至最低620美元，最新的股价位于700美元附近。

然而，更令马斯克担忧的是特斯拉2022年二季度的财报。目前特斯拉面临的不利因素有三个。

1. 电动车的生产。特斯拉在2022年一季度交出了亮眼的数据：全球电动车总产量约30万辆，其中中国约18万辆，占特斯拉总产量的60%。而2022年二季度上海工厂受到了疫情的影响，停产长达22天，直到6月才基本恢复到疫情前的生产水平。考虑到上海工厂的电动车产量占比高达六成，特斯拉二季度的电动车产量和销量很可能大幅下滑。

2. 比特币的投资。特斯拉持有超过4万枚比特币，而比特币价格从4月1日的约4.6万美元暴跌至6月30日的不到2万美元。比特币预计在二季度给特斯拉带来约10亿美元的投资亏损。

3. 美联储的持续加息。2022年3月开始，美联储进入了史上第七轮加息周期。截至6月底，美联储已完成3次加息，联邦基准利率由0.25%上涨至1.75%。由于美国通胀仍不断升高，市场预期美联储仍会持续加息，美股变熊不可避免，而以特斯拉为代表的高估值科技股将面临泡沫破裂的风险。

在特斯拉股价面临多重压力的情况下，马斯克选择在7月份特斯拉公布第二季度财报前宣布终止收购推特，很可能是为了消除一个对特斯拉股价具有长期负面影响的因素，以此对冲特斯拉第二季度财报不及预期对股价的冲击。

同时，特斯拉股价持续下跌的威胁也让马斯克不得不重新审视收购推特的风险。马斯克目前持有特斯拉股票1.63亿股，已累计质押0.88亿股，收购推特资金中的62.5亿美元保证金承诺函需要他继续质押特斯拉的股票。我们在《世界首富也“缺钱”？440亿买推特，马斯克需要借多少钱？》的文章中对新增股票质押的风险进行了初步测算，按照当时873美元的股价计算风险相对可控。可当特斯拉的股价从873美元跌至700美元时，马斯克的计算器很可能让他后悔作出收购推特的决定。接下来,我们将通过解答一系列的小学数学应用题来复盘马斯克重新按计算器的过程。

题目:小马目前持有上市公司1.63亿股股份,已累计质押0.88亿股并获得贷款100亿美元。目前股价700美元,小马希望通过股票质押的方式再向银行申请贷款62.5亿美元。请回答以下问题:

1. 银行要求最高初始贷款价值比率为20%,小马需要向银行质押多少市值的股票?

答:62.5亿÷20%=312.5亿(美元)

2. 目前股票价格为700美元/股,小马需要抵押多少股票?

答:312.5亿÷700=0.4464亿(股)

3. 银行规定追加保证金比率(LTV Margin Call Level)为35%,股票价格下跌至多少时小马需要追加保证金?

答:贷款/市值=35%,其中贷款=62.5亿美元,可得市值=178.6亿美元,股价=178.6亿美元÷0.4464亿股=400美元/股,股价跌幅=(700-400)÷700=43%

4. 银行规定小马追加的保证金需要把LTV降至25%以下,请问小马需要追加多少保证金?

答:62.5亿÷25%-178.6亿=71.4亿(美元)

5. 如果小马只能通过新增质押或卖出股票来追加保证金,小马需要新增质押或卖出多少股票?

答:71.4亿美元÷400美元=0.1785亿股

6. 追加保证金后,小马剩余未质押股票有多少?

答:1.63-0.88-0.4464-0.1785=0.1251(亿股)

7. 假设已质押的0.88亿股票有相同的追加保证金规则,初始质押时股票价格为600元,当股价下跌至多少时这部分质押的股票也需要追加多少保证金?需要新增质押或卖出多少股票?

答:在相同的追加保证金规则下,由上述第3题计算结果可知股价跌幅超过43%需要追加保证金,因此下跌至600×(1-43%)=342(美元)时需要追加100亿÷25%-100亿÷35%=114.3亿(美元)的保证金,需要新增质押或卖出

114.3 亿 ÷ 342 = 0.3342 亿(股)

考虑到2012年业绩奖励计划理论上已无可行使的期权，而2018年业绩奖励计划需要在行权后锁定至少5年，重新按完计算器后马斯克发现：如果继续收购推特，当特斯拉股价跌至400美元以下时，他剩余未质押股票仅为1250万股；当股价继续跌至342美元时，他将没有足够的股票来追加保证金。虽然马斯克目前仍有约8443万股未行使的期权，但通过行权获得新的股票并进行质押来追加保证金也是十分危险的，因为行权时需要根据行权价与市场价的差额为计税基础交税。由于马斯克这部分期权的行权价仅为70美元，未来行权的同时需要卖出大量股票用于交税，这将造成股价的进一步下跌，需要再次增加保证金，陷入死循环。

特斯拉的股价跌破342美元真的会发生吗？我们回顾2008年金融危机，纳斯达克指数(IXIC)从最高超过2800点跌至最低不到1300点，跌幅超过50%。纳斯达克指数又称美国科技指数，是全世界科技股的重要指标。当金融危机来临时，高估值的科技股股价暴跌超过50%并不是危言耸听。虽然我们认为特斯拉未来依然有很大的上升空间，但如果短期内特斯拉股价跌破马斯克的“平仓线”，那对马斯克造成的影响将是毁灭性的。因此，马斯克没有理由不谨慎。

综上所述，在经济衰退和美联储持续加息导致特斯拉股价持续下跌的形势下，马斯克的财务状况和股票质押风险较4月决定收购推特时已经发生了重大变化。马斯克也在6月底的卡塔尔经济论坛上表示：美国短期内发生衰退的“可能性很大”，这种经济形势使得特斯拉在未来3个月不得不削减10%的正式员工。或许，当马斯克冷静思考未来经济衰退可能给他带来的严重挑战时，他回想起了2008年金融危机给他带来的痛苦。为了避免重蹈覆辙，他不得不重新评估收购推特的交易。推特依然在马斯克心中占有重要地位，但目前不是收购推特的合适时机，至少不应该是440亿美元的价格。

四、推特的奋起反击

自从马斯克公开表示对推特虚假账户的质疑后，推特的股价已从4月最高的54美元跌至目前的约36美元，跌幅高达33%，市值蒸发超过130亿美元。马斯克如果继续按照协议约定的440亿美元收购推特将造成巨大损失。

而马斯克对推特虚假账户的指控将对推特未来的商业价值造成不可估量的伤害，其股价可能继续下跌。因此，马斯克10亿美元的反向分手费完全无法弥补推特及其股东的损失，推特起诉马斯克要求继续以440亿美元对其进行收购也就在情理之中。

这场法律大战可能有多种结果。如果双方选择和解，要么马斯克支付数十亿美元退出交易，要么双方通过谈判以更低的价格继续完成交易，这或许是马斯克最希望看到的结果。如果双方进行诉讼，则辩论的焦点在于推特的虚假账号是否已经构成“重大不利影响”（Material Adverse Effect，MAE）。

杜兰大学法学院副院长安·利普顿在接受路透社采访时表示：“马斯克证明推特构成重大不利影响有很高的门槛。马斯克必须在法庭上证明虚假账户的数量与推特披露的5%的水平相差巨大，将对推特未来的收益产生重大影响。”

而波士顿大学法学院教授布莱恩·奎因在接受《纽约时报》采访时表示：“马斯克的推文表明他在达成交易前就已经知道虚假账户的存在，他所有的推文都可能被推特律师用作对付他的证据。”

五、结语

不管最后谁能胜出，马斯克和推特都将面临一场旷日持久的法律大战。这桩世人瞩目的并购交易走到这一步，没有人是赢家。并购是门艺术，每一桩成功的并购交易背后都有着明确的并购战略、严谨的方案设计和充分的风险评估。如果仅凭一腔热血进行冲动收购，收购方很可能面临重大损失。若法院真的支持了推特的请求，要求马斯克继续履行收购协议，那马斯克真就陷入了“赔了夫人又折兵”的窘境。

本文写于2022年7月

收购完成并非终点：马斯克入主推特仍面临重大挑战

杨淇茗

2022 年 10 月 27 日，马斯克在长达数月的法律诉讼和口水战后终于完成了对推特的收购。马斯克入主推特后立刻进行大幅裁员，裁员比例超过 50%，并要求剩余员工未来必须接受长时间高强度的工作，否则只能离开。虽然马斯克希望通过开源节流的方式提升推特的利润，但我们认为马斯克仍面临四大风险：绝对言论自由影响广告收入、大股东与平台利益冲突、大量裁员导致公司陷入动荡以及企业文化冲突。

在经历了多轮口水战及诉讼之后，美国当地时间 2022 年 10 月 27 日，马斯克最终按照 440 亿美元的价格完成了对推特的大手笔收购。根据前文《虚假账户只是烟幕弹？深度揭秘马斯克终止收购推特的真实原因》的分析，马斯克要证明推特的虚假账户构成“重大不利影响”从而退出交易具有较高的难度。因此，这桩“世纪并购”的结局也在我们的意料之中。不过对于马斯克和推特来说，交易的完成并不是终点，他们的挑战才刚开始。

一、马斯克收购推特时间线

我们首先对马斯克收购推特的所有重要事件进行梳理(见表 1)。

表 1　马斯克收购推特重大事件

时间	事件
2022 年 3 月 14 日	马斯克首次收购推特 9.2% 的股份
2022 年 3 月 25 日	马斯克公开批评推特,并让粉丝投票表达是否相信推特遵守言论自由的原则
2022 年 4 月 10 日	推特 CEO 宣布马斯克拒绝了加入推特董事会的邀请
2022 年 4 月 14 日	马斯克宣布以每股 54.2 美元的价格收购推特,交易总价高达 440 亿美元
2022 年 4 月 25 日	推特董事会接受了马斯克的收购要约
2022 年 5 月 13 日	马斯克在推特宣布暂定交易,原因是需要更多资料证明推特的虚假账户数量低于 5%
2022 年 6 月 6 日	马斯克律师致函推特声称推特没有遵守规定提供有关虚假账户的数据,并威胁终止交易
2022 年 7 月 8 日	马斯克致函推特终止对推特的收购,而推特董事会主席表示董事会计划采取法律行动来执行该协议
2022 年 7 月 12 日	推特正式起诉马斯克
2022 年 8 月 6 日	马斯克邀请推特 CEO 进行关于推特虚假账户数量低于 5% 的公开辩论,并让粉丝投票选择是否相信该数据
2022 年 8 月 29 日	马斯克向推特发送了第二封终止收购函,新的终止函补充了推特前安全总监对推特进行举报的证据,指控推特在隐私、安全和内容审查方面存在严重漏洞
2022 年 10 月 4 日	马斯克宣布准备按照原先的价格履行和推特的交易,同时要求推特停止一切诉讼,但推特不同意停止诉讼。最终主审法官将原定于 10 月 17 日的庭审推迟至 10 月 28 日以后,届时马斯克仍未完成收购,新的庭审将于 11 月进行
2022 年 10 月 7 日	马斯克收购推特交易完成

回顾整个交易过程,我们发现马斯克前后经历了两次态度重大转变。第一次是在 2022 年 4 月份高调收购推特后,从 5 月份开始质疑推特的虚假账户数

量，进而两次发出终止收购函。我们在 7 月的文章中分析了“变脸”最可能的原因为特斯拉股价存在继续下跌的风险，三个预期因素 Q2 财报数据下滑、美联储持续加息、比特币持续下跌后来也全都应验。第二次“变脸”是在长达数月的法律诉讼和口水战后，马斯克在准备出庭的几天前突然决定继续收购推特。这显然不是马斯克突然良心发现想要再续前缘，而是马斯克的律师团队评估现有的证据难以从这桩交易中脱身，与其被法庭判决后强制执行丢人现眼，还不如主动含泪履约。

二、马斯克收购推特后面临的挑战和危机

既然不得不高价买下，那就尽快让推特创造估值匹配的利润。马斯克入主推特后立刻展现了他的铁腕：第一时间就解雇了 CEO、CFO、CMO、CLO，同时在短短的一周内裁掉 50% 的全职员工约 3800 人，以及 80% 的合同工约 4400 人。而初步“瘦身”后，马斯克又动了让剩余员工 996 的心思。11 月 16 日，马斯克给全体员工发了一封邮件，总结有几个关键词：极度硬核（extremely hardcore）、长时间高强度工作（working long hours at high intensity）、只要最优秀的表现（only exceptional performance）、不接受就滚蛋（there months of severance）。

在国内的互联网公司，以上几个关键词对从业人员来说或许已经司空见惯，但是硅谷的互联网公司并没有过如此内卷，否则也不会发生硅谷工程师仅用自己 1/5 的薪水就把自己所有工作外包给中国工程师的案例。可大家别忘了，马斯克可是降本大师，特斯拉在定价处于行业中游的情况下竟然把毛利做到了 30%，远超其他车企。因此，马斯克的大幅裁员计划和对员工“996 式洗脑”的核心是快速降低推特的成本，从而提升利润。除了节流，马斯克也采取了一系列的开源措施，包括计划陆续推出蓝 V 认证订阅服务、打赏服务以及支付服务等。

虽然马斯克希望通过开源节流的方式提升推特的利润，但我们认为马斯克仍面临以下四大风险：

1. 绝对言论自由影响广告收入。推特的 70% 收入来自广告，而全球的知名企业在选择广告投放平台时，也会很在意言该平台的价值观及政治理念正确。马斯克收购推特后打算将其打造成一个言论自由的平台，但西方特定的价值观

及政治正确是不允许真正言论自由的平台存在。例如，在俄乌战争中，西方主流的价值观是支持乌克兰反对俄罗斯，如果推特出现大量挺俄的言论而推特却不删除，那很有可能导致大量推特“金主”放弃在推特上投放广告。

2. 大股东与平台利益冲突。马斯克目前是特斯拉的第一大股东兼 CEO，同时是推特的唯一股东及 CEO，未来推特是否会禁止他人在平台发布对特斯拉不利的信息？同时，其他车企也将重新评估在推特上投放广告的风险。

3. 大量裁员导致企业陷入动荡。收购企业后直接裁员超过 50% 在全球的并购史上非常罕见，推特不仅内部的日常运营面临严重挑战，还将面临大量的劳动诉讼。推特的动荡也会让许多客户和商业伙伴暂缓同推特的合作。

4. 企业文化冲突。推特是硅谷最知名的互联网企业之一，企业文化较为温和及人性化，不仅每月有一天“休息日”，还允许员工远程办公。而马斯克控制的特斯拉及其他企业均属于制造业，对员工现场工作甚至加班有较高的要求。而在《硅谷钢铁侠：埃隆・马斯克的冒险人生》这本书中，我们也可以感受到马斯克本人在特斯拉和其他公司的强硬管理风格。因此，马斯克入主推特后直接复制特斯拉的管理模式，不仅取消了“休息日”，还取消了远程办公，要求全体员工每周至少要在公司办公 40 小时。但互联网和高科技制造业的商业模式有很大的不同，是否适用相同的管理方式仍有待观察。而且从根本上彻底改变一家有着深厚企业文化积淀的公司绝非易事，如果执行中过于简单粗暴，很有可能导致核心骨干愤然离职。

三、结语

马斯克收购推特注定是 2022 年全球最重要的事件之一。通过对整个交易的过程跟踪及分析，我们发现强如钢铁侠的马斯克也在并购中遭遇了多重危机与挑战。在未做好充分评估的情况下盲目启动并购、低估并购的交易风险以及并购后整合风险都可能让收购方陷入进图两难的境地。并购的成功率和失败率也基本遵循“二八法则”，如何让自己的并购更有可能成为那成功的 20%，值得每一位计划做并购交易的企业家认真思考。

本文写于 2022 年 11 月

霍乱时期的爱情：怡安保险集团以300亿美元收购韦莱韬悦

田雪雯

情深缘浅，“霍乱时期的爱情”最终没能成就佳话，但这轰动保险经纪业的并购案例背后的底层逻辑非常值得思考。

2020年3月正是全球新冠疫情暴发，市场动荡，全球经济受到重创的黑暗时刻，得知怡安收购韦莱韬悦的消息时，笔者脑海中突然浮现哥伦比亚作家加西亚·马尔克斯的小说《霍乱时期的爱情》。小说讲述的是在战争和疾病的灾难中男女主人公长达半个世纪的爱情故事。怡安和韦莱韬悦两大保险巨头在“动荡”和“灾难”中决定走到一起，共同面对保险行业发展中的一系列挑战。

一、交易概况

伦敦当地时间2020年3月9日，全球第二大保险经纪公司怡安保险集团（Aon plc，纽约证券交易所股票代码：AON）宣布，将以换股方式收购业内第三大公司韦莱韬悦

（Willis Towers Watson，纳斯达克股票代码：WLTW），相对于韦莱韬悦在2020年3月6日的收盘价有16.2%的溢价。此项交易价值近300亿美元，成为迄今为止全球保险行业最大的并购交易。

怡安是一家爱尔兰的上市公司，总部位于伦敦，并在纽约证券交易所上市，在120多个国家和地区开展业务。韦莱韬悦也是一家总部位于伦敦的爱尔兰公司，在美国纳斯达克上市，业务覆盖140多个国家和地区。两家公司都主要提供商业风险经纪、保险和再保险经纪，以及退休、健康和福利咨询与管理等服务。

作为全球第二大保险经纪公司，2019年，怡安总资产达294.05亿美元，总收入达110.13亿美元，同比增长2.3%，总收入的3年平均复合增长率为5.4%；净利润为15.32亿美元，同比增长34%，净利润的3年平均复合增长率为3.2%；净利润率为14%，4年平均净利润率为13%。业内第三大的韦莱韬悦，2019年总资产达354.26亿美元，实现总收入90.39亿美元，总收入的3年平均复合增长率为4.6%；净利润10.44亿美元，净利润3年平均复合增长率为35%；净利润率为12%，4年平均净利润率为8%。两大巨头的合并是强强联手，这将创造出市值接近800亿美元的保险业巨无霸，合并后的公司将超过保险业老大威达信集团（Marsh & McLennan Cos. Inc.），成为全球最大的保险经纪公司。（见图1至图4、表1）

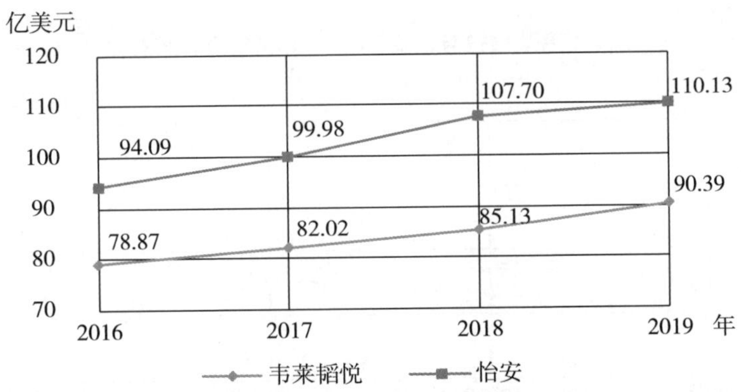

图1　韦莱韬悦与怡安2016～2019年总收入对比

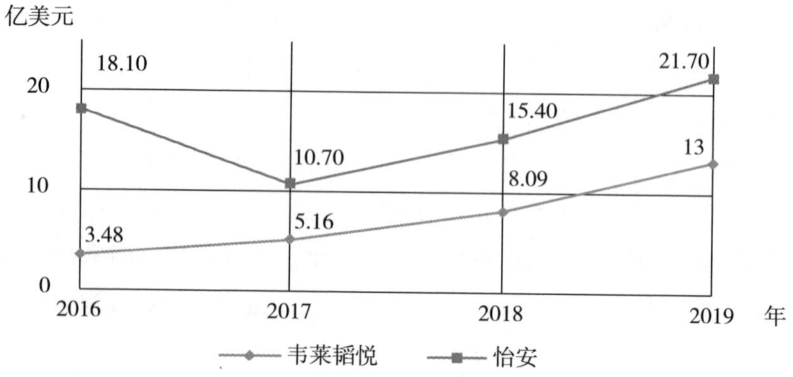

图 2　韦莱韬悦与怡安 2016～2019 年经营利润对比

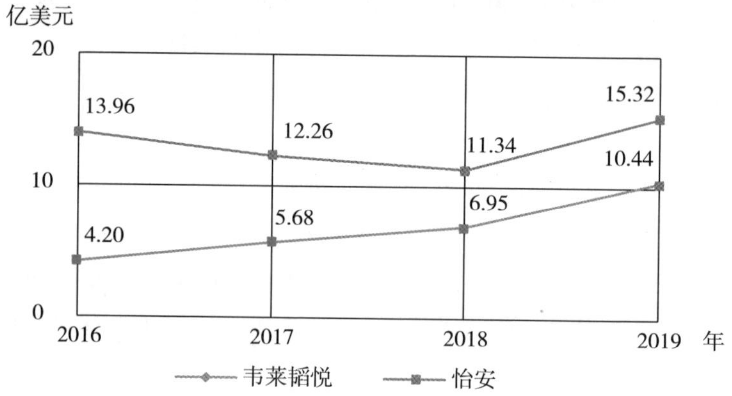

图 3　韦莱韬悦与怡安 2016～2019 年净利润对比

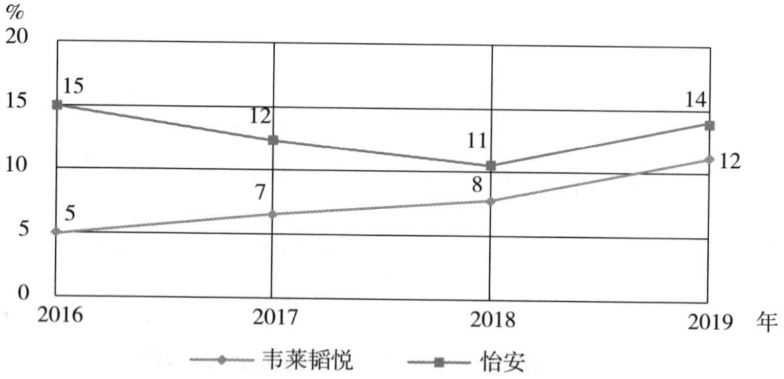

图 4　韦莱韬悦与怡安 2016～2019 年净利润率对比

表1　韦莱韬悦与怡安 2016～2019 年总资产与净资产对比

单位:亿美元

年份	总资产		净资产	
	韦莱韬悦	怡安	韦莱韬悦	怡安
2019	354.26	294.05	103.69	34.49
2018	323.85	264.22	99.71	42.19
2017	324.58	260.88	102.49	46.48
2016	302.53	266.15	101.83	55.32

二、怡安“小”而“强”

韦莱韬悦的总资产和净资产远高于怡安,但最终却被怡安收购,这恰恰是印证了企业“大”并不意味着“强”。很多老板希望通过并购扩张企业版图,认为并购是一条把企业做大做强的捷径,但事实上,并购带来的“大”并不能保证企业的“强”,反而轻资产重回报率往往能四两拨千斤。怡安的并购思路一直围绕着增强核心业务和提高投资资本回报率(ROIC)展开,在通过并购优化产品组合的同时在“断舍离”,不断剥离非核心资产和投资资本回报率较低的业务。对这一并购思路的坚持使怡安的投资资本回报率从 2010 年的 11.7% 不断提到 2019 年的 23.5%。怡安光是在 2015 年至 2019 年这 5 年间就有大大小小约 84 次非核心资产剥离。

相比韦莱韬悦,怡安的账面净资产小但市值更高,这也正是市场对怡安的“强”的认可。在比较成熟的资本市场中,上市公司的市值体现了公司的股权价值也可以说是净资产的市场价值,账面净资产价值自然不作数,因此高市值的怡安吞并低市值的韦莱韬悦便顺理成章。怡安的并购思路非常有借鉴意义,企业不能一味追求资产、版图或规模的扩张,增强核心业务竞争力,提高投资资本回报率,让企业变“强”才是王道。

三、“面子”不重要

合并后公司的名字依旧是“怡安”。可能很多老板会想,如果我的公司是行业老三，老二收购我，我肯定不会让自家品牌销声匿迹，虽然我是老三，但也是行业巨头，新公司没有自家品牌的位置岂不是很没面子。官方并未解释在给新公司命名时抛弃韦莱韬悦这个名字的原因。笔者推测，其中一个原因是按照怡安给出的换股比例，每一股韦莱韬悦股票换 1.08 股的怡安股票，韦莱韬悦总股票数远少于怡安现股票数，所以换股之后韦莱韬悦的股东持有的股份占到了新怡安集团的 37%，怡安股东的股份则占到约 63%。从这个股权结构的设计上可以看出，虽然这次并购是行业老二和老三的合并，但实际上也是大鱼吃小鱼，是对韦莱韬悦的友好收购，怡安自然有较高的话语权。

另一个更重要的原因可能是"Aon 怡安"这个名字可以追溯到 1987 年，历史更悠久。虽经历了一系列并购，但怡安这个名字一直保留着，是有高辨识度的老品牌。但韦莱韬悦这个名字则是在 2016 年才开始使用的，是由三家公司两次合并而来的。一个高辨识度、高用户忠诚度的品牌会比一个新品牌更有利于公司的发展，韦莱韬悦的管理层和股东能够放下"面子"，理性地判断利弊，不纠结在与企业发展不相关的事情上，这一点是值得许多中国企业家学习的。在中国的并购中，尤其是同行业并购中，标的企业的管理层和老板常常会对"面子"问题思虑再三，会考虑被收购后自己将从总裁变成副总，从老板变成打工人，会考虑企业被收购，说出去没面子等，而忽略什么才是对公司的发展真正有利的，最后错失发展的良机。

四、爱情背后的理性思考

这次并购可谓是一场"霍乱中的爱情"。它发生在整个保险业都面临威胁的时期——保险索赔不断增加，气候变化和网络安全问题给保险业带来了长期的挑战，而 2020 年，保险经纪商还要面对新冠疫情肆虐全球的新威胁。新冠疫情带来了猛烈的市场调整和巨大的市场不确定性，在市场上人人自危的灾难时刻，怡安宣布收购韦莱韬悦，这确实非常有趣。怡安首席执行官 Greg Case 认为巨大的市场波动和不确定性增加了客户对资产保护的需求，而这正是保险经纪公司该行动的时刻。

笔者认为除 Greg Case 提到的市场需求的增加这一角度外，还可以从估值和买方战略角度讨论这次并购的合理性。从估值的角度来说，疫情期间猛烈的市场调整可以降低资产溢价，正如2008年金融危机时，迫于对流动性的急切需求，大量优质资产不得不低价出售，各个受影响行业的平均估值被骤然压低。这些都有利于抗风险能力强并且运营稳定的大企业和资金充沛的私募基金进行收购活动，可以以较低的价格获得优质资产。从战略的角度来说，通过收购同行业竞争者，怡安可以进一步扩大规模，享受规模效应和协同效应带来的效率的进一步提高，削弱竞争威胁，通过并购一跃成为全球最大的保险经纪商。韦莱韬悦的加入还会弥补怡安的中小型商业业务的不足，给这一业务线带来更大的规模和更高的效率。怡安预计此次收购将在合并后第一年就增加怡安股东的每股收益，并且在第三年实现价值8亿美元的成本协同效应。怡安的并购历史较为悠久，比较擅长通过收购实现增长，怡安对韦莱韬悦的收购也是一个自然的发展。

对卖方韦莱韬悦来说，除了战略意义，可能怡安给出的具有吸引力的价格会是更重要的考虑。韦莱韬悦的股东每股将获得1.08股新怡安股票，相对于韦莱韬悦在2020年3月6日的收盘价有16.2%的溢价。新公司的董事会也将由怡安集团和韦莱韬悦的现任董事按比例组成。这次合并让韦莱韬悦的股东们赚到了钱，还让股东们一跃成为保险业老大的股东，着实不亏。其实，早在2019年怡安就公开表示考虑收购韦莱韬悦，韦莱韬悦对此已有充分的心理准备。这次合并从管理层角度来说是你情我愿的。

五、何为"分手费"/"反向分手费"

值得注意的是，如果交易失败，怡安承诺将向韦莱韬悦支付10亿美元"反向分手费"，而韦莱韬悦没有向怡安支付"分手费"的义务。

如果由于合同中指定事件或情况的发生而导致并购交易失败，则交易的一方同意向另一方支付一笔费用，这笔费用就是"分手费"或"反向分手费"。标的公司支付给买方的称为"分手费"(breakup fee)，买方支付给标的公司的叫作"反向分手费"(reverse breakup fee)，是一个性质。用"分手费"和"反向分手费"作为保护交易的工具在欧美国家的并购中非常常见，但对于很多国内企业家来说却比较陌生。

"反向分手费"是标的公司保护自己的工具。正如怡安和韦莱韬悦的案例，韦莱韬悦会考虑，因为这次收购是换股收购，万一怡安股东们不同意这次收购（宣布收购后股东们才投票表决）；万一监管机构以反垄断为由否决这次收购；万一收购失败，管理层信心受挫，出现重要管理人员离职的状况；万一怡安方面不迅速作为，一直拖延收购进程，没有在双方都同意的时间点完成收购；万一怡安只是借收购之名来窥探我司的内部情况或商业机密，并不是真心收购；等等。商场如战场，防人之心不可无，这些都是标的公司在并购中可能遇到的状况，要求一笔不菲的“分手费”自然也是对自己的一种保护。

这次并购是由怡安主导，友好收购韦莱韬悦。主动的一方肯定要拿出一些诚意来打动对方。除了诚意，怡安可能认为在这场博弈中自己的实力强于标的公司，而且没有别的买家出来竞争，韦莱韬悦已是行业第三大公司，敢和自己抢韦莱韬悦的也就只有老大威达信，但威达信在2019年刚刚完成了一次大规模并购，再加上反垄断问题，威达信就算想抢，也是有心无力。另外，韦莱韬悦的股东拒绝收购提议的概率很小，毕竟这是双赢的交易而且价格给得非常好。还有就是韦莱韬悦的管理层很欢迎这次收购，积极配合。所以，怡安推测支付“分手费”的概率并不大，因此可以大方给承诺。对怡安来说因反垄断的监管而导致交易失败并支付“分手费”的风险是目前最大的。

不管怎么说，怡安在“分手费”上做出了让步，承担了失败的风险，这足以体现怡安对收购韦莱韬悦的渴望。值得注意的是，并购中，一方如果透露出这种渴望，那就增强了另一方的话语权，很有可能在谈判中使自己陷入被动，所以保持“扑克脸”才是上策。“分手费”和“反向分手费”可以作为一张功能牌在并购的谈判中灵活使用，要积极争取，但也要学会放手，舍与得之间是一场博弈的艺术。

六、交易风险

尽管怡安和韦莱韬悦的管理层对这次并购充满信心，但这次交易却遭到了监管部门的反垄断调查。两家公司都是在商业风险经纪服务、保险和再保险经纪服务，以及为商业客户提供退休金、健康与福利服务方面领先的公司，他们的合并势必会引来对市场竞争强度的担忧。尤其是向大型跨国客户提供商业经纪业务这一板块，两家的合并可能会减少这一市场的有效竞争。因为跨国客户依赖于具有高度专业知识和全球触角的经纪公司，这类经纪公司的数量并不多，而怡安和韦莱韬悦又是在这一领域的龙头企业。同时，欧盟委员会还会进一步调查怡安和韦莱韬悦的重叠市场，来决定两者的合并是否会对市场有效竞争造成重大影响。

七、历史会不会重演

2019年，保险巨头威达信集团收购排名前十的经纪公司怡和劳埃德汤普森集团（Jardine Lloyd Thompson Group），为解决欧盟委员会提出的竞争担忧，威达信不得不忍痛割爱，将其全球航空保险经纪业务出售给竞争对手——全球四大保险经纪公司之一的AJG（Arthur J. Gallagher & Co.）。威达信和怡和劳埃德汤普森合并后，保险业整合加剧，客户的市场选择被大大压缩，而一年后的怡安收购韦莱韬悦更是对客户市场选择的进一步压缩。新怡安很有可能也要忍痛割爱，分拆部分部门。市场上已有很多关于新怡安会出售哪些部门以及谁会是潜在买家的猜测，如果怡安真的被迫分拆部门，这或将引发保险行业的一系列新并购。

对保险客户来说，巨头的合并使他们的选择被压缩，一些客户可能会出于多样化的考虑更换他们的保险经纪商，转而与前三大经纪商以外的经纪商合作，短期内新怡安可能会因此流失一部分收入，而这对前三大经纪商以外的经纪商来说是一个难得的机会。毫无疑问，这次合并对保险业的影响是巨大的、长久的。

八、宣布并购后，两家公司的股票交易表现

2020年3月9日，并购宣布时正值美国股市受疫情影响，整体下挫，怡安股票在并购消息的刺激下短暂上涨，而后下跌，最后收跌16.7%（见图5）。但如果我们排除市场下行对怡安股票的影响，假设怡安的贝塔系数为0.95，那么这一日跌幅为9.1%。这表现了市场对怡安这次收购行为的担忧。当一个强公司收购市场表现欠佳的弱公司，投资者会考虑收购的风险，尤其是在疫情恶化的时期，投资者信心不足，更会怀疑这次收购是否真的可以给怡安的股东们带来更多的收益和预期的协同效应；另外可能是市场认为怡安高估了韦莱韬悦的价

值,在收购时出价过高。在之后的近一年里,怡安的股价一直在 179 ~ 215 美元这个区间震荡,并没有明显的上升或下降的趋势,表现跑输大盘,这也印证了市场对这次收购的担忧确实存在,投资者对这次收购持冷静观望的态度,这种态度可能要持续到并购接近尾声,结局变得更明朗的时候。

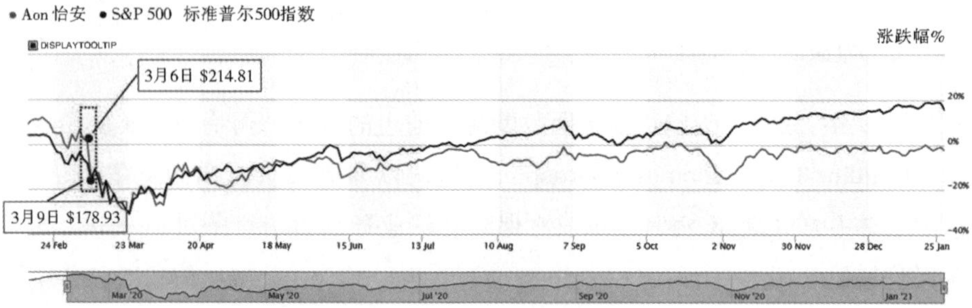

图 5　怡安股价趋势

韦莱韬悦在并购宣布后大幅上涨而后回调,最后收跌 7.5%。排除市场下行这一影响因素后,韦莱韬悦在这一日的涨幅为 0.1%(见图 6)。正如前面提到的,投资者整体信心不足是主要的市场情绪。韦莱韬悦的股价并没有因收购这一利好消息暴涨,之后一年的股价也依旧徘徊不前,可见市场对并购风险的重视程度之深。

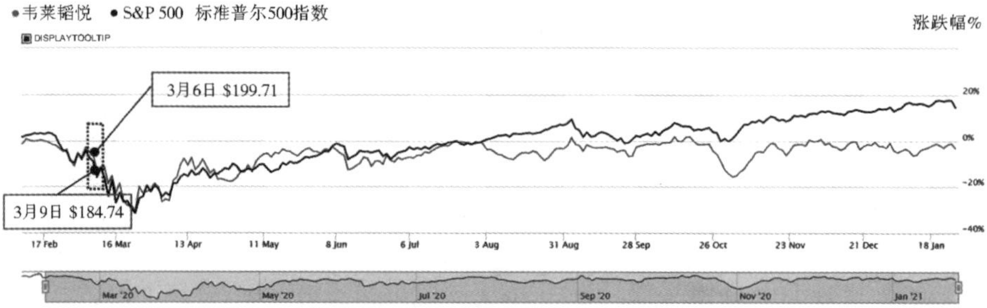

图 6　韦莱韬悦股价趋势

九、担心的事情还是发生了

并购交易原本计划于 2021 年上半年完成。但就在所有人等待结局的来临时,2021 年 6 月 16 日,美国司法部在华盛顿联邦法院就该交易提起反垄断诉讼。理由是该并购交易将在大型企业财险经纪、大机构客户健康福利经纪、大型企业固定福利养老金计划精算服务、再保险经纪等行业领域消除竞争，导致依赖怡安和韦莱韬悦服务的美国企业、雇主和工会不得不面临价格上涨、服务下降和创新减少的不利局面。

美国司法部长 Merrick B. Garland 说："司法部致力于阻止有害的合并，保护直接和间接有利于公众的竞争。美国公司和消费者依赖怡安和韦莱韬悦之间的竞争，这样人们才能够以更低的价格，获得医疗和退休福利咨询等关键服务。但两家公司的合并将减少这一关键竞争，让美国客户陷入选择更少、价格更高、质量更低的境地。"两家的合并交易违反了《克莱顿法案》第 7 条的规定：如果公司之间相互持有股票会明显降低竞争程度，则被判定违法。

美国司法部的起诉无疑让这对"苦命鸳鸯"雪上加霜。因为早在 2021 年 5 月，两家就为了能过欧盟委员会那关忍痛"割肉"：将 Willis Re 和其他资产以约 36 亿美元的价格出售给竞争对手 AJG；将怡安在德国的退休和投资业务剥离，并计划将其在美国的退休业务出售给私人投资公司 Aquiline；将 Retiree Health Exchange 个人健康保险业务出售给位于伊利诺伊州的数字服务公司 Alight，总金额约 14 亿美元。

本以为满足了欧盟的反垄断要求之后，其他国家的审查会顺利许多，没想到等来的却是美国司法部的诉讼，而这意味着两家的合并之路很可能就此终结。

最终，仅仅一个月之后，怡安和韦莱韬悦不得不宣布，终止 300 亿美元的并购协议。2021 年 7 月，这起震动全球的保险经纪并购大案以失败告终，怡安和韦莱韬悦没能终成眷属。针对此次交易的终止，怡安将向韦莱韬悦支付 10 亿美元的"反向分手费"，"赔了夫人又折兵"。

近年来，美国司法部针对苹果、谷歌、亚马逊、Meta 等科技巨头的垄断诉讼络绎不绝，怡安 - 韦莱韬悦并购案的折戟，也让大家看到美国对垄断的监管越来越严格，并且这种严格并不局限于科技行业。未来各行业中龙头之间的并购将变得越来越困难，而各国的反垄断调查也将成为并购的最大挑战，与反垄断相关的法律风险不容忽视。

本文写于 2021 年 3 月，2022 年 5 月修改

念念不忘，终有回响：亚德诺半导体 210 亿美元收购美信

ADI 的收购策略以及交易架构的背后都体现了与公司战略紧密相连的深层次的思考，ADI 收购 MXIM 是一场历经等待、蓄谋已久的美丽邂逅。

田雪雯

许多人将这次并购定义为美信（MXIM）与亚德诺半导体（ADI）的"抱团取暖"。笔者觉得，美信或许有抱团取暖的意思，而 ADI 却不像是在动荡中匆匆抱团，更像是历经年岁终于等到了那个曾经求而不得的人，正所谓念念不忘，必有回响。

一、交易概况

2020 年 7 月 13 日，模拟半导体集成电路（模拟 IC）行业全球第二的亚德诺半导体技术有限公司（Analog Devices, Inc.，纳斯达克股票代码：ADI）和排名第七的美信集成产品公司（Maxim Integrated Products, Inc.，纳斯达克股

票代码:MXIM)宣布双方已达成最终协议,ADI 将以全股交易的方式收购美信。合并后公司总市值超过 680 亿美元,近年来一直十分活跃的半导体行业进一步整合。

电子线路中的信号分为两类:模拟信号(见图 1)和数字信号(见图 2)。

图 1　模拟信号

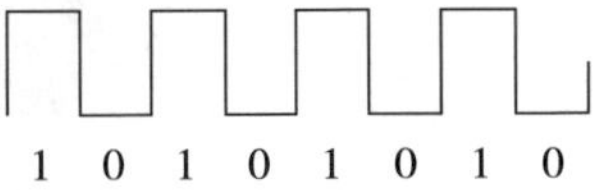

图 2　数字信号

根据处理的信号的不同,半导体产品可以粗略分为三类:

(1)数字设备,主要在数字领域工作,例如存储器和微处理器;(2)线性设备,主要在模拟领域工作,例如放大器、模拟开关和多路复用器;(3)混合信号设备,例如在同一集成电路上结合了线性和数字功能的数据转换器。(2)与(3)常被合起来称为模拟市场。

ADI 成立于 1965 年,是美国著名模拟半导体产品生产商,设计、生产和销售高性能模拟集成电路(IC)和模拟、混合信号和数字信号处理技术。ADI 的产品被广泛应用在工业、通信、汽车、消费电子等领域。ADI 在全球约有 15,900 名雇员,服务超过 125,000 家客户,是全球最具创新力 100 强企业之一,也是一家财富 500 强公司和纳斯达克上市公司。ADI 总部设在美国马萨诸塞州诺伍德市。

ADI 主要面向模拟市场,以面向企业的业务为主。2020 财务年度中,ADI 面向企业的业务占总营收的 89%,终端市场集中在工业、通信和汽车业,面向个人用户的业务仅占 11%,终端市场是消费电子(见图 3)。ADI 的产品种类非常多,主要包括数据转换器、放大器和线性产品、射频(RF)集成电路、电源管理产品、传感器以及信号处理产品等。其产品应用非常广泛,如示波器、防御和航空航天中使用的太空和卫星通信系统、安防系统、导航系统、电动汽车充电基础设施、风力发电机、太阳能逆变器、楼宇控制和自动化系统、超声系统、X 射线系统、麻醉设备等。

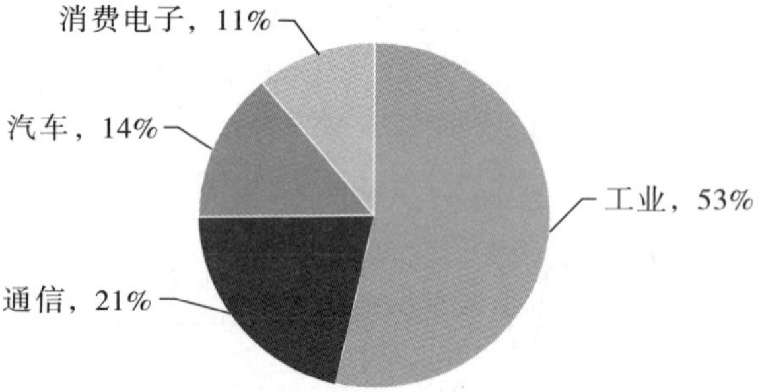

图 3　2020 财年 ADI 营收结构

美信成立于 1983 年，作为 ADI 的竞争对手之一，美信也是设计、制造、销售模拟和混合信号半导体产品的公司，美信的产品被广泛应用于工业、汽车、通信和数据中心、消费电子等领域（见表 1）。美信超过 50% 的收入来自工业和汽车市场（见图 4）。公司拥有约 7040 名员工，总部位于美国加利福尼亚的圣何塞。

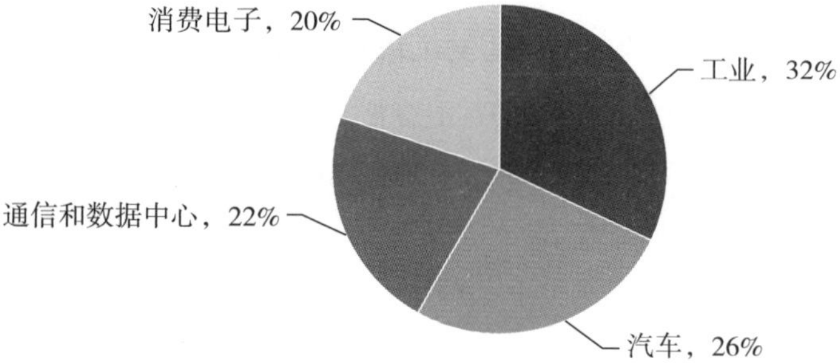

图 4　2020 财年美信营收结构

表 1　美信产品应用

类别	内容
工业	工业自动化、自动检测设备、气体探测器、仪表、配电自动化、电能和质量仪表、微电网、储能系统、楼宇自动化、门禁控制和安全、压力传感器、温度传感器、无人机、电动工具、医疗监测设备、医疗成像设备等
汽车	车身电子与照明、电源管理、电动汽车动力系统、摄像、雷达系统、信息娱乐显示系统、泊车辅助、驾驶员监控系统等
通信和数据中心	网卡、无线通信设备、模块式数据中心服务器、桌面企业服务器、数据储存、机架式企业服务器、磁盘阵列卡等

续表

类别	内容
消费电子	智能家居、智能手机、运动摄像机、平板电脑等

资料来源：美信官网，广慧并购研究院整理。

ADI 总资产和净资产都远远大于美信，大鱼吃小鱼，无可厚非（见表 2、图 5 至图 11，数据来源为美信及 ADI 官网，广慧并购研究院整理）。在收购完成时，美信股东每股可以获得 0.63 股 ADI 股票，根据这个设计，合并后美信股东占新公司股权的 31%，ADI 股东占 69%。根据两家官宣前一交易日的股价，美信可享受约 22% 的溢价，价格方面很有诚意。此次交易的价值约为 210 亿美元，合并后新 ADI 的总市值超过 680 亿美元，这更加巩固了 ADI 行业第二的地位，同时，大大缩短了与江湖老大德州仪器（Texas Instrument）的差距。德州仪器当时的市值约为 1210 亿美元。

表 2　2015～2020 年美信与 ADI 的总资产和净资产对比

单位：百万美元

年份	美信		ADI	
	总资产	净资产	总资产	净资产
2020	3629	1657	21,469	11,998
2019	3744	1845	21,393	11,709
2018	4452	1931	20,438	11,268
2017	4570	2203	21,141	10,162
2016	4235	2108	7970	5166
2015	4216	2290	7059	5073

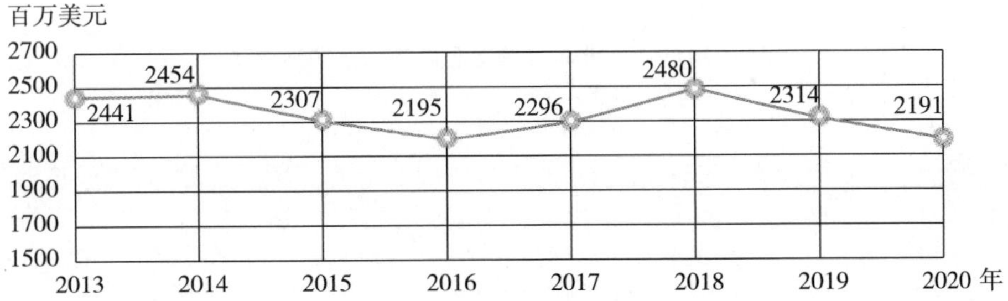

图 5　2013～2020 年美信总收入

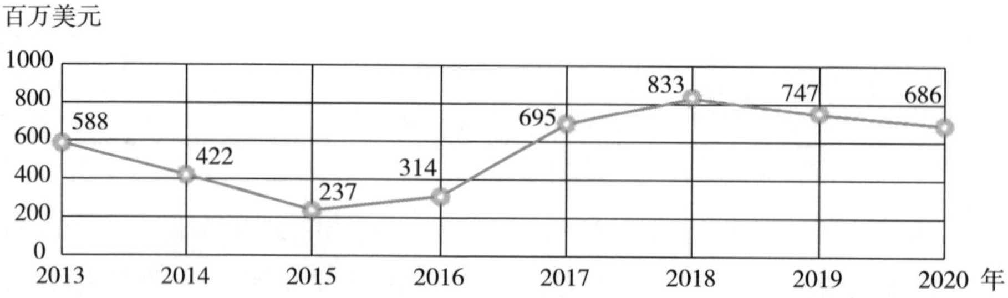

图 6　2013～2020 年美信经营利润

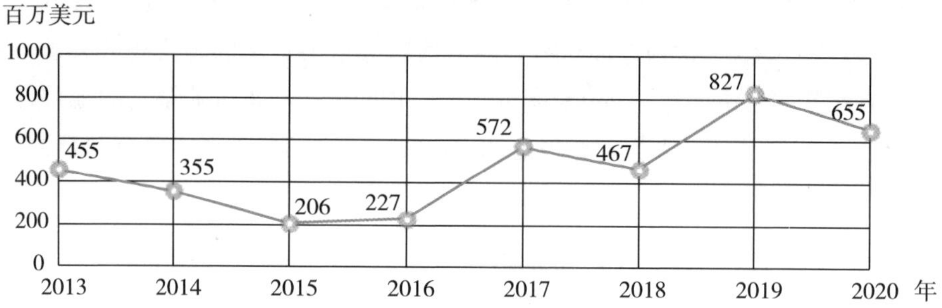

图 7　2013～2020 年美信净利润

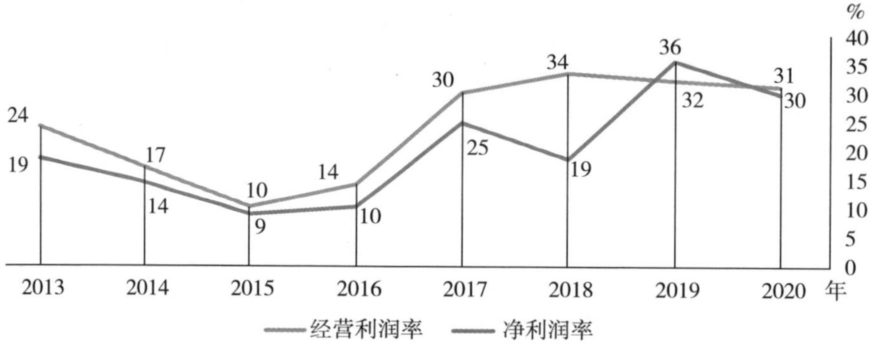

图 8　2013～2020 年美信净利润率和经营利润率

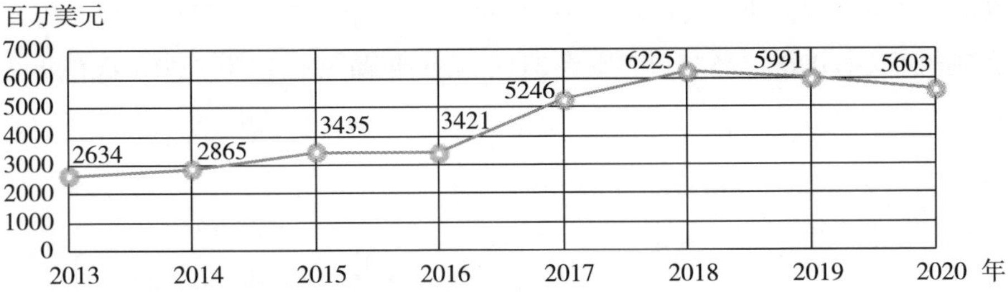

图 9　2013～2020 年 ADI 总收入

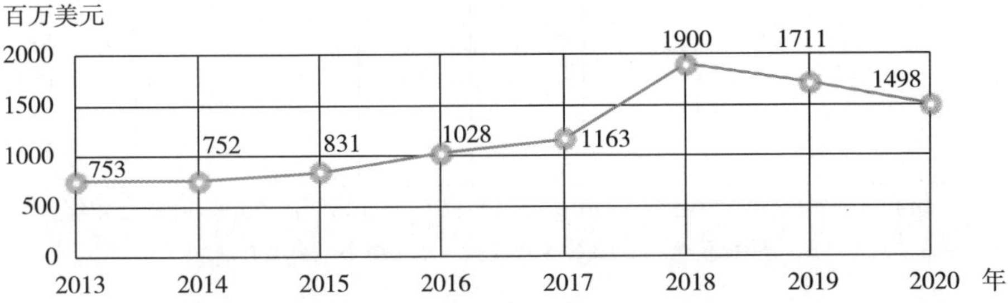

图 10　2013～2020 年 ADI 经营利润

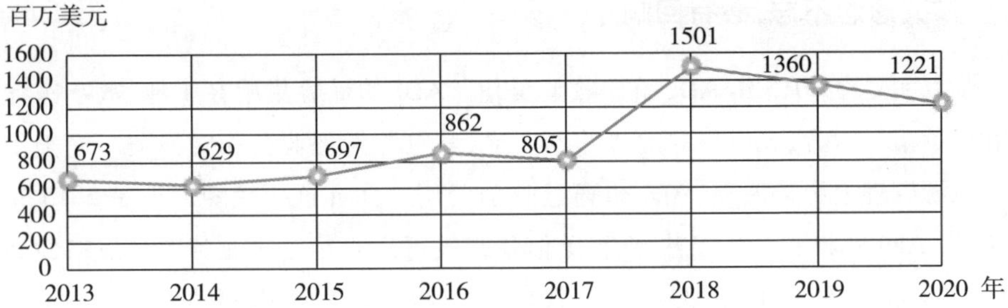

图 11　2013～2020 年 ADI 净利润

受宏观经济和行业的影响，近两年两家的总营收都有所下降，尤其是 2020 年，在新冠疫情的冲击下市场对模拟半导体的需求进一步放缓。但在困难的市场行情下，两家都表现出了不错的成本管理能力，尤其是 ADI。2020 年 ADI 经营利润率为 27%，但如果我们分拆 ADI 的费用，剔除那些收购、重组等与正常经营业务无关的费用后再看经营利润率，会发现其调整后的经营利润率高达 40%，领先全行业（见图 12）。调整后的经营利润率比财报的经营利润率能更好地反映公司主营业务的盈利能力，因此也更具有参考性。美信的成本管理表现也不差，2020 年经营利润率为 31%，而五年前只有 10%。ADI 这些年一直力求维持高盈利能力和探索盈利能力的进一步提升，美信的加入或成为新契机。

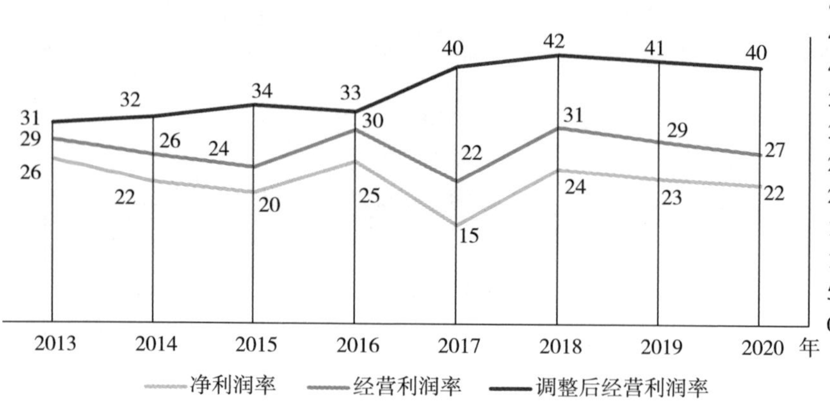

图 12　2013～2020 年 ADI 净利润率、经营利润率和调整后经营利润率

二、念念不忘，必有回响

其实早在 2015 年 ADI 就想收购美信。ADI 的优势集中在工业、数字医疗和通信市场，在汽车市场的优势并不明显，其电源管理业务相对薄弱。而美信在电源管理上优势明显，ADI 想通过收购美信来弥补这一短板。于是 2015 年 10 月，ADI 就收购一事接触美信，美信找来投行高盛对公司业务进行战略性回顾，并开始考虑 ADI 的收购意向。就在这时，行业老大德州仪器坐不住了，也表达了收购美信的想法，与 ADI 争夺美信。两大买家的竞争势必让美信在谈判中占据优势地位，美信因此开出了很高的价格。据知情人士透露，美信本没有卖身的打算，但如果买方可以给出有吸引力的价格，美信也会考虑，据说，美信狮子大开口，索要超过当时市值（2016 年 1 月 8 日）100 多亿美元的溢价。ADI 和德州仪器分别与美信进行了多番商谈，但最终谁也没能和美信在价格上达成共识，两位买家只好带着遗憾悄然离场。

ADI 求美信而不得，只好转而收购了另一家知名电源管理芯片厂商凌力尔特（Linear）。2017 年 ADI 以 148 亿美元的价格收购凌力尔特，以子品牌“Power by Linear”将凌力尔特整合到 ADI 中。

但对于 ADI 来说,美信依然是“白月光”。美信的电源管理产品线和(整合凌力尔特后的)ADI 现有的电源管理产品线有所不同,根据 ADI 对这次收购的合理性的阐述,ADI 的电源管理产品多面向广泛市场,而美信则有更多的聚焦特殊应用的电源管理产品,与 ADI 互补。即使在疫情暴发,全球需求疲软,全球汽车产量下降,其他细分市场如消费、工业等增长下滑的糟糕情况下,美信的电源管理业务依旧表现不凡。

除了优秀的电源管理业务,ADI 对美信的青睐还来自另外 3 个方面:一是美信有扎实的全球布局,亚洲在其收入来源中占比较大,能帮助 ADI 更好地分散区域性风险(见图 13、图 14)。尤其是在疫情期间,美信在中国的业务恢复迅速,多多少少弥补了公司在其余地区的损失。二是相比于 ADI,美信在汽车市场的渗透更加深入,2020 年度美信有 26% 的收入来自汽车市场,ADI 为 14%,美信的加入可以增强 ADI 在汽车市场的表现,使 ADI 的收入分布更加均衡。三是美信有数据中心业务,可以为企业客户提供数据储存、数据中心服务器、桌面企业服务器等解决方案,这进一步了丰富 ADI 的产品组合。

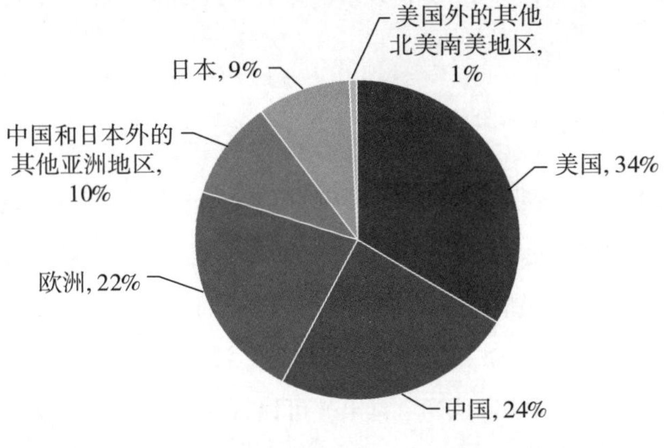

图 13　2020 财年 ADI 收入的地域分布

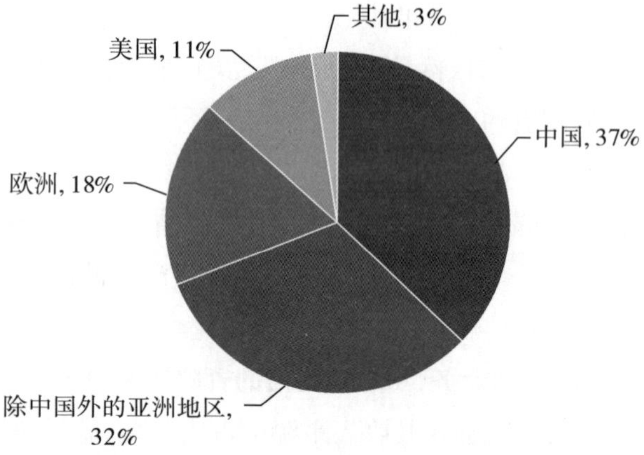

图 14　2020 财年美信收入的地域分布

美信同意 ADI 的收购，或许是“抱团取暖”的考量，但对于 ADI 来说，这并非动荡中的匆匆抱团。美信一直是 ADI 在弥补电源管理短板的道路上那个求而不得的人，2015 年的擦肩而过并未让 ADI 忘记美信，终于，ADI 在 2020 年得偿所愿。而 2020 年的美信已不是 5 年前的美信，它更加符合 ADI 的战略需要，客户集中度更低，财务表现也比原来更优秀，ADI 等来的是一个比 5 年前更好的美信。

三、ADI 的执着是一种智慧

ADI 对美信的执着很有启发性，那就是公司不仅需要有发现优质标的的能力，还应该拥有对优质标的长期追踪的能力，不能因一时收购不成而气馁或结怨，而应在观察标的发展情况的同时等待合适的时机，时间也是检验标的真实能力的一种途径。对以前被排除的标的也要关注，以前不好不代表未来不好。五年里美信越来越好，这“回头草”的味道可以说是很不错的。除对标的的追踪外，公司还应该保持对其竞争者的长期追踪和深度分析。很多企业，尤其是头部企业，往往会只盯着比自己好的，或是和自己差不多的公司，不会去研究不如自己的小公司，这种自大很容易一叶障目。有些小公司往往是填补了大企业市场或技术上的空白，才得以在竞争中生存下来的，通过对这些企业的追踪和关注，很可能就会发现新的市场、新的机遇。

四、该交易预计带来的财务影响

ADI 和美信都是业内一流的技术创新企业，合并将进一步强化公司在专业领域的知识和工程技术能力，尤其是在汽车和数据中心赛道。合并后的公司将覆盖5 万多种产品，服务超过 12 万 5 千家客户。两家合并后还将形成强大的人才库和科研引擎，公司将拥有超过 10,000 名工程师，近 15 亿美元的年度研发投资能力。

在收益增长和成本方面，合并预计使公司的总收入增长至 82 亿美元(2020 年 ADI 收入为 56 亿美元)，这意味着 ADI 在不到 10 年的时间里总收入翻了 3 倍，2010 年 ADI 的总收入只有 28 亿美元。合并还将带来可观的成本协同效应，降低运营支出和销货成本，逐步实现 70% 的毛利润率和 40% 的经营利润率。新公司预计在交易结束后 18 个月内，逐步提升调整后的每股收益，到第二年年底，成本协同产生的效益可达 2.75 亿美元。交易结束后第三年年底，通过制造流程的优化，和第二阶段的生产协同效应的产生，有望创造更大的价值。

在财务实力和现金流能力方面，ADI 预计合并后公司能有更强劲的资产负债表现，预估净杠杆率可降低至 1.2，同时预计在交易结束时提升自由现金流 27 亿美元，为股东带来更多回报。

五、ADI 收购美信为什么用股不用债(现金)？

100% 换股收购并不是新鲜事，但对近几年的半导体行业来说，确实有些小众。瑞信银行(Credit Suisse)研究部的管理总监、全球科技战略与全球技术部门主管 John William Pitzer 称，在近几年的半导体行业的并购中，绝大多数选择贷款(现金)作为交易媒介，平均来看，使用贷款(现金)的约占 9 成，使用股票的只占 1 成(见表 3)。ADI 宣布全股收购，这非常有趣。

表 3　2015～2020 年半导体十大并购案例汇总

年份	买方	标的	交易价值/亿美元	收购方式
2020	英伟达	ARM	400	股+现金
2015	安华	博通	370	股+现金

续表

年份	买方	标的	交易价值/亿美元	收购方式
2020	AMD	Xilinx	350	全股
2016	日本软银	ARM	320	现金
2020	ADI	美信	210	全股
2015	西部数据	闪迪	190	股+现金
2018	博通	CA	189	现金
2018	贝恩资本	东芝存储	180	现金
2015	恩智浦	飞思卡尔	167	股+现金
2015	英特尔	Altera	167	现金

从理论上来说，使用股票进行收购会释放负面信号，市场会认为公司的价值已经被高估，因而看跌公司股票，给股东造成损失。公司的价值被市场低估，就好比市场给你的钻石定了玻璃的价格，正常情况下，谁都不会选择此时去用手里的钻石换标的，肯定是要等市场意识到你是钻石而不是玻璃后，再去换标的，或者用贷款（现金）直接买标的。

反之，如果公司的价值处于被市场高估的时期，此时用钻石，也就是股票去换标的就非常划算。当然，市场不会知道公司是否被高估或低估，因为投资人们并没有直接参与公司的运营，对公司的真实情况并不了解；管理层了解公司的真实情况，可出于自身利益，也不会告诉市场公司到底值不值现在的市场价。这种信息的不对等促使投资人或股东试图从管理层的决定中解析出关于公司真实情况的信息。当管理层选择股票作为交易媒介时，投资人会认为这可能是公司价值已被高估的信号，因此使用股票进行收购往往会产生负面的信号效应（signal effect），给公司股价带来不利影响。

选择换股收购就要承担股价下挫的风险，如果收购前公司的价值已经处于被市场低估的状态，那选择换股就会对股价更加不利，相比之下，贷款（现金）收购会更合理。

疫情是一次市场的大清洗，不好的公司会被淘汰，优质公司会存活下来，但股价则普遍被低估。ADI作为优质公司，管理层有理由认为自家股价已经被低估,仍然使用换股收购,股价有可能进一步下挫,再加上半导体行业几乎清一色采用贷款(现金)收购,ADI 决定换股似乎不太符合常理。但实际上,这是 ADI 和美信深思熟虑后的共同选择。

首先,现阶段的市场波动和估值偏离是由疫情引起,波及的是整个市场而不是某个公司,被低估的不仅是 ADI,可能还有标的美信。学者们对信号效应的研究大都基于正常市场状态,在疫情这种特殊情况下,信号效应是否还会起作用,我们不得而知。其次,疫情肆虐下,整个行业的运营都受到严重影响,如果采用贷款(现金)收购,该给标的估什么价呢?按历史表现估值,显然不合理,按现在的表现,又是非常态,谁也不知道疫情要持续多久,给公司带来的影响究竟会有多大,定出具体的、合理的现金价格显然对双方来说都是难题。因此,选择换股收购,不失为一个方便的折中之法,让两家能更快达成共识,既可以给标的股东带来股票价值的上涨,还可以让他们拥有分享新 ADI 的上升空间的机会,同时,让标的股东一跃成为行业老二的股东。除此之外,换股还调整了新 ADI 的资本结构,降低了杠杆比率,带来更健康的资产负债状态。因此,换股在这个非常时期是一个不错的选择。可见,并购的各个细节都要经过周密考虑,在非常时期,并购双方应该对细节灵活处理,审时度势,不墨守成规。

六、宣布合并后两家的股票交易表现

宣布合并后 ADI 的股价当日下跌 5.82%,跌至 117.25 美元。这一市场反应可能由于两方面的原因。一是投资者可能认为 ADI 出价过高,根据 1∶0.63 的换股比例来计算,美信股东将获得新公司 31% 的股权,美信 2020 年的总收入为 22 亿美元,按这个收入水平,美信对新公司总收入的贡献率只有 27% 左右,而且美信的成本管理能力不如 ADI,投资者担心美信给 ADI 带来的收益增长和成本协同效应可能会低于预期,给美信股东的溢价过高。二是很多投资人对 ADI 所说的美信的数据中心业务会带来更多机会这一收购理由并不买账,美信的数据中心业务目前并没有挤进这一赛道的头部名单,他们认为 ADI 所预期的营收增长和协同效应应打些折扣,那么收购价格也该打些折扣。

面对这些市场担忧,ADI 的首席执行官 Vincent T. Roche 和首席财务官

Prashanth Mahendra – Rajah 在电话会议中做出了回应，强调收购美信不仅要看短期回报，更要看长期的发展。两家合并后带来的技术产能会打造更加完善的产品组合，带来更多的机遇，ADI 看中的是 5 年甚至更久之后的发展。

就这一年的股票交易表现来看，ADI 的股价稳步上升，跑赢了大盘（标准普尔 500 指数）。看来，即使市场对收购美信有所担忧，也依然对 ADI 的未来充满信心。

美信的股价在官宣后应声上涨 13%，当日累计收涨 8.11%，涨至 69.29 美元。美信的股东得到了切实的利益，之后近一年的股票交易表现远优于大盘（标准普尔 500 指数），这可以体现出市场的信心，目前来说，投资人是看好 ADI 与美信的结合的。

七、是终点也是起点

双方预计在 2021 年夏完成收购交易。2021 年 4 月 1 日，ADI 与美信的合并无条件获得了欧盟的反垄断许可；8 月 23 日，ADI 和美信终于获得了中国国家市场监督管理总局的反垄断许可。这段爱情长跑胜利在望。

终于，2021 年 8 月 26 日 ADI 宣布完成对美信的收购。

ADI 总裁兼首席执行官 Vincent Roche 表示："今天对于 ADI 来说是一个意义重大的里程碑，我非常高兴并欢迎美信团队的加入，他们与我们一样致力于解决客户最复杂的技术问题。凭借 1 万余名工程人才和覆盖更广更深的领先技术，我们能够为我们的客户提供更完备、更前沿的解决方案。我们将共同推动下一波模拟半导体领域的创新浪潮，为人类社会构建一个更健康、更安全、更具可持续发展前景的未来。"

美信前总裁兼首席执行官 Tunç Doluca 和 Avago Technologies 前创始执行官 Mercedes Johnson 将加入 ADI 董事会。（Doluca 和 Johnson 在交易完成前一直任职于美信董事会。）

交易完成是两家交易阶段的终点，也是下一重要阶段——整合执行阶段的起点。整合执行是实现并购目标的关键，这一过程是并购中耗时最长、也是最具挑战性的阶段。据 ADI 的整合时间表，在交易完成后的 24 个月内，ADI 计划落实 2.75 亿美元的成本协同目标。

ADI 收购美信标志着半导体行业的并购浪潮从疫情中复苏，未来几年，半导体行业并购的大潮会依然汹涌澎湃。大浪淘沙，谁是金子谁是沙子，时间终会给我们答案。

本文写于 2021 年 4 月

恶意收购下的攻守之道：威立雅—苏伊士并购案

商场如战场，深度复盘一场旷日持久、精彩绝伦、让人直呼过瘾的经典恶意收购战始末。在这场恶意收购中，对战的双方各出奇招，他们的博弈和攻防之道非常耐人寻味，非常值得企业家们深入研究和思考。

田雪雯

恶意收购不是不能做，只是太难做，其中的道理浅显易懂，既然是“强扭的瓜”，就要承担“不甜”的风险。且不说收购后的整合问题，光是完成收购本身就要耗费巨大的精力和财力。如同一场战役，即使其中一方实力雄厚，真打起仗来，没有哪一方能毫发无损。就更别提买方和标的公司实力相当的情况了，发起恶意收购简直是高危行动。

近日威立雅—苏伊士恶意并购案落下帷幕，他们之间艰苦卓绝的攻防战就是很好的例子。两位巨头势均力敌，恶意收购战旷日持久。但在看热闹之余，细品两家在恶意收购中的各种招式策略，可以说是精彩纷呈。希望这篇案例分析能够呈现两家在恶意收购下的攻守之道，让想要进行恶意收购的企业家们意识到这条路的艰难，并能三思而后行，也为面临恶意收购的标的公司提供一些应对之法。

法国威立雅环境集团（Veolia Environment S. A.，欧洲证券交易所股票代码：VIE）创立于1853年，是世界领先的环境服务集团，也是全球私有水务巨头。主营业务集中在水务、废弃物管理和能源管理三大环境服务和可持续发展领域，为各国政府机构、地方机关集团、工业企业和城市提供全面高效的解决方案和服务。威立雅在全球拥有11个研发中心，为100多个国家提供服务（见图1）。

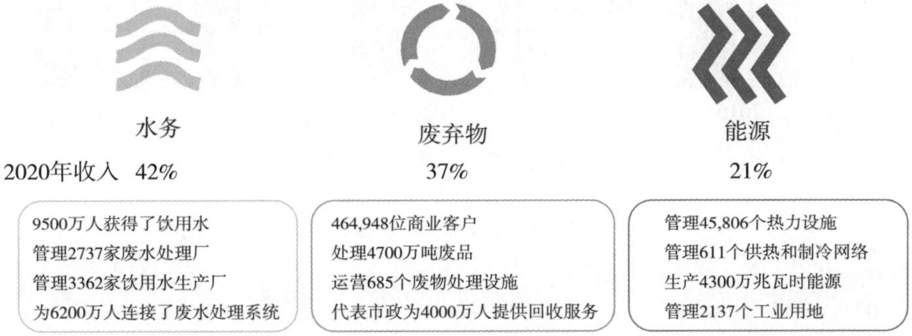

图1 威立雅环境集团业务版块

苏伊士环境集团（Suez Environnement，欧洲证券交易所股票代码：SEV）同样是水务与固体废弃物环保领域的世界龙头，公司始建于1880年，总部位于法国，主要业务有水务、固体废弃物以及环境科技和解决方案三大板块，业务遍布全球130多个国家（见图2）。威立雅环境集团与苏伊士环境集团财务数据对比见图3至图7。

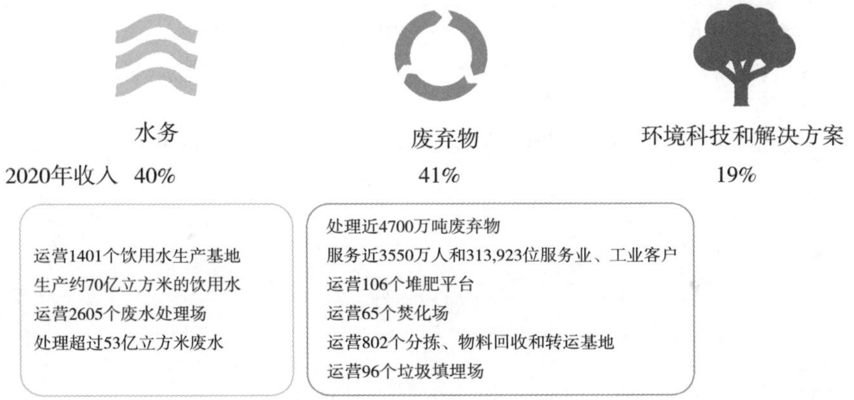

图2 苏伊士环境集团业务版块

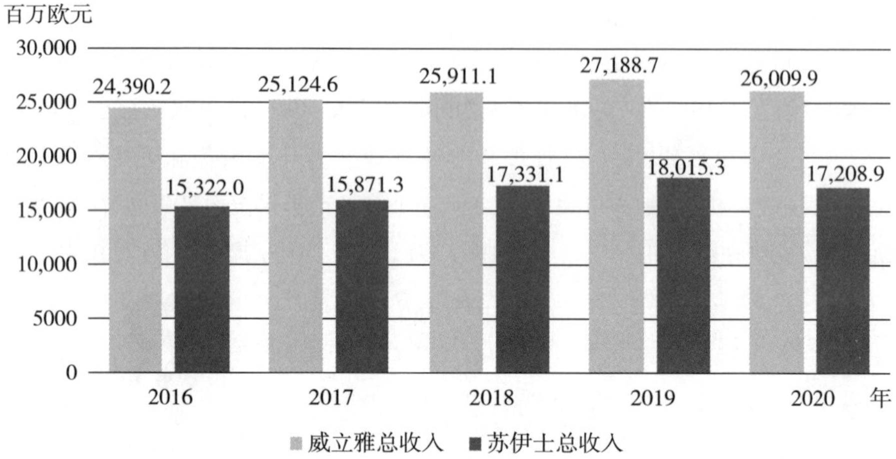

图 3　2016～2020 年威立雅、苏伊士公司总收入对比

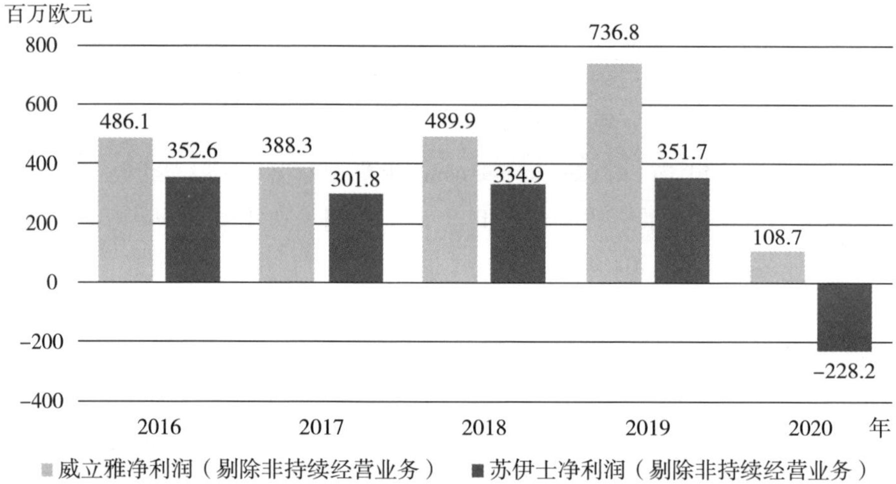

图 4　2016～2020 年威立雅、苏伊士公司净利润对比

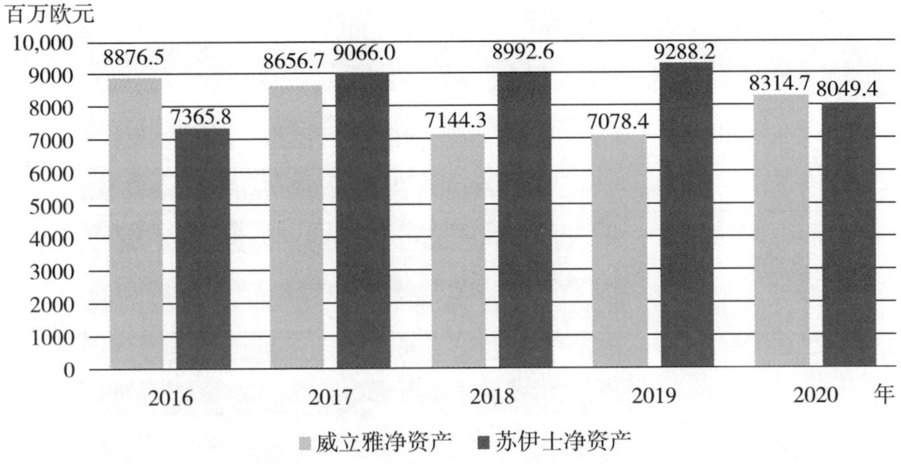

图 5　2016～2020 年威立雅、苏伊士公司净资产对比

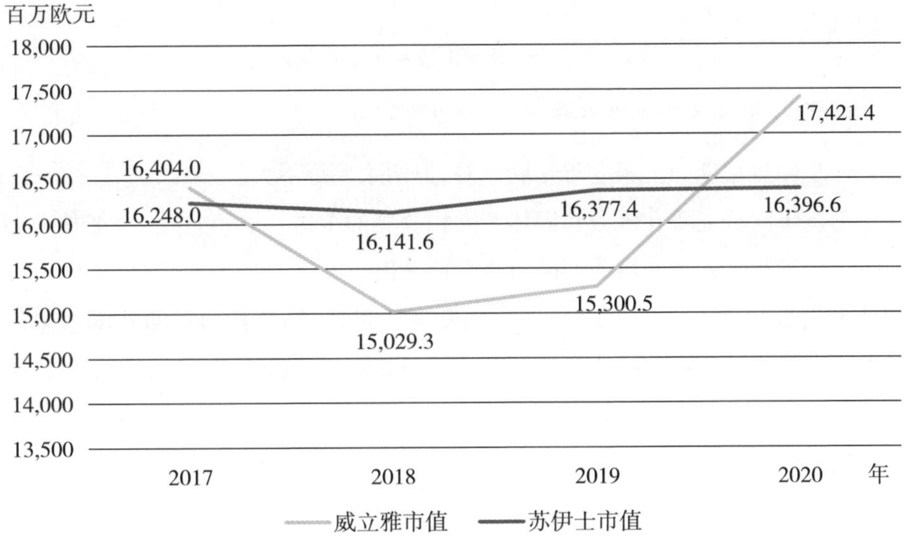

图 6　2017～2020 年威立雅、苏伊士公司市值对比

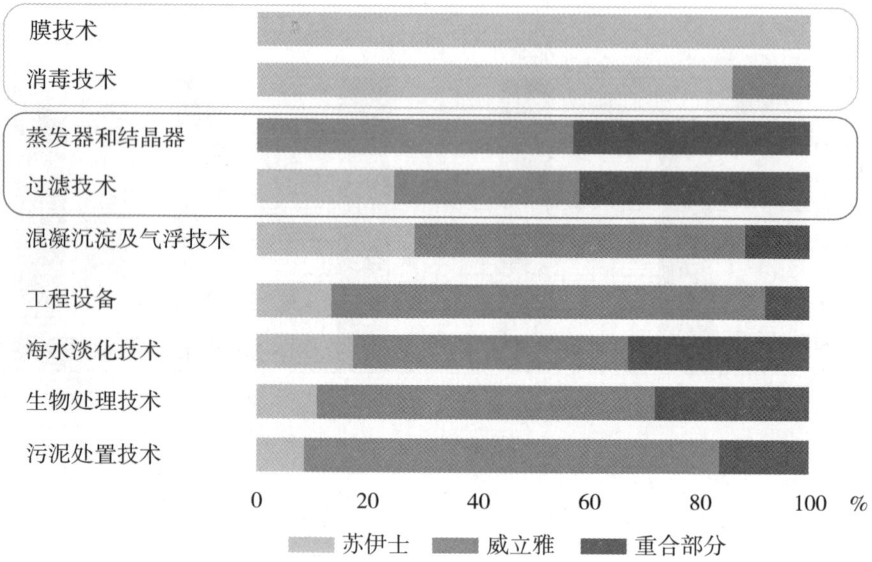

图 7　苏伊士、威立雅技术领域产品对比

资料来源：Global Water Intelligence，广慧并购研究院整理。

在总体盈利能力上威立雅略胜一筹，但两家差距不大。

苏伊士和威立雅在水务和固体废弃物领域的全球排名不分上下，都是世界龙头。两家在水处理领域的产品有重合部分但也有各自的创新部分，苏伊士在膜技术和消毒产品上更加出色，威立雅则在蒸发器、结晶器和过滤技术相关产品上更有优势。两者的结合会进一步丰富、强化产品和技术，使合并后的公司在国际市场中更具竞争力。

威立雅和苏伊士是 100 多年的老对手。当威立雅宣布全面收购苏伊士的计划时，市场一片哗然。世事诡谲多变，风云莫测，没想到缠斗百年的“死对头”竟最终放下恩怨，合二为一。

当所有人都期待着两大门当户对的巨头的这场豪门盛宴时，等来的却是一场旷日持久的战争。

一、威立雅：攻其不备，先发制人

2020 年 8 月 18 日，威立雅正在与竞争对手苏伊士就收购其卫生设施维护公司 OSIS 进行谈话，威立雅表示，OSIS 非常适合自己的工业和卫生设施维护部门 SARP。

当市场还在关注威立雅对 OSIS 的收购进展时，8 月 30 日，威立雅突然抛出"重磅炸弹"：提议以每股 15.50 欧元，总共 29 亿欧元的价格从法国天然气和电力公用事业公司 Engie 手中收购苏伊士 29.9% 的股份。这个价格比 7 月 30 日时苏伊士的股价已经溢价 50%。如果 Engie 同意这个交易，威立雅将成为苏伊士最大的股东。

大家还没回过神来时，威立雅接着抛出第二个"重磅炸弹"：在获得苏伊士 29.9% 的股份后，威立雅将正式竞购苏伊士的剩余股份，全面收购苏伊士。市场一片哗然。

苏伊士这才反应过来，此前威立雅的每一步都是在为全面收购铺路。这一切让苏伊士措手不及。

Engie 是否会卖出苏伊士的股份？苏伊士是否会同意威立雅突然抛出的收购计划？2020 年的 9 月注定是不平静的。

9 月 4 日，Engie 率先发声，认为每股 15.50 欧元的价格太低了，但 Engie 同时表示如果价格再好点，还是会考虑卖掉苏伊士的。大股东这么一说，市场纷纷感慨苏伊士将成为威立雅的囊中之物。然而，剧情却在朝着相反的方向发展。

二、苏伊士第一招：舆论战

9 月 7 日，苏伊士首席执行官 Bertrand Camus 坚定地拒绝了威立雅的收购，称这项交易非常"荒谬"，威立雅不仅完全低估了苏伊士的价值，还低估了收购带来的竞争和与执行相关的风险，威立雅的这一计划非常不切实际。此后，苏伊士开始了对威立雅持续不断的"口诛笔伐"，希望通过施加舆论压力"不战而屈人之兵"。苏伊士首席执行官 Camus 在记者的采访中言辞犀利，称威立雅的提议不仅是一个错误，还是一种对法国的破坏行为。苏伊士不断指责威立雅的收购行为是恶意的，是不道德的。

三、苏伊士第二招：借刀杀人

威立雅和苏伊士是法国最大的两家水务特许经营商，在多个领域有业务重合，两位巨头的合并将改变水务、固体废弃物和环境管理行业的格局，关乎民生社稷。苏伊士不断强调两家合并后的垄断和裁员风险，直戳法国政府痛点，希望借政府之手扼杀威立雅的收购计划。

这一招确实管用，法国政府内部因此出现了不小的分歧。一方面，法国政府认为威立雅提出的通过收购苏伊士来打造“生态转型领域的世界冠军”，从而更好地应对外国企业的竞争，实现提产增效，加强法国在水务、固体废弃物解决方案领域的竞争力的想法确实有一定道理。而另一方面，政府也确实担心收购后，水务领域的有效竞争降低，造成垄断，而且两家合并后大概率会裁员，对法国的就业情况造成威胁。如果法国政府认为弊大于利，那威立雅的收购梦就会立刻幻灭。

四、苏伊士第三招：发动群众

苏伊士管理层巧妙地利用了员工们对收购后工作保障问题的担忧，让工会也加入了这场反击战。9 月 8 日，200 多名工人集结在苏伊士总部进行游行，反对威立雅的收购计划，让市场看到威立雅的收购不得民心。

五、威立雅：见招拆招

威立雅明白，苏伊士的三连击中只有第二招是最致命的。为了打消法国政府的疑虑，威立雅很快做出反应，找来同盟——投资基金 Meridiam Infrastructure Finance SARL，表示合并后会将苏伊士在法国的水务业务卖给 Meridiam，并且保证苏伊士法国员工的就业。这样一来就同时满足了监管部门反垄断和保护就业的要求。Meridiam 也非常配合，很快公开承诺如果威立雅的计划成功，Meridiam将在 5 ~7 年内给苏伊士在法国的水务业务投资 8 亿欧元，支持其发展。这些举措让法国政府的天平逐渐往威立雅方倾斜。

六、苏伊士第四招：“毒丸”策略（Poison pill）

苏伊士接着使出第四招，“毒丸”策略。“毒丸”策略通常指用来反击恶意收购，保护标的公司的股东权利计划，在国外的恶意收购案例中屡见不鲜。

我国现有的相关法律法规对于反收购措施的制定逐渐持有限度认可的态

度，但无论从法律规定还是从实践上看，目前我国境内上市公司采用“毒丸”策略的法律条件尚不完善，在操作层面上有很多不确定性。

在经典的“毒丸”策略里，标的公司会让除恶意收购方以外的股东们拥有低价购买公司股票的权利，以此来摊薄恶意收购方持有的股份，阻止其获得控制权。“毒丸”策略发展至今，其形式灵活多样。比如，标的公司发行大量优先股，在收购发生时触发优先股转换为普通股的机制，摊薄恶意收购方持有的股份。而苏伊士这次的“毒丸”策略是在表决权上做文章。

苏伊士在荷兰设立了一个非营利性质的基金会，并转给基金会一股苏伊士集团的股票和一股苏伊士法国水务公司（Suez Eau France SAS）的股票。同时董事会决定在未来4年里，只有在所有股东一致同意的情况下才能卖掉苏伊士法国水务公司的资产。这样一来，基金会的这一股股票就拥有了“一票否决权”。基金会的授权只有苏伊士董事会才能撤销，这就意味着，未来4年，苏伊士法国水务公司的资产都将牢牢锁在董事会手中。董事会可以让基金会一票否决威立雅将苏伊士法国水务公司卖给 Meridiam 的决定，因此威立雅就没法解决反垄断的问题，除非威立雅卖掉自己的水务板块。这个基金会的存在让威立雅非常难受。至于为何选择在荷兰建立这个基金会，也是因为荷兰法规下基金会的设立更便捷，能让苏伊士以最快速度筑起这道防火墙。

然而苏伊士董事会的“基金会毒丸策略”引来了很多激进股东的批评，因为董事会并没有和股东们商量，就私自锁定公司优质资产，这种行为损害了股东们的利益。

大股东 Engie 也很愤怒，因为董事会的这些决定并没有提前和自己商量，而且基金会这一招太“劝退”，不仅可能逼退威立雅，还有可能吓退其他潜在买家，导致自己手上的苏伊士股份无人敢接。

七、为何 Engie 要卖掉苏伊士？

这或许和 Engie 这几年业绩不佳并寻求战略转型有关。Engie 计划改变现在分散的业务模式，集中精力发展新能源。可再生能源、能源服务和基础设施将是未来 Engie 的重点，苏伊士并不在 Engie 的核心资产名单上。卖掉手中苏伊士的股份可以为 Engie 的转型提供一大笔资金，对业绩不佳的 Engie 来说，这笔钱非常有诱惑力。有消息称，早在 2020 年 7 月 Engie 就开始寻找卖掉苏伊士的机会，而这正好给威立雅提供了收购苏伊士的机遇。

八、威立雅：以退为进

苏伊士的猛烈反击并没有吓退威立雅。或许是 Engie 的愤怒让威立雅看出了 Engie 卖出苏伊士股份的决心，威立雅以退为进，表示愿意提高之前的每股 15.50 欧元的报价，以每股 18 欧元的价格收购 29.9% 的苏伊士股份，总价从原来的 29 亿欧元抬到 34 亿欧元，同时承诺保证苏伊士法国员工的就业。威立雅还表示，愿意友好地收购苏伊士的其余股份，与苏伊士董事会进行为期 6 个月的协商。“面子”“里子”都给到了，Engie 很难不动心。

九、苏伊士第五招：求救“白衣骑士”

苏伊士对威立雅提出的“友好收购”并不领情。眼看威立雅的第一步就要成功，苏伊士急忙使出第五招：求救“白衣骑士”（White Knight）。

“白衣骑士”，是指标的公司在遭到恶意收购袭击时出现的受标的公司管理层支持的第三方，“白衣骑士”可以解救标的公司、驱逐恶意收购者。“白衣骑士”会与恶意收购者竞价收购标的公司，一般来说，标的公司会秉着“宁给友邦，不予外贼”的心态，支持“白衣骑士”的收购行为。苏伊士希望“白衣骑士”代替威立雅来接管那 29.9% 的股份，让威立雅的连环计夭折在第一步。如果威立雅之后仍然强行收购，苏伊士就卖身给“白衣骑士”，反正不让威立雅得逞。

9 月末，就在 Engie 和威立雅即将达成一致的最后时刻，苏伊士找来私募股权投资基金 Ardian 和 Antin 救火。Ardian 是欧洲最大、最多元化的私人股本投资平台，目前管理的资产超过 1000 亿美元，总部位于法国的 Antin 也是著名的私募股权投资公司，而且刚刚成功收购了西班牙马德里的公用事业公司 Miya-Water，在收购公用事业公司方面有着成功的经验。

Ardian 和 Antin 作为“白衣骑士”加入了苏伊士股权的争夺战。Ardian 称愿意以和威立雅相同的条件全面收购苏伊士，苏伊士董事会立刻表示支持，并向 Engie 积极举荐。

然而，Ardian 和 Antin 始终没有给 Engie 明确的报价。“白衣骑士团”只是在虚张声势。

有人猜测,“白衣骑士团”的不作为或许是出于政治上的考量。苏伊士的第一大股东是 Engie,而法国政府则拥有 Engie 23.6% 的股份,因此法国政府对苏伊士的归宿有发言权。再加上这次被收购的是法国公共事业巨头,收购结果直接影响国家发展,因此法国政府会对苏伊士的归宿严格把关。两家私募股权公司宣布竞购苏伊士股权的计划后,法国财长勒梅尔曾经公开表示,更希望由法国控股的企业来完成对苏伊士的收购。如果 Ardian 和 Antin 全面收购苏伊士,很有可能需要引入外国投资者来降低成本,这是法国政府不愿看到的,因此“白衣骑士团”很难得到法国政府的支持。

十、威立雅:第一阶段的胜利

终于,在 2020 年 10 月 5 日,Engie 选择了威立雅,威立雅收购计划的第一步完成。

威立雅表示仍不会放弃收购苏伊士,会继续以 18 欧元每股的价格收购剩下的 70.1% 的苏伊士股份,但是威立雅不会在苏伊士董事会同意前进行正式的要约收购。言下之意是,威立雅选择放低姿态,主动要求和苏伊士董事会进行沟通,希望能实现友好收购。

不过,18 欧元每股的价格也并非将一成不变。在以下情形下,价格有可能会进行调整。

■ 苏伊士出售或者摊销其自有股份,收购或回购其自有股份,且每股价格高于发行价。

■ 某项业务对苏伊士公司的资本结构产生较大影响,尤其是分拆、分割或合并股份等。

■ 收购期间,如果出现任何影响苏伊士资产负债、收入抑或是影响苏伊士发展前景的重大事件时,威立雅均有权调整股价。

■ 此外,如果发生对苏伊士具有重大不利影响的外围事件,或苏伊士出售其任何战略资产(如西班牙和智利的水资源资产、水处理系统、美国的受管制水资产、法国的废物管理资产等),威立雅也有权不发起公开收购活动。

这些条件是威立雅给自己留的后路,威立雅担心苏伊士使诈卖掉威立雅想要的资产,来个玉石俱焚。

十一、苏伊士第六招:拖延时间

苏伊士并没有让在第一回合胜出的威立雅开心太久。威立雅很快就收到了法院的通知,要求威立雅必须就收购苏伊士的问题征询劳动委员会(comité d'entreprise)的意见,在没有完成意见征询之前,威立雅不能对剩下的70.1%的股份进行收购。

在法国,员工代表在企业中扮演着重要角色。根据公司的大小,公司被要求拥有员工代表(délégués du personnel)或劳动委员会(comité d'entreprise)和健康安全委员会(comité d'hygiène, de sécurité et des conditions de travail),这些员工代表在公司重大决定中拥有话语权,劳动委员会的代表还有权参加董事会的会议,尽管没有投票权,但仍能在一定程度上影响公司决策。在公司进行重大变革前,公司必须告知劳动委员会,并就这些改变征询劳动委员会的意见。因此威立雅在收购前必须完成征询苏伊士的劳动委员会的程序。之所以这个征询程序没有启动,那当然是因为苏伊士不配合。这本身就是苏伊士董事会和管理层的职权范围,完成这个程序少则3个月,多则6个月,威立雅只好等待。为了能尽快完成征询,威立雅也是费心费力,给苏伊士劳动委员会提供了非常详尽的资料,其中包括一份长达78页的意向书,还有保证员工就业的正式承诺等,内容之详尽远远超过法律要求。

十二、苏伊士:再次求救"白衣骑士"

时间很快就到了2021年,威立雅和苏伊士的战争仍在继续。

1月17日,曾经的"白衣骑士"Ardian联合另一家美国知名投资基金公司Global Infrastructure Partners(GIP)组成新的"白衣骑士团",重返战场,表示愿意以和威立雅相同的18欧元每股的价格收购苏伊士。苏伊士立刻表示支持。

战局更加紧张。

十三、威立雅:正式发起恶意收购

或许是威立雅的耐心被消磨殆尽,或许是新"白衣骑士"的出现让威立雅压力倍增。2 月 7 日威立雅宣布对苏伊士的股份进行正式公开收购，推翻了此前的承诺，不再等待苏伊士董事会的同意，直接以 18 欧元每股的价格来收购苏伊士股东手中的股票。威立雅同时保留了撤销要约的权利，留下后路。威立雅对苏伊士的恶意收购还是没能避免。

十四、苏伊士第七招：绝地反击

苏伊士再一次拒绝了威立雅，强调威立雅给出的价格是对苏伊士价值的严重低估。但苏伊士显然有些双标，当媒体问到为什么“白衣骑士团”出 18 欧元就合理，威立雅出同样的价格却不合理时，苏伊士首席执行官 Bertrand Camus 答道：“和威立雅的合并会产生更大的协同效应，这些协同效应让每股的价格至少多 4 到 8 欧元。”

紧接着，苏伊士使出了“焦土策略”，试图出售其在英国和澳大利亚的业务，而这两个业务都被威立雅认定为苏伊士的战略资产。据媒体报道，这两个业务部门占苏伊士在法国境外的废物处理业务的 80%。这种出售可谓是伤敌一千自损八百。不管苏伊士是真的要出售这两项业务还是在虚张声势，效果都已达到。威立雅急了，甚至使用诉讼来阻止苏伊士的“焦土策略”。苏伊士见时机成熟，列出了几个和谈的条件，包括要求威立雅的报价必须远高于 18 欧元每股，并且威立雅必须在未来四年内维持苏伊士法国员工和法国境外员工的工作等，不答应就免谈。

苏伊士一举扭转了颓势。兵者，诡道也。

十五、折中之法

显然威立雅在价格上不愿让步，威立雅是唯一提出正式收购的买家，而且 18 欧元每股的价格连原大股东 Engie 都接受了，其余股东很有可能也会接受。

两家都不退让，战事陷入僵局。

3 月 21 日，Ardian – GIP 再一次出场，这回，“白衣骑士团”带来了一个折中之法。Ardian – GIP 提出要对苏伊士在法国的所有业务（包括法国水务）还有一部分国际水务业务进行收购，作价 119 亿欧元。这些业务会成为一个独立的“新苏伊士”，2019 年这些业务的总收入约为 91 亿欧元（其中法国以外业务的收入为38亿欧元）。“白衣骑士团”认为这个方案同时符合苏伊士员工、股东还有法国政府的利益。“白衣骑士团”还表示，如果威立雅无法接受这一提案，在6个月内撤回了要约，Ardian – GIP将考虑对整个苏伊士提出收购，每股作价20欧元。最后，老好人“白衣骑士团”还不忘强调，他们只会在征得威立雅同意后才会正式发起要约收购，两边都不得罪。

尽管如此，Ardian – GIP还是帮助苏伊士抬高了价格。

十六、苏伊士第八招：以攻为守

苏伊士步步紧逼，称威立雅要么同意Ardian – GIP的计划，要么提高报价到每股22.5欧元以上。

之后苏伊士继续反击，与澳大利亚回收公司Cleanaway光速签订协议，以16.3亿欧元的价格出售自己澳大利亚的固体废弃物业务，但这个协议允许调整出售资产的规模，前提是威立雅在5月5日前和苏伊士达成一致，苏伊士还表示，威立雅或者其他竞争者可以和Cleanaway竞购这个即将出售的业务。言下之意是澳大利亚的固体废弃物业务卖定了，如果威立雅心疼，就只有两条路，一是出钱和Cleanaway竞购即将出售的业务，二是把收购苏伊士的价格提高到22.5欧元每股。这很明显是在向威立雅施压，战事再次白热化。

十七、威立雅：避其锋芒，另辟蹊径

威立雅没有在苏伊士卖掉澳大利亚固体废弃物业务这件事上死磕，而是避其锋芒，调转矛头发力破解之前苏伊士的“基金会毒丸”。威立雅靠着超强的公关能力，让法国的金融市场监管部门AMF站在了自己这边。AMF批评苏伊士在反对威立雅收购的过程中使用“基金会毒丸”叠加Ardian – GIP部分要约的手段，称这套“组合拳”对威立雅的限制过强，违反了公开要约收购的规则和原则。威立雅也顺势表示，如果苏伊士不撤销基金会，就没有谈判的可能。

十八、大反转

眼看双方将再次陷入僵局之时，故事却出现反转。2021年4月12日，威立雅和苏伊士突然宣布原则上就两集团合并的主要条款和条件达成协议。威立雅最终以 20.5 欧元每股的收购价与苏伊士达成一致。威立雅和苏伊士价值 130 亿欧元(约合 156.6 亿美元)的收购案终于成型。合并成功后,威立雅将实现自己的抱负,成为生态转型领域的世界老大,预计营业额将达到约 370 亿欧元。

在解决反垄断和就业问题上,威立雅也改变原来的计划,选择剥离出一个总收入约 70 亿欧元的"新苏伊士",新苏伊士主要囊括了苏伊士在法国的水务业务和一些国际水务业务。看来为了结束这场旷日持久的战争,威立雅还是做出了一些让步。

"这项协议对每个人都是有益的:其保证了苏伊士在法国的持续存在,以保护竞争和就业。最终在长时间的收购拉锯战中,所有当事方均获胜。"威立雅的首席执行官 Antoine Frérot 强调,对抗的时代结束了,和解的时代开始了。苏伊士的首席执行官 Bertrand Camus 也表示:"原则上,这项协议最有可能找到一种全球解决方案,为所有员工和潜在客户提供必要的社会保障。"

十九、化干戈为玉帛

终于,在 2021 年 5 月 14 日,威立雅与苏伊士签署了最终合并协议,威立雅以每股 20.5 欧元的价格收购苏伊士。两家也同意建立一个总收入约 70 亿欧元的"新苏伊士",并保证绝大多数股东是法国人。两家缠斗百年的巨头终于放下恩怨,化干戈为玉帛,朝着共同的目标前进。

2021 年 10 月 22 日,威立雅、苏伊士以及由威立雅的盟友 Meridiam、GIP 和法国国资 Caisse des Depots/CNP Assurance 组成的财团按照约定签订了收购协议,财团将成为被剥离的"新苏伊士"的主人。其中,Meridiam 和 GIP 各占新苏伊士股份的 40%,Caisse des Depots/CNP 占 20%。

2021 年 12 月 14 日,两家的合并获得欧盟委员会的正式批准,这也是此次并购完成的关键。

2022 年 1 月 10 日,法国的金融市场监管部门 AMF 公布了威立雅—苏伊士并购案的最终结果,威立雅累计获得苏伊士约 5.5 亿股,约 86.22% 的股份。威立雅还将延长要约收购窗口期,目标获得苏伊士 100% 的股份。根据法国法律,当威立雅获得苏伊士 90% 的股份时,威立雅就有权"挤出"(squeeze - out)那些不接受要约的股东,也就是说,一旦威立雅累计持有的股份达到 90%,威立雅就可以强制剩余股东卖出股票,100% 收购苏伊士。

2022 年 1 月 28 日,威立雅在要约收购窗口期关闭时已累计获得苏伊士 95.95% 的股份。耗时约 17 个月的威立雅—苏伊士并购案尘埃落定。

二十、股票交易表现

2020 年 8 月 30 日,在威立雅首次表示要收购苏伊士时,两家公司的股价均应声上涨,2021 年 4 月 12 日,当两家终于宣布就合并在原则上达成一致时,消息在股市上再次引起反响,威立雅当日涨幅约 9.7% ,苏伊士涨幅约为 7.7% 。这说明市场非常看好两家的合并。

两家的合并将创造生态转型领域的世界冠军,规模将远超其他竞争对手,可触及的市场规模可达 14,000 亿欧元,想象空间巨大。两家公司虽然有业务重叠,但在地区覆盖和客户群上可以相互补充(见图 8、图 9)带来收入的增长和成本的协同。

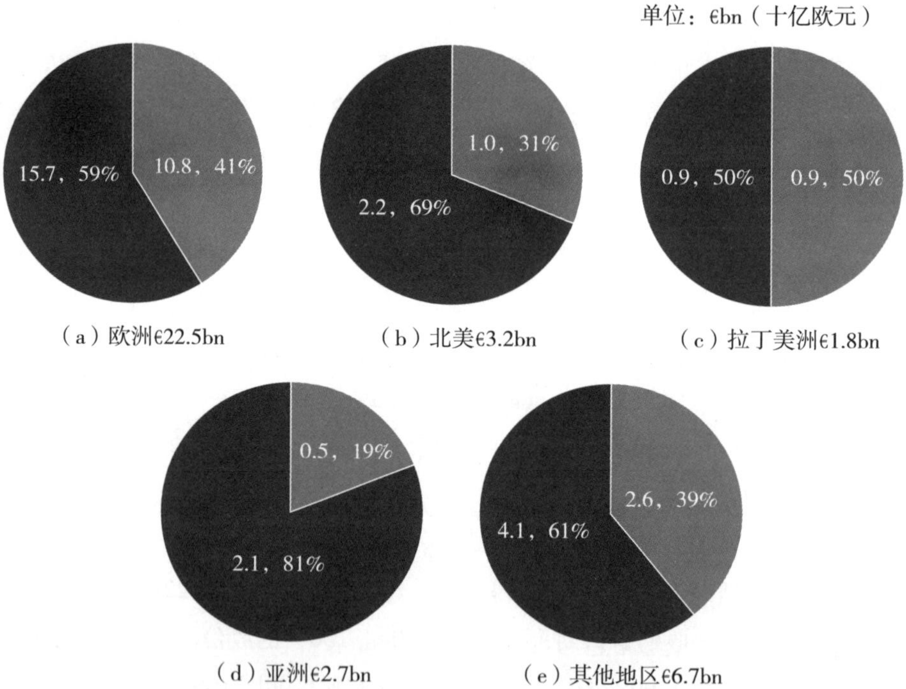

图 8　合并后各区域预计收入(剔除预估的业务出售)

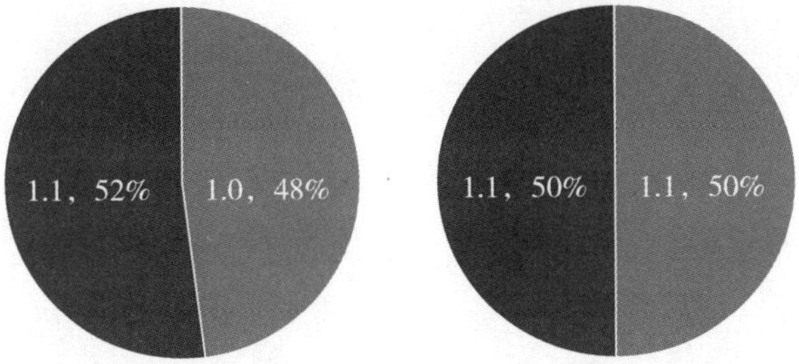

（f）澳大利亚€1.9bn　　（g）非洲、中东€2.2bn

■威立雅　■苏伊士

图 8　合并后各区域预计收入（剔除预估的业务出售）（续）

资料来源：威立雅官网，广慧并购研究院。

图 9　相互补充全球伙伴关系

资料来源：威立雅官网、苏伊士官网，广慧并购研究院整理。

两家的并购也让法国在这一领域更具国际竞争力。

二十一、结语

恶意收购的难度和复杂程度，我们从威立雅和苏伊士的攻防战中可见一斑，这也是为何我们不建议企业进行恶意收购的原因。在这场恶意收购中，双方都贡献了精彩绝伦的表现，他们的博弈和攻防之法耐人寻味，非常值得企业家们深入研究和思考。

本文写于 2021 年 5 月

从产业整合者到被整合——全球智能语音巨头 Nuance 的兴衰史

田雪雯

复活全球智能语音巨头 Nuance 几十年的兴衰史，深度分析一个产业整合者是如何最终沦为被整合者。它的并购之路上究竟隐藏了怎样的陷阱，让它最终都无法解脱，其他企业又该如何避免重蹈 Nuance 的覆辙。

《安娜·卡列尼娜》开篇写道："幸福的家庭都是相似的，不幸的家庭各有各的不幸。"一家企业从起高楼、宴宾客到大厦倾，其原因也各不相同。

2021 年 4 月 12 日微软宣布以全现金方式收购 Nuance，一代语音巨头退出历史舞台。人们大部分的关注点都在微软，微软在造什么局？微软此次收购将改变什么？当然，这无可厚非。微软代表着现在和未来，而 Nuance 已然成为过去。但是，当我们复盘这位曾经的全球语音巨头的兴衰史，就不难发现这是一部围绕着人工智能的广阔新赛道，智能语音技术龙头缠斗综合性科技巨头的血泪史。Nuance 在智能语音技术上抢跑了近10年，但在科技巨头的强大生态下，最终还是没能杀出一条独立发展的道路。从一个产业整合者到被整合，回望Nuance的一生，我们不禁要问，当谷歌、亚马逊、微软等科技巨头在强大生态的加持下使人工智能行业出现“马太效应”，那些小而美的科技公司的出路在哪里？是否“打不过就加入”才是他们最好的归宿？

一、交易背景

2021年4月12日微软以全现金方式收购Nuance，作价56美元每股，总计197亿美元，相较于Nuance前一交易日的股价45.58美元有23%的溢价。这是微软继262亿美元收购Linkedin之后的第二大收购（如表1所示）。

表1　微软前十大收购案例

公司	金额/亿美元	领域
Linkedin	262	专业社交平台
Nuance	197	人工智能医疗平台
Skype	85	语音通信平台
ZeniMax	75	游戏开发商
Github	75	软件协作平台
诺基亚	72	手机制造商
aQuantive	63	数字营销平台
Mojiang	25	游戏开发商
Affirmed	24	5G协作平台
Visio	14	技术绘图软件

来源：Dealogic，广慧并购研究院。

NUANCE COMMUNICATIONS, INC.（Nuance）成立于1992年，是一家为世界各地的企业和消费者提供语音和语言解决方案的供应商。公司在其成立之初主要从事图像识别业务，后来在公司发展过程中逐渐向语音识别和自然语言理解解决方案服务商转型。其代表产品有语音识别技术ASR、声纹鉴别技术、NVP平台等。

二、Nuance 的发展历程

Nuance 的发展历程可大致分为三个阶段。

（一）第一阶段：智能语音先行者 1992 ~ 2006 年（见图 1）

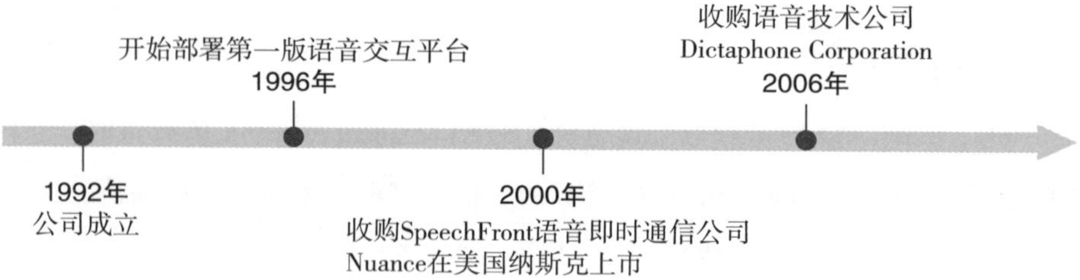

图 1　阶段 1：成为人工智能语音先行者

Nuance 脱胎于斯坦福大学国际研究院。

20 世纪 90 年代中期，Nuance 脱离 SRI 语音技术与研究实验室单独设立公司，主要提供技术咨询服务。

1996 年，公司开始部署第一版语音交互平台。

2000 年公司于美国纳斯达克证券交易所上市。那时，公司已发布了一系列语音交互软件产品（如 Nuance7，Nuance Verifier）及配套的开发者工具（如 Speech Objects）。截至 2000 年 6 月，全球范围内已有约 203 家企业直接或间接使用了 Nuance 的产品，涉及金融、航空、零售、电信等诸多行业，还有语音门户网站如 BeVocal、General Magic、GoSolo Technologies 等。

Nuance 可以说是谷歌、微软、亚马逊这些科技巨头进入智能语音领域的“启蒙老师”，国内的科大讯飞、云知声、思必驰等进入智能语音行业，也是受这家“鼻祖级”公司的启发。

(二)第二阶段:通过并购扩张、产业整合,成为智能语音龙头 2007~2013 年(见图 2)

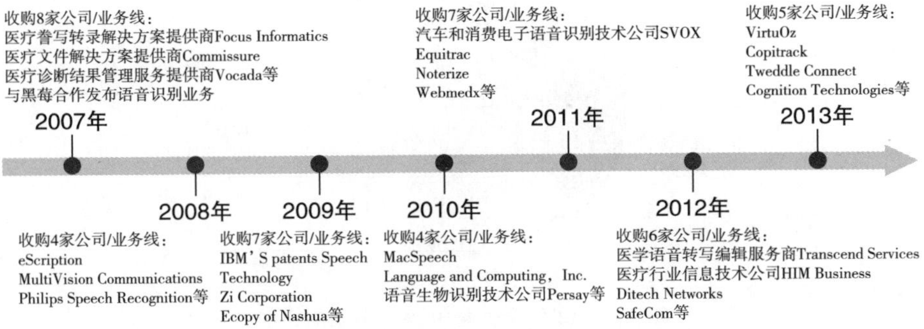

图 2 阶段 2:成为智能语音龙头

上市之后的 Nuance 开启了并购扩张之路,成为智能语音产业的整合者。

Nuance 几乎每年都会进行收购,标的公司主要围绕语音、输入法、医疗等领域展开。在一系列的收购中,Nuance 积累了业内绝对领先的专利数量,逐步建立起技术壁垒,壮大成为全球智能语音龙头。

一系列并购确实让 Nuance 快速崛起。Nuance 不仅成为苹果公司语言核心技术提供商,帮助苹果在 2011 年成功发布全球首个智能语音助手 Siri,一举切入手机终端市场,还迅速扩大了客户群,最巅峰时,全世界超过 80% 的语音识别都使用过 Nuance 的语音识别引擎技术。Nuance 的客户覆盖了亚马逊、三星、富达国际、美国航空、IBM、Vodafone 等,触及科技、金融、航空、零售、电信等多个行业。Nuance 支持世界上 80 多种语言和方言,拥有近 20 亿用户。

根据《移动互联网产业发展报告(2014-2015)》,2012 年 Nuance 在全球智能语音领域的市场份额已达到 62%,遥遥领先第二名的谷歌(见图 3)。在快速并购扩张的这 7 年间,Nuance 的总收入翻了 3 倍,从 6 亿美元增长到 18.6 亿美元(见图 4)。

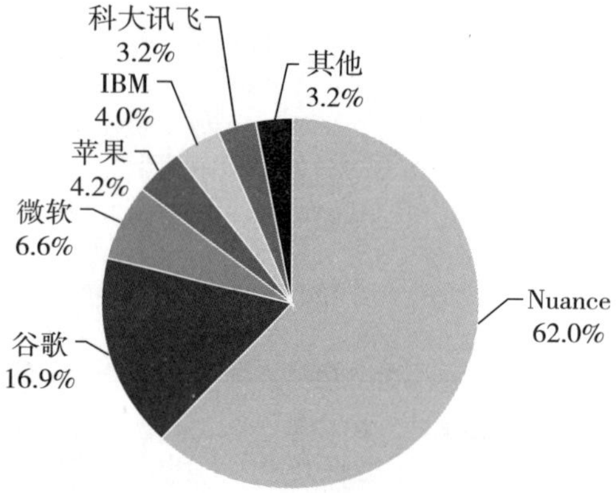

图3　2012年全球智能语音市场的份额

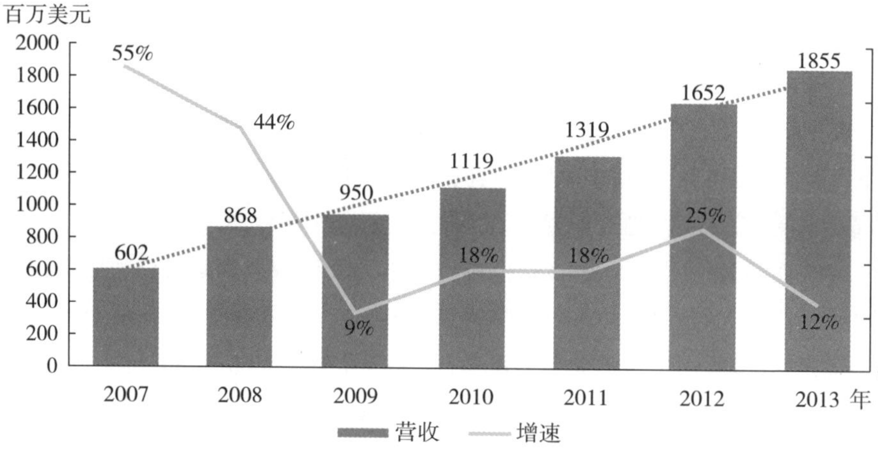

图4　2007~2013年Nuance营收趋势

并购这件事，Nuance做得很好，但是Nuance却忽略了并购中对战略的反思，忽略了收购后该怎么走的问题，出现了并购后的“消化不良”。

(三)第三阶段:没落、转型与消亡 2014～2021 年(见图 5)

图 5　阶段 3:没落、转型与消亡

Siri 的成功给科技圈带来了不小的震动,智能语音成为市场热点,并迎来了快速增长。根据 IBISWorld 的数据,2013～2015 年,全球智能语音市场规模年平均复合增长率约为 23.7%,全球智能语音企业数年平均复合增长率约为 24.7%,智能语音市场蓬勃发展。

然而,相对于智能语音市场的繁荣,Nuance 的营收增速却大幅下滑,并从 2017 年开始,收入逐年下降(见图 6)。净利润在实现两年的暴增后于 2013 年转为负值,Nuance 的业绩走上了下坡路(见图 7)。

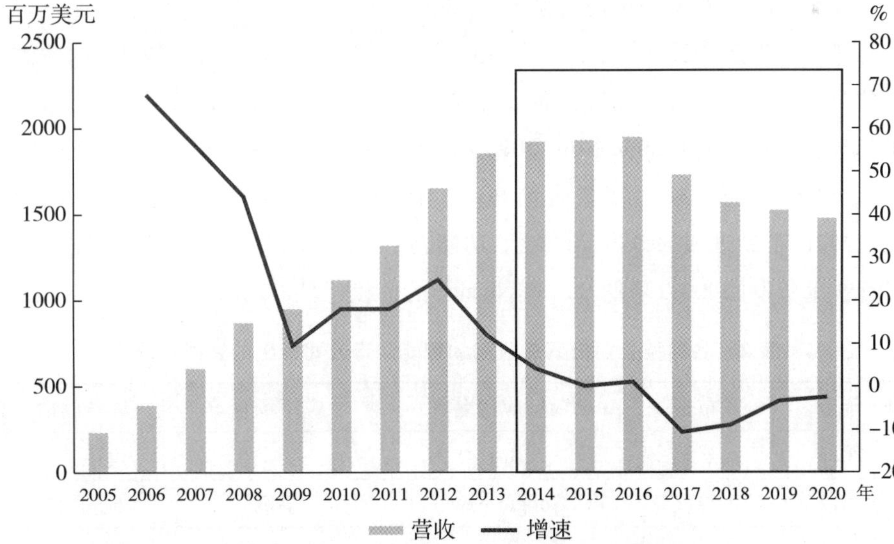

图 6　2005～2020 年总营收和营收增速

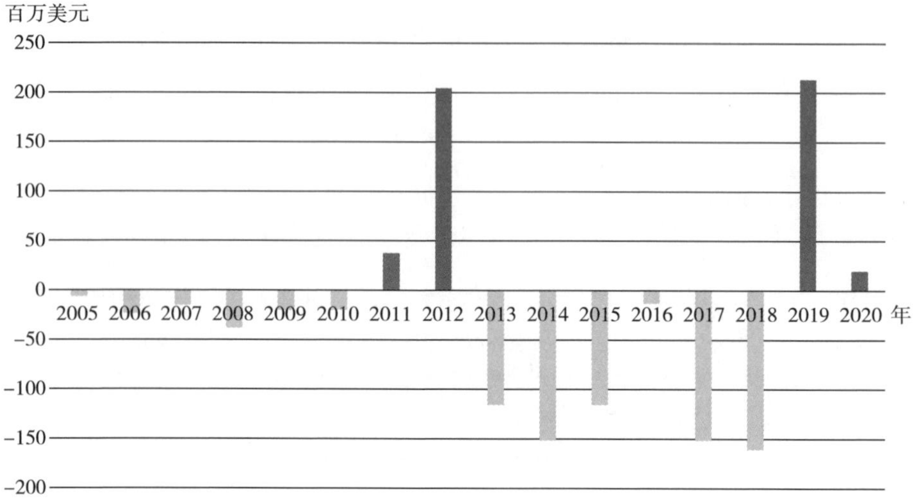

图 7　2005～2020 年净利润

三、导致 Nuance 衰落的因素

总体来看，Nuance 的没落既有外因又有内因。

（一）外因

1. 科技巨头入场，加剧智能语音市场的竞争

科技巨头渐渐看到智能语音领域的巨大机遇，纷纷通过自研或收购智能语音公司，抢占智能语音市场，Nuance 的空间不断受到挤压。2012 年，谷歌推出了其智能语音助理 Google Now；2014 年，微软推出其第一款个人智能助理 Cortana；同年，亚马逊推出了智能音箱 Echo，与之前在手机端作为附加功能出现不同，智能语音助理成为该产品的核心功能；就连苹果也在波士顿组建了自己的语音技术研发团队，以降低 Siri 对 Nuance 的依赖（见表 2）。

表 2　各科技公司自研成收购的智能语音公司推出的智能产品

年份	发布企业	产品/应用名称	应用场景	场景属性
2011	苹果	Siri	手机	通用型
2012	谷歌	Google Now	手机	通用型

续表

年份	发布企业	产品/应用名称	应用场景	场景属性
2014	微软	Cortana	手机	通用型
2014	微软	Torque	可穿戴设备	通用型
2014	亚马逊	Echo	智能音箱	通用型
2016	亚马逊	Allo	手机/智能音箱	通用型
2016	谷歌	Google Home	智能家居	通用型
2017	苹果	HomePod	智能音箱	通用型

科技巨头通过一系列的并购(见表3),实现了对智能语音技术的快速掌握,在极短的时间里,不仅填补了自身智能语音技术的短板还实现了技术上的进步。在科技巨头的围攻之下,Nuance 的市场份额急剧减少。到 2018 年,Nuance 的市场占有率仅有 2012 年的一半(见图8)。

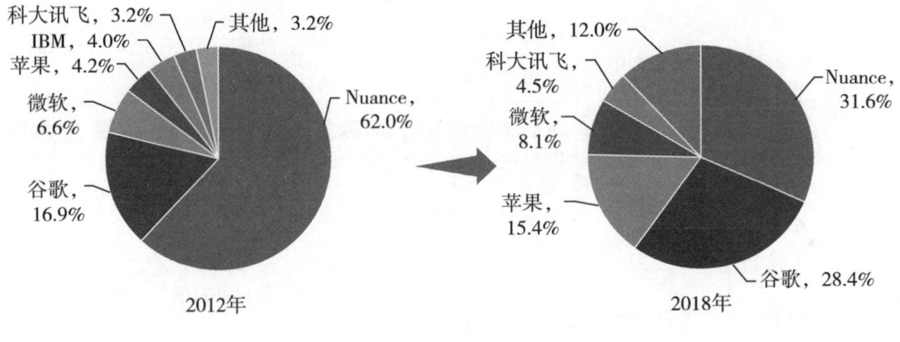

图8　2012、2018 年各科技公司的市场占有率

资料来源:中商产业研究院,广慧并购研究院。

表3　科技巨头在智能语音领域进行的并购

年份	科技巨头	被收购公司	被收购公司简介
2011	谷歌	Saynow	语音通信服务创业公司,谷歌借此提高基于语音的技术,使用户之间的沟通更轻松
	亚马逊	Yap	语音识别技术公司,专长是基于云端的语音识别
2012	亚马逊	Evi	语音识别创业公司,专注于研究对语音问询的自动回答

续表

年份	科技巨头	被收购公司	被收购公司简介
2013	亚马逊	Ivona	能够工人合成计算机语言
2014	苹果	Novauris	语音识别软件公司
2015	苹果	VocalIQ	语音识别学习软件公司，该公司以语音识别准确率高著称，正确率在当时高达90%
2016	微软	Wand Labs	智能聊天应用研发公司，专攻语义本体模型、服务映射、第三方开发者集成以及会话接口
	谷歌	Api. ai	提供聊天机器人开发工具的初创企业，可透过语音辨识、意图辨识和上下文语境理解等技术，让电脑理解人类语言并转换为行为，协助开发者打造类似 Siri 的对话式智慧助理
2017	苹果	Init. ai	智能助手技术研发商，以客户服务自动化闻名
	微软	Maluuba	人工智能初创公司，以使用针对自然语言处理的深度学习技术为重点
	亚马逊	Graphiq	数据搜集公司，亚马逊希望借此让语音助手 Alexa 变得更加智能
2018	微软	Semantic Machines	对话系统创业公司，致力于用户更自然地发现、获取信息与服务并与之互动
2019	苹果	Pullstring	语音科技初创公司，能够生产会发声的芭比娃娃及其他智能玩具
	谷歌	Superpod	移动问答应用初创公司，专门处理问答，谷歌希望借此提升语音助手能力

2. 科技巨头不断从 Nuance 高薪挖墙脚，Nuance 人才流失严重

技术进步与人才密不可分，但 Nuance 在与科技巨头的缠斗中损失了大量优秀人才。比如，2004 年，谷歌挖走 Nuance 联合创始人 Mike Cohen，他将带队开发语音识别技术。2011～2013 年，苹果先后将 Nuance 的首席移动技术架构师 Gunnar Evermann、首席语音科学家 Don McAllaster、研发副总裁 Larry Gillick 招至麾下（见表 4）。

表4　2004～2019年Nuance公司人才流失情况

姓名	在Nuance的职位	离职年份	入职年份	去向	担任职位
Mike Cohen	Founder, VP Dialog R & D	2004	2004	谷歌	Manager, Speech Technology
Mitchel Weintraub	Director of Speech Recognition R & D	2005	2005	Yahoo	Principal Research Scientist
Hugo Barra	Director	2008	2008	谷歌	Group Product Manager, Mobile
Michael Tjalve	Senior Speech Scientist/ Head of Natural Language Development	2010	2010	微软	Senior Program Manager Lead
Gunnar Evermann	Chief Mobile Technology Architect	2011	2011	苹果	Manager, Siri Speech
Don McAllaster	Principal Research Scientist	2010	2012	苹果	Senior Research Scientist
Larry Gillick	Vice President of Research	2009	2013	苹果	Chief Speech Scientist, Siri
Milad Alem Zadeh	Senior NLU Research Engineer	2013	2013	微软	Software Development Engineer Ⅲ
M SARFRAZ	Regulatory Compliance, Senior Hardware Engineer	2014	2014	亚马逊	Compliance Engineer Ⅲ
Aniss Drissi	Senior Software Developer	2015	2015	黑莓	Senior Application Developer
Ali Ahmed Albomahdy	Localization Project Manager (VoiceBox Technologies)	2015	2015	微软	Content Manager
Jeff Prachar	Director of Engineering (VoiceBox Technologies)	2016	2016	亚马逊	Sr Engineering Manager, Simimulation and Experimentation
Danielle Pinarel Kovacs	Brazilian Portuguese Localization Specialist (VoiceBox Technologies)	2017	2017	微软	Brazilian Portuguese Localization Tester
Michael Metzger	Senior Principal Software Engineer	2017	2017	亚马逊	Software Development Manager
Sachin Vishwanath	Network Operations Engineer	2018	2018	微软	Network Engineer
Elyse Kufeldt	Conversational Experience Design Manager	2019	2019	苹果	Senior conversational interaction designer
David K.	Software Engineer	2019	2019	微软	Software Enginee

（二）内因

1. 研发能力不足，技术壁垒逐渐瓦解

通过对比谷歌、微软、Nuance 在研发上的投入可以明显看出，科技巨头凭借雄厚的实力，在研发的投入上占据了绝对的优势，相比之下，Nuance 的研发投入根本和前两者不是一个数量级（见图 9）。在核心技术的发展上，Nuance 明显后劲不足，最后让科技巨头们后来者居上，这样的结果似乎并不令人意外。

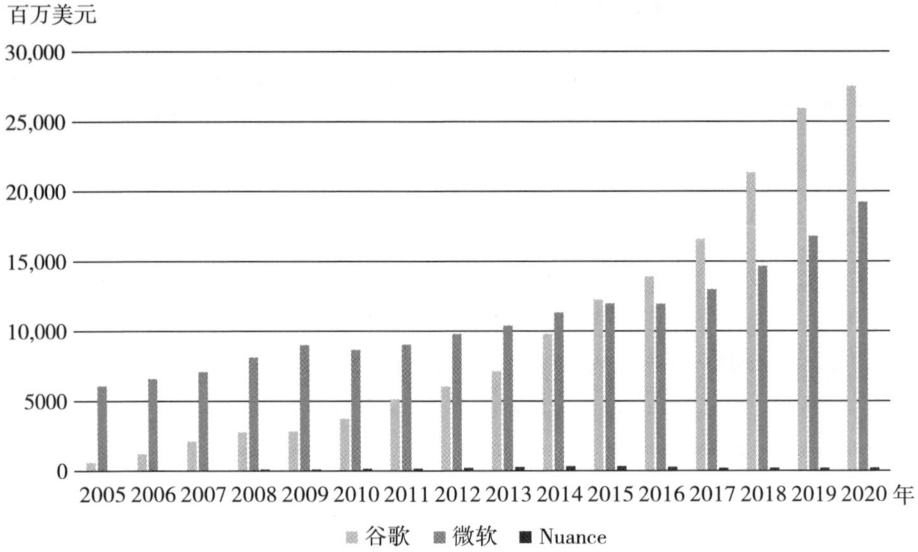

图 9　2005～2020 年各公司研发费用对比

从 Nuance 的角度来看，2014 年后，其研发投入明显下滑，研发费用在总收入中的占比也开始下降（见图 10）。根据 Nuance 年报，公司的申请中专利数已由 2010 财年的约 1900 项下降为 2019 财年的约 450 项，公司拥有的专利数也于 2017 年出现下行拐点。如果把专利数和研发投入看作衡量公司技术优势的指标，很明显，Nuance 在智能语音领域多年积累起的技术壁垒正随着科技巨头的发力而逐渐瓦解。

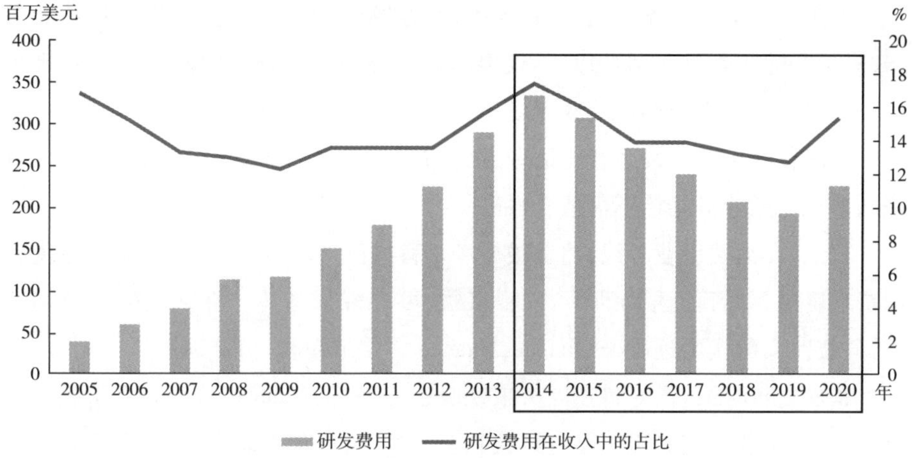

图 10　2005～2020 年 Nuance 研发费用与研发费用在收入中的占比

2. 并购“消化不良”，并购中缺乏对战略的反思

Nuance 通过并购进行产业整合，业务呈现多元化的特征。基于其核心技术，Nuance 同时有企业级业务线和消费级业务线，企业级业务线覆盖医疗、企业服务、移动设备和图像业务等多个领域（见图 11）。

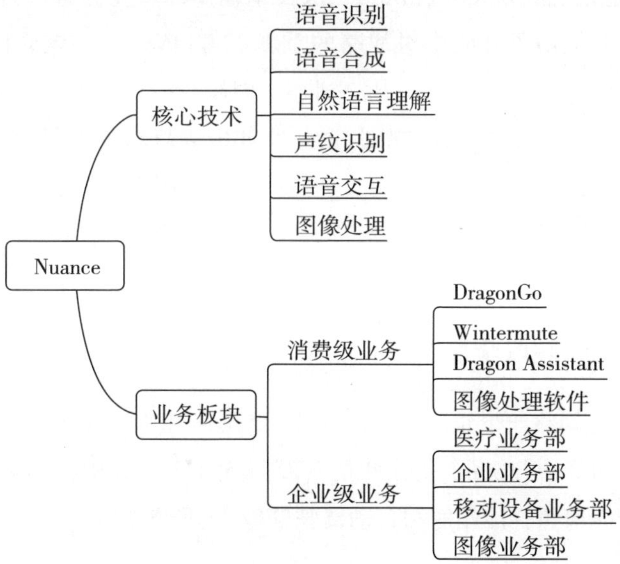

图 11　Nuance 产业布局

而多元化的并购最终导致了 Nuance 的“消化不良”。多元化本身并无对错，只论合适与否。所谓合适，不仅要契合企业自身特质，还要契合经济、市场的发展趋势。当企业的特质或市场环境发生变化时，发展思路就要有所调整。

当科技巨头纷纷发力智能语音，蚕食 Nuance 的市场份额时，Nuance 就该意识到多元化的业务结构不再适合自己。

首先，在消费级业务线，消费级市场是科技巨头的必争之地，尤其是通用型消费端赛道，如智能语音助手、智能家居、可穿戴设备等。在强大生态的加持下，科技巨头的实力远胜于 Nuance，Nuance 应绕道而行，另辟蹊径。

其次，企业端赛道对科技巨头来说吸引力较低，Nuance 从创立之初就布局企业端，在企业端有着更丰富的经验和客户群体，如果 Nuance 可以聚焦企业端某些领域，很有可能杀出一条属于自己的路。

最后，Nuance 长期以来一直将自己定位为技术输出商，为其他企业提供底层语音识别技术支持，但当自身技术壁垒逐渐被科技巨头瓦解，不再有技术输出的优势时，转而聚焦特定场景，为企业提供特定场景下的解决方案，成为细分赛道科技龙头则是条更适合的道路。

可惜的是，虽然 Nuance 意识到了从技术输出商转变为解决方案服务提供商的重要性，但忽略了并购中对战略的重新思考，依然保持多元的业务结构，“消化不良”日益严重。企业只知闷头收购，但缺少并购中对已有战略的反思，忽略了并购后整体发展方向的规划，企业便如失去灯塔的船只，结局只能是迷失在汹涌的波涛里。

当 Nuance 决定壮士断腕，正式转型时，已经是 2018 年了。Nuance 的战略调整来得太迟了。

四、“壮士断腕以全质”

2018 年，公司终于下定决心战略转型，聚焦语音业务和医疗及企业服务领域，先后剥离图像业务、汽车业务和运营商服务业务。其中汽车业务独立分拆上市，从而全面聚焦智能座舱和自动驾驶领域。（见图 12）

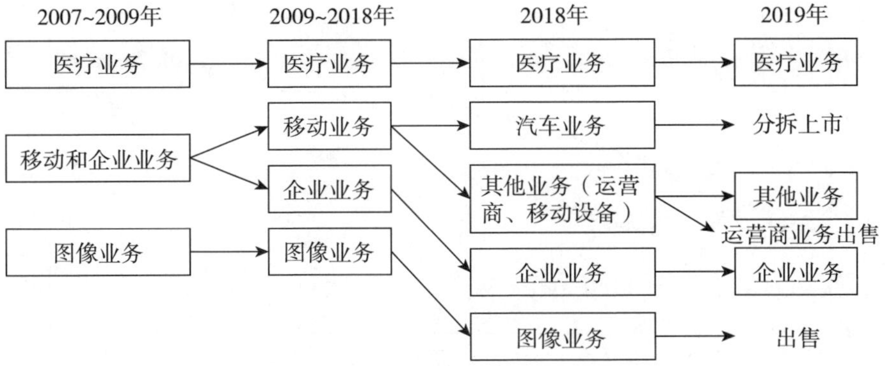

图 12　2007～2019 年 Nuance 公司业务调整过程

随着公司 2019 年 10 月完成业务剥离和战略聚焦，公司的转型得到了资本市场的认可，公司股价结束了长达 6 年的低迷状态，开始逐渐上涨（见图 13、图 14，数据来源：Market watch，广慧并购研究院）。

图 13　2013～2019 年 Nuance 公司股价和纳斯达克指数对比

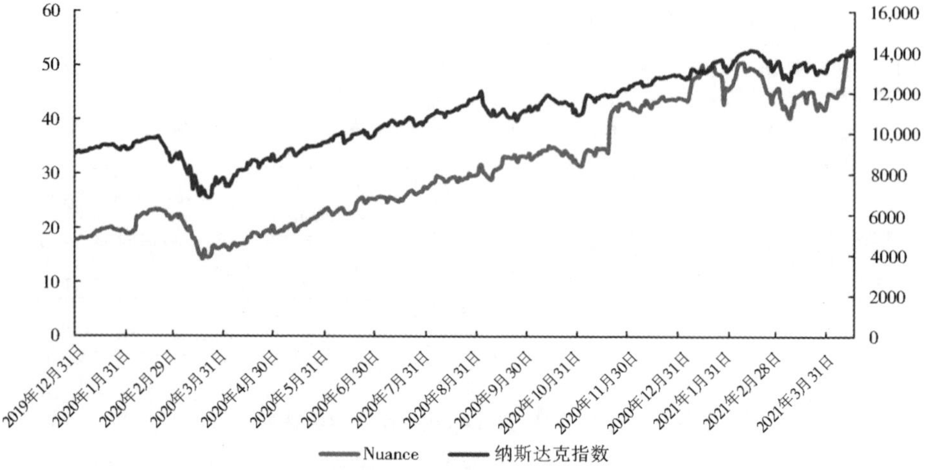

图 14　2019 年年底至今 Nuance 公司股价和纳斯达克指数对比

转型后的 Nuance 只保留了医疗和企业服务两大板块，并采取不同的发展策略：

在医疗服务板块的策略是以 SaaS 方式提供医疗保健解决方案，通过提高订阅收入比例来提升业务价值的可持续性。Nuance 在医疗保健领域的所有解决方案中都建立了 Nuance 云平台。2020 财年，公司在将客户迁移到云端方面取得了重大进展，公司开发了基于云的 CAPD 解决方案（计算机辅助创建医生文档），并在多个市场推出医疗云产品。

在企业板块的策略是扩大参与范围，除保持公司在智能语音交互领域的领先地位外，还会继续拓展其他与人工智能相关的领域，比如语音生物识别和生物安全认证解决方案。

Nuance 的新战略不仅聚焦了快速发展的垂直市场，还很好地结合了自身的技术优势和客户资源。2020 财年，Nuance 在临床语音市场的占有率达到 63%，在影像科语音市场的占有率达 81%。

2019 年年末的投资人大会上，Nuance 公布了战略转型后取得的成绩（见图 15、图 16）。

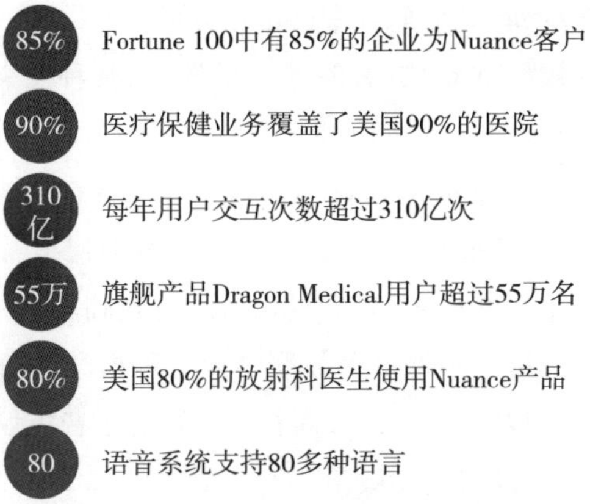

图 15　Nuance 战略转型后取得的成绩

（a）Nuance 医疗板块客户　　（b）Nuance 企业板块客户

图 16　Nuance 客户资源

五、终点亦起点

微软在 2018 年就成立了名为“微软医疗”的新部门，同时挖来了几位医疗信息技术领域的专家坐镇，要将医疗系统搬上云端，同时实现云计算与医疗研究的结合。2019 年微软利用 Nuance 的语音识别等技术开发了医学环境下的临床智能（ACI）技术，使微软看到了 Nuance 在医疗保健领域的潜能。2020 年 5 月，微软发布了第一个专门针对特定行业的云计算解决方案——微软医疗云。微软首席执行官纳德拉曾表示：“人工智能是科技的重中之重，而医疗是其最迫切的应用。”收购 Nuance，是微软在智能医疗方面进行的又一次布局。

虽然 Nuance 的故事就此结束，但加入微软，从某种意义上来说是 Nuance 的另一个开始。Nuance 的加入可以补充微软云平台医疗语音模块的空白。比如，微软将 Nuance 的 Dragon Ambient Experience（DAX）的环境临床解决方案直接嵌入到了 Microsoft Team 服务中，从而实现自动捕捉、记录医生和病人之间的对话，并通过人工智能进行语境分析，自动创建临床记录等。Nuance 可以依托微软的强大生态，进一步增加医疗服务业务的市场渗透率。同时，还可以获得强大的后盾，专注技术的迭代，巩固自身在智能语音市场的龙头地位，并且与微软的云服务体系实现协同发展。

六、结语

Nuance 是不幸的，但也是幸运的，虽然退出了历史舞台，但融入了微软生态，团队、技术和产品都以另一种方式延续、发展。不能否认的是，科技巨头的生态系统日益强大，一般的科技公司想独立发展，确实非常困难。希望 Nuance 的兴衰史可以给面临相似困境的企业家们一些启发，或许，绕开科技巨头的必争之地，另辟蹊径，在自身有优势的细分领域上深挖会是一条出路；或许，聚焦那些科技巨头生态里的空白和短板，能杀出一条独立之路更好，杀不出，快速证明自身价值，加入更大的生态亦是一种出路。Nuance 带来的一个更重要的启发，则是通过并购进行产业整合从而发展壮大是一条鲜花与荆棘并存的道路，并购中一定要不断地反思已有战略，明确并购后的发展方向，并及时根据市场变化调整战略，才能避免重蹈 Nuance 覆辙。

本文写于 2021 年 6 月

老牌游戏巨头 EA 30 年并购的“功”与“过”

田雪雯

老牌游戏巨头 EA 是一个经典的通过并购扩张快速发展的案例，近几年国内游戏大厂也走上了快速并购扩张的道路。通过复盘 EA 的并购策略，总结其过去 30 年并购之路上的“功”与“过”，EA 的经验教训为国内游戏大厂以及其他企业提供了宝贵的参考。

2021 年，各大游戏厂商“扫货”之风盛行。据统计，腾讯仅仅在 2021 年上半年就收购、投资了 48 家游戏公司，字节跳动入局游戏行业后也进行了约 16 次投资并购。为何游戏行业偏爱并购？其实，并购整合一直都是游戏行业的主旋律，游戏巨头无不是通过大量并购快速发展而来的，从某种意义上来说，腾讯、字节跳动在游戏上的“扫货”之路，那些老牌游戏巨头都曾走过，例如游戏顶级大厂之一的美国艺电（Electronic Arts，纳斯达克股票代码：ERTS，以下简称 EA），其并购历史达 30 年之久。EA 的并购之法一直饱受争议，本篇文章将复盘 EA 的并购之路，解析其并购中的“功”与“过”，总结其 30 年的并购和整合经验，希望为正处于并购浪潮中的企业们带来思考和启发。

EA 是全球著名的互动娱乐软件公司，由特里普·霍金斯于 1982 年创建，总部位于美国加利福尼亚州红木城。EA 主营电子游戏的开发、出版和销售业务，推出过多款经典的系列作品：《极品飞车》系列、《模拟人生》系列、《FIFA》系列等在游戏玩家心中有着不可取代的地位。全世界累计销量过亿的 13 个游戏品牌里，有 5 个属于 EA。

图 1 展示了比较通用的游戏产业链形态，基本包含了行业里最关键的角色。但是随着行业的不断发展，游戏的内容形态演变出不同类型，如：主机游戏和电脑游戏、客户端网络游戏、社交游戏和网页游戏、移动游戏、虚拟现实游戏等。同时发展出不同的平台，如主机平台和电脑平台（主机平台包括不同公司、不同类型的掌机）、手机平台和平板平台（移动平台）、增强现实（AR）平台和虚拟现实（VR）平台等。在不同平台下，产业链结构会略有不同。

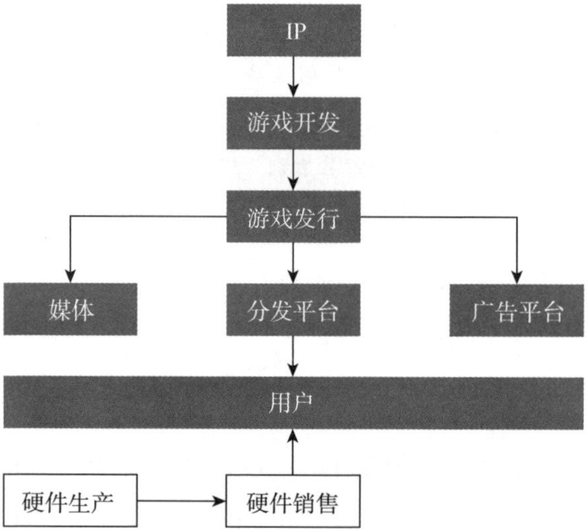

图 1　游戏行业产业链

总体来看，EA 的并购策略是通过并购紧跟行业发展变化，进入新市场、新平台、新渠道，围绕平台、渠道、IP 和内容、优质工作室进行收购，逐步形成全平台、全产业链布局。

一、第一阶段:1982 ~ 1991 年——积累期

1982 年到 1991 年,EA 成功推出了多款游戏,其中《Pinball Construction Set》、《Archon》和《M. U. L. E》成为当时的经典。同时,EA 还进行了商业模式的创新。比如,在当时采用与游戏开发者合作的方式,通过提前支付游戏开发费用来换取游戏的归属权,同时帮助开发者对游戏进行编辑美化直到达到可以向玩家出售的水准。再如,绕过出版商的中间渠道,自身成为游戏开发商和发行商。EA 在这十年时间里打下了坚实的基础。

二、第二阶段:1991 ~ 2005 年——并购扩张期

当企业发展到一定程度,很多企业家都面临一个重大选择,那就是是否上市。尤其是那些可以自给自足的小而美的企业,是否上市,都会是一个值得思考的问题。其实上市与否,最大的差异在于未来是否能更好地运用资本提升企业的发展空间,最直接的例子就是上市后的并购。并购专家俞铁成先生举过一个生动的例子,上市公司做并购好比拿着机关枪打仗,未上市公司做并购则像用手枪在打仗。上市为企业的并购扩张提供了更多工具,比如,上市公司可以用股票代替现金进行收购,这样一来,收购占用的现金流更低,收购的方式也更加灵活。

并购在企业发展中至关重要,运用得当,将是企业发展的催化剂,而上市可以说是让企业更有效地使用这个催化剂的平台。因此,上市只是企业发展的第一个里程碑,不是目的,而是平台,只是百年基业的一个开端。很多本土的企业家都将上市看作终极目标,上市成功后便懈怠下来,错失让企业腾飞的良机。

1991 年,EA 成功上市,随即运用并购这一催化剂,开始了自己的快速扩张之路(见图 2)。

并购日期	并购对象	所属领域	国家	金额	并购后纳入EA部门	说明
1987	Batteries Included†	软件及硬件开发商	CAN	—		
1-Jul-91	Distinctive Software Inc.	视频游戏开发商	CAN	—	EA Canada	
21-Sep-92	Origin Systems†	角色扮演类游戏开发商	USA	$35,000,000	—	后做在线发行业务
14-Nov-94	DROsoft	软件分销商	ESP	—	DROsoft	
6-Feb-95	Bullfrog Productions†	视频游戏开发商	UK	—	EA UK	失败
8-Mar-95	Kingsoft GmbH	软件分销商	GER	—	Kingsoft GmbH	在海外复制直销模式
29-Jan-96	Manley & Associates	视频游戏开发商	USA	—	EA Seattle	
4-Jun-97	Maxis	视频游戏开发商	USA	$125,000,000	Maxis	比较成功
2-Apr-98	Tiburon Entertainment	视频游戏开发商	USA	—	EA Tiburon	
8-Apr-98	Vision Software	软件分销商	RSA	—	Vision Software	在海外复制直销模式
28-Jul-98	ABC Software	软件分销商	CH	—	ABC Software	在海外复制直销模式
17-Aug-98	西木及维珍互动娱乐工作室	电脑及视频游戏开发商	USA	$122,500,000	EA Pacific	2003年关闭
8-Sep-99	PlayNation	在线娱乐开发商	USA	—	PlayNation	进军在线娱乐
22-Nov-99	Kesmai	视频游戏开发商/在线娱乐发行商	USA	—	Kesmai	进军在线娱乐
24-Feb-00	DreamWorks Interactive	视频游戏开发商	USA	—	EA Los Angeles	梦工厂下属游戏企业
28-Feb-01	pogo.com	休闲游戏网站	USA	—	pogo.com	进军在线娱乐
11-Jun-02	Black Box Games	体育类视频游戏开发商	CAN	—	EA Black Box	加强体育类游戏
16-Oct-03	Studio 33	竞速类视频游戏开发商	UK	—	EA Northwest	加强体育类游戏
13-Feb-04	NuFX	体育类视频游戏开发商	USA	—	EA Chicago	加强体育类游戏
28-Jul-04	Criterion Software	视频游戏开发商	UK	—	Criterion Software	
27-Jul-05	Hypnotix	视频游戏开发商	USA	—	—	
8-Dec-05	JAMDAT Mobile	手机娱乐开发商	USA	$680,000,000	EA Mobile	进军移动游戏

图 2　EA 并购扩张之路

这一阶段,EA 共进行了大大小小 21 次并购,通过分析这些案例,不难发现,EA 的并购策略主要围绕四个方向。

1. 并购偏重 IP 和优质游戏内容。

EA 通过收购快速积累了许多著名 IP,如《极品飞车》《创世纪》《模拟城市》《命令与征服》《荣誉勋章》等系列,都成为玩家心中的经典之作(见图 3)。

并购日期	并购对象	并购目的	类型	并购后出品游戏
1991/7/1	Distinctive Software	加强赛车/体育类游戏。DSI在80年年代后期最为出名的是港口、赛车和体育类游戏	体育/赛车	《极品飞车》
1992/9/21	Origin Systems	《创世纪》	早期MMORPG	《网络创世纪》
1995/2/6	Bullfrog	牛蛙工作室是拥有《上帝也疯狂》、《主题公园等》知名游戏的优秀研发商	多类型	《上帝也疯狂》系列
1997/6/4	Maxis	擅长模拟经营类游戏的优秀工作室	模拟经营	《模拟人生》、《孢子》
1998/1/2	Tiburon	《麦登橄榄球》	体育	《麦登橄榄球》
1998/8/17	Westwood	《命令与征服》	射击	《命令与征服》系列
2000/2/24	Dreamworks Interactive	《荣誉勋章》	射击	《荣誉勋章》系列
2006/10/2	Dice	《战地》	射击/休闲	《战地》系列
2007/10/11	Bioware	著名的RPG游戏开发商	RPG	《质量效应》、《星球大战：旧共和国》、《龙腾世纪》等

图 3　本阶段 EA 围绕 IP 和内容进行的并购

EA 初次开发的内容很少,主要是通过收购和知识产权授权取得内容,然后对内容进行再次开发和多平台开发。

优质内容吸引和保留了玩家,给 EA 带来了可持续的、稳定的营收增长,同时也塑造了品牌,加强了品牌忠诚度。

2. 跟随行业变化,不断通过并购切入新的平台。

这一阶段游戏行业正处在主机时代,游戏主要依托主机平台,该领域内世嘉、索尼、任天堂、微软等亦是群雄争霸。EA 看到了多元主机平台的行业趋势,不局限于和单一主机平台的合作,而是通过并购优质游戏开发商和发行商,让自己拥有覆盖不同主机平台的开发和发行能力。并积极与诸多平台进行合作,从最初的电脑平台 DOS、APPLE、世嘉的 MEGA,扩大到索尼 playstation、任天堂和微软 Windows 与 XBOX。通过一系列的收购,EA 很快拥有了覆盖各种主机平台的开发、发行能力,并发展成为主机平台最大的发行商。游戏产业演进图谱和主机平台迭代史(见图 4、图 5)。

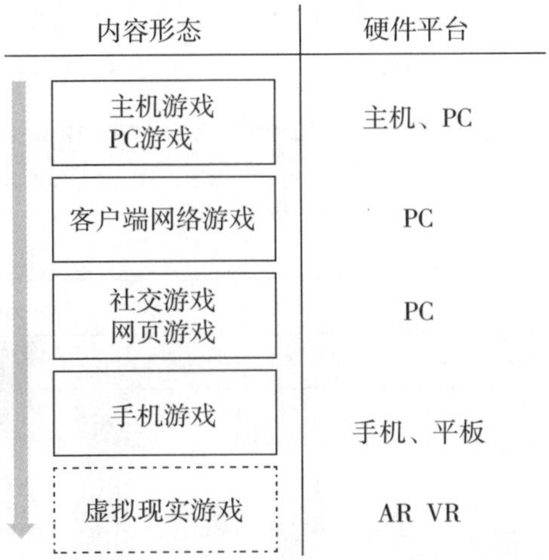

图 4 游戏产业演进图谱

主机世代	年份	特征
第一世代	1972～1975	软硬件一体
第二世代	1976～1982	街机黄金时代
第三世代	1983～1988	任天堂一家独大，日本市场95%，美国市场83%
第四世代	1989～1993	世嘉弯道超车
第五世代	1994～1999	索尼称霸，任天堂岌岌可危
第六世代	2000～2004	微软壮大，任天堂、索尼、微软三足鼎立
第七世代	2005～2007	任天堂、索尼、微软三足鼎立，任天堂在掌机领域处于不败之地
第八世代	2008～2017	传统主机性能明显落后于PC，智能手机开始收割玩家

图 5 主机平台迭代史

这一阶段末期，游戏行业中社交平台和移动平台开始出现，EA 为尽快切入新兴平台，于 2000 年收购社交游戏平台 pogo. com，布局刚刚开始发展的社交游戏，于 2005 年收购 JAMDAT Mobile，将其改组为 EA Mobile，提前布局移动平台，非常具有前瞻性。

EA 在不断的并购中形成了全平台的发展模式。

3. 收购上游开发商的同时，收购下游渠道商，拓展海外分销渠道，形成全产业链发展模式。

4. 看中自身在体育类游戏的优势，通过并购体育类游戏开发商进一步巩固在体育游戏方面的霸主地位。

快速而又密集的并购让 EA 紧紧抓住了行业发展的脉络，乘着行业快速发展的东风扶摇直上。2005 年 EA 的收入高达 31 亿美元，净利润约 5 亿美元，股价在 2 月达到 64.5 美元/股的峰值，稳坐游戏发行商第一梯队，EA 迎来辉煌时刻（见图 6 至图 8）。

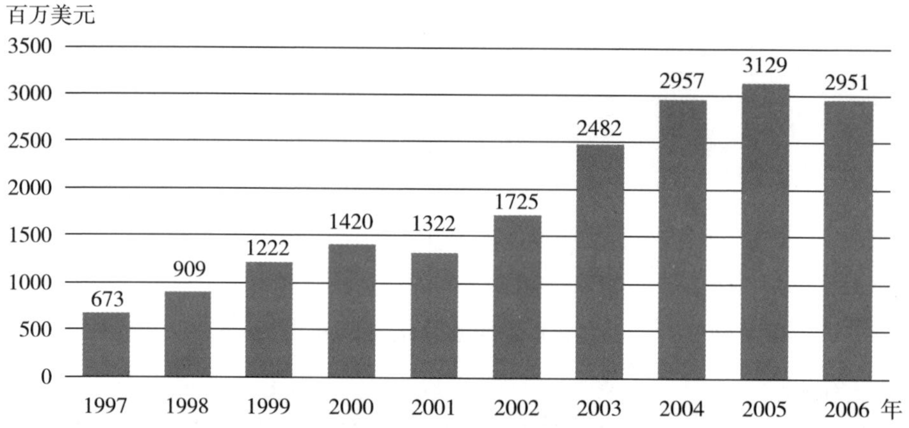

图 6　1997 ~ 2006 年 EA 总收入

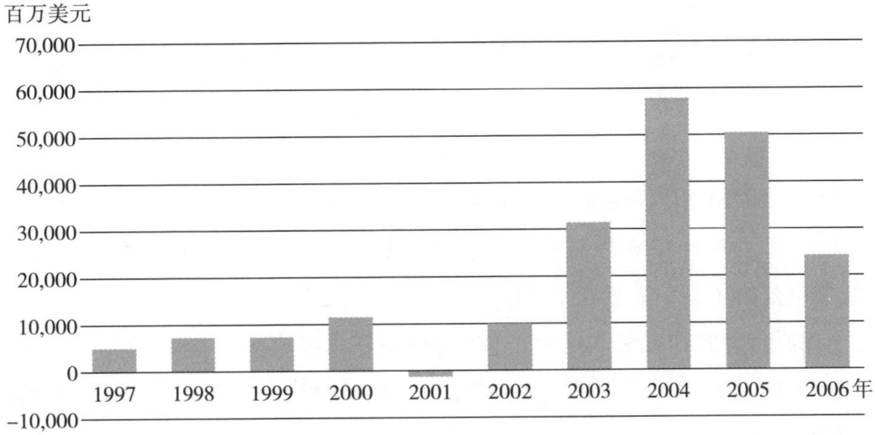

图7　1997～2006年EA净利润

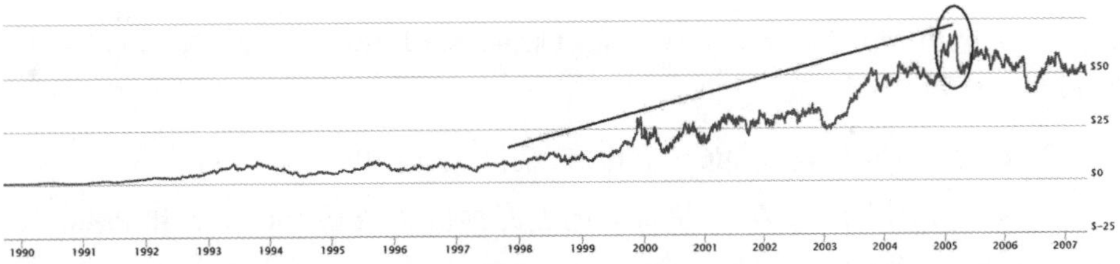

图8　1990～2007年EA股票交易表现

三、第三阶段:2005～2012年——阵痛期

EA在这一阶段的并购主要围绕对抗《魔兽世界》和布局社交游戏与移动端游戏两大主题(见图9)。

并购日期	并购对象	所属领域	国家	金额	并购后纳入的EA部门	说明
27-Jul-05	Hypnotix	视频游戏开发商	USA	—	—	
8-Dec-05	JAMDAT Mobile	手机娱乐开发商	USA	$680,000,000	EA Mobile	进军移动游戏
20-Jul-06	Mythic Entertainment	电脑游戏开发商	USA	—	EA Mythic	MMO对抗暴雪
23-Aug-06	Phenomic Game Development	即时战略类游戏开发商	GER	—	EA Phenomic	
2-Oct-06	Digital Illusions CE(DICE)	视频游戏开发商	SWE	—	EA Digital Illusions CE	
30-Nov-06	Headgate Studios	视频游戏开发商	USA	—	EA Salt Lake	
12-Feb-07	SingShot Media	社交网络服务	USA	—	Sims on Stage	进军社交游戏
5-Oct-07	Super Computer International	电脑游戏开发商	USA	—	—	
11-Oct-07	VG Holding Corp.	视频游戏开发商的控股公司	USA	$775,000,000	BioWare &Pandemic Studios	最大一起并购，共37个公司
21-May-08	Hands-On Mobile	手机游戏开发商\发行商	ROK	—	EA Mobile Korea	
3-Jun-08	ThreeSF	社交网络服务	USA	—	—	—
2-Dec-08	J2MSoft	电脑游戏开发商	ROK	—	—	—
2010	J2Play	社交网络服务	CAN	—	—	—
9-Nov-09	Playfish	社交游戏开发商	UK	$400,000,000	—	—
20-Oct-10	Chillingo	手机游戏发行商	UK	< $20,000,000	—	—
3-May-11	Mobile Post Production	手机游戏发行商\发行商	USA	—	—	—
4-May-11	Firemint	手机游戏发行商\发行商	AUS	—	—	—
12-Jul-11	PopCap Games	手机游戏发行商\发行商	USA	$750,000,000	—	—
1-Jun-12	ESN	社交游戏产品开发商	SWE	—	—	—

图9　2005～2012年EA并购情况

（一）围绕对抗《魔兽世界》的并购

2004 年，《魔兽世界》《天堂 2》发布，使大型多人在线角色扮演游戏（Massive Multiplayer Online Role – Playing Game，MMORPG）风靡世界。EA 显然没有做好面对 MMORPG 崛起的准备，尽管 EA 可以说是 MMORPG 的鼻祖，但是 EA 并未在 MMORPG 领域有风靡市场的大作。为了应对这一突如其来的市场变化，EA 开始了新一轮投资、并购。

1. EA 通过股权投资与优秀工作室合作。EA 投资 1.5 亿美元买入当时韩国 NEOWIZ 公司 19% 的股票，从而与该工作室达成合作，委托其开发 MMORPG 游戏《FIFA 在线》。

2. EA 在 2006 年以 7600 万美元的价格收购 MYTHIC 工作室。该工作室曾推出几款早期 MMORPG，EA 希望通过收购 MYTHIC 来挑战《魔兽世界》的地位。

3. EA 在 2006 年收购 DICE 工作室，获得《战地》IP。

4. 紧接着，EA 在 2007 年以超 7 亿美元的巨资收购 BioWare 和 Pandemic Studio 对抗《魔兽世界》。

围绕对抗《魔兽世界》进行的一系列投资、并购效果如何呢？

1.《FIFA 在线》于 2006 年推出，虽然用户数量一度超过《魔兽世界》和《天堂 2》，但 EA 的决策出现偏差，该游戏首选的是游戏新兴市场亚洲而不是正处于黄金期的欧美市场，并且游戏的本土化做得并不好，游戏题材也不符合亚洲玩家的口味，最终该游戏的表现不敌《魔兽世界》和《天堂 2》。

2. EA 斥巨资买来了 Bioware 和 Pandemic studio，Pandemic Studio 在被收购一年多后关闭，未开发完的项目被叫停，裁员约 200 人。

3. 对 DICE 的收购可以说非常成功，DICE 为 EA 研发了寒霜引擎，还制作了《星球大战：前线》和《战地》系列等游戏作品。

4. Bioware 工作室历时 4 年花费超 1.5 亿美元开发《星球大战：旧共和国》，被 EA 和玩家寄予厚望。备受玩家期待的《星球大战：旧共和国》终于在 2011 年年底上线，离《魔兽世界》的问世已过去 7 年时间，错过了时间窗口不说，表现也未达预期，最终没能与《魔兽世界》抗衡。

5. MYTHIC 也在被收购后表现平平，对 EA 利润的贡献微弱，于 2014 年关闭。

（二）围绕社交游戏和移动游戏进行的并购

智能手机的普及和社交平台的兴起，让《愤怒的小鸟》《FarmVille》（类似国内的开心农场）这类在移动设备上的、具有社交属性的小游戏成为新宠，这些小成本、由小公司制作的游戏让一直以来以复杂视觉呈现为核心竞争优势的 EA 受到了新的威胁。在 2006～2012 年这 7 年里，EA 为布局社交游戏和移动游戏进行了约 10 次收购。

从 1991 年起，一系列紧锣密鼓的并购让 EA 迅速成长为游戏巨头，但也让 EA 有些消化不良。当市场一片大好时，有些风险有可能会在稳定的运营中慢慢消化，但是当市场产生大的波动时，消化不良的问题就会被放大。

（三）EA 的成长之痛

EA 的消化不良在 Pandemic 前总裁、联合创始人 Josh Resnick 的采访中可见一斑。Josh 表示，工作室加入 EA 后团队迅速扩张，多个项目同步开工，每个项目都是非常昂贵的，在技术层面都是非常有挑战性的，员工们面临着前所未有的压力。最后 EA 因为成本过高无力支撑，关闭了 Pandemic。EA 快速扩张不可避免地带来了“成长之痛”。

• 管理跟不上企业扩张的速度，决策出现偏差，比如将《FIFA 在线》首选市场定为亚洲，但本土化没做好。再如，EA 追求数量的同时没有把握好质量，尤其是大型网游，靠的是精品至上、内容为王，靠量取胜的战术在大型网游的竞争中并不完全适合。

• “强整合”让工作室独立性减弱，导致很多工作室无法适应，失去活力。EA 对工作室的整合方式一直以来饱受争议，也遭到了很多玩家的批评，称 EA 是“工作室杀手”。EA 的收购偏重内容和 IP 而不是人才，在收购后，EA 会对工作室的研发、产品内容和人员进行干预。此外，如果工作室对利润的贡献不达标就会被裁员或者关闭，其中不乏一些粉丝众多、曾创作出经典大作的老牌工作室。从成本控制角度看，EA 此举合理，但从客户（玩家）的角度看，此举不合情。玩家认为 EA 只关注短期利益，不顾及玩家感受，不尊重工作室创作的内容和背后的优秀人才，再加上 EA 这一阶段的游戏质量不稳定，创新不够，游戏收费模式设计不当，使 EA 的品牌形象大打折扣。2012 年和 2013 年，EA 连续两年被消费者评为“最差公司”。

整合是一项专业性极强的工作，设计和实施整合方案时不仅要考虑整合带来的内部影响，还要考虑外部影响；不仅要使并购产生的协同效应最大化，还要平衡各股东的利益。EA 的“强整合”照顾到了股东的利益但忽视了顾客的利益，引起了顾客的强烈不满，这样的整合操作显然是有问题的。

- 管理层统筹能力跟不上规模扩张的速度，导致项目之间资金和资源相互挤占。

- 公司规模的扩大会带来高昂的管理成本，EA 大踏步向前迈进但成本控制能力不足，导致利润率下滑严重。

- 大量并购但管理能力没有及时跟上，导致公司转型缓慢。其实 EA 很早就看到了数字化的趋势和玩家口味的转变，但那时的 EA 已是庞然大物，要迅速调整方向非常困难。例如，EA 早在 2003 年就意识到数字化业务的重要性，但直到 2011 年才正式推出 Origin 线上发行平台，让 Steam 占得先机，失去了先发优势，带来了巨大的竞争成本。在移动游戏业务上，EA 早在 2005 年就开始布局，并购 JAMDAT Mobile，进军移动游戏业，但是移动游戏的收入增长和对总收入的贡献一直不及预期，转型迟迟未见成效，2014 年和 2015 年，EA 还分别失去了移动业务的核心成员 Nick Earl 和 Frank Gibeau。EA 的移动游戏业务在近十年的时间里一直发育迟缓（见图 10）。

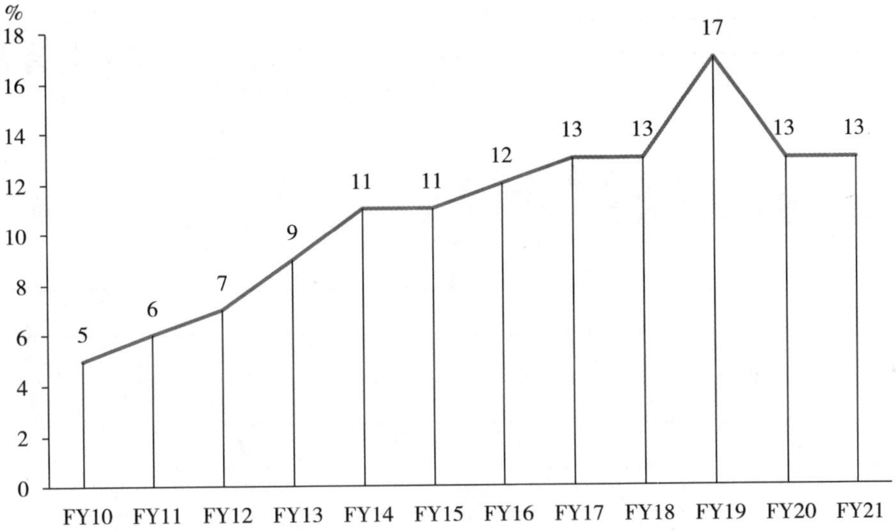

图 10　移动游戏业务在总收入中的占比

EA 的消化不良很直观地反映在财务表现上：收入下降、管理成本过高、营业利润和净利润均出现亏损（见图 11）。

四、第四阶段：2012～2016 年——调整期

内忧外患下，EA 的转型迫在眉睫。为了治疗消化不良，EA 花了大力气。

1. 连续两年被评为“最差公司”给 EA 管理层敲响了警钟，EA 反思了自己“店大欺客”的形象，开始注重客户关系的修复和管理，强调玩家第一的原则，对玩家的意见进行及时反馈，并调整收费模式。

2. 调整整合方式，承诺给被收购的工作室更大的自由度和独立性，不强行要求工作室融入 EA 的企业文化。

3. 放慢并购扩张的速度。2011 年 EA 集中围绕移动端游戏进行了几起并购之后，除 2012 年收购了社交游戏开发商 ESN，直到 2017 年末，EA 才又一次进行了并购，相比过去每年至少进行一起并购，EA 的并购步伐放慢了很多。

4. 重新聚焦其擅长的系列游戏和体育类游戏。

5. 加大数字化业务的占比，在新兴的社交平台游戏和移动端游戏上加强布局。

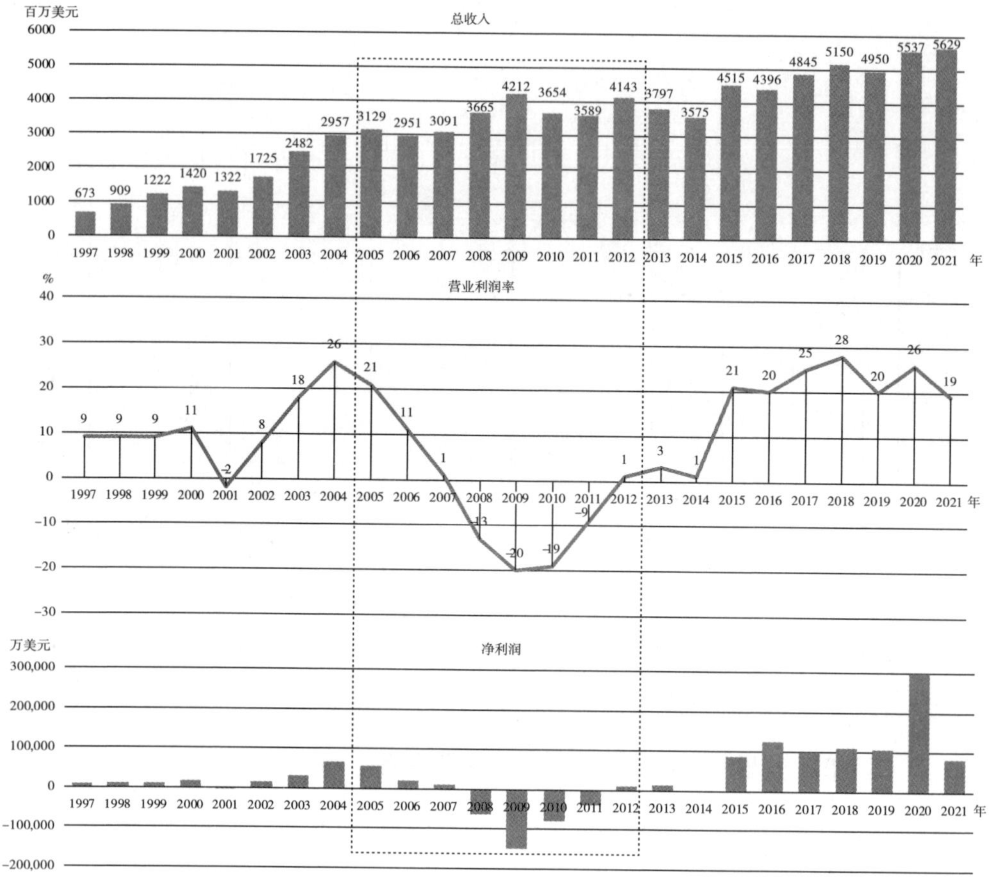

图 11　1997 ~ 2021 年 EA 财务情况

6. 提高成本管理能力，缩减产品线，保持研发费用的稳定，加大对营销费用的管理。

在积极调整下，EA 开始扭亏为盈（见图 12）。

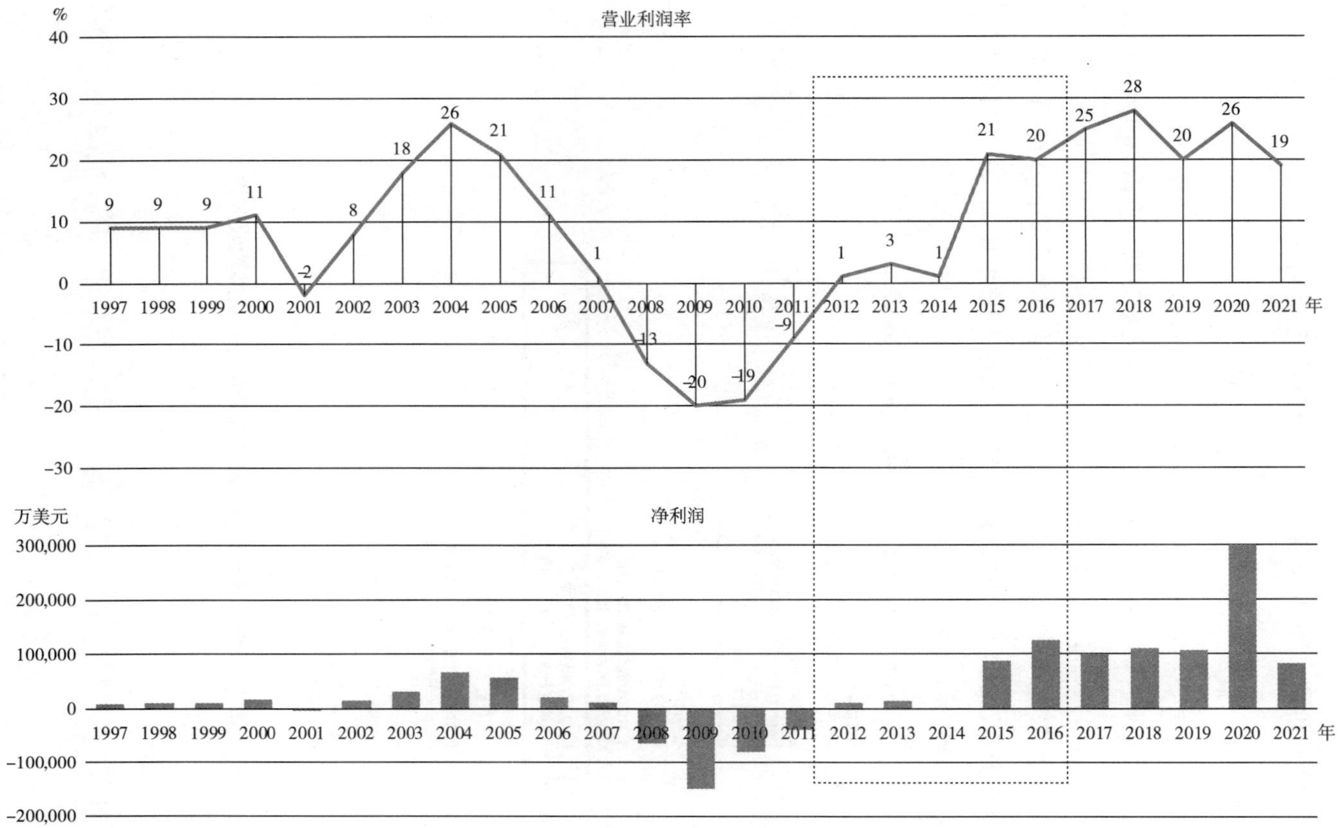

图12　1997~2021年EA财务状况

五、第五阶段：2016 年至今——新挑战与新机遇

在数字化迅猛发展、移动端平台成为游戏业新方向的时期，EA 面对的不仅仅是像动视暴雪、Take – Two Interactive、Epic Games、索尼这样的老对手（见图 13），还面对着来自中国的新生力量，从 2020 年全球游戏厂商的总收入来看，EA 排在第六名，而后起之秀腾讯已排在第二位。根据《2020 年中国游戏产业发展报告》中的数据，2020 年，中国自主研发的游戏在海外市场的实际销售收入达 154.50 亿美元，比 2019 年增加了 38.55 亿美元，同比增长 33.25%，继续保持高速增长的态势（见图 14）。

TOP 10 BIGGEST VIDEO GAME COMPANIES IN THE WORLD 2021:
1. SONY Gaming Revenue: $25.0 billion
2. TENCENT Gaming Revenue: $13.9 billion
3. NINTENDO Gaming Revenue: $12.1 billion
4. MICROSOFT Gaming Revenue: $11.6 billion
5. ACTIVISION BLIZZARD Gaming Revenue: $8.1 billion
6. ELECTRONIC ARTS Gaming Revenue: $5.5 billion
7. EPIC GAMES Gaming Revenue: $4.8 billion
8. TAKE-TWO INTERACTIVE Gaming Revenue: $3.1 billion
9. SEGA SAMMY Gaming Revenue: $2.3 billion
10. BANDAI NAMCO Gaming Revenue: $2.2 billion

图 13　2021 年全球 10 大游戏公司——按游戏收入排名

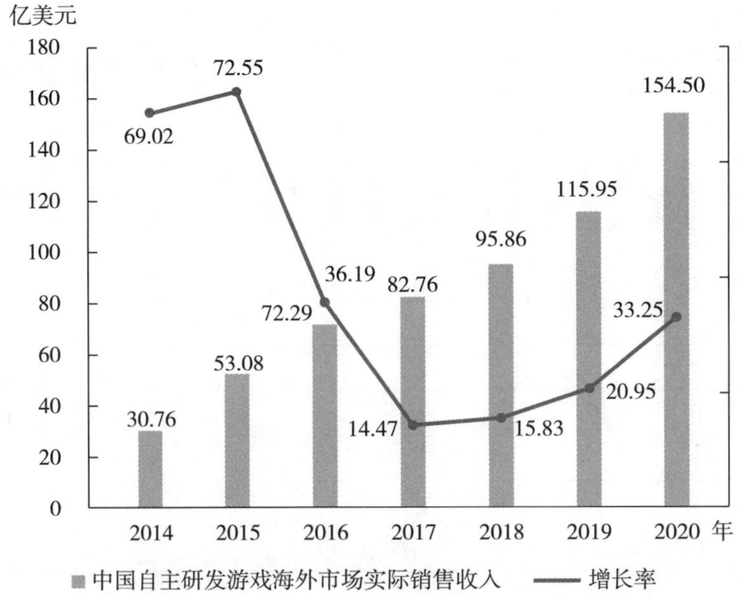

图 14 2014～2020 年中国自主研发游戏海外市场实际销售收入及增长率

但历经 40 年风雨的 EA 也不会轻易被打倒，大量的经典 IP 和优秀工作室是 EA 的核心竞争力。近年来，虽然 EA 的移动游戏业务依然困难重重，但经过阵痛和调整之后，EA 的总收入恢复了增长态势，盈利能力也有了提高，营业利润率超过 20%，股价、市值均达到了历史高位（见图 15、图 16）。

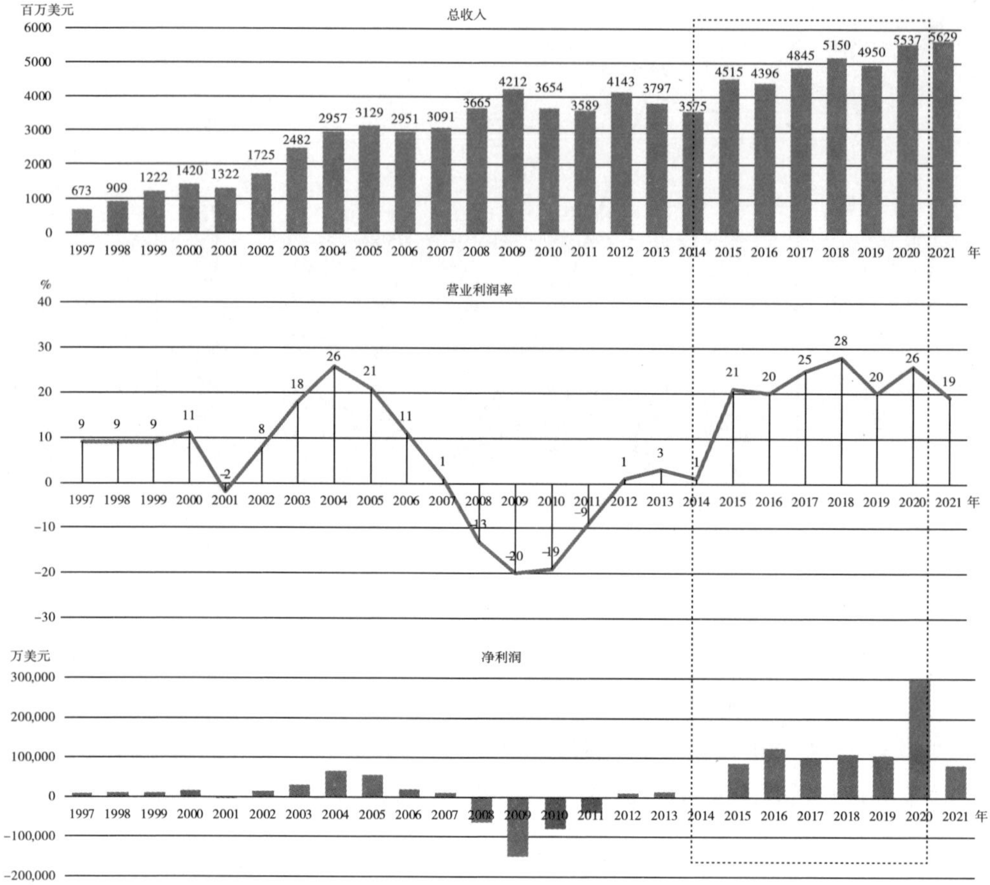

图 15　1997 ~ 2021 年 EA 财务状况

图 16　1990 ~ 2020 年 EA 股价变化

六、30 年并购的“功”与“过”

（一）“功”

从 EA 的发展我们可以看到，上市为企业提供了一个更大的平台，让企业拥有更多的工具，能够更好地进行并购。而并购则像是为企业不断扩充装备，原来只能在陆地上行动，现在则可以海陆空三栖作战，企业拥有的是更多的可能性和更大的发展空间。并购是 EA 贯穿始终的发展策略，通过大大小小 47 起并购，EA 能迅速面对渠道的挑战、平台迭代的挑战、玩家口味变化的挑战、社交游戏的兴起和移动游戏的崛起带来的挑战。EA 能迅速切入新的平台、新的市场，短时间积累大量经典 IP，获得优秀人才进行新作开发和经典 IP 的后续开发，保持源源不断的创新力，这些都依赖并购。

（二）“过”

并购能应对诸多挑战，但是对标的的整合需要时间。EA 马不停蹄地并购，同时面临游戏产业的变化时期，市场波动放大了并购后的消化不良。

EA 早期的整合方式过于强势，使被收购的工作室失去了独立性。

在公司面临转型时，如果没有专业的整合和高效的管理作为基础，前期大量的并购将拖慢公司转型的速度。

公司规模的扩大会带来高昂的管理成本，公司管理层要不断提高管理水平，拥有与规模相匹配的管理能力。

七、结语

一场疫情让游戏业大爆发，进入 2021 年，弹药充足的游戏业掀起了投资并购浪潮。根据 2021 年 7 月 9 日投资银行 Drake Star Partners 发布的最新数据，游戏行业在 2021 上半年完成的投融资交易超过 635 笔，总价值达 600 亿美元。600 亿美元是什么概念呢？2020 年一整年，游戏行业的投融资数额也不过 300 亿美元。这 635 笔交易中有 169 笔是并购交易，交易额达到 230 亿美元。最活跃的收购方无一例外是游戏大厂：腾讯、EA、Epic Games、Take – Two Interactive、字节跳动，游戏业正经历新一轮的并购整合，对处在并购浪潮中的企业来说，真正的考验才刚刚开始。

EA在2021年上半年已进行4次并购（见表1），新一轮的并购依然围绕移动游戏和社交属性展开，希望走出移动游戏业务的困局，进一步推动从主机游戏向移动端游戏的扩展。EA能否总结过去并购和整合的经验，在新一轮的并购浪潮中做到张弛有度，我们拭目以待。

表1　EA在2021年上半年进行的4次并购

并购日期	并购公司	公司类型	国家	交易金额/美元	并购后并入的EA部门
2021年2月18日	Codemasters	视频游戏开发商和发行商	UK	1,200,000,000	Slightly Mad Studios
2021年4月29日	Glu Mobile	移动游戏发行商和开发商	USA	2,400,000,000	—
2021年5月5日	Metalhead Software	视频游戏开发商	CAN	—	—
2021年6月23日	Playdemic	移动游戏开发商	UK	1,400,000,000	—

本文写于2021年8月

当年和吉利一起抄底的 Tata 汽车到底做错了什么?

田雪雯

吉利收购沃尔沃成为经典,Tata 汽车同样抄底福特收购捷豹路虎,但其结果却差强人意。本文复盘了 Tata 汽车收购捷豹路虎的逻辑及合并后的经营策略,梳理了合并后捷豹路虎三个发展阶段的表现和成因,以及深度探讨在 Tata 汽车对捷豹路虎的收购和后期的经营管理中到底做错了什么。

2019 财年第三季度,捷豹路虎"暴雷"巨亏超 40 亿美元,裁员 4500 人,母公司 Tata 汽车遭受巨额损失,股价暴跌约 30%;之后的 2020 财年和 2021 财年,捷豹路虎持续亏损,Tata 汽车深陷泥潭。而同样是在金融危机中抄底,同样是从福特手中接盘,吉利却赚得盆满钵满。2010 年吉利以 18 亿美元完成对沃尔沃的收购,11 年里,沃尔沃的估值翻了 11 倍,如今高达 230 亿美元。2021 年 10 月 29 日,沃尔沃正式登陆纳斯达克 - 斯德哥尔摩证券交易所,成为 2021 年欧洲规模第二大 IPO,也是瑞典历史上第二大 IPO 项目。

两相对比之下,不禁要问,当年和吉利一起抄底的 Tata

汽车到底做错了什么？

一、Tata 收购捷豹路虎的过程

2008 年 3 月 26 日，美国福特汽车公司与印度 Tata 汽车（Tata Motors Ltd，Tata）联合宣布，双方已签署协议，Tata 汽车以 23 亿美元的价格现金收购福特汽车旗下捷豹路虎两大品牌业务，此次收购包含捷豹路虎两大品牌、组装工厂及所有车型的知识产权。

（一）神秘的 Tata 是谁

Tata 集团是印度最大的商业集团，是印度人民引以为豪的第一大企业。从 1868 年创立到现在，Tata 集团已有 153 年的历史。Tata 家族已成为印度最古老、最富有的家族之一。Tata 集团总部位于印度最大城市孟买，其商业运营涉及多个领域，包括通信和信息技术、工程、航空航天、材料、能源、消费产品、金融、保险和化工产品等，可以说，印度人的一生，都离不开 Tata 集团的产品。Tata 集团的足迹遍布世界六大洲 100 多个国家，全球各地的职员数量超 80 万人，2020 年总收入 1030 亿美元，约合人民币 6700 亿元。Tata 集团共有 29 个上市公司，其市值总额约 2420 亿美元（2021 年 3 月），约合人民币 1.6 万亿元。

2008 年借金融危机抄底，一举收购捷豹路虎的 Tata 汽车便是 Tata 集团最重要的公司之一。

（二）福特断臂求生，出售捷豹路虎

2007 年，随着一场全球性金融危机的悄然发酵，福特公司陷入销售骤降、连续亏损（2006 年亏损 126 亿美元、2007 年亏损 27 亿美元）、融资困难、流动资金严重短缺等一系列危机之中。为了摆脱困境，福特决定变卖资产，集中资源到核心品牌，断臂求生。两害相权取其轻，福特公司为保住福特、林肯等核心品牌，不得不忍痛割爱，决定出售捷豹路虎。印度巨头 Tata、Mahindra、投资公司 Apollo Management、Cerberus Capital Management、Blackstone 和 Alchemy Partners 都展现了对买下捷豹路虎的兴趣。其中 Tata 和 Mahindra 拥有汽车产业背景。

经过激烈角逐和多轮加价，最终 Tata 汽车拔得头筹，以 23 亿美元的价格收购了捷豹路虎。要知道当年福特买下这两个品牌共花费约 52 亿美元！福特在 1989 年买下捷豹，花费约 25 亿美元。1989 年，福特正值黄金时期，管理层容易“头脑发热、激情消费”，于是，福特大笔一挥 25 亿美元买下捷豹，业界有一个玩笑，说福特当年 25 亿美元买捷豹，其中的 20 亿都是花在了捷豹“滋滋”的引擎声上。20 亿美元买个情怀，虽是玩笑，但也反映出福特当年 25 亿美元买捷豹确实不够理性。最终，捷豹成了“烫手山芋”，不得不与表现较好的路虎捆绑出售。

就连福特这样的身经百战的老牌企业也会掉入头脑发热、出价过高的并购陷阱，企业家们需在并购中提高警惕，即使目前公司“不差钱”，也要对标的价值进行冷静分析，保持理性和平常心，以专业、审慎的态度评估标的，守好价格底线。

福特在 2000 年买下路虎，花费约 27 亿美元，并耗费心血将捷豹路虎两个品牌合并。

实际上，福特卖掉捷豹路虎，最后只能拿到 17 亿美元，因为 Tata 汽车还要求福特在完成收购交易后，支付 6 亿美元到捷豹路虎养老金计划中，因此，从这笔交易中，福特仅能收回当年买入价格的 1/3。

（三）Tata 抄底，喜忧参半

对福特来说，在众多潜在买家中，只有 Tata 汽车和 Mahindra 有汽车产业背景，而两者中又数 Tata 实力最雄厚，可以说 Tata 是既有资金又有产业资源的优质买家。

但是，Tata 汽车和捷豹路虎服务的是完全不同的细分市场和客户群体，有着完全不同的价值链和商业模式。Tata 汽车的乘用车生产经验主要是廉价小型轿车，Tata 汽车当时还计划生产标价仅为 2500 美元的廉价汽车，捷豹当时在美国的售价可是 50,000 美元起。

捷豹路虎作为豪华品牌，有着高昂的生产成本，需要非常优秀的技术团队和先进的生产设备，同时有着与 Tata 汽车完全不同的细分市场和推广渠道。

虽然 Tata 资金实力雄厚，买下捷豹路虎不是难事，但要想把这两个豪车品牌运营好，将会是巨大的挑战。Tata 是否能在并购后整合价值链实现协同效应，这将是个很大的问号。Global Insight 的分析师 Rebecca Lindland 戏称“这场交易这就像沃尔玛买了普拉达”。

抄底的快乐背后是对未来的担忧。正如 American Motor 前主席 Gerald Meyers 所说，Tata 并不完全清楚这次收购意味着什么。捷豹与路虎捆绑销售，Tata 汽车就不得不接手捷豹这个“烫手山芋”。Gerald 认为，Tata 需要至少花费 100 亿美元整顿捷豹的产品结构，再花费数十亿美元去拓展捷豹的国际销售渠道。重振捷豹路虎是非常大的挑战，Tata 需要有足够的耐心，投入大量金钱，招募更优秀的人才。

Gerald 对 Tata 的担心并非全无道理，路虎还好，捷豹确实是个“烫手山芋”，一直在走下坡路。从 1999 年到 2007 年，捷豹在美国的销量从 35,000 辆跌到 15,700 辆，而路虎在美国的销量从 29,000 辆增长到 49,550 辆。后来的事实证明，Gerald 100 亿美元的估算还是保守的，截至 2018 年，Tata 汽车就已经为捷豹路虎投入了近 220 亿英镑，约合 300 亿美元。

（四）Tata 汽车收购捷豹路虎的交易逻辑

Tata 汽车花了前前后后近一年的时间，才最终突出重围，拿下捷豹路虎。

市场上有一种说法，称 Tata 对捷豹路虎的执着是一场对福特的“复仇”。

相传在 1998 年时，Tata 汽车造出了自己的第一代乘用车 Tata Indica，但是由于市场竞争激烈，这款车并没有取得商业上的成功。福特借机表达了收购 Tata 汽车部门的想法。Tata 的掌门人 Ratan Tata 先生于是飞到底特律和福特就该想法进一步洽谈，然而，在这次见面中，福特管理层却表现得非常傲慢。他们告诉 Ratan Tata 他不该去造车，福特买下他的汽车部门是帮了他一个大忙。Ratan Tata 认为自己受到了无礼的对待，当天晚上便返回印度。

三十年河东，三十年河西，Tata 汽车在之后的几年发展得越来越好，这次要给福特“帮一个大忙”了。故事的真实性暂不讨论，但 Tata 汽车收购路虎捷豹确实有其合理性。

从 Tata 的角度，买下捷豹路虎可以让 Tata 拥有捷豹路虎全部车型的知识产权，可以接触到世界一流的汽车工程技术，Tata 汽车可以借此迅速拓展产品线，从低端乘用车市场进入豪华乘用车市场，收购捷豹路虎还可以让 Tata 拥有更大、更国际化的销售网络和更优秀的客户服务能力。

捷豹路虎的加入，将让 Tata 汽车的销量一下子突破 80 万辆，让 Tata 汽车一跃成为世界一线汽车企业。“里子”“面子”都有了。

福特的诉求很简单，那就是钱。当时正值金融危机，很多企业自身难保，Tata 汽车背靠 Tata 集团，实力雄厚，当时那种经济形势下，像 Tata 汽车这样能一掷千金的汽车企业寥寥无几。此外，福特希望买家尊重捷豹路虎的品牌价值，能帮助这两个豪华品牌继续发展下去。Tata 汽车由于缺乏豪车生产、运营的经验，选择让捷豹路虎独立发展、自主运营，这更加博得了福特和捷豹路虎的好感。

二、Tata 治理下的捷豹路虎都经历了什么

（一）2009～2012 财年——过渡期

完成收购后，Tata 对如何整合、管理捷豹路虎做了一定研究，其中的一些想法、做法很有借鉴意义。

（1）Tata 汽车原则上不干预捷豹路虎的管理，为捷豹路虎提供资金和资源上的支持，尽可能地放权。Tata 作为印度公司和捷豹路虎的企业文化、组织架构差异极大。于是，Tata 汽车决定扮演一个辅助者而非控制者的角色，让捷豹路虎的管理层有足够的自主权。Tata 的这一承诺受到了捷豹路虎管理层的欢迎，大大增强了捷豹路虎的管理层以及员工的信心，对保留捷豹路虎核心人员和优秀员工起到了非常积极的作用。同时，Tata 汽车也是在向市场表明，捷豹路虎在 Tata 的带领下不会“变味”，降低捷豹路虎易主这一事件对目标用户的影响，维护了目标用户对这两个品牌的好感度和忠诚度。

（2）Tata 汽车还承诺在 2011 年之前不会搬迁工厂、不会改变现有的生产计划。这就为并购后的平稳过渡奠定了基础。捷豹路虎的生产计划、生产秩序不会被打乱，并购在生产环节中的影响被降到最低。同时，这个承诺让 Tata 赢得了工会和当地政府的好感，有利于并购和整合的进行。

当然这也意味着，Tata 需要支撑捷豹路虎高昂的生产成本，在实现降本增利的道路上，Tata 要有更大的耐心，等到时机成熟时再对捷豹路虎“改革”。

Tata与福特约定，福特将在不同阶段继续为捷豹路虎提供动力系统、冲压件及其他车辆配件，此外也会提供各种技术，如环保和平台技术等。福特汽车同时承诺会提供包括研发在内的工程支持，还有信息技术及其他服务等。让福特成为捷豹路虎的主要供应商，一是可以保证生产活动的顺利开展；二是捷豹路虎确实还无法完全脱离福特的技术支持，捷豹路虎需要时间研发独立的动力系统；三是在不影响捷豹路虎品质的前提下，TaTa难以在短期内找到替代福特的零部件供应商。因此，Tata选择在短期内仍与福特保持密切联系，以换取捷豹路虎独立研发的时间和空间。

同时，在过渡期间，福特的汽车信贷公司会继续为捷豹路虎的经销商和客户提供金融服务。这种安排是为了降低并购对终端用户和经销商的影响，让捷豹路虎的销售活动能继续顺利进行。

Tata在并购的细节里体现出了对用户、经销商、员工、政府、工会等一系列利益相关方的关注，对可能出现的风险和不利影响早早做了深入研究并进行积极防控，这非常值得企业家们学习。

除让捷豹路虎平稳过渡外，Tata还大胆支持捷豹路虎对中国市场的探索。捷豹路虎的管理层在采访中曾表示，他们很感谢Tata汽车的放权以及对他们进入中国市场的支持，这种富有冒险精神的决定在谨慎并且有些官僚的福特的治理下是不可能出现的。

2010年，捷豹路虎以硬朗的外表加英伦基因的豪华品牌的形象正式进入中国市场，一时成为中国高端汽车市场的宠儿。

从2009～2012财年捷豹路虎的全球零售销量变化可以看出，Tata一系列的整合措施确实让捷豹路虎实现了平稳过渡，在Tata的放权与支持下，捷豹路虎抓住飞速发展的中国市场，走出了危机，销量一路增长（见图1）。

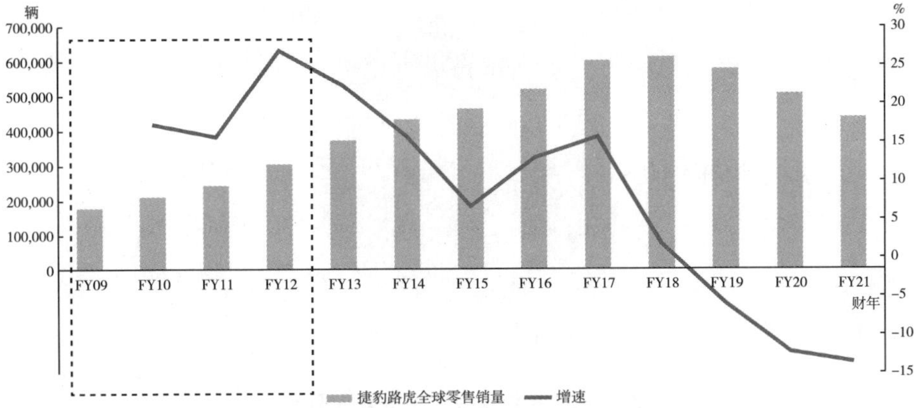

图 1　捷豹路虎全球零售销量与销量增长率

注:FY09 为 2009 财年,指 2008 年 4 月 1 日 ~2009 年 3 月 30 日。

值得注意的是,在过渡期,捷豹路虎仍一直沿用着福特时期的设计方案、福特的动力系统和零部件,到 2013 年,在 Tata 的治理下,捷豹路虎还未独立研发过一款车型,也就是说,Tata 汽车与捷豹路虎的考验在 2013 年才真正开始。

(二)2013 ~2018 财年——上升期

Tata 汽车在 2013 年制定了一系列战略,包括:大力投入资金,支持捷豹路虎新一代产品和动力系统的研发,让捷豹路虎拥有自主研发的动力系统,减少对福特的依赖;进行小型动力系统整合计划,完成后 Tata 汽车的高端车型和捷豹路虎的入门级车型将使用同样的引擎,以此来实现成本协同效应;拓展捷豹路虎的产品线,进入比豪车市场单价略低的大众市场,以此满足以中国为首的新兴市场的需求等。

2014 年,捷豹路虎正式开启中国国产化之路,与奇瑞汽车合作成立的奇瑞捷豹路虎有限公司在江苏常熟投产了首款车型。捷豹路虎押宝中国市场无疑是正确的决定,中国市场的收入在捷豹路虎的总收入中的占比逐年增加,至 2018 财年,中国已成为捷豹路虎在全球最大的市场,中国市场的收入占其总收入的 24%(见图 2)。

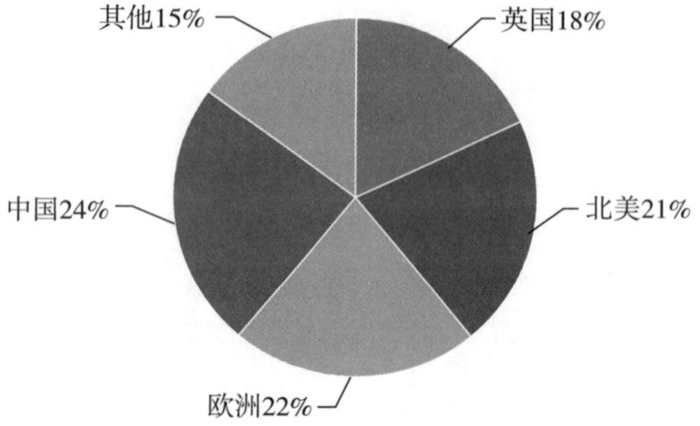

图 2　2018 财年捷豹路虎收入分布

捷豹路虎的总收入和总销量都保持向上的势头(见图 3、图 4)。

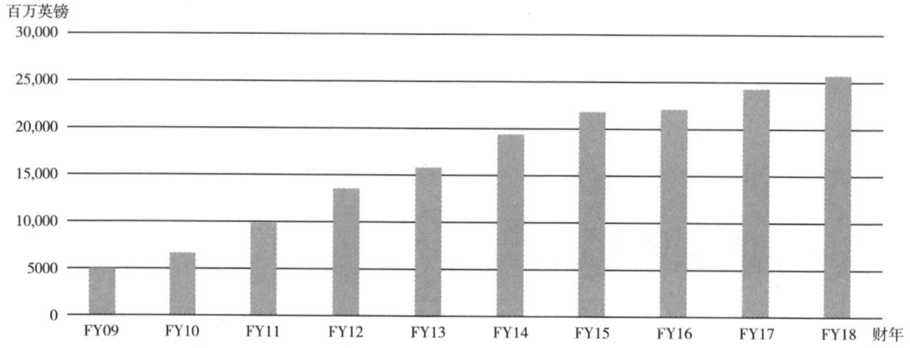

图 3　捷豹路虎销售额

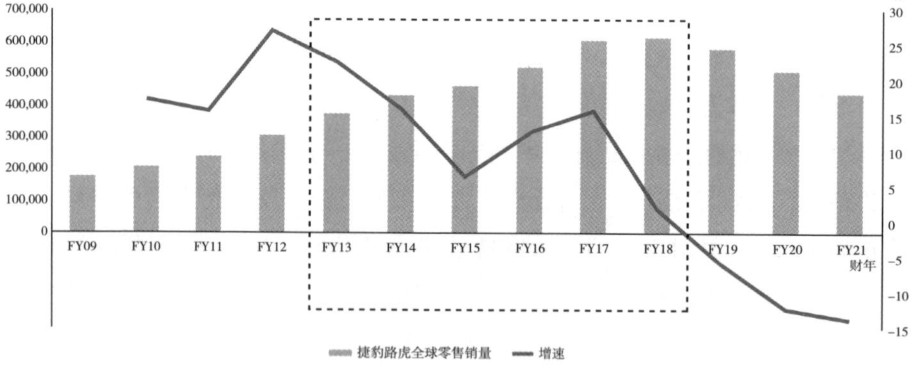

图 4　捷豹路虎全球零售销量与销量增长率

然而，销量的增速却不断放缓，净利润也在2015财年后出现下滑（见图5）。

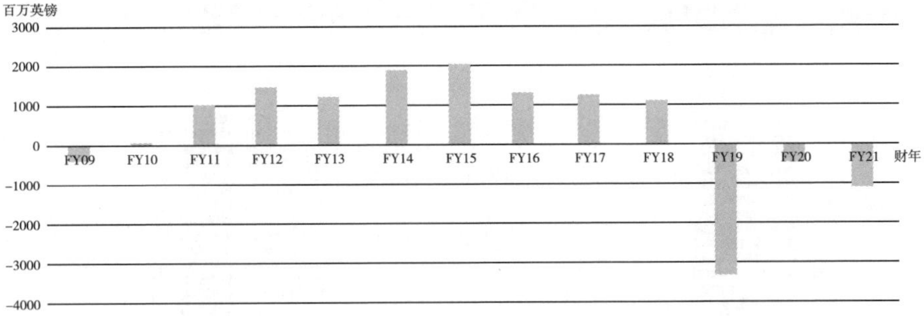

图5　捷豹路虎净利润

捷豹的一直表现不佳，颇有拖路虎后腿的意思（见图6）。

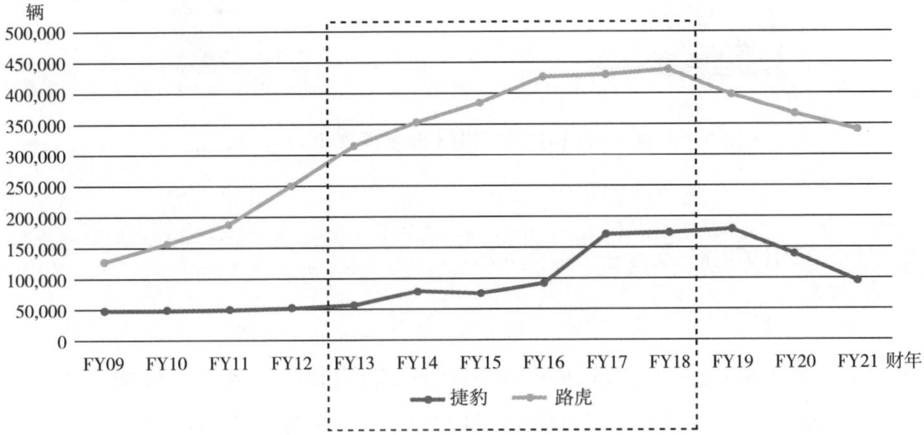

图6　捷豹路虎零售销量趋势

除过度依赖中国市场、销量增速不断放缓、捷豹销量常年拖后腿这些问题外，捷豹路虎还多次陷入质量风波。从2017年开始，捷豹路虎多次出现质量问题，召回风波不断，品牌口碑一落千丈。在J. D Power每年公布的车辆可靠性调查中，2017年路虎的可靠性远低于行业平均水平；2018年，路虎可靠性垫底，捷豹低于行业平均水平（见图7）。

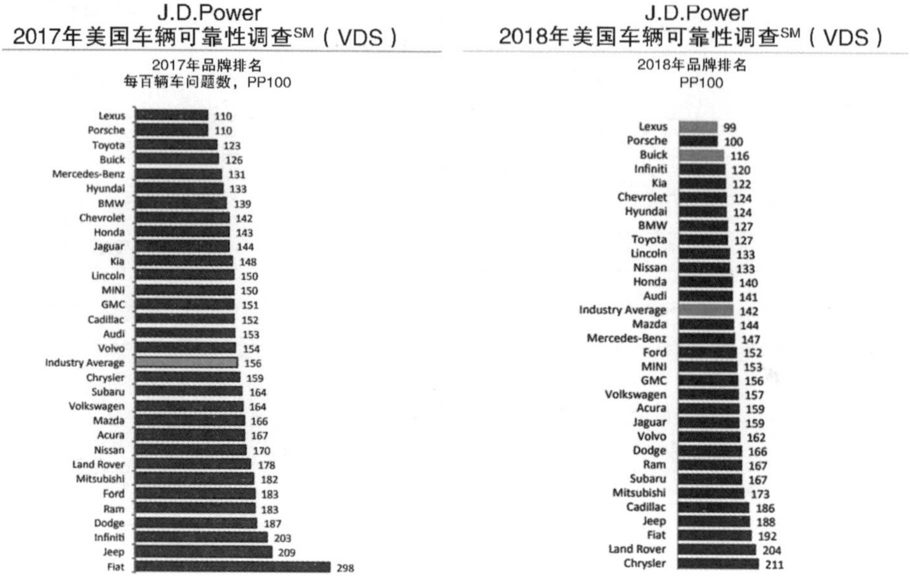

图 7　J. D. Pwer2017 年、2018 年美国车辆可靠性调查

资料来源:https://www.jdpower.com。

(三)2019 财年至今——疼痛期

然而噩梦还没有结束,2019 年捷豹路虎再次陷入召回风波。在 J. D Power 公布的车辆可靠性调查中,2019 年到 2021 年,捷豹和路虎的可靠性均垫底,质量成了捷豹路虎的硬伤,这严重影响了捷豹路虎的品牌形象和用户忠诚度(见图 8)。

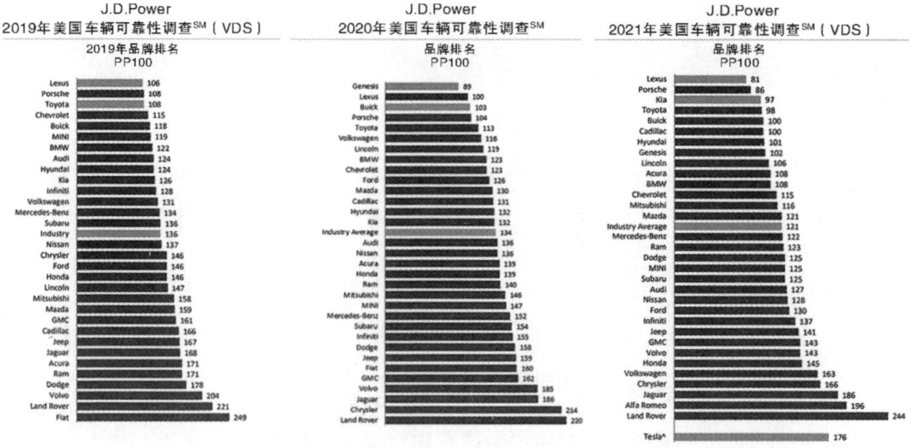

图 8　J. D. Power 2019 年、2020 年、2021 年美国车辆可靠性调查

资料来源：https://www.jdpower.com。

捷豹路虎的营销策略也有问题，捷豹路虎走高端市场，但在销量下滑的压力下，选择了大力降价促销，以价换量，这让很多车主难以接受，同时严重损害了其高端品牌的定位。

另外，在中国进行国产化时，捷豹路虎选择了品牌溢价能力较低的奇瑞进行合资，与其高溢价的豪车定位不契合，造成品牌形象模糊、品牌定位混乱。

中国是捷豹路虎的最大单一市场，其重要性不言而喻，虽然捷豹路虎非常重视中国市场，但是其在中国进行国产化后并未形成特别受欢迎的主力车型，并没有牢牢抓住中国消费者的心。

这一系列的问题严重影响了用户忠诚度和品牌溢价能力，使豪车消费者很难从心理上认同捷豹路虎，同时大众消费者又不愿为其品牌溢价买单，更别提令人担忧的质量问题，这样的捷豹路虎如何能应对奥迪、宝马等德系豪车的竞争？因此，捷豹路虎走上了下坡路（见图 9）。①

① 图 9 至图 13 数据源于捷豹路虎、沃尔沃官网，广慧并购研究院整理。

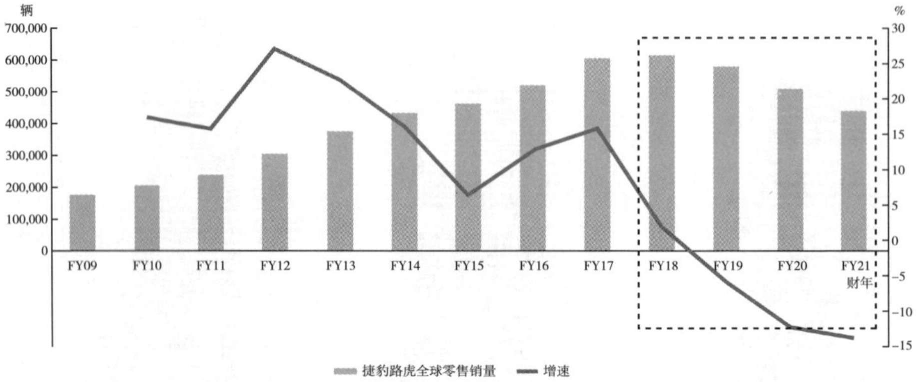

图 9　捷豹路虎全球零售销量与销量增速

2019 财年，也就是 Tata 汽车收购捷豹路虎的第十一个年头，捷豹路虎在第三季度突然暴雷，巨亏 34 亿英镑（超 40 亿美元），裁员 4500 人，造成其历史上最大季度亏损，直接导致 Tata 汽车 2019 财年税后净亏损约 32 亿英镑。据印度当地媒体报道，捷豹路虎的暴雷，也创造了当时印度公司历史上最大的季度亏损（见图 10）。

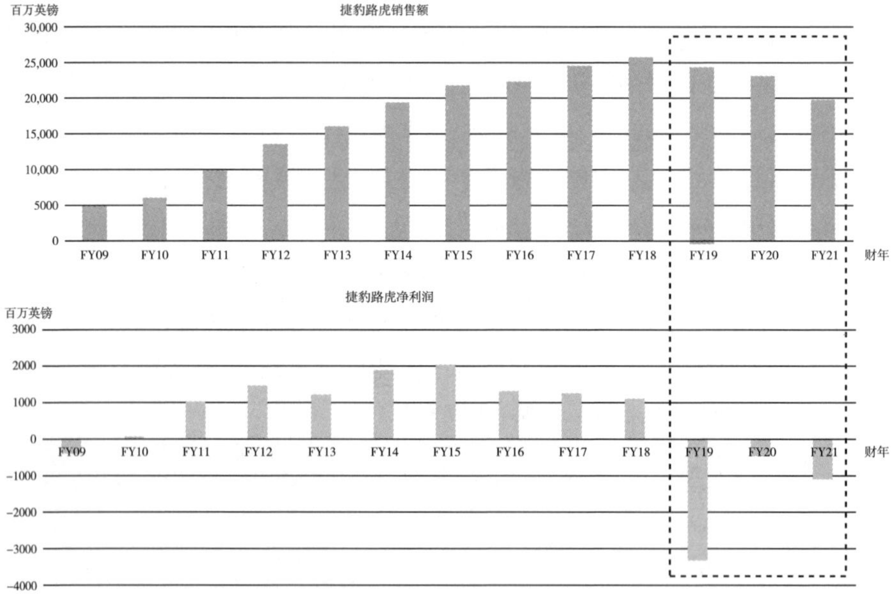

图 10　捷豹路虎销售额及净利润

之后的2020财年和2021财年，捷豹路虎依旧没有扭转销量下滑的颓势，销售额持续下降，尽管Tata汽车出台了一系列降低成本的举措，包括大规模裁员、关闭部分工厂，但捷豹路虎依然没有扭亏为盈。

反观同样被福特"抛弃"、被亚洲公司收购的沃尔沃，却有着不一样的命运。被吉利收购后沃尔沃全球销量稳步增长，屡屡打破自己的销售记录，尤其是吉利和沃尔沃通过技术共享，打造的"领克"品牌大获成功，并且从2018年开始，沃尔沃的几款主打车型也受到了中国市场的欢迎(见图11、图12)。

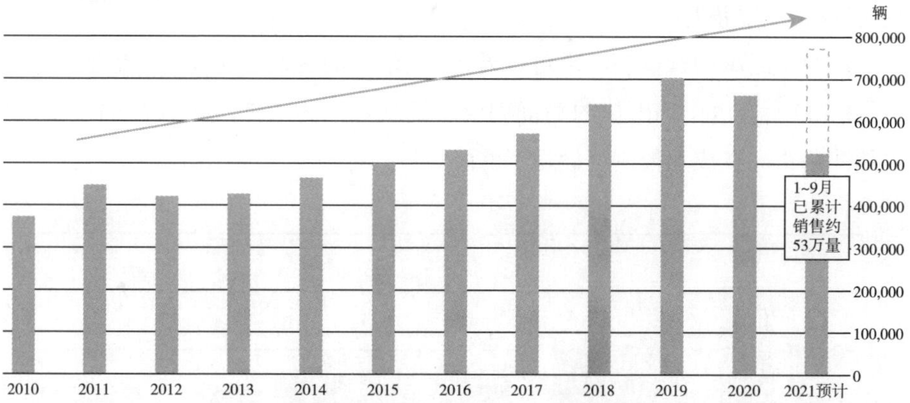

图11　被吉利收购后沃尔沃全球销量变化

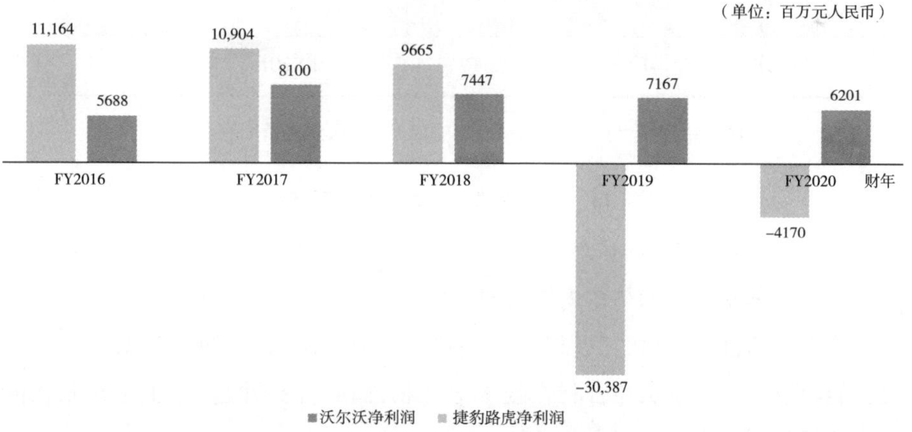

图12　沃尔沃和捷豹路虎净利润对比

注：换算汇率为历年年末中国外汇交易中心公布的人民币汇率中间价。

吉利和 Tata 汽车都选择了让品牌独立发展、独立运营，但为什么捷豹路虎和沃尔沃的结局会如此不同？

究其根源，在于捷豹路虎在技术水平、研发能力和品牌管理能力上的不足。在技术上，捷豹路虎质量问题频出、召回风波不断；在新品研发上，捷豹路虎缺乏新的明星车型；在品牌管理上，沃尔沃能让消费者联想到"高安全性"，但是捷豹路虎的品牌形象就比较模糊，不够"豪"，也不"平价"，除了英伦血统，很难让人想到其他的特点。近年来不断地大力促销，也让捷豹路虎的品牌溢价能力降低、品牌形象受损。

从两个品牌的营业利润率可以看出，沃尔沃的盈利能力更强，表现更稳定（见图 13）。这也反映出捷豹路虎和沃尔沃虽然同为生产成本较高的豪车，但显然捷豹路虎在成本控制上做得不够好。

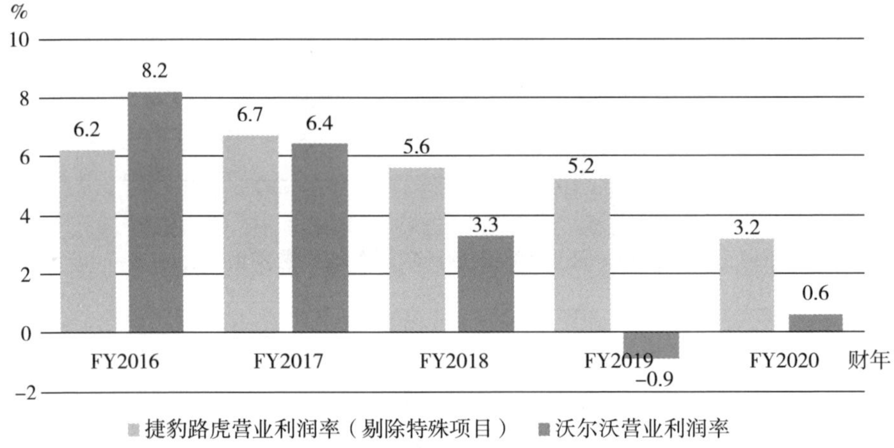

图 13　捷豹路虎、沃尔沃营业利润率

同时，沃尔沃和吉利虽然运营独立，但是技术"抱团"。2012 年，沃尔沃与吉利签署汽车安全技术与车内空气质量技术合作协议，此后沃尔沃和吉利不断加深技术上的合作，以相互授权的方式共享动力技术与零部件采购，还共同开发新能源技术。沃尔沃与吉利在技术上互相推动，齐头并进，这也是沃尔沃能保持较强研发能力的原因之一。

如今，发展新能源汽车、实现电动化转型是捷豹路虎和沃尔沃共同的挑战。沃尔沃计划用上市筹集的约 250 亿瑞典克朗（约合人民币 184 亿元）资金推动公司的电动化转型,决心在新能源汽车这片红海中杀出一条血路。捷豹路虎也在今年宣布了全新的全球战略,包括捷豹将从2025年起成为纯电动品牌;路虎将在未来5年推出6款纯电动车型;2039年捷豹路虎将实现净零碳排放;未来10年内,捷豹和路虎品牌的所有车型都将提供纯电动产品等。

三、结语

捷豹路虎和沃尔沃在新能源汽车的战场上将再次相遇,此番,他们还将遇到很多新的对手,共同争夺这片新兴市场。Tata汽车能否在新一轮的较量中走出并购危机,帮助捷豹路虎扭转乾坤、实现弯道超车,我们拭目以待。

本文写于2021年11月

“史前巨兽”，以一副新的面孔，回来了

田雪雯

热闹的分拆潮似乎预示着多元化庞大商业帝国或许即将成为历史，多元化联合集团的时代似乎就此终结，然而，在深度分析近几年的并购数据后，一个鲜为人知的事实展现在眼前，新一代多元化大型联合集团竟在不知不觉中悄然诞生。多元化路线究竟是对还是错，这一“古老”问题再次激发新的探讨。

“史前巨兽”是对多元化大型联合集团的戏称，在西方学术界，多元化联合集团的模式已是古老的“史前”模式，现存的多元化联合集团虽是庞然大物但大多已不复往日辉煌。

对能够“一统天下”、建立赫赫有名的多元化庞大商业帝国、成为商界传奇的追求，源于人类古老的原始的欲望，浇灭这与生俱来的欲望，服从理性的安排，是一种理智与情感的对抗。

通用电气、强生、东芝、西门子等百年帝国纷纷解体，多元化联合集团（Conglomerates）的时代就此终结？

不！欲望不灭，多元化庞大商业帝国的信仰不会灭。

热闹的分拆潮背后，在隐秘的角落里，我们看到，“史前巨兽”回来了，以一副新的面孔，回来了。

Conglomerates 一词指旗下业务横跨多个不相关行业的大型联合集团，它们通常是大型跨国公司，穿越多个经济周期，通过一系列并购扩张将触角伸向多个不相关的行业和板块，形成庞大的商业帝国。那些赫赫有名的老牌巨头，如通用电气、西门子、陶氏杜邦、ABB、霍尼韦尔等都是多元化巨无霸联合集团的典型代表，不少联合集团都有上百年的历史。比如，最近颇受关注的美国通用电气公司，其历史可以追溯到 19 世纪，发明家爱迪生是在华尔街的缔造者、著名银行家 J. P. Morgan 先生和 Anthony J. Drexel 先生的资助下创立了通用电气。通用电气经历了美国经济在一个多世纪的时间里的起起落落，曾一度是美国商业实力在全球的象征。

人类金融史上第一次大规模“多元化联合集团风潮”（conglomerate boom）始于 20 世纪 60 年代，由于利率低、股票估值方式不成熟、股票价格相对较高、会计准则宽松等因素，大集团能够通过杠杆以极低成本收购有一定盈利能力的小公司，并将标的公司的收益添加到自身收益中。收购方通常以现金以外的其他方式结算交易，如无担保债券、信用债券、可转换金融债券等。这一系列操作可以迅速带来收购方每股收益的提高和自身股价的上涨。

通过重复这些操作，公司可以在短时间内迅速扩张，股价迅速攀升。这引得许多职业经理人都投入到建造庞大帝国的狂热中，这股风潮催生出很多当时著名的大型多元化联合集团，比如 Ling - Temco - Vought（LTV），拥有十几条不同的业务线，从消费电子、网球拍、肉制品到飞机、钢铁等。再如 ITT Corp 和 Litton Industries。

这股建造帝国的风潮逐渐演变成一场贪婪的投机和炒作，快速的无脑扩张并不能带来持续的可观的投资资本收益率，只能营造一种发展的假象。

当 20 世纪 80 年代，美国为了应对持续升高的通货膨胀，提高了利率，微薄的投资资本收益率无法负担杠杆收购成本时，虚假的繁荣烟消云散，美国许多大型联合集团走向破产。

而此时，这股风潮已经扩散到了美国之外的地方。日本和韩国也催生出大型多元化财团。

很快，多元化联合集团的弊端就暴露出来：快速扩张让企业负债累累；无序并购导致暴雷频发，给母公司带来巨额损失；表现好的业务被亏损的业务拖累，导致公司整体表现长期不佳；部门间相互掣肘影响效率；规模太大，公司开始严格推行制度，员工因循守旧，失去创新力；组织结构复杂，决策效率低，业务调整缓慢，对市场变化无法做出迅速反应；等等。

多元化究竟对还是错，对这一问题的争论从未停止。

支持多元化大型联合集团模式的一大观点是多元化联合集团可以使投资人分散风险。公司旗下有多种不相关的业务，东方不亮西方亮，公司盈利会更稳定，投资者风险更小。

但从投资者的角度来说，他们完全可以将资金分别投在钢铁公司、食品公司、影视公司，并没有必要投到一家既生产钢铁、食品，又制作电影的公司中，更何况这些业务都被同一位首席执行官管理着。多元化大型联合集团模式的经济合理性很难被论证，但有一点很明显，那就是管理这样的集团难度非常大。既然投资人能够通过投资不同的公司，以低廉而便捷的方式分散风险，那管理者为何还要以高昂的管理成本、组织成本为代价去替投资人做这件事呢，这显然不符合逻辑。

很多学术研究指出，多元化大型联合集团存在“多元化折价”，也就是说，多元化联合集团的市场价值会比与其类似的单一行业企业的市场价值低。根据Rajan, R., H. Servaes, L. Zingales 等学者的估算，这个折价约有 10%。

“多元化折价”在多个国家、多个行业和多个时间段被反复验证，多元化不仅没有像想象中那样为投资人创造价值，反而让公司价值大打折扣。虽然如此，仍有很多企业管理者甚至创始人，推动着大大小小缺乏底层逻辑和冷静思考的并购，只为满足建立商业帝国的欲望，盲目多元化、盲目并购，最终将“一手好牌打得稀烂”。

在 20 世纪 80 年代到 90 年代，那时的通用电气实现了一定的价值增长，但这种增长也只是昙花一现，并不可持续。在 Jack Welch 之后，通用电气的收入增长进入瓶颈期，随后便迅速下滑，市值也一落千丈（见图 1）。并且市场对通用电气财务方面的真实性也产生了怀疑，因为通用电气通过多元化扩张，公司结构过于复杂，其财报被分析师们称为有史以来最复杂的财报，很多人相信其实没有一个人能真正读懂通用电气的财务报表。面对业绩的不断下滑和市值的不断蒸发，通用电气只好为多元化买单，不断出售之前买来的非核心资产，剥离业务，分拆部门，壮士断腕。

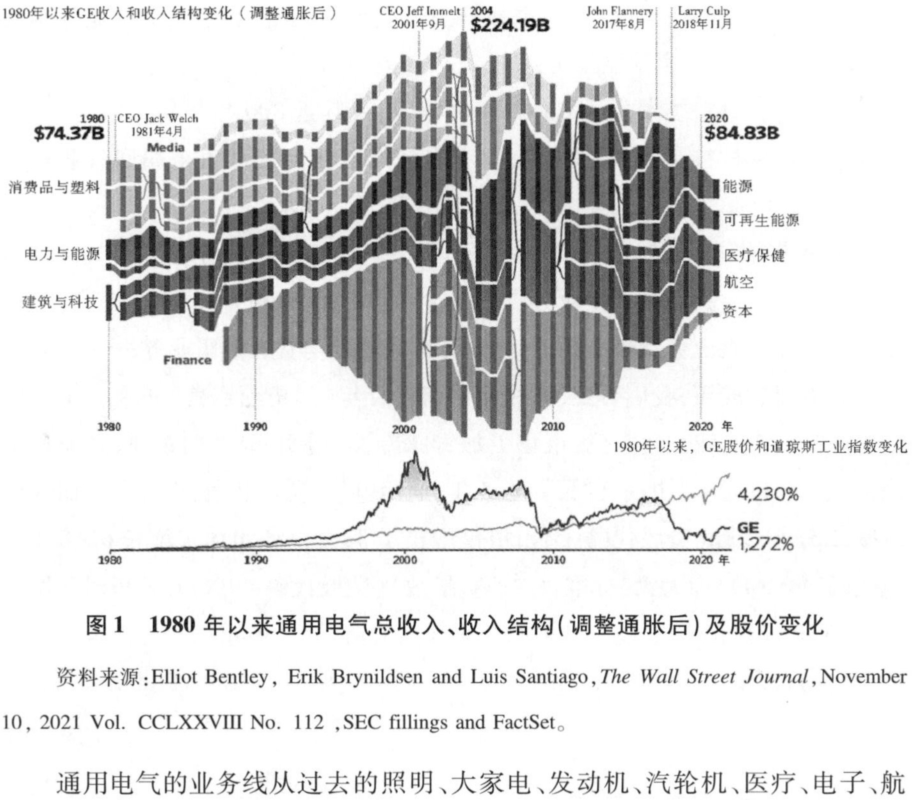

图 1　1980 年以来通用电气总收入、收入结构（调整通胀后）及股价变化

资料来源：Elliot Bentley, Erik Brynildsen and Luis Santiago, *The Wall Street Journal*, November 10, 2021 Vol. CCLXXVIII No. 112 ,SEC fillings and FactSet。

通用电气的业务线从过去的照明、大家电、发动机、汽轮机、医疗、电子、航空、材料、娱乐、媒体、金融、信息技术、新能源等逐渐缩减，出售的出售，分拆的分拆，直至近日，GE 将最后的残垣断壁一拆为三，只留下发动机制造业务，其余的医疗和能源业务将被剥离，成为两个独立的公司。一个拥有近 130 年历史的多元化帝国就此退出历史舞台，化为历史的一粒尘埃。

通用电气并不孤单，历经了相似命运的多元巨无霸还有：

西门子，逐步分拆其油气发电、风电等能源业务和医疗业务，仅保留数字工业、智慧基础设施和交通业务；

强生，选择专注于制药和医疗器械业务，将消费者健康部门剥离；

东芝，将一拆为三，一家专注于新能源和基础设施，一家专注于半导体，一家专注于闪存芯片业务；

陶氏杜邦，分拆为新陶氏、杜邦和农业技术公司柯迪华；

霍尼韦尔，分拆独立出智能家居公司 Resideo 和交通系统公司盖瑞特；

美国联合技术公司（UTC），选择聚焦航空，将其电梯和暖通空调业务剥离为 Otis 和 Carrier 两家独立公司；

英国著名材料技术公司 Cookson 集团，结束其近 300 年的历史，拆分为专注于电子组装材料业务的 Alent 公司和专注于工程陶瓷和贵金属回收业务的 Vesuvius 公司；

ABB 集团，全球最大的跨国工程公司之一，出售其电网业务后不久又宣布计划剥离或出售其涡轮增压业务、动力转换业务和机械动力传输业务；

英国葛兰素史克和美国辉瑞，计划分拆它们的消费者健康业务……

分拆蔚然成风，我们看到，那些叱咤商界百年的“史前巨兽”正在一个个倒下、分解、消亡。我们还看到，市场更加青睐专注、透明、灵活的企业，多元化集团模式成为过时的“史前文明”。近 5 年，通用电气（美股代码：GE）市值缩水约 51%，Loews Corp（美股代码：L）市值仅增长了 34%，3M 市值仅增长 6.4%（美股代码：MMM），而大盘（标准普尔 500 指数）（美股代码：SPX）在这段时间增长了约 117%（见图 2）。越来越多的企业开始看清，盲目多元化的尽头是一场欲望幻化的烟火。

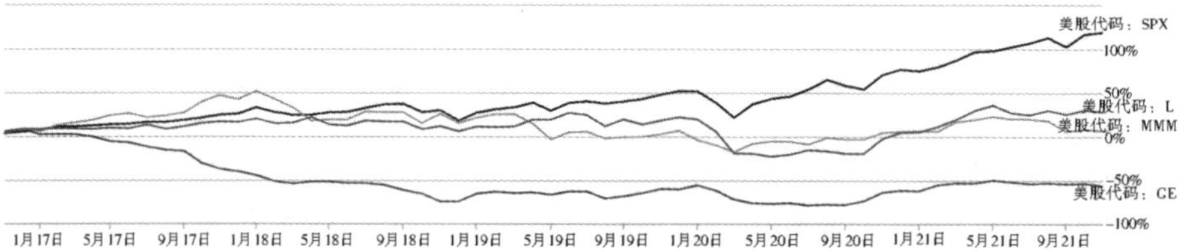

图 2　2017～2021 年多元化联合集团市值变化

资料来源：MarketWatch，广慧并购研究院整理。

然而，纽约大学教授 Baruch Lev 近期的研究却展现了天平的另一端。在分析了 36,000 个企业并购案例样本后，Baruch Lev 教授发现，过去 10 年间，企业（跨不相关行业的）多元化并购案例的比例从 35% 升高到了 47%。也就是说，企业对多元化的追求不但没有消失，反而还有所增强。只不过，这次追逐多元化帝国的不再是工业企业，而变成了科技巨头。曾几何时，从烤面包机到螺旋桨，几乎所有的东西都出自通用电气，而今天，从零售店到云计算，从流媒体到自动驾驶，亚马逊从不缺席，还有微软、苹果、alphabet、Meta Platforms 等。随着一系列并购扩张，新一代多元化大型联合集团（Conglomerates）在不知不觉中悄然诞生。

面对这样的现象，Baruch Lev 教授不禁感慨："史前巨兽回来了，它们换了一副面孔，回来了。"

新一代多元化联合集团的血液里依然流淌着对跨行业多元化并购扩张的信仰，它们相信"赢者通吃"，眼神里涌动着建造庞大商业帝国的欲望。它们如自己的"前辈们"那样开疆拓土，几十年来，收购了数百家公司，构建起复杂的商业版图，希望成为"一统天下"的商业霸主。

华盛顿邮报做过一个粗略的统计，截至 2021 年 4 月，谷歌公开的并购有 268 起，其中与公司原始业务（搜索引擎、广告、地图、移动业务）无关的并购高达 187 起；苹果公开的并购共 123 起，其中与原始业务（软件、硬件和应用程序）无关的并购高达 96 起；亚马逊公开的并购有 111 起，其中和原始业务（电子商务）无关的并购为 71 起；Meta Platforms（脸书）公开的并购有 105 起，其中和原始业务（社交媒体、广告、通信业务）无关的并购高达 77 起（见图 3）。

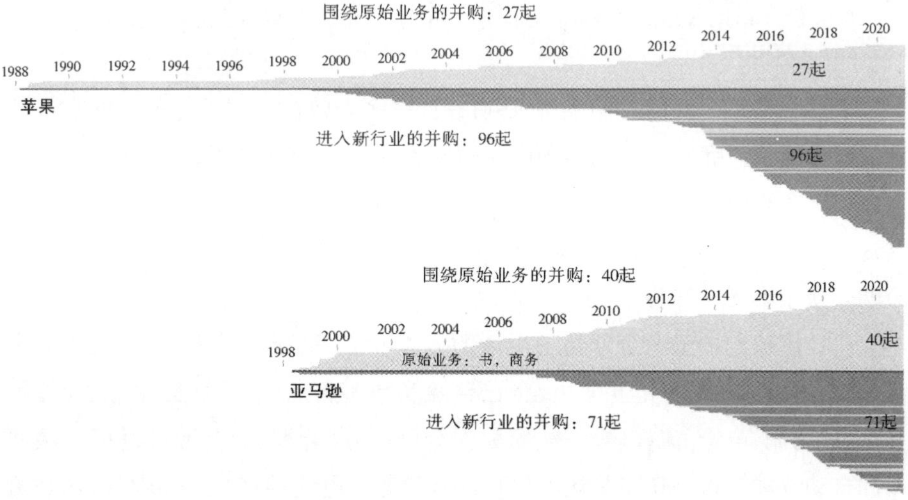

图 3　谷歌、苹果、亚马逊和 Meta Platforms 的并购案例梳理

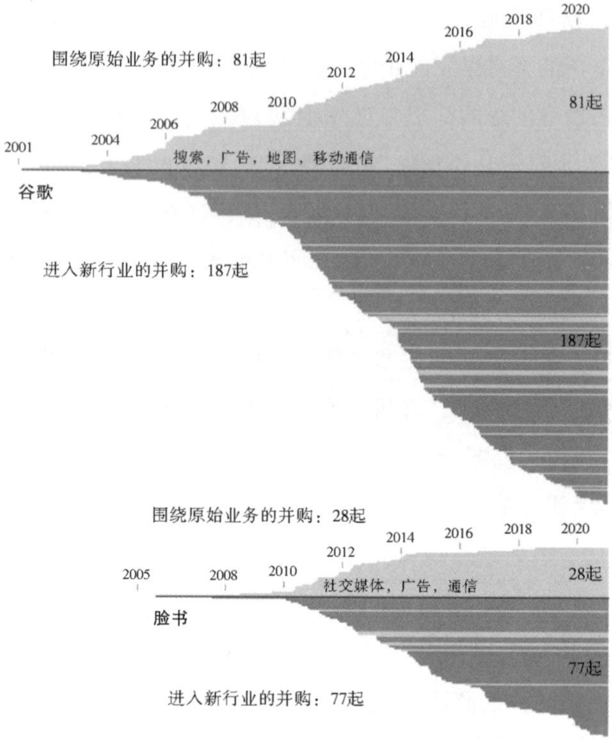

图 3　谷歌、苹果、亚马逊和 Meta Platforms 的并购案例梳理(续)

资料来源：Chris Alcantara，Kevin Schaul，Gerrit De Vynck and Reed Albergotti，www. washingtonpost. com April 21st 2021。

而这只是被公开的并购案例，还有许许多多未曾被公司披露的并购在推动它们成为科技巨无霸。根据美国联邦贸易委员会(FTC)在 2021 年 9 月的一份研究，从 2010 年到 2019 年，微软、苹果、谷歌、Meta Platforms(脸书)和亚马逊总共进行了 616 次低于 FTC 披露门槛，但价值至少 100 万美元的收购，其中许多收购公众根本无从知晓。

科技巨头们的触角延伸到了生活的方方面面，以亚马逊为例，从在线零售开始，通过上百次的并购扩张，业务已覆盖实体零售店、医疗保健服务、计算服务、全球物流、电影、流媒体服务、家庭安全服务等，近期，亚马逊又进军卫星网络和自动驾驶。这一切不禁让人想到曾经的通用电气、西门子、ABB，市场开始担忧，新一代多元化联合集团会重蹈覆辙，最终走向解体。

新一代的多元化联合集团是否也会被多元化所累，走向和“前辈们”一样的结局？答案似乎并没有那么显而易见，因为新一代的多元化联合集团和以通用电气为代表的经典多元化联合集团模式有些许不同，可以说出现了“进化”。

例如，谷歌母公司 Alphabet 吸取了“前辈”的教训，从通用电气的经验中意识到财务透明对公司发展和获得投资人认可的重要性。庞大复杂的商业版图会使集团财报变得复杂难懂、缺乏透明度，如不改变，就会像通用电气那样，使投资人丧失对公司的信任和认可。因此，Alphabet 专门聘请了 Ruth Porat 这位来自摩根士丹利的经验丰富的财务主管，来整顿集团的财务工作，力图把复杂、庞大的商业版图较为清晰地呈现在财务报表上，使投资人知道集团的钱都花在了哪里。这些举措让投资人对 Alphabet 的资本管理效率重拾信心。

再以亚马逊为例，亚马逊的业务虽横跨不同行业，但基于“互联”与“平台”的模式，使信息技术、数据、人工智能等领域的边界变得模糊，零售、医疗保健服务、影视、流媒体等业务通过“平台”可以被巧妙地粘在一起，使得这些业务可以覆盖相同的目标客户群。通过为同客户提供不同的产品、服务和体验，不同业务间可以建立联系，相互作用。而通用电气时代的多元化联合集团各个业务覆盖的客户群体相对独立，业务间界限分明，无法相互促进。虽然亚马逊并不是所有的多元化并购都围绕着这一思想，但相较于通用电气时代的多元化联合集团模式，科技巨无霸的多元化联合集团模式中多了几分“思考”，是一种进化。

亚马逊对其面向商业企业的云计算业务（AWS）这一不相关的业务的整合方式也和通用电气不同。亚马逊让 AWS 部门保持相当大的独立性，拥有很大的决策自主权，大大提高了管理效率。目前来看，亚马逊的“放权”非常有效，AWS 已成为亚马逊的明星业务，2021 年前 3 个季度，AWS 在集团总收入中的占比为 13%，却为集团贡献了 62% 的营业利润。这种管理方式的调整也不失为一种进化。

尽管如此，多元化联合集团模式的弊端依然存在。例如，亚马逊的电商业务表现一般，长此以往，AWS 势必会被这些表现一般的业务所拖累，错失发展的良机。许多投资人因此呼吁亚马逊分拆 AWS，成立独立的公司，专注于云计算业务。但从亚马逊管理层的角度，他们又怎么舍得放掉“会下金蛋的鸡”呢。管理层和投资人间的利益冲突在多元化模式下尤为突出。同时，亚马逊不断向不同业务领域扩张意味着 AWS 的企业客户也可能越来越多地成为亚马逊其他业务的竞争对手，AWS 的发展可能和其他业务的发展出现冲突，若各业务间相互掣肘、相互对抗，那必然对集团的发展不利。

更重要的是，新一代多元化巨无霸面临着比“前辈们”更加严格的反垄断审察，面临着更高的法律风险。反垄断如同一把悬在新一代多元巨无霸头顶的利刃，立法者亮剑之时，巨无霸轻则弃车保帅，重则拆分解体，大量的人力、财力被用在反垄断相关问题上，大大增加了集团成本。

若想找到新一代多元化联合集团是否会重蹈覆辙这一问题的答案，关注点不能停留在多元化是对是错，多元化时代是否终结，而应回归到多元化的本质——也就是每一次的并购本身。要弄清楚究竟为什么进行这一次的并购、企业究竟能从中得到什么、期待的协同效应究竟是“水中月镜中花”还是实实在在的降本增效。要看这些科技巨头是否能回答这个最核心也是最基本的问题：把一众不相关的业务安置在同一个集团内、同一个框架下，究竟能给企业带来什么，可行性到底有多大。

最终，这些新一代“巨兽”能否拥有和“前辈们”不一样的命运，当我们回归到问题的本质，回归到每一次的并购本身时，答案或许就隐藏在那里。

在经济全球化的大背景下，中国的企业也历经了自己的多元化联合集团的风潮，恒大、海航、苏宁等也经历了自己的多元化之伤。由于体制机制、市场化程度等原因，我国许多企业的风险尚未暴露出来，但这并不代表我们可以轻视这些风险。对于多元化并购，企业家们要敬畏、要冷静、要思考。并购之前，管理层要冷静分析企业的边界和自身管理能力的边界，如果没有足够的能力将不同的业务和技能整合在一起，那不如选择专注，正如通用电气的首席执行官 Larry Culp 所说：“专注比那些常常是幻想出的协同效应更有利于公司的发展。”

本文写于 2022 年 4 月

4300亿美元天价收购的背后是什么

田雪雯

微软于2022年1月18日突发声明收购美国老牌游戏公司动视暴雪，游戏业格局或将重塑。这起改变游戏业的天价收购背后有着怎样的底层逻辑，动视暴雪又为何愿意卖身微软，本文将进行全面分析和梳理。

2022年伊始，游戏业便频频传来重磅消息。1月10日《侠盗猎车手》开发商、著名游戏公司Take－Two宣布以现金加股票的方式，斥资127亿美元收购社交游戏巨头Zynga，成为当时游戏行业历史最大金额的收购案。Take－Two巨资收购的余震尚未平息，1月18日晚，微软突发声明，宣布以每股95美元的价格全额现金收购美国老牌游戏公司动视暴雪（Activision Blizzard），交易价值高达687亿美元（约4365亿元人民币），打破一星期前Take－Two刚刚创下的纪录，成为游戏行业史上最大金额收购案。市场一片哗然，游戏业格局或将重塑。

这笔交易，不仅是迄今为止全球游戏行业内规模最大的收购案，也是微软自1975年成立以来所进行的最大一笔收购。与动视暴雪 1 月 14 日的股价相比，此次收购约溢价 45%。该交易目前已经过双方董事会批准，如果得到监管部门批准，预计该交易将于明年 6 月完成。

根据 All Top Everything 对 2020 年全球游戏市场的统计，在只计入游戏业务收入的情况下，索尼游戏收入 250 亿美元，位列全球榜首，排名第二的是腾讯，游戏收入为 139 亿美元，第三到第五位分别是任天堂（121 亿美元）、微软（116 亿美元）和动视暴雪（81 亿美元）。本次收购完成后，毫无疑问，微软将一举进入全球前三大游戏厂商的行列。

一、687 亿美元天价

值得注意的是，此次交易将以全额现金形式进行。687 亿美元相当于 4365 亿元人民币，根据《2021 年中国游戏产业报告》，2021 年中国游戏市场的总收入为 2965.13 亿元（见图 1），微软的收购价远高于 2021 年全中国游戏市场的收入总和。但微软的实力也不容小觑，截至 2021 年 6 月 30 日，微软手握 1300 亿美元现金，尽管 687 亿美元已是天文数字，但微软付得起（见图 2）。让人不由感慨，收购动视暴雪只能是“富人”的游戏。

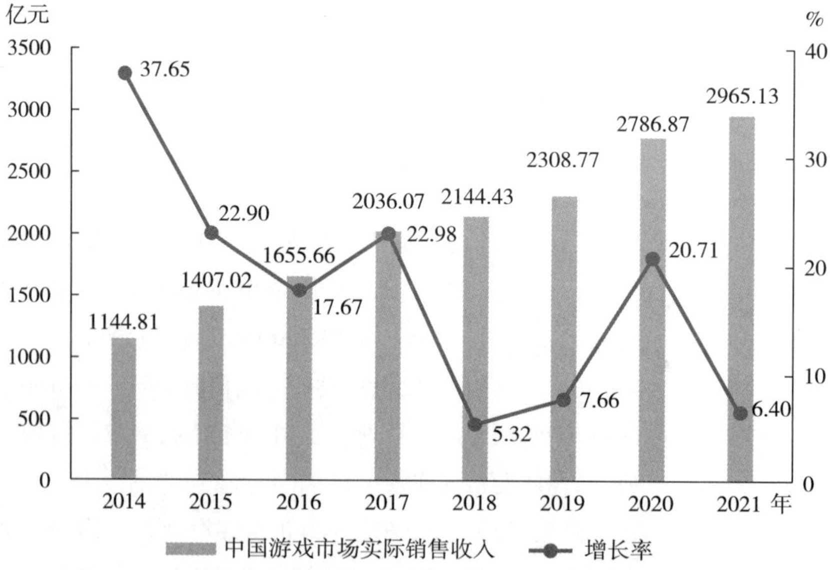

图 1　中国游戏市场实际销售收入及增长率

Format: Annual | Microsoft | MSFT - Microsoft

Annual Data | Millions of US $ except per share data	2021-06-30	2020-06-30	2019-06-30	2018-06-30	2017-06-30	2016-06-30
Cash On Hand	$130,334	$136,527	$133,819	$133,768	$132,981	$113,240
Receivables	$38,043	$32,011	$29,524	$26,481	$22,431	$18,277
Inventory	$2,636	$1,895	$2,063	$2,662	$2,181	$2,251
Pre-Paid Expenses	-	-	-	-	-	-
Other Current Assets	$13,393	$11,482	$10,146	$6,751	$5,103	$5,892
Total Current Assets	$184,406	$181,915	$175,552	$169,662	$162,696	$139,660
Property, Plant, And Equipment	$59,715	$44,151	$36,477	$29,460	$23,734	$18,356
Long-Term Investments	$5,984	$2,965	$2,649	$1,862	$6,023	$10,431
Goodwill And Intangible Assets	$57,511	$50,389	$49,776	$43,736	$45,228	$21,605
Other Long-Term Assets	$15,075	$13,138	$14,723	$7,442	$6,076	$3,416
Total Long-Term Assets	$149,373	$119,396	$111,004	$89,186	$87,616	$53,808
Total Assets	**$333,779**	**$301,311**	**$286,556**	**$258,848**	**$250,312**	**$193,468**
Total Current Liabilities	$88,657	$72,310	$69,420	$58,488	$55,745	$59,357
Long Term Debt	$50,074	$59,578	$66,662	$72,242	$76,073	$40,557
Other Non-Current Liabilities	$40,617	$40,064	$37,193	$35,476	$17,034	$13,640
Total Long Term Liabilities	$103,134	$110,697	$114,806	$117,642	$106,856	$62,114
Total Liabilities	**$191,791**	**$183,007**	**$184,226**	**$176,130**	**$162,601**	**$121,471**
Common Stock Net	$83,111	$80,552	$78,520	$71,223	$69,315	$68,178
Retained Earnings (Accumulated Deficit)	$57,055	$34,566	$24,150	$13,682	$17,769	$2,282
Comprehensive Income	$1,822	$3,186	$-340	$-2,187	$627	$1,537
Other Share Holders Equity	-	-	-	-	-	-
Share Holder Equity	**$141,988**	**$118,304**	**$102,330**	**$82,718**	**$87,711**	**$71,997**
Total Liabilities And Share Holders Equity	**$333,779**	**$301,311**	**$286,556**	**$258,848**	**$250,312**	**$193,468**

图 2　2016～2021 年微软(MSFT)资产负债情况汇总(单位:百万美元)

资料来源:Macrotrends。

二、动视暴雪为什么卖身微软?

动视暴雪是美国的一家老牌游戏巨头,是世界著名的游戏开发商和发行商,主营视频游戏开发、出版发行和经销。动视暴雪是 2008 年由美国视频游戏发行商动视公司(Activision, Inc.)合并维旺迪游戏后更名而来的,旗下游戏总月活将近 4 亿人。公司业务主要分三大块:动视(Activision)主要开发、出版互动娱乐软件产品和可下载的软件,暴雪(Blizzard)主要开发、出版即时战略、角色扮演游戏和在线付费的多人角色扮演(MMORPG)类别的游戏,最后是分销(distribution)。

动视暴雪旗下有众多优秀工作室,如 IW, Raven Software, 大锤, Toys for Bob 等和一系列全球著名 IP,如《使命召唤》《魔兽世界》《暗黑破坏神》《守望先锋》《糖果粉碎传奇》等,动视暴雪出版的很多作品都是游戏史上的经典之作。例如,2004 年推出的《魔兽世界》是游戏领域公认的最好的 MMORPG 游戏,在全球 MMORPG 市场的占有率达 62%。公开数据显示，《魔兽世界》注册账号超过 1 亿，上线 10 年累计吸金 85 亿美元，动视暴雪也正是凭借这款游戏给了竞争对手老牌游戏巨头美国艺电（EA）沉痛一击。

三、动视暴雪的“内忧”

正如《魔兽世界》中的台词“王权没有永恒”说的那样，自 2017 年开始，动视暴雪的收入增长放缓，2019 年还出现大幅下滑，营收同比减少 13.5%，主要原因是公司旗下的众多游戏表现不佳（见图 3）。例如，暴雪旗下的《魔兽世界》和《炉石传说》的“氪金”玩家减少，该部门营收相比上年减少了 5.72 亿美元。动视旗下的《命运》和《使命召唤》游戏购买量下降，部门营收相比上年减少 2.39 亿美元。

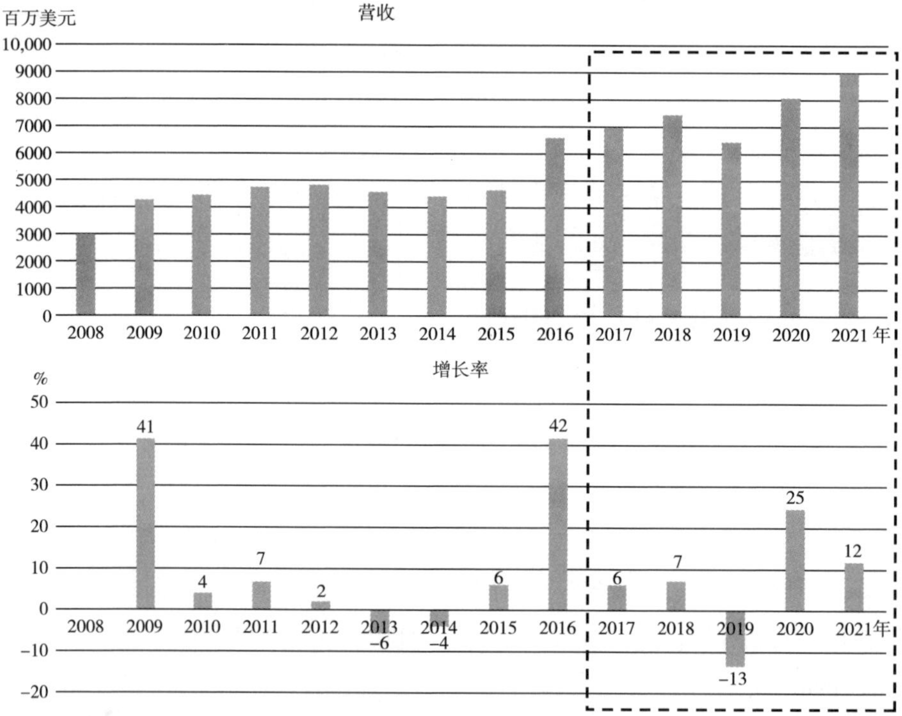

图 3　2008～2021 年动视暴雪营收及增长率

注：2021 年数据根据动视暴雪对全年收入的预计。

资料来源：动视暴雪财报，广慧并购研究院整理。

游戏公司的生命力来自源源不断的优秀内容,但动视暴雪的许多爆款游戏都已经火了很多年,进入了生命末期,同时缺乏新的爆款出现,活跃用户下滑在所难免。2017 年第一季度的月活跃用户有 4.3 亿人,而最新发布的 2021 年第三季度季报显示,用活跃用户仅 3.9 亿人。其中,暴雪业务表现最差,四年间,月活跃用户损失了近一半,这对公司来说并不是一个好兆头。

更加糟糕的是,近几年动视暴雪的核心高管接连出走,加剧了动视暴雪的经营困境。

但毕竟动视暴雪称霸全球游戏业二三十年,积累了大量忠实用户,2020 年随着《魔兽世界》新版本的推出,《使命召唤手游》的发布,再加上《糖果传奇》的广告和游戏内玩家购买收入的增加,动视暴雪的营收回升,但发展的天花板依然存在。

动视暴雪还有另一个严重问题,那就是糟糕的企业文化。公司高管频频被爆出性丑闻,公司也存在严重的性别歧视文化和持续的性骚扰的情况。这导致了动视暴雪高管和重要员工频频出走,员工罢工,游戏相关工作出现停滞,新游戏推迟发售等一系列问题。动视暴雪的丑闻也引来了大量玩家的强烈抗议,动视暴雪还曾因此收到自家股东们发起的集体诉讼,这进一步加剧了暴雪的困境。

四、动视暴雪的“外患”

动视暴雪的处境可以说是前有狼后有虎。

动视暴雪一直想突破游戏业,向人工智能、机器学习、云技术等领域谋求新发展,但前面有谷歌、亚马逊、微软、腾讯等科技巨头,各家均已在上述领域有所建树,并且竞争激烈,动视暴雪自身的能力并不足以抗衡它们。如动视暴雪首席执行官鲍比·科迪克(Bobby Kotick)所说:“近几年动视暴雪投入了数百人希望在人工智能、机器学习、信息分析、云和网络安全等领域追上它们(指腾讯、网易、索尼、谷歌、亚马逊、苹果和微软),但很可惜,我们一事无成。”

后面还有 Roblox 等游戏新秀,乘着元宇宙的东风扶摇直上,虎视眈眈,动视暴雪夹在其中难以突围。

宣布收购前,动视暴雪的股价在很长一段时间里一直在走下坡路(见图 4)。

图4　动视暴雪股价波动情况

恰逢此时，微软抓住时机，抛来天价橄榄枝，帮动视暴雪脱离困境，让动视暴雪不仅可以在游戏，还可以在人工智能等领域探索新的可能性，继续发光发热，内忧外患中的动视暴雪自然难以拒绝。

五、微软为什么收购动视暴雪？

（一）看好游戏未来

根据 Newzoo 发布的《2020 全球游戏市场报告》，2020 年，全球游戏市场达到 1749 亿美元的市场规模，同比增长 19.63%；2016～2020 年，全球游戏市场规模复合增速达到 13.2%。在过去的几年里，微软在游戏方面非常积极，2014 年以 25 亿美元收购了游戏开发商 Mojang，2015 年收购电子游戏物理引擎 Havok，2016 年收购视频游戏流媒体 Beam，2018 年收购 6 家视频游戏公司，2019 年收购 Double Fine Productions，2020 年以 75 亿美元收购游戏开发商 Bethesda 的母公司 ZeniMax Media。微软公司董事长兼首席执行官萨蒂亚·纳德拉（Satya Nadella）表示："游戏是当今所有平台上最具活力和最令人兴奋的娱乐类别，将在'元宇宙'平台的发展中发挥关键作用。我们正在对世界级的内容、社区和云进行大量投资，以开创一个游戏的新时代，把玩家和创作者放在首位，使游戏变得安全、包容，让所有人都能接触到。"微软对游戏业的看重和其对元宇宙的构想促使其将目光瞄准游戏巨头动视暴雪。

（二）增强游戏业务

虽然动视暴雪在企业文化和企业管理上有很多问题，但微软更看重的是动视暴雪在游戏领域的积累和潜力。毕竟是称霸游戏界二三十年的老牌巨头，动视暴雪的内容优势是不可否认的。通过这次收购，微软将加固其游戏业务的内容护城河，从而提高核心竞争力，微软会将动视暴雪的一众工作室和著名 IP 收入囊中，使微软第一方工作室的数量扩充到 30 多个。同时，微软也会获得动视暴雪经营多年的内容创作能力、发行能力和电子竞技制作能力，加速微软游戏业务在移动端、个人电脑、主机以及云领域的增长。移动游戏是游戏市场中最大的赛道，通过收购，微软可以获得《糖果粉碎传奇》开发商、动视暴雪子公司 King，进一步增强微软的移动游戏业务。

（三）扩大用户和社群生态

动视暴雪在 190 个国家及地区有近 4 亿月活跃玩家，动视暴雪的加入无疑会给微软的 Xbox Game Pass 平台带来大量用户，增强 Xbox Game Pass 的社群生态。同时，动视暴雪还有价值近 30 亿美元的特许经营权，丰富了 Xbox Game Pass 的产品组合和游戏内容。

（四）对抗索尼、Meta

微软通过此举可以晋级为全球前三大游戏厂商，与老对手——游戏业排名第一的索尼抗衡。微软与索尼在主机市场上的战争打了近 20 年，这次的收购确实给索尼造成了很大压力，2022 年 1 月 19 日，索尼集团股价在东京股市的跌幅一度扩大至 13%。微软的这次收购还可以加强其在元宇宙上的布局，更好地和 Meta 公司竞争。在微软公司董事长兼首席执行官萨蒂亚·纳德拉看来，游戏是元宇宙的入口，微软收购动视暴雪，可以“将游戏、新技术、社区跟商业模式进行结合，以推动元宇宙发展”。

六、收购背后更深层次的原因

除以上几个原因外，纵观微软近几年的发展脉络和战略布局，微软收购动视暴雪或许还有更深层次的原因。事实上，娱乐只是游戏技术的基本应用，科技巨头频频在游戏端发力，不仅是因为游戏已经是全球最大的娱乐消费形式，它们更看重的，其实是游戏背后的底层技术和其跨行业应用的潜力。三维建模、实时渲染、智能模拟等前沿游戏底层技术已开始应用于生产和科研领域，例如，使用虚拟现实技术进行手术培训，美国国家航空航天局（NASA）利用虚拟现实（VR）设备模拟空间站环境帮助宇航员训练，动画动作匹配技术正在让机器实现自然的人物动作，深圳妈湾港利用虚幻引擎和数字孪生技术建立智慧港口、提升吞吐量等。这些跨行业应用案例的背后，是一个又一个全新的、充满巨大想象空间的市场。正如《2021 年中国游戏产业报告》中所说的，游戏已成为虚拟现实、人工智能等新技术的试验场。游戏和其底层技术带来的不仅是娱乐的升级，还有科技的升级和生产作业方式的升级。

游戏的跨行业应用让科技巨头们看到了一个由虚拟和现实共同交织出的拥有无限可能的未来。游戏、元宇宙这些都将成为构建智能化的、数字化的、万物互联的世界的工具，这或许才是微软花天价买下一家游戏公司背后的深层次思考。

本文写于 2022 年 1 月

疯狂的代价：深度复盘 30 年前震惊世人的并购惨案

田雪雯

失败的经验往往比成功的经验更有价值。本文全面复盘了并购历史上著名的失败案例，还原案例的诸多细节，剖析这场震惊世人的并购惨案是如何从一个加拿大地产商的可笑的念头开始，在华尔街投行、律所的推波助澜下，一步一步将可笑的想法付诸实践，最终酿成无法挽回的悲剧。康波在并购和整合中做出的许多错误的决定，都为今天的中国企业家们敲响了警钟。

华尔街"最具价值客户"竟是个疯子，并购史上的"奇迹"竟是一起骇人的惨案，这荒诞的一幕为20世纪80年代的疯狂画上了句号，也为今天的中国并购市场和企业家们敲响了警钟。

一、故事的开端

这场惨案的主角罗伯特·康波（Robert Campeau）出生于1923年，出生地是加拿大小镇萨德伯里。他的父亲是一名铁匠。康波8岁辍学到国际镍业公司打扫地板，还做过技工、圆木运输工，经营过杂货店。26 岁的康波误打误撞开始在房地产行业发展，到 20 世纪 80 年代，花甲之年的康波已经是一个成功的加拿大地产商。

20 世纪 80 年代正是并购之风盛行，与并购相关的金融创新层出不穷之时。康波也摩拳擦掌不断想尝试并购。康波常常被房地产之外的领域所吸引，比如做洗碗机、买电视台，他曾经执意要经营海湾城堡酒店，决心成为下一个康瑞德·希尔顿（希尔顿饭店的创始人）。他还曾打算并购加拿大最大的信托公司和房地产经纪公司——皇家信托公司，市场实在想象不出一个渥太华的中等规模的地产商将如何管理资产 75 亿美元、为 100 万加拿大人管理着约 190 亿美元信托基金和养老基金的加拿大重要金融机构，也实在想象不出，这两者的结合会有多大的协同效应，这一计划最终不了了之。康波的大部分想法在大力投入之后都半途而废或是以失败告终。

二、一个疯狂的念头

康波还是不死心，继续搜寻着并购标的。1985 年，梅西百货董事长爱德华·芬克尔斯坦（Edward S. Finkelstein）正考虑通过举债进行杠杆收购（LBO），将梅西百货私有化，康波大受启发，决心用同样的形式收购一家百货公司。

在研究了梅西百货的 LBO 策略后，康波信心大增。此时一家美国的百货公司——联盟百货（Allied Stores）映入了康波眼帘。

联盟百货是当时美国第三大零售集团，已有超 50 年的历史。尽管康波的房地产生意风生水起，但康波公司的市值也就约 2 亿加元，而联盟百货的市值却达 20 亿美元，是康波公司的 10 倍！1985 年，康波公司的总营收约 1.5 亿美元，而联盟百货的营收则超 40 亿美元。康波，作为一个地产商，完全是零售业的门外汉，康波本人连联盟百货的商店都没进去过，并购资金也没着落，现在竟然要收购联盟百货，这简直是天方夜谭。几乎所有人，包括康波自己的金融顾问、法律顾问，他的副手，以及摩根士丹利、高盛、美林、所罗门兄弟公司等华尔街的金融机构都认为康波这是异想天开，只有康波自己不这么认为。

康波的顾问和副手虽深知康波的想法是天方夜谭，但又想到康波的暴脾气和多变的性格，也就没有多做阻拦，希望康波在撞了南墙后自己放弃这个可笑的想法。华尔街的金融家们委婉拒绝了康波送上门的生意，不想在这个从加拿大来的无名之辈身上浪费时间。讽刺的是，有同样想法的还包括投行惠普公司(Paine Webber & Co)，他们也认为康波的想法是可笑的，但最后却同意做康波的投行顾问。因为当时的惠普公司正面临极端的资金问题，在投行中的排名几乎垫底，并购业务量仅是摩根士丹利的4.7%。惠普急需一个客户，而康波也找不到其他愿意帮他的投行，所以两家达成伙伴关系，惠普为康波制定一个友好收购联盟百货的计划，这样可以收到25万美元的初期佣金。

康波在寻找律师事务所时也处处碰壁，绝望之下，惠普公司的彼得·斯拉瑟(Peter Slusser)，也是康波并购案的主要负责人，只好动用私人关系寻求哈佛大学校友、纽约著名律所克拉瓦思律师事务所(Cravath, Swaine & Moore)合伙人巴特勒(Samuel Butler)的帮助，巴特勒把这项任务交给了内部并购战略大师艾伦·芬克尔森(Allen Finkelson)。艾伦·芬克尔森也同样认为康波的并购不会成功，但鉴于斯拉瑟的推荐，而且这是个赚取巨额佣金的机会，就接受了这项任务。

三、开启潘多拉魔盒

并购需要资金，但康波根本没有那么多钱，于是惠普开始帮助康波寻找杠杆。惠普保证通过销售垃圾债为康波筹集大部分的所需资金，当然，康波需要为该服务付费。康波还需要从商业银行拿到一些担保贷款。康波这个高风险的并购案对银行来说并不是笔理想的生意，并购失败的可能性太大了。但当时，正是银行担保贷款业务非常兴隆之时，仅通过签署同意提供收购贷款的承诺书，银行就可以收取巨额业务费。最终，花旗银行禁不住诱惑，同意为康波提供5亿美元放贷承诺，有效期5周，这份承诺书让花旗立即赚到了300万美元。花旗银行的逻辑是，如果康波的并购得进行顺利，那花旗银行就可以作为联盟百货和康波地产的合作伙伴，进一步拓展业务。如果并购发展不顺，虽然这样的可能性很大，但是联盟百货确实是资质良好的公司，其资产负债表上有足够的资产作为抵押，花旗银行也可以避免损失。

一个匪夷所思的并购案竟开始缓缓推进了。康波向联盟百货发出友好收购邀约，但正如康波的并购团队所预测的那样，联盟百货根本没兴趣和康波谈并购，并且康波的几次报价也始终没法让联盟百货的管理层松口。双方进入僵局。康波只剩下两个选择，要么放弃收购，要么进行恶意收购。

恶意收购本身难度很大、风险极高，惠普认为康波根本没有资金和资源进行恶意收购，但康波不以为然，他执意铤而走险，并且开始厌恶和自己意见相左的惠普公司，认为惠普之所以反对，是因为没有能力帮助他进行恶意收购。康波打算找新的投行顶替惠普，有趣的是，当年拒绝过他的华尔街投行们竟开始为此事竞争。那是1986年的秋天，美国并购热达到高潮，仅1985年，华尔街排名前三的投行的并购交易额就达到2000多亿美元，并购成了热门的生意，中介们对此趋之若鹜，风险似乎不再是值得讨论的问题。在这样的大环境下，康波疯狂的并购计划已不再像之前那般不受待见。最终来自投资银行第一波士顿（First Boston）的华尔街明星布鲁斯·沃瑟斯坦（Bruce Wasserstein）加入了康波的豪赌。沃瑟斯坦的逻辑很简单；如果成功，第一波士顿将获得不可思议的高额佣金；如果情况不利，第一波士顿研究了康波公司的财务状况，认为康波有足够的资产来清偿债务，即使康波破产，第一波士顿也能收回佣金。

于是，沃瑟斯坦开始帮康波出谋划策。先是自掏腰包，让第一波士顿提供过桥贷款4.55亿美元，帮康波解决岌岌可危的融资问题，并开创了把过桥贷款用于恶意并购的先河。随后，沃瑟斯坦提出了极其冒险的策略——“扫街”，也就是直接从公开市场秘密收购联盟百货的股票，取得控制权，随后，作为新主人的康波可以强行实施合并交易，收购其余股票。这一方案有着很高的法律风险和极高的融资要求，需要18亿美元，谁来借给康波这笔巨款，是一个大难题。与此同时，康波和联盟百货的战争还在拉锯，为抵抗康波的恶意收购，联盟百货找来“白衣骑士”，后来又请律师炮制“毒丸”防御方案。康波则请律师起诉，要求取消“毒丸”的法律效力，联盟百货则起诉康波，要求宣布其收购投标无效并维持“毒丸”的法律效力，双方你来我往，势将血战到底。

18亿美元，谁会陪康波一起豪赌呢？沃瑟斯坦想到了已经和康波在同一条船上的花旗银行和自家公司第一波士顿。沃瑟斯坦和第一波士顿再次研究康波的财务状况，分析了最坏的情况：康波用18亿美元收购大宗股票，但法官反对让康波拥有这些股票的投票权，康波因此得不到联盟百货的控制权。康波不再是联盟百货的威胁，“白衣骑士”也会退场，收购闹剧结束，联盟百货的股票价格下跌，康波手中的股票遭受巨额损失，他因此只能偿还部分贷款，那他在加拿大的房地产公司就会被用来还债,康波破产。但第一波士顿不会遭受太大损失。当然,如果一切顺利,第一波士顿可以获得超 1 亿美元的收入。在巨大的利益面前,第一波士顿决定赌上自有资金支持康波"扫街"。

1986 年 10 月的一个早晨,康波以每股 67 美元的价格从套利商博伊德·杰弗瑞(Boyd Jefferies)手中买走了约 2570 万股联盟百货的股票,仅 30 分钟后,康波持有的联盟百货股票已达到 53%。经过 5 天焦急的等待,法官最终宣布康波拥有的这些股票有效,随后,康波以 69 美元每股的价格收购了剩余的股票。最终,康波以约 36 亿美元的价格收购了联盟百货。这是当时除石油公司外规模最大的并购。百货联盟的股票在两个月前每股的价格仅为 46 美元。

人们对这起"痴人说梦"的并购案的态度从之前的质疑变为惊叹,赞美着这个由一位默默无闻但"富于想象力"的加拿大地产商人和华尔街明星一起创造的"奇迹"。但人们忽略了这个"奇迹"的背后是康波和新联盟百货必须偿还约 50 亿美元的巨额债务,其中有超 2 亿美元是付给投行、律师、银行的各种佣金和咨询费。这场巨无霸的并购中,康波不仅上演了"蛇吞象"还表演了"空手套白狼",因为康波之前承诺的为并购准备的 3 亿美元的股本其实几乎都是通过各种手段借来的,整个并购中康波几乎分文未掏。

收购联盟百货后,康波为了还债,将百货公司的大部分资产出售。康波在短短 4 个月的时间里,处理掉了 24 个部门中的 16 个,裁员超 4000 人。同时他发行了几十亿美元的垃圾债和优先股以筹措资金偿还并购产生的巨额债务。债主要求联盟百货降低成本,尚在过渡期的联盟百货便开始大幅缩减开支,关闭门店,裁撤员工,再加上管理层重组,百货公司的销售额远远不及预期。同时巨额债务带来了极高的利息费用,1987 年前三季度,新联盟百货需付的各种利息高达 2.4 亿美元,1987 年全年新联盟百货净亏损 1.87 亿美元,经营状况令人担忧。

似乎这些问题在康波看来,都不是问题。他认为,只要继续缩减成本,零售业景气的行情会带着联盟百货不断提高销售额,联盟百货最终会如估值模型预测的那样给他带来荣耀与财富。被胜利冲昏头脑的康波忙着休假,坐着联盟百货的专机全世界巡游,庆祝胜利。

四、一个更加疯狂的想法

康波的野心也急剧膨胀，旅行还没结束，他便有了一个更加疯狂的想法——收购美国联合百货公司（Federated Department Stores，以下简称 Federated）。

要知道，在康波收购联盟百货前，联盟百货的销售额约为 40 亿美元，而 Federated 则是 105 亿美元！这是一家有着超过 50 年的历史，比联盟百货公司规模更大、更加知名的百货公司。

为实现这一疯狂的想法，就意味着康波要筹到比收购联盟百货更多的钱，背上更加惊人的负债，而康波现在的资产，包括联盟百货在内都已经被抵押出去了。银行不可能在康波的债务未进一步降低前为其提担保贷款。

五、滑向更深的深渊

康波全然不顾自己债台高筑、联盟百货业绩受累的状况，在资金没有着落的情况下，1988 年 1 月，距收购联盟百货不到 2 年的时间，康波公然宣布对 Federated 进行收购，准备让“奇迹”再一次上演。

这次收购是一场更大的赌博，也意味着更大的财富，因此，沃瑟斯坦和第一波士顿再次登上康波的战车与康波一起豪赌。后来据约翰·罗斯查尔德（John Rothchild）的统计，在 Federated 并购案中，仅第一波士顿一家就拿到了约 1.3 亿美元的佣金。两位亿万富翁也参与进来，共借给康波 7.4 亿美元帮他筹措股本，随后，两家加拿大银行也参与其中，合计为康波出资 5 亿美元，在他们看来，康波得到了美国华尔街的支持，那这个人一定有点儿东西。

如上次一样，康波拿着借来的股本，开始了对 Federated 的“空手套白狼”。让康波没想到的是，这次收购还吸引了其他竞购者，包括 KKR、普利兹克兄弟、梅尔西蒙等，传言竞购者有至少 6 家公司。为从竞争者中胜出，沃瑟斯坦和第一波士顿敦促康波将报价从每股 47 美元不断提高到 61 美元，随后又要求他将报价进一步提高到每股 65 美元，从而逼退传言中的潜在竞争者。要知道，报价每上调 1 美元，收购价就要增加近 1 亿美元。为了得到魂牵梦绕的 Federated，康波似乎忘记了价格。可笑的是，根据康波的下属、负责其零售业务的莫洛斯基回忆:“第一波士顿早期给出的数据显示,报价超过每股 60 美元就行不通了,因为在每股 60 美元的价格上,要想实现收支平衡,收购后的 Federated 必须实现每年 5% 的复合销售增长率,也不能开设任何新店铺,同时削减约 3 亿美元的支出。”懂企业经营的人都知道,要实现以上要求会是多么难的一件事。然而为促成交易,沃瑟斯坦和第一波士顿说服康波给出了每股 65 美元的报价。第一波士顿还借机为康波提供了 10 亿美元的过桥贷款承诺声明和帮其出售垃圾债券的服务,以赚取更多的报酬。为了实现自己疯狂的想法,康波同意了疯狂的报价。

随着报价的升高,康波资金短缺的状况更加严重,为了筹集并购 Federated 的资金,康波又做了一个愚蠢的决定——出售布克兄弟百货。布克兄弟百货是联盟百货的核心资产,也是联盟百货未来发展的关键,康波在收购联盟百货时多次发誓决不会出售布克兄弟百货,然而现在为了收购 Federated,他要牺牲布克兄弟、联盟百货的未来以及联盟百货并购中债权人的利益。

虽然 Federated 的董事会不愿将公司出售,但不断攀升的报价对股东们越来越有吸引力,Federated 内部经过讨论后决定如果康波能出到每股 68 美元,就同意出售。经过几番交涉,最终康波同意了每股 68 美元的报价,这场交易额超 50 亿美元的巨无霸并购眼看将尘埃落定,可就在这时,一个神秘竞价者浮出了水面——梅西百货(R. H. Macy & Co)。梅西百货其实一直在秘密行动,还曾和 KKR 组成联盟。随着报价的不断抬高,KKR 退出竞争,梅西百货决定亲自出手,并且报出了惊世骇俗的价格——每股 73.8 美元,80% 现金,20% 为并购后新公司的股票。但这个天价并没有让康波冷静下来,反而让他更加疯狂,他提高自己的报价至每股 69.5 美元,且全额现金收购。第一波士顿和沃瑟斯坦团队也在拼命测算康波所能承受的价格,有趣的是,他们的模型总能推演出康波可以通过出售更多的 Federated 的资产或采取其他措施来承受住这些巨额债务。梅西百货和康波之间的竞价战拉锯着,康波将价格提高到每股 73 美元,希望一击制敌,但梅西百货却提高到每股 74 美元,康波又加到每股 75 美元,梅西百货再提到每股 77.35 美元。当出价过高的质疑声响起时,沃瑟斯坦和第一波士顿的分析师们解释:梅西百货肯定不是傻瓜,他们肯出这么高的价格并一直参与竞价,说明 Federated 值这个价,我们应该重新审视 Federated 的价值。在这种“信念”或自我催眠下，康波一次又一次抛出令世人震惊的价格。要知道，在康波首次公布收购邀约前的一个月，Federated 的股价仅仅为约每股 33 美元。

随着价格的升高，Federated 的董事会既开心又忧虑。超高的价格让 Federated 的董事会自己都觉得不可思议，他们担心，万一康波和梅西百货决定联手，停止竞价战，同时撤回高报价，并联手出一个 60 美元左右的价格瓜分 Federated，那就亏大了。因此，Federated 的董事会不愿再冒险，为避免夜长梦多，Federated 主动出面调停康波和梅西百货的价格战，经过一段时间的谈判，最终三方达成一致：康波以 66 亿美元的交易对价，每股 73.5 美元全额现金收购 Federated 主体，并向梅西百货支付 6000 万美元作为梅西百货退出并购的补偿，同时，梅西百货可以以 11 亿美元的价格购得 Federated 旗下的布洛克、布洛克威尔希尔、爱玛格奈等部门。

市场中一直有传言，在竞价战的后期，康波是自己在跟自己竞价，梅西百货只是 Federated 的诱饵，利用康波急迫的心态，逼他不断抬高价格，梅西百货不可能真的以那么高的价格收购 Federated。传言的真假无从考证，但康波确实为此支付了极高的溢价。

耗时 4 个多月，康波再一次“空手套白狼”，成为美国最大的零售商。康波自己的顾问们都看到了他过度举债的危险，据估算，康波两次并购背负了约 110 亿美的惊人债务，但康波的顾问们却纵容着他的疯狂行为，华尔街和律所的精英们在巨额佣金的诱惑下更是进一步助长了他的疯狂行径。

后来的结果可想而知，但没料到死亡竟来得如此之快，完成收购还不到两年时间，1990 年 1 月，Federated 和联盟百货就因无法履行债务申请破产。

六、疯狂惨案背后的理性思考

一个令人惊叹的“奇迹”原来是一个天大的“笑话”，是一个由性格多变的暴脾气地产商发起，在顾问们和华尔街金融家、银行、律师的推波助澜下上演的疯狂闹剧。

为了并购过度举债以及在竞价中丧失理智、出价过高是康波走向破产的重要因素，这让公司的财务状况岌岌可危，抗风险能力变弱，市场大环境中任何一点儿变动都有可能将公司推下悬崖。但这些并不是失败仅有的因素。康波在对联盟百货和 Federated 的整合中也犯下了许多致命错误，导致公司在仅仅不到 2 年的时间里迅速走向破产，例如：

（1）在收购 Federated 之后，康波的零售帝国没能迅速建立起稳定的、有能力的管理层。康波对收购后新管理层的安排事先毫无计划，对首席执行官的人选出尔反尔，对关键岗位的人事任命也非常草率，随意更换与自己意见相左的管理人员，就如同他当年因反对恶意收购就替换了投行惠普。康波甚至让原本就效率低下、挥霍无度的两名老 Federated 管理层——伯顿和泽梅曼加入新管理层，分别出任公司首席执行官和总裁，要知道，为实现杠杆收购的预期，新管理层的核心要求就是具备成本控制意识。由于管理层的无能，百货公司在大幅削减成本、开支，不断关店裁员的情况下，也没能满足债权人对公司的要求。

（2）Federated 本就设有配备精良的财务部和一套复杂的企业会计体系，但管理层对收购后零售部门不断恶化的财务状况却毫无察觉。关于原因，有人猜测是内部审计忽略了一些财务信息，或是没将问题及时上报，也有人猜测是管理层因为事务繁忙一直没看这些报告。可见，并购后公司内部管理混乱不堪，许多部门无法正常运转。

（3）管理层制定的零售策略出现失误，要求增加供应、全面增加基础商品的库存，这与节约成本、减少开支、提高现金流的并购目标背道而驰，以至于 Federated 百货的销售额仅是拆分出售前的 Federated 的 43%，但存货量却是原来的 65%；曾在一个季度内，存货量增长了 26%，但同期销售额仅增长了 5%。

（4）公司在流动性管理上出现误判，从流动资金中借调了超过 1 亿美元用来偿还当时尚未到期的部分银行贷款。给公司增加了不必要的流动性风险，同时加剧了公司流动性紧缺的问题。康波也没有在流动性问题暴露后及时采取行动。

康波破产案殃及了 5 万名债权人，这一数目刷新了金融史的纪录，而康波和两家巨无霸百货公司的破产对零售业、垃圾债券市场等也带来了难以想象的负面影响。

在这场令人啼笑皆非的并购中，Federated 和联盟百货的众多资产被分拆售卖，分崩离析，不断的关店裁员让数以万计的员工失去生活来源，而管理层却带着巨额的“黄金降落伞”全身而退。康波明知自己没有资金、没有零售业经验，却还是为了满足自身的贪婪和欲望，用债权人的钱豪赌，将两家原本资质良好的百货公司推向破产。康波的顾问和下属们明知康波犯错却没有能力劝阻。投行、银行和律师们明知康波过度举债，报价过高，却依然为了巨额佣金和利息，纵容着康波的狂妄，一步步陷入深渊，甚至不惜压上自己的所有资本去促成注定凶多吉少的并购交易。

七、对中国企业的启示

这场30多年前的并购惨案，对今天的中国资本市场和企业家们依然有借鉴意义。伴随全球并购市场的脉搏和国内新经济的发展，越来越多的中国企业开始积极利用资本参与并购市场。但许多企业家误认为并购是一剂“万灵药”，误认为拿到了标的的控制权，并购就结束了、成功了。

首先，并购不是“万灵药”，而是一把“双刃剑”。在专业的、理性的筹划下，并购能为企业重组、发展和战略变化提供契机，但在贪婪与冲动的推动下，并购则会将企业拖进深渊。无知、贪婪、冲动如康波，在拿到控制权的一刻就已经将自己和标的公司推下了悬崖。

其次，所谓完成收购，也只是完成了并购的第一阶段，第二阶段的企业整合才是关键。如果康波和他的顾问团队意识到整合的重要性，在并购之前考虑了如何进行整合，如何管理并购后的巨额债务，如何让百货公司在负债下正常运转，他就会知道这是一条绝路。

30多年后的今天，并购依然是由投资银行主导、推动的，诚然，投行是并购中不可或缺的重要角色，但经纪业务的本质——促成交易、赚取佣金，在很多情况下会不可避免地带来利益冲突，尤其是在高风险、高交易额的并购中。康波两次的并购案就是很好的例子。华尔街明星沃瑟斯坦为了利益，枉顾并购中的种种风险，成为康波并购惨案的同谋，但从另一个角度来说，他也确实竭尽全力去帮助客户达成目标，在两次并购中贡献了职业生涯最精彩的表演，带来了不少载入并购史的创新。正如巴菲特所说，“永远不要问理发师你是否需要理发”。

并购市场中缺少一种独立的、专业的，敢于对高风险、不理性、不符合企业战略和发展脉络的并购说“不”的声音，缺少一种与企业家利益百分百一致的，帮助企业进行并购相关的判断、决策与整合的专业角色,缺少一种敢于并有能力劝阻企业家进行盲目并购的角色。中国的并购市场已经开始有人(包括广慧并购研究院)在尝试这件事,但我希望有更多的人加入进来。

这注定是一条难走的路,但这是一条值得坚持的路。

本文写于 2022 年 4 月

耐心之树,结黄金之果——照明巨头木林森收购朗德万斯案例分析

杨淇茗

并购以及整合从来都是一个需要耐心的工作,国内LED封装行业龙头企业木林森也深谙这个道理,面对跨境并购复杂冗长的过程以及收购初期标的不达预期的压力,木林森的脚步并没有受到影响,耐心有序的整合工作终于在三年后初见成效。

2018年4月,国内发光二极管(LED)封装行业龙头企业木林森终于在历时近两年后,完成了对全球知名照明品牌朗德万斯(LEDVANCE)"蛇吞象"式的收购。这一交易在达成的初期就颇有争议,收购完成后的两年更是因为业绩不达预期而受到外界质疑。现如今,木林森的这棵耐心之树,终于迎来了开花结果的时刻。

一、黄金之果助木林森奠定龙头地位

2022年3月9日,上市公司木林森股份有限公司(深交

所股票代码:002745)发布了2021年度业绩快报(见表1),报告显示公司2021年全年实现营收186.15亿元,归属于上市公司股东的净利润为11.58亿元,较去年同期增长283.76%;扣非归母净利润更是从去年的亏损5.86亿元一举逆转为盈利10.55亿元。

表1　木林森2021年度业绩快报

项目	本期报告	上年同期	增减变动幅度
营业总收入	18,614,613,547.32元	17,381,307,066.41元	7.10%
营业利润	1,568,240,744.74元	765,114,319.17元	104.97%
利润总额	1,550,757,987.15元	767,129,764.73元	102.15%
归属于上市公司股东的净利润	1,157,943,619.15元	301,738,536.55元	283.76%
扣除非经常性损益后的归属于上市公司股东的净利润	1,055,101,556.28元	-585,941,329.50元	280.07%
基本每股收益	0.78元	0.22元	254.55%
加权平均净资产收益率	9.02%	2.48%	6.54%

公司在经历了2019年的低迷、2020年的疫情冲击之后,终于跨过低点,这家历年来在LED封装领域业绩第一的龙头企业,在2021年实现了净利润的显著上涨。回顾木林森过往的发展历程,不难发现其历史沿革的重要转折点——收购全球照明巨头朗德万斯,这一次交易除体现企业极具前瞻性的战略选择之外,更是一举帮助公司实现产值在国内同行业内的持续问鼎(见图1)。

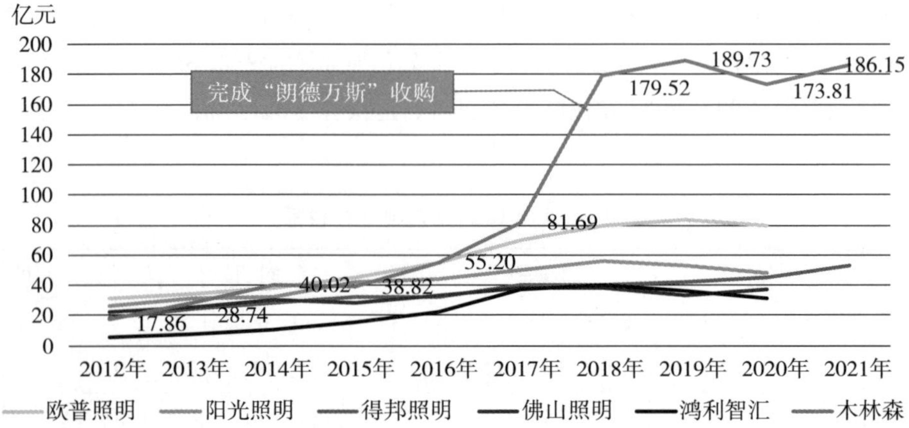

图1　我国照明行业头部企业近年来营收数据

注:截至报告完成时,部分公司还未公布 2021 年业绩数据。数据源于各公司公告。

国际上,由于几大巨头因为业务调整纷纷退出照明市场,现如今拥有全球性品牌和渠道的企业除了刚被木林森收购的朗德万斯以外,就是同样拥有百年历史的国际照明巨头飞利浦照明[公司已改名为“昕诺飞”(Signify),但品牌名仍为飞利浦]。

二、木林森的破局转型之路

木林森的起步,不得不提 LED 技术的发展。1997 年,中山市木林森电子有限公司成立,主营发光二极管。在 21 世纪初,传统照明灯市场逐步为 LED 灯所取代,此时,公司率先引进全自动化生产线插片式封装技术,推出全球第一代 LED 插片式 T8 灯管,快速占领了行业内大量市场。2005 年左右,LED 在手电领域实现应用,为封装企业带来了更大的机会,木林森以后来者居上的姿态,确立了自己在小功率白光 LED 领域的龙头地位,并于 2015 年成功在深交所上市。

同样地,LED 的出现也改变了国际市场的照明格局,曾经的几家国际巨头也在 LED 替换传统照明的浪潮中因为转换成本较高,加之行业竞争压力加大,故展示出退出照明市场的趋势,其中就包括持有朗德万斯品牌的欧司朗(OSRAM)。2015 年,欧司朗选择分拆出售其照明资产,2016 年,木林森对这家德国百年企业旗下的公司朗德万斯发起并购,并在 2018 年实现并表。至此,木林森以极快的速度进入国际市场(见表2)。

表2　木林森公司发展历史沿革

年份	事项
1997	中山市木林森电子有限公司创立
2005	率先引进全自动化生产线插片式封装技术,推出全球第一代 LED 插片式 T8 灯管
2010	正式更名为“木林森股份有限公司”,总部位于中山小榄,建成亚洲最大的 LED 封装基地
2012	创立木林森照明品牌
2015	2015 年 2 月 17 日在深交所上市交易,股票代码为 002745
2016	收购超时代光源,抢占 LED 灯丝灯市场
	对朗德万斯发起收购,蝉联中国本土照明 LED 封装冠军
2018	成功完成对朗德万斯的收购并表,成为中国首个营收突破百亿的 LED 企业,中国 LED 照明灯饰行业第一名

被收购的标的朗德万斯脱胎于全球知名照明企业欧司朗,其品牌拥有超过 100 年的历史,具有极其优秀的技术力量、品牌形象和产业优势,营销渠道覆盖全球 150 多个国家和地区,处于全球照明市场领导者的地位。2016 年 7 月起,朗德万斯从欧司朗剥离,作为独立公司进行运营。朗德万斯继承了欧司朗传统照明业务的优势,将普通照明业务与具有前瞻性的现代照明技术完美融合。收购完成后,朗德万斯将继续使用欧司朗和喜万年(Sylvania)这两个代表百年历史的品牌,同时继承了百年来积累的客户关系和强大的分销网络。木林森及朗德万斯的互补优势如图 2 所示。

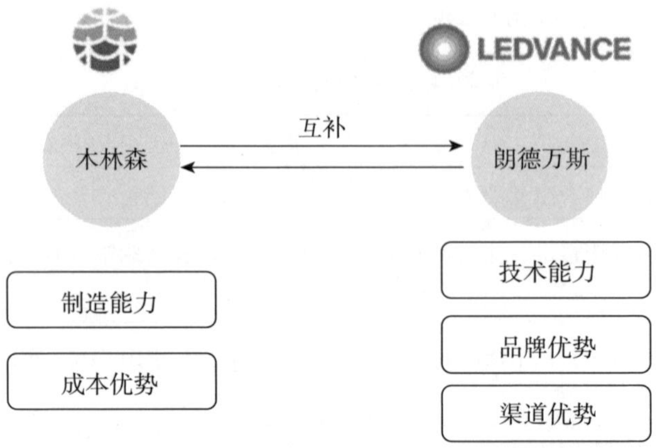

图 2　木林森及朗德万斯的互补优势

数据来源：太平洋证券整理。

之后的几年，随着政策的推广以及应用场景的不断开发，LED 在成本、环保等方面的优势使得其在与荧光灯的竞争中逐步占据上风，渗透率逐年上升，截至 2020 年末，全球 LED 照明的渗透率已增至 59.0%（见图 3）。木林森也在这股行业浪潮中，实现了营收和净利润的快速增长。

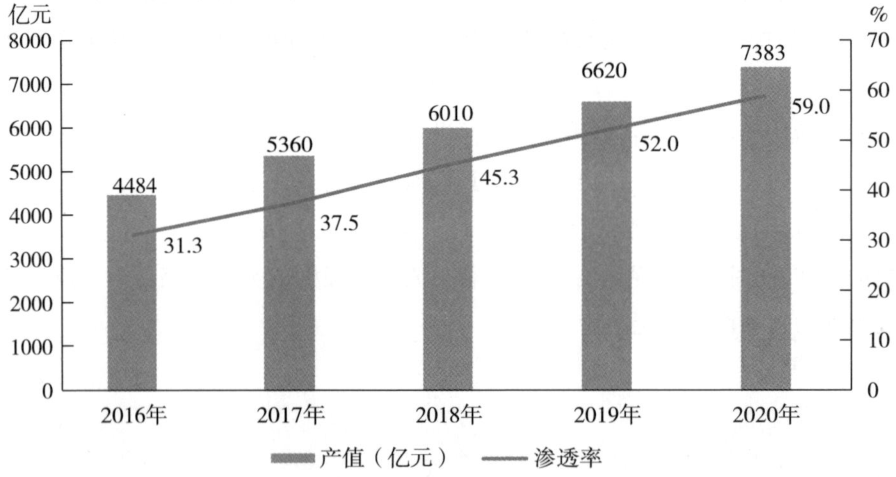

图 3　2016～2020 年全球 LED 照明行业产值及行业渗透率

数据来源：华经情报网，广慧并购研究院整理。

三、并购动因

1992 年，我国台湾地区著名企业家施振荣先生提出了著名的“微笑曲线”理论（见图 4），其主要观念为企业体只有不断往附加价值高的区块移动与定位才能持续发展与永续经营，而在一个行业的产业链中，附加值更多体现在两端：设计和销售，处于中间环节的制造附加值最低。木林森作为 LED 封装领域的龙头企业，因其业务位于微笑曲线的底端，所以一直以来的发展方向就是试图走向曲线的两端。

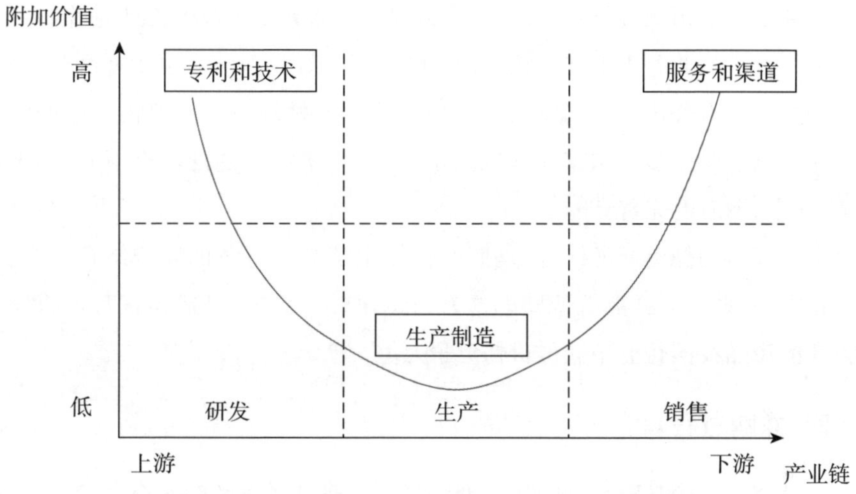

图 4　微笑曲线理论

数据来源：广慧并购研究院整理。

结合公司发展战略，不难发现此次并购有如下两个原因。

（一）开拓海外市场，专利技术和销售渠道两头抓

自成立以来，木林森就一直在国内市场发展，以其独特的成本管理模式，成为国内 LED 封装领域的龙头企业。但国内 LED 封装市场竞争激烈、利润低、发展空间有限，而海外市场依然广阔，木林森迫切需要布局国际市场，实现进一步的成长，以应对更加残酷的竞争。

欧司朗作为全球名列前茅的 LED 厂商之一，其在国际市场上的市场份额、

企业声誉、品牌知名度等都十分出色。木林森通过收购朗德万斯就可以使用欧司朗的著名品牌，及其上百个商标许可和技术专利，还有覆盖全球 40 多个国家和地区的销售网络。因此，收购朗德万斯对木林森来说是一个开拓海外市场的绝佳机会。

（二）向行业上下游延伸，完善产业链布局

木林森收购朗德万斯，将完善其 LED 产业链的布局。收购前的木林森处 LED 产业链中游，行业附加值较低，若不及时向 LED 产业链的上游研发领域和下游服务及渠道领域进行延伸，仅依靠封装制造业务无法获得长足的增长。

朗德万斯的业务中毛利率相对较高的光源及灯具业务在被木林森整合后，有利于提升上市公司的盈利能力。收购成功后木林森将凭借朗德万斯的海外照明业务以及覆盖多个国家和地区的销售渠道，将产业链延伸至下游，实现产业链上、中、下游的完善。

木林森与朗德万斯的结合，是照明行业中游与上下游的完美结合，在双方的合作中，木林森同样能够帮助朗德万斯迅速扩大规模，其成本优势也将使朗德万斯的产品在同行业中获得价格竞争力。

四、并购过程

木林森选择的是跨境并购的典型路径——通过设立并购基金，实行两步走的战略，先利用并购基金子公司收购境外标的（朗德万斯 100% 股权），再通过现金与股份结合的收购方式将标的公司装入上市公司中。收购过程大致可以分为以下四个步骤。

（一）木林森与私募股权投资机构设立并购基金——和谐明芯

在朗德万斯于 2016 年 7 月放出正式挂牌出售的消息后，木林森迅速于当月联合 IDG 资本、义乌市国有资本运营有限公司成立了并购基金——“义乌和谐明芯股权投资合伙企业（有限合伙）”（以下简称和谐明芯）。IDG 旗下有限合伙企业“珠海和谐卓越投资中心（有限合伙）”（以下简称和谐卓越）担任普通合伙人，上市公司木林森与其他投资者担任有限合伙人。经过后来的几次增资，

最终在并购前，和谐明芯出资金额及股权结构如表3、图5所示。

表3　并购前和谐明芯出资金额

序号	合伙人名称	认缴出资额/万元	出资方式	出资比例/%	合伙人类型
1	珠海和谐卓越投资中心(有限合伙)	100	货币	0.025	普通合伙人
2	和谐浩数投资管理(北京)有限公司	150,000		37.491	有限合伙人
3	木林森股份有限公司	125,000		31.242	
4	义乌市国有资本运营有限公司	125,000		31.242	
合计		400,100		100.000	

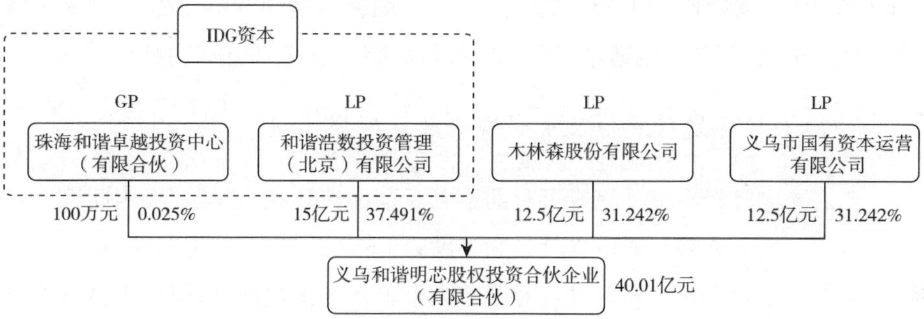

图5　并购基金和谐明芯组织结构

(二)并购基金和谐明芯设立子公司——明芯光电

在并购基金和谐明芯设立完成后，便与和谐卓睿(珠海)投资管理有限公司共同出资设立了和谐明芯(义乌)光电科技有限公司(以下简称明芯光电)，注册资本40亿元。2017年3月，明芯光电全体股东完成注册资本实缴。股权结构如图6所示。

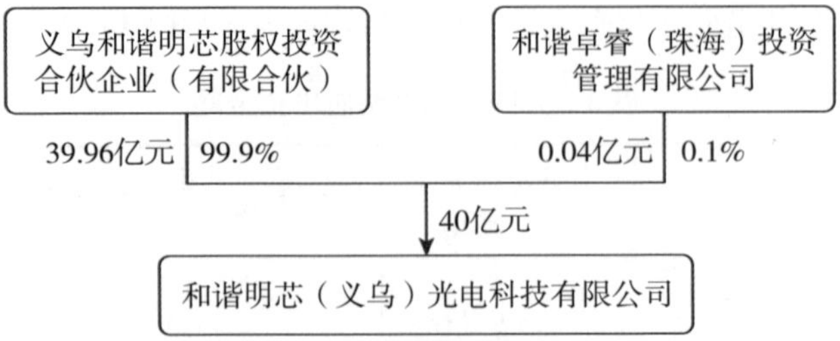

图6　并购基金子公司明芯光电组织结构

数据来源:广慧并购研究院整理。

(三)明芯光电完成对朗德万斯的境外收购

在经过一系列境内境外审批通过后,明芯光电在欧洲当地时间 2017 年 3 月 3 日,通过在卢森堡设立的特殊目的公司(SPV) Eurolight Luxembourg Holding s. à. r. l 以初始作价 4.857 亿欧元收购了朗德万斯 100% 的股权,完成了境外交割。至此,明芯光电通过子公司间接持有朗德万斯 100% 的股权。

(四)木林森发行股份及支付现金收购明芯光电

明芯光电已经在境外完成了对朗德万斯全部控制权的收购,成为朗德万斯唯一股东。而并购基金的设立就是为了助力上市公司提前锁定朗德万斯,所以接下来势必是由上市公司木林森对明芯光电进行二次收购,但因为木林森本身持有明芯光电的母公司和谐明芯 31.242% 的股份,直接收购会导致股权结构不清晰的问题。为避免本次重组交易导致交叉循环持股的问题,木林森决定先从并购基金退伙,再通过支付现金以及发行股份的方式收购明芯光电(见表 4)。在换股完成后,并购基金和谐明芯成为木林森的第二大股东,IDG 与义乌国资也通过和谐明芯间接持有了木林森的股份。

表 4　交易方案

交易对方	支付总金额/万元			发行股份数/股
	总金额	股份	现金	
和谐明芯	399,600	274,600	125,000	96,826,516

续表

交易对方	支付总金额/万元			发行股份数/股
	总金额	股份	现金	
卓睿投资	400	–	400	–
合计	400,000	274,600	125,400	96,826,516

终于，在经过了一系列的审核程序之后，朗德万斯于 2018 年 4 月完成过户，木林森也将其纳入上市公司主体，实现并表。

五、并购模式分析

木林森在收购朗德万斯前，就因为竞争激烈而面临许多可以预见的困难和风险：跨境并购交易一般需要巨额资金，融资的速度与效率也需要慎重考虑；监管审查是跨境并购的难点之一，木林森在相关方面也缺乏经验；竞争对手准备充分，木林森在时机上也并不领先。

而木林森在本次的跨境并购中采用的“上市公司 + 私募股权投资机构”组成并购基金的形式是其经过对自身产业与资本多方面考虑后决定的模式，虽然过程相对比较繁杂，且持续了两年之久，但这样的交易模式使得木林森在将自身风险控制在最小的情况下完成了这次以小博大的“蛇吞象”式的交易。该模式有如下几个优势。

（一）并购基金分步收购，避免直接收购的不确定性风险

跨境并购本身就存在较多的风险和不确定性，如果上市公司直接出面并购，消息的泄露或者并购的失败等都会对公司股价造成直接的冲击。而选择与并购基金合作的方式就是为了将并购交易与上市公司自身的运行隔离开来，尽可能地减少对木林森正常运营的直接影响。

（二）通过并购基金解决资金渠道问题

由于竞标朗德万斯的过程较为激烈，欧司朗方面更倾向于接受现金支付的方式，同时朗德万斯的体量更是木林森的好几倍，收购所需要的现金对木林森

来说压力巨大。因此，木林森通过并购基金的形式进行融资，在自身出资12.5亿元的情况下，以股权融资的方式引入战略投资者义乌国资以及私募股权投资机构IDG进行资金募集，合计融资达40亿元。

（三）引入专业且有实力的战略投资者

从这次组成的并购基金的资金来源可以得出，木林森在这次交易中主要引入了两位较为重要的战略投资者。

首先，是国有资本的参与。作为这支并购基金的有限合伙人之一，隶属于义乌市国资委的义乌国有资本运营有限公司出资12.5亿元帮助木林森推进并购交易。引入政府资金对于整个并购交易具有重要意义，不但解决了收购所需的资金，还提高了跨境并购资金出入境的审批效率，更重要的是获得了政府对上市公司提供的土地、税收优惠、财政补助等全方位的支持，为收购后的供应链及产能转移至国内打下了坚实的基础。

其次，另一位重要的战略投资人是IDG资本。作为一家私募股权投资机构，IDG资本是世界上名列前茅的风险投资公司之一，拥有着丰富的跨国投资经验以及强大的资金募集能力，所以木林森委托IDG负责整个并购基金设的计和资金募集，这对于之前毫无跨境并购经验的木林森来说可谓一举两得。

六、并购后的整合工作

并购交易的达成，并不代表所有工作都已经结束，相反，交易完成后的整合工作是否能够顺利进行，才是决定一个并购是否成功的关键。木林森在对朗德万斯完成并表后的两年中，虽然因为业绩不达预期而备受外界质疑，净利润方面即使依靠政府补助也是逐年下滑，然而木林森的脚步并没有因为急于扭转亏损而受到影响，耐心有序的整合工作终于在2021年初见成效。纵观整个整合过程，有如下几点令人印象深刻。

（一）精简业务，坚定关厂，整合供应链

为了精简业务，聚焦LED，朗德万斯在欧司朗时期便已经开始关闭传统照明的灯具工厂，完成并购以后木林森坚持这一战略，并加速整合，目前根据公司在2021年年底公开的信息显示，海外的18家工厂已关闭17家，仅剩余一家生产紫外荧光灯的俄罗斯工厂。人员方面则仅保留原有的销售和研发团队，将全部供应链转移到国内，降低制造及物流成本。全球的员工数量也从高峰期的9000多人减少到目前的3000多人，人员成本大幅下降。

目前朗德万斯已经基本实现轻资产运营，专注于品牌运营、渠道管理以及产品研发等优势领域。而木林森则发挥供应链的整合能力，通过供应灯珠和代工灯丝等打入朗德万斯的供应链中，进一步提升公司盈利能力。目前来看，整合是成功有效的，无论是朗德万斯被收购前后的毛利率水平变化，抑或是木林森自收购以来的整体毛利率水平变化都能有所体现。

朗德万斯在收购前的公开文件中显示的经营数据如表5、表6所示，可以看出其2014~2016年的平均毛利率水平约为25%。而在并入上市公司主体之后，木林森单独分类的“朗德万斯系品牌”业务的毛利率自2020年起能达到40%的水平。

表5　整合前朗德万斯毛利率水平

类别	2014财年	2015财年	2015年10月1日~2016年6月30日	2016年7月1日~2016年12月31日
营业收入/百万欧元	2162.10	2174.40	1618.60	1025.40
营业成本/百万欧元	1625.90	1733.00	1197.60	768.30
毛利率/%	24.80	20.30	26.01	25.07
归属于母公司股东的净利润/百万欧元	-20.00	-79.40	31.10	19.60

表6　整合后朗德万斯近期毛利率水平

朗德万斯系品牌	2020年年报	2021年年中报
营业收入/亿元	103.10	48.17
营业收入/亿元	63.17	28.32
毛利率/%	38.73	41.21

上市公司整体毛利率水平在并购交易前，因为市场竞争的加剧导致利润空间被压缩，毛利率一度有下降的趋势；但在与朗德万斯的供应链整合后，木林森将主要精力集中于 LED 业务领域，毛利率实现了明显的增长，2021 年前三季度整体毛利率达到了 34.64% 的新高(见图 7)。

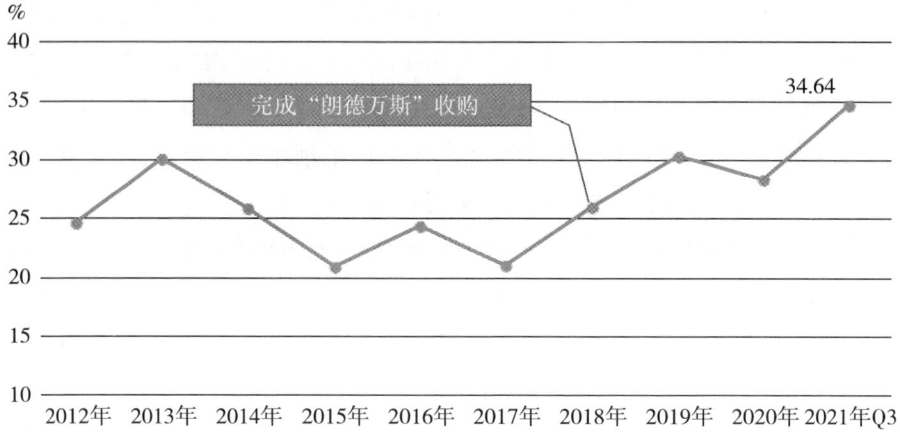

图 7　2012～2021 年 Q3 木林森整体毛利率变化

(二)有效评估人力资源，保证公司正常运转

企业人力资源的整合也是并购成功的关键因素之一，因为并购通常会给企业员工带来心理上的焦虑、不安和紧张，使员工间产生不信任并采取自我保护、抵制变化的行为，不仅影响员工的身体健康，而且会使企业的生产率下降、经营业绩受损。另外，权力及利益的重新分配也会导致高层管理人员的主动离职，从而进一步扩大公司因人力资源而造成的损失。

木林森在这方面显然有所准备，在整合工作开始前，就已经与朗德万斯员工进行了全面的沟通以稳定人心，给予标的公司足够的尊重与自主权，没有急于掌控公司的全部运营，而是仅派驻了财务与法务的相关人员。虽然在之后的两年中朗德万斯陆续有高管离职，木林森方面也没有急于派驻人员或者从外部招募，而是由木林森的首席执行官短暂接管之后，从原朗德万斯内部团队选拔合适的人选接任，确保了新任高管们对原有业务熟悉的同时，保障了公司整体的顺利运行。

（三）国内外渠道及客户资源整合互补，拓展国内外新兴市场

朗德万斯原属于百年照明企业欧司朗，其在欧洲和北美地区有着强大的照明渠道，主要以大型超市为主，包括沃尔玛、BAUHAUS 等，相对比较集中。同时，朗德万斯在全球拥有八大物流集散中心，数十个大型自由仓库，良好的物流基础为公司产品的全球化布局打下了坚实的基础。

木林森在国内的渠道则以小店、超市、建材市场为主，较为分散，但多年的深耕也构建起了上万个销售网点，有助于使朗德万斯的产品快速打开国内的市场。

此外，木林森计划依靠整合后的渠道优势，未来在消费和光伏等领域快速发力。2022 年年初，木林森已经完成相关公司的设立，主要在海外从事分布式户用和商用光伏系统和光储一体化业务，业务范围包括相关产品的研发、设计、制造、销售及服务。在全球减碳的背景下，该业务具备较好的发展前景及经济效益，公司未来计划打造“发电—用电—储电”的业务闭环，有利于进一步加强自身综合竞争能力，提高公司持续经营能力。

七、结语

在木林森于 2018 年完成对朗德万斯的收购后，上市公司立足于收购标的的品牌优势，以及国内生产基地的低成本优势，树立了朗德万斯“轻资产、重品牌、强运营”的经营策略，同时推进了海外制造环节的重组工作，借助国内生产成本低的优势，将海外高成本的采购环节全面转移至国内。

随着重组的顺利完成，过去几年因为高额重组费用导致的负面影响也逐渐消除，此外，并购后的品牌、渠道、研发优势也得以发挥，随着公司战略的稳步推进，公司海内外的协同优势在未来有望更好地体现。

本文写于 2022 年 5 月

广撒网，是否一定就能多捞鱼——家电巨头苏宁多元化发展战略探讨

林正豪*

苏宁集团因为过去无序的扩张而跌进了多元化并购的陷阱，导致主营业务停滞不前，对外投资接连亏损，“多元”变成了“夺源”，最终不得不卖出自身的股权。本文将梳理苏宁集团过往在各大领域的并购事件，并分析总结其最后元气大伤的原因。

2021年2月28日，苏宁易购与深圳国际双双发布公告称，深圳国际控股和深圳鲲鹏资本已就收购苏宁易购股份一事，与苏宁达成协议。根据协议，两家公司将斥资148.17亿元拿下苏宁易购23%的股份，这也意味着这家曾经作为传统商超老牌霸主的企业如今终于到了不得不做出改变的时刻。

* 林正豪，澳大利亚墨尔本大学金融学硕士，现任广慧并购研究院核心研究员、广慧投资高级投资经理。曾就职于华泰证券研究所。

一、苏宁 148 亿元引入深圳国资

“第四个十年,苏宁正在卸下包袱、轻装上阵,但同时也没有了回旋的余地。针对不在零售主赛道的,就要主动做减法、收缩战线,该关的关,该砍的砍。”苏宁易购董事长张近东在 2021 年新年开工第一天的内部发言会上如是说。

就在开工的 10 天后,接连传来一个个爆炸性的消息。先是江苏足球俱乐部突然宣布:“由于各种无法控制的要素叠加……即日起,江苏足球俱乐部停止所属各球队的运营……”这支苏宁耗资十几亿元换来的球队,在 3 个月前刚刚夺得了中国顶级足球联赛的冠军,然而刚夺冠就宣布解散,实属罕见。

然而另一个消息则更为重磅,2021 年 2 月 28 日,苏宁易购公告显示,张近东及其一致行动人苏宁控股集团、公司持股 5% 以上股东苏宁电器集团、西藏信托拟将其合计持有的苏宁易购 23% 的股份,转让给深圳国资控股的深国际控股(深圳)有限公司(以下简称深国际)及深圳市鲲鹏股权投资管理有限公司(以下简称鲲鹏资本)。本次股权转让价格均为 6.92 元/股,股权转让金额合计约为 148.18 亿元。

本次股权转让完成后,张近东及其一致行动人苏宁控股集团的持股比例由 24.94% 降至 16.38%,苏宁电器集团持股比例由 16.8% 降至 5.45%,公司不存在持股 50% 以上的股东,不存在实际支配上市公司股份表决权超过 30% 的股东。不过,苏宁此次并非“卖身”,公司在公告中强调,控股股东、实际控制人张近东仍为第一大表决权股东。

二、风光之下难掩经营困境

苏宁这次面临的局面主要还是债务危机以及公司经营不善所导致的,虽然通过引入国资解决了短期内资金上的问题,但是如果公司整体运营和发展策略不做出改变的话,相信下一个危机很快就会逼近。

在了解苏宁经营情况之前,先要理清楚这个庞然大物的组织架构,公开信息显示,苏宁集团的资产主要可以分为两个板块:苏宁控股和苏宁电器。据了解,在苏宁集团内部,苏宁控股通常是作为大脑的存在,很多集团的决策都是由苏宁控股来做;而苏宁电器则控制了苏宁绝大部分核心资产,包括上市公司苏宁易购以及地产板块的苏宁置业(见图 1)。

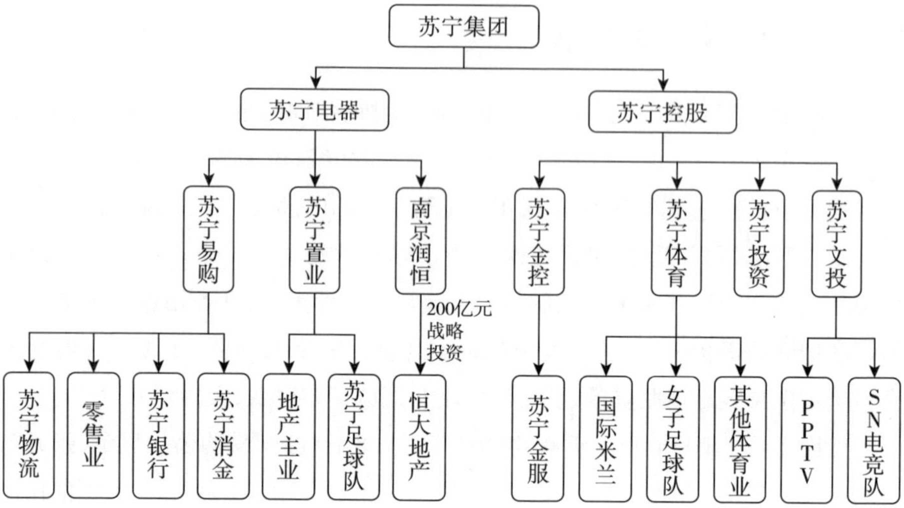

图1　苏宁集团主要资产大致分布

注：苏宁电器、苏宁控股旗下并表企业众多，并未全部列出。

数据来源：《棱镜》，公开数据整理。

过去的30年，苏宁集团已经从一开始的空调专卖店发展成为如今的业务涉及零售、地产、金融、体育等多个板块的巨头。虽然无法从公开资料中获得苏宁集团整体的财务报表，但是从集团旗下上市公司苏宁易购的财务报表中也能看出，一直以零售作为主业示人的苏宁易购，其零售业务是所有业务中最不赚钱的(见图2、图3)。

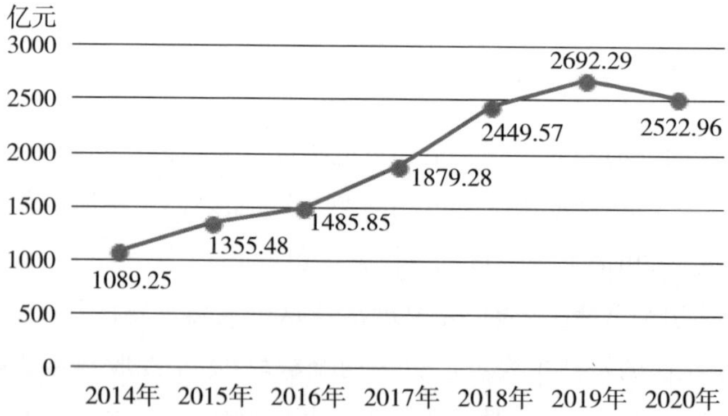

图2　2014～2020年苏宁易购营业收入

数据来源：苏宁易购年报整理。

图 3　2014～2020 年苏宁易购归母净利润及扣非净利润

数据来源：苏宁易购年报整理。

2014 年以来，苏宁易购的归母净利润和扣非净利润之间就有着 20 亿元左右的差额，这一问题从 2017 年开始更是进一步放大，2019 年非经常性损益更是达到了历史新高的 155.54 亿元，2020 年归母净利润及扣非净利润双双跌破 -40 亿元，分别为 -42.75 亿元和 -68.07 亿元（见表 1）。

表 1　2020 年苏宁易购主营业务收入

主营业务	2020 年营收/亿元	营收占比/%	2020 年毛利/亿元	毛利占比/%	毛利率/%
零售业务	2385.03	97.12	315.74	99.45	13.24
物流服务	38.39	1.56	-9.45	-2.98	-24.62
安装维修业务	19.38	0.79	3.14	0.99	16.20
其他	12.99	0.53	8.05	2.54	61.97
合计	2455.79	100	317.48	100	12.93

注：此表仅为苏宁易购 2020 年主营业务，其他业务收入并未在表中。

将苏宁易购的收入按照产品分类，可以看到零售业务独占营收的 97%，毛利润占比更是高达 99.45%，其他的物流、金融、安装维修等业务也均是围绕零售业务展开的。过去几年间，在主营业务的扣非净利润已经见底或者亏损的情况下，苏宁易购的归母净利润仍然能扭亏为盈，甚至达到上百亿元，非主营业务起到了至关重要的作用(见表2)。

表2　2015～2020年苏宁易购非主营业务收入

单位:亿元

非主营业务	2020年	2019年	2018年	2017年	2016年	2015年
投资收益	22.14	217.91	139.91	43.00	14.45	16.55
公允价值变动损益	4.67	2.16	2.92	0.19	-0.34	-0.07
其他收益(政府补助)	8.39	3.38	3.86	—	—	—
营业外收入	4.25	2.51	5.06	4.05	10.60	16.65

从苏宁易购的非主营业务收入可以看出,2015～2016年,苏宁易购的非主营业务中还有一半的营业外收入,其被解释为根据门店物业开展的创新型资产运作,实际上就是售后回租,即将线下门店卖出,然后自己再租回来使用。从2017年开始,公司的投资收益就大幅增加,也就是进行炒股,2019年这部分收益更是达到了217.91亿元。

主营业务经营不善,同时苏宁易购又背负着巨额的债务:苏宁易购在2018年发行了6期总计100亿元的公司债券,这批债券的期限为3年,将在2021年4～12月陆续到期。另外,苏宁电器本部也存在较大的债券集中兑付压力,2021年内到期及回售的公司债券本金为104.88亿元,还有2021年9月11日到期的利息为7.5%的6亿美元的债券。此外,苏宁电器还承诺回购利息为7.3%的28.54亿元(4.42亿美元)的债券。其共有累计172亿元(27亿美元)的债券债务。

为了掩盖苏宁易购的扣非净亏损,以及偿还集团整体的债务,苏宁集团近年来抛售的股份以及其他资产如表3所示。

表3　苏宁集团抛售的股份及其他资产

年份	资产标的	收益/亿元
2015	苏宁易购出售13家门店	13.88
	向境外公司出售PPTV股权	14.47

续表

年份	资产标的	收益/亿元
2016	转让北京京朝苏宁电器有限公司 100% 股权	13.04
	出售 6 处仓储物业	5.1
2017	出售阿里巴巴股份	41
2018	出售阿里巴巴股份	113
2019	出售苏宁小店 100% 的股权	134.27
	增资扩股苏宁金服 17.857% 新股	

三、人云亦云，终成"四不像"

这些年来，虽然苏宁集团在各大领域中都有所涉猎，但通常在人们的印象中，苏宁并不会是从脑海里冒出来的第一选择。提到电商，往往都是京东、淘宝，甚至近年来崛起的拼多多；提到视频平台，则是抖音、快手、爱奇艺；提到智能手机，则有苹果、华为、小米；提到快递，则有顺丰、四通一达等。以上这些领域苏宁均有投资，甚至连足球和电竞都能看到苏宁的身影，然而这些投资绝大部分没有取得理想的收益，有些甚至亏损严重。

（一）向京东看齐，转战线上

2007 年，京东开始自建物流体系，在京东逐步完成转型并在几年后市场份额逼近当时如日中天的苏宁后，苏宁在慌乱之中也做出了改变，除将重心转至线上外，还收购了天天快递等物流公司，希望借此来抗衡京东的物流体系。

然而之后两者的走势截然不同，京东虽然在自建物流体系后长时间亏损，但其一开始的定位就是互联网电商模式，资本市场对互联网公司很宽容——只要你的规模能快速增长，就不怕烧钱，不怕亏损。行业内甚至因此传出了一个段子：有一次刘强东想增资融 7000 万美元，高瓴资本的张磊回复，要投就投 3 亿美元，要不就不投。这样的资本环境下，京东可以获得比苏宁更多的钱，而且无须支付利息，没业绩压力，可以轻松地和对手打价格战。

但苏宁却不同，如果苏宁也抛弃线下，全身心转战线上，先不说十几万线下门店的员工是否同意，就是当地政府也不会答应。也正是因为带着实体店，苏宁始终被定义为传统零售商，市场估值自然无法跟互联网公司相提并论。因为估值无法提高，苏宁就没办法通过增发股票融资，因此苏宁这些年来一直在发债，借得越多成本越高，加上门店租金、用工成本，根本经不起和竞争对手打价格战的消耗。

2011 年，京东的营业收入只有苏宁的 20%，到 2014 年京东就超过了苏宁，2019 年京东首次扭亏为盈，实现扣非净利润 52 亿元。而苏宁 2014 年到 2019 年扣非后净利润连续为负，2020 年扣非后亏损 57 亿元，境遇已然天差地别。

2021 年 2 月 22 日晚间，天天快递总部向加盟商发出一份名为《迎难而上，创新应变——致天天快递事业合伙人》的通告，部分人认为这是“苏宁实际放弃天天快递”的加盟商的信号。这个当初花费苏宁 42.5 亿元的项目，换来的却是一个连年高亏损、高投诉率的低价值业务，天天快递的命运似乎早已注定。

（二）学习阿里，娱乐至死

除了京东，阿里巴巴同样是苏宁的学习对象，马云布置的每一个作业，“好学生”苏宁都会积极去实践，有时候甚至能超额完成任务。

2017 年，阿里巴巴在杭州落地了第一家无人超市，开业首日就有大量消费者体验和围观，甚至有从黑龙江、海南、广东等地来杭州旅游的游客专程跑去体验无人超市，《人民日报》连发了好几条新闻来报道此事，用火得一塌糊涂来形容毫不为过。随后，苏宁也开始在南京实施智慧零售线上线下一体化，将无人店、刷脸支付、人工智能等概念统统塞进一家 20 平方米左右的小店。

然而，随着无人超市热度的褪去，很多无人超市相继倒闭关门了，原因在于：第一，智能系统不成熟，付款结算时耗费大量的时间，所以很多人不愿去做那些费时间的事。第二，超市的货物不全，一般超市的生活用品都非常齐全，而无人超市的商品不全，如果想让商品更全面的话，那将花费很大的一笔投资。

无人超市在当下还是有些格格不入，5G 技术的快速发展也没有让其起死回生。当然无人超市也不是一无是处，至少也算是一个乘凉的“好去处”。

其他马云老师布置的“作业”如表 4 所示。

表 4　阿里巴巴与苏宁在相同版块的投资

课题	阿里巴巴	苏宁
视频板块	收购优酷土豆	2.5 亿美元收购 PPTV
互联网金融	蚂蚁金服	苏宁金服
体育	冠名恒大淘宝足球队	直接买入江苏苏宁队和国际米兰
电竞	WESG 世界电子竞技运动会	《英雄联盟》苏宁战队

这些投资对于阿里巴巴来说也并非一帆风顺，但阿里巴巴毕竟家底殷实，经得起折腾。反观苏宁的几笔投资：

虽然 PPTV 当年同样受到资本市场的热捧，但如今随着抖音、快手等短视频平台的强势崛起，传统电视节目被抢占了大量流量。

苏宁金服所处的互联网金融行业近年来频繁受到政策的压力，行业将会有较大的波动，具体可参考当初的学习目标蚂蚁金服如今的处境。

苏宁对体育（包括电竞）业务的投入是最多的，同样是亏损最严重的。据媒体报道，自 2016 年 6 月苏宁以 2.7 亿欧元收购国际米兰 70% 的股份后，截至目前已经为这支国际劲旅投资了近 6.25 亿欧元，合计投入 8.95 亿欧元（约 70 亿人民币）。国际米兰在股东大会上公布的财务数据显示，其 2019～2020 财年收入为 3.724 亿欧元，相比上一财年下降了约 4500 万欧元，税息折旧及摊销前利润为 1450 万欧元，亏损 1.024 亿欧元。同时，国际米兰还需要在 2022 年年末之前兑付 3.75 亿欧元本金的债券。德国转会网站最新数据显示，国际米兰市值仅 6.07 亿欧元，即使把国际米兰以该市值出售，苏宁手中的 70% 股份也仅值 4.2 亿欧元左右，与投入相比亏了一倍多。

国内的体育投资同样不乐观，开篇提到的苏宁足球队，每年也至少需要投入 5 亿元人民币。至于收益，目前国内 IP 商业化十分艰难，用流量换广告以及付费观赛带来的收益对于投入来说杯水车薪。

（三）效仿拼团，最后一搏

除了老对手阿里、京东，近年来后来居上的拼多多在市值上也把苏宁远远甩在了身后，这一次，拼多多带来的拼团模式、社交电商等概念再次引起了苏宁的兴趣。为了与拼多多相抗衡，苏宁随即推出了乐拼购、苏宁特卖等产品，前者随后被升级为苏宁拼购，而苏宁特卖在苏宁易购 App 中已经找不到入口。

在号称直播元年的 2016 年，苏宁易购上线直播功能，最开始只是配合扶贫项目，通过直播来培养县乡电商人才，随后扩展到扶贫销售、门店直播、直播带货等。2016 年 9 月，苏宁直播基地“趣逛逛”正式运营，将线上直播升级到“直播代逛”模式，号称物流上能做到 3 公里内 1 小时送达。不过拼购、直播等方式究竟为苏宁易购带来了多少收入，其财务报表中暂时还未披露。

（四）压垮苏宁的最后一片雪花

2020 年 9 月 24 日，一份加盖恒大集团公章的文件——《关于恳求支持重大资产重组项目的情况报告》在朋友圈刷屏，大致内容就是这家中国第一房企、世界 500 强企业的资金链已发生断裂，虽然事后恒大方面对此进行了辟谣，但之后的种种表现也证实了公司的资金流出现了问题。2017 年恒大为了准备上市而战略融资了 1300 亿元，并附带了上市对赌，如若未能在 2021 年 1 月份前完成上市，则会对这次战略融资进行回购，但现在来看，未能如期上市的恒大如今也没能进行回购，这些明股实债的投资人心中的压力自然也很大。当时具体的融资情况如表 5 所示。

表 5　恒大 2017 年战略融资情况

第一轮		第二轮		第三轮	
中信聚恒	50 亿元	深业集团	55 亿元	山东高速	200 亿元
广田投资	50 亿元	宝信投资	50 亿元	苏宁电器	200 亿元
广东唯美	50 亿元	华达置业	50 亿元	深圳正威	50 亿元
中融鼎兴	30 亿元	麒翔投资	50 亿元	嘉寓	50 亿元
华建	30 亿元	键诚投资	35 亿元	广州逸合	50 亿元
美投	30 亿元	睿灿投资	35 亿元	四川鼎祥	50 亿元

续表

第一轮		第二轮		第三轮	
睿灿投资	30 亿元	鸿达投资	30 亿元		
山东高速	30 亿元	宇民投资	20 亿元		
		金橙宏源	20 亿元		
		嘉寓	20 亿元		
		深圳中意	10 亿元		
		豪仁物业	10 亿元		
		永合金丰	10 亿元		
第一轮合计	300 亿元	第二轮合计	395 亿元	第三轮合计	600 亿元
合计			1295 亿元		

从表5中可以看出，苏宁电器200亿元的投资金额非常大，是仅次于山东高速的第二大投资人。从当时的时代背景来看，苏宁的这笔投资似乎是符合情理的，当时的苏宁正想发展多业态智慧零售的战略，而恒大作为顶级房地产商，可以为苏宁的这些布局提供落地场景，从苏宁的角度来看，这样的投资将形成充满想象力的协同效益。而且如果恒大地产真的在A股借壳上市成功的话，那么包括苏宁电器在内的27家战略投资者都将赚个盆满钵满。

然而2020年11月，恒大地产宣布终止借壳，这场历时4年的上市计划以失败告终，同时恒大自身的资金也出现了问题，当初所幻想的一切美好如今成了泡影。更重要的是，这笔被占用多年的资金一直都让苏宁的现金流显得捉襟见肘，而近年来的新冠疫情也再次对以零售为主业的苏宁造成了巨大的冲击。

四、看似“多元”实则“夺源”

过去的几年间，有大批的集团企业被曝出资金链断裂的新闻，到最后不得不面临破产重组的困境，其中不乏海航、三胞、精工等资产在500亿元以上，横跨多个产业，旗下甚至有多家上市公司的大集团。怀着对这样规模的公司为什么也会遭遇资金困难的疑问，笔者通过多方面的分析，认为盲目“多元化扩张”不说是最大的原因，也是重要原因之一了。

在过去中国经济狂奔的30多年中，很多企业在成功将自己的主业做上市之后，往往都会想着背靠这些资源优势（如股票质押贷款获取资金）进入一个新的行业，而如果第二个行业同样顺利发展之后，这些掌舵人心中多元化发展的想法就会更加坚定，就会想通过更多的融资渠道去发展第三、第四、第五个行业。而这种势头的中止源自2018～2019年中国经济实质性的大调整，这时很多公司原有的主营业务因为第二、第三行业分散精力而没有筑好坚实的护城河，新兴业务又需要大量的资金投入，而这时如果之前的融资产品中只要有一个出现违约，其他各路债权人均会要求赎回自己的资金，从而造成企业资金链断裂，债务危机爆发。

仔细分析苏宁的案例，可以发现也存在上述的现象。从全国工商联主办的中国民营企业500强榜单中可以看出，过去的几年来，苏宁集团一直位列榜单第二、第三位（见表6）。这样的荣誉加持使得集团层面的自信心爆棚，给到了外部金融机构以及公司自身决策层一定的错觉，认为自己已经无往不利，故盲目向更多的行业扩张，为未来的发展埋下了隐患。

表6　2020年中国民营企业500强榜单（前十位）

排名	企业名称	省份	所属行业	营业收入/万元
1	华为投资控股有限公司	广东省	计算机、通信和其他电子设备制造业	85,883,300
2	苏宁控股集团	江苏省	零售业	66,525,890
3	正威国际集团有限公司	广东省	有色金属冶炼和压延加工业	61,389,924
4	恒力集团有限公司	江苏省	化学原料和化学制品制造业	55,673,993
5	碧桂园控股有限公司	广东省	房地产业	48,590,800
6	恒大集团有限公司	广东省	房地产业	47,756,100
7	联想控股股份有限公司	北京市	计算机、通信和其他电子设备制造业	38,921,826
8	国美控股集团有限公司	北京市	零售业	37,170,058

续表

排名	企业名称	省份	所属行业	营业收入/万元
9	万科企业股份有限公司	广东省	房地产业	36,789,388
10	浙江吉利控股集团有限公司	浙江省	汽车制造业	33,081,765

在所有的企业之中,针对“多元化”还是“专业化”的讨论从来就没有停止过,因为这个问题没有绝对的对错,我们能看到很多公司因为多元化发展得以分散风险,逐步发展成庞然大物,也有公司走专业化路线,为自己树立起坚实的壁垒。但有一点是可以确定的,盲目多元化扩张,绝大部分最后都是元气大伤。

笔者通过总结,认为盲目扩张、跟风多元化的不利因素有以下几点:

(1)公司多元化之后,核心业务不突出,甚至被后续的第二、第三个行业所掩盖,多元化变成了“夺源化”。资本市场无法给这些公司一个明确的定位,很多研究员也就难以做到长期的跟踪研究,这对一个上市公司来说是致命的,一个公司的股票如果无法常年获得人们的关注与研究,就很难获得大资本的青睐与投资。

(2)多元化后的公司业务板块发展进度不一,虽然能分散一定的风险,但是亏损的业务板块会蚕食盈利板块的利润,从而拖累上市公司的整体业绩。

(3)承接上一点,如果公司整体的业绩被拖累,那么其整体的价值就容易被低估,这对于旗下业绩突出的板块来说有失公允,难免会有员工心有不满甚至离职。

(4)多元化的公司通常结构庞大、人员众多、管理成本巨大,如果不能梳理好企业内部的结构,构建起合适的团队,那么管理人员的精力将被从核心业务中剥离,以处理公司内部的繁杂琐事。

五、结语

目前来看苏宁同样跌进了多元化扩张的陷阱中,核心的管理层主要来自传统行业,对互联网的规则不甚了解。互联网公司发展靠金融资本,靠投资者的钱补贴消费者,从而获取流量,玩法包括低价倾销、9 块 9 包邮、拼多多砍一刀等。而苏宁作为传统百货商,发展主要靠经营积累,想学互联网公司靠的却是直接投资买公司、买网站,但收购后却没有好好经营,只是想着直接把流量装到自身的主体之中。但消费者充视频会员、充游戏会员是娱乐消遣的,并不会因此而转去苏宁的商城中购物,最后导致主营业务停滞不前,对外投资接连亏损,买来的流量也没了活跃度,花了不少冤枉钱。

方向错了,往往就意味着终局。

本文写于 2021 年 4 月

丰田“新四化”转型并购

刘奕彤*

丰田作为全球营收与净利规模最大的车企，净利率也维持在行业前列，这离不开其产业并购策略，始终仅靠核心业务，不轻易重资押注与本业无关的行业，避免了无头苍蝇式的资本并购扩张。

全球汽车产业在新兴技术、新型产业链及商业模式的驱动下，已进入“破局 + 变革”的关键阶段。丰田作为一家已成立百年之久的大型传统车企，汽车业务营收高居车企榜首，面对创新业务拓展和造车新势力的挑战，在命运的十字路口，该何去何从？本文将通过研究丰田汽车公司的发展历史、业务布局等方面来解析其并购发展战略。（见表1）

---

* 刘奕彤，美国南加州大学商法学硕士，现任广慧并购研究院核心研究员。

表 1　全球车企十强

单位：百万美元

名次	车企	2021 财年销售额	2021 财年利润
1	丰田汽车	256,721	21,180
2	大众汽车	253,965	10,104
3	戴勒姆奔驰	175,827	4133
4	福特汽车	127,144	-1279
5	本田汽车	124,240	6202
6	通用汽车	122,241	6427
7	宝马集团	112,794	4301
8	上汽集团	107,555	2961
9	一汽集团	101,076	2867
10	雪佛龙	94,692	-5543

资料来源：财富 500 强官网。

很多企业在发展到一定规模和体量的时候，就会陷入停滞状态，最终陷入没落。这是因为，每个企业都有自己的生命周期，随着时代的发展，市场和消费者也都不断地变化，而一旦失去对市场趋势的洞察，跟不上时代的发展，就会走向衰败。特别是一些体量巨大的企业，因为难以快速转型，实现革新，更容易陷入衰退之中，柯达、诺基亚、摩托罗拉、东芝、索尼莫不如此。其中也不乏行业巨头脱离核心主业盲目地进行财务并购，以美化财务报表。

丰田在其过去 10 年的发展战略中避开了这两大陷阱，紧沿汽车制造产业链展开对外并购与投资，加速推进数字化转型。但 2008 年之后，丰田在遭遇金融危机的冲击以及 2009 年大规模的质量召回事件后，开始部署新战略，调整步伐，毫不犹豫地推倒原有模式，推动 TNGA 架构的实施。而这种自我革新，也为丰田带来了新的增长。并且丰田在 2019 年明确了并购方向：网联化、智能化、共享化、电动化，这进一步加快了丰田的转型步伐，并且避免了无头苍蝇式的财务并购扩张。

一、丰田造车之路

丰田汽车公司自纺织业起家，从 20 世纪 30 年代开始涉足汽车工业。经过近一个世纪的发展，如今已成为全球最大的汽车生产商之一（见图 1）。但商业上没有亘古不变的定律，面临着造车新势力的挑战，丰田也将迎来它的百年变革。新时期丰田开始注重新兴市场开发及多元化业务发展，将高新技术开发作为关键手段，推动自身乃至整个汽车工业向前发展。

20 世纪初期，福特和通用几乎垄断了日本汽车市场，但是日本政府大幅提高了进口零部件关税，将其从 35% 提高到 60%。福特和通用迫于成本压力，于 1939 年退出日本市场，为日本本土企业丰田提供了发展空间。丰田从一家纺织公司发展为全球第一大传统汽车制造公司，共经历了八个阶段。创新和变革几乎贯穿了丰田的发展历程，自 2000 年起丰田就尝试在车辆中搭载创新技术，比如智能停车辅助系统、半自动化路边停车系统及转向辅助车辆稳定控制系统等。自此以后，丰田就以"创新"为核心目标，结合自研、投资及收购等方式，全面推进新兴业务发展。

二、从 TNGA 到"新四化"并购战略

在数字化转型的 21 世纪，汽车行业与崛起中的其他行业不断融合，其核心技术也在快速转变，传统整车制造行业开始面临新的竞争压力。为应对造车新势力的挑战，丰田已从传统汽车制造商转为专注于机动性，以及探索如何发展赋予人们行动自由出行方式的汽车服务商。

在 2008 年金融危机的影响之下，丰田归母净利出现了 21 世纪以来的首次负值，随即在 2010 年推出 TNGA 概念。TNGA 是 Toyota New Global Architecture 的缩写，中文意思是丰田新全球架构。与当年福特推出的汽车制造流水线模式大幅提升了汽车的生产效率一样，TNGA 代表的也是一种新的生产理念，包括了从研发开始的制造汽车的全过程。其目标是进一步在生产环节、研发设计环节、产品力上进行革新，以更低的成本，实现更高效的生产，进而提升竞争力。

1897~1933年：纺织业务起家，开启“自动化”	•1897年，日本第一台动力织机“丰田动力织机”完工 •1918年，丰田纺织公司成立 •1926年，丰田自动纺织机公司成立
1934~1949年：初探汽车行业	•1935年，丰田研发完成A1型乘用车和G1型卡车 •1938年，丰田建立完整的汽车生产厂——拳母工厂 •1944年，丰田汽车被指定为军需品公司
1950~1965年：领军乘用车市场	•1952年，丰田开始进行用户调研，正式开发乘用车 •1955年，丰田自主研发的乘用车Toyopet Crown 诞生 •1965年，丰田在日本销售总量达到20万辆左右
1966~1980年：世界级汽车制造商	•1966年，丰田推出定位私人市场的乘用车——Corolla •1973年，丰田Corolla的销量达到40.5万辆 •1980年，丰田海外销售总量达到187.3万辆
1981~1990年：建立全球生产体系	•1982年，丰田汽车与丰田销售正式合并 •1984年，丰田和通用共同成立联合汽车制造公司——NUMMI •1986年，丰田分别成立美国和加拿大汽车制造公司
1991~2007年：调整未来发展方向	•1999年，丰田启动了“专业人力资源开发方案” •2003年，丰田建立面向年轻用户的Scion 品牌 •2003年，丰田发布第二代Prius，搭载智能停车等创新技术
2008~2017年：创新业务起步	•2011年，丰田开始测试自动公路驾驶辅助系统（AHDA） •2011年，丰田推出“TNGA”概念 •2015年，丰田提出了“丰田2050环境挑战”
2018~2020年：创新业务高速发展	•2018年，丰田章男宣布丰田向移动出行公司转型 •2018年，丰田发布全新e-Palette出行平台 •2019年，丰田向滴滴投资了6亿美元
2021年：开启自动驾驶领域并购	•2021年1月，丰田研究院高级研发公司（TRI-AD）正式重组为控股公司Woven Planet，向外收购资产。

图1　丰田发展历史

资料来源:《前世不忘,后事之师系列研究报告》。

整体而言，TNGA架构让丰田品牌旗下各款车型的零部件高度共通，使图纸减少，人员和工时减少，销售与生产端充分连接，内部沟通效率提升，人员归拢统筹，从底层架构上提升了企业的运营效率（见表2）。

表2　丰田TNGA架构

项目	内容
公司层面	丰田将过去复杂的独立生产单元归拢，最终按照车型、产品为主线，分为小型车公司、中型车公司、大型与商用车公司、雷克萨斯公司、动力总成公司、先进技术公司以及智能互联公司共七个内部公司
人员层面	集团内工程师、设计人员被重新分配到各个内部公司中，针对不同车型和研究方向进行相应的产品设计研发。这样带来的好处是，市场人员、设计师以及工程师可以实现无缝通力合作。从一开始，设计师以及工程师就清楚市场调研结果，明白需要开发一款怎样的车，可以最大限度做到减少分歧、保证效率
制造环节	在研发阶段就尽可能地考虑零件的通用性，实现零配件的开发和制造的成本平摊

资料来源：《TNGA架构为丰田在华市场带来叠加效应》。

对此，有些人认为TNGA看似高深，其核心就是零部件共享，但其实TNGA架构的目的不只是追求零部件的共通。丰田认识到零散的汽车研发和生产方式的效率有待提高，所以通过TNGA来达成更好的共通，实现更加灵活、高效的汽车制造。其代表的确实是一种新的理念。

丰田汽车总裁丰田章男在2019年12月表示："新四化"（网联化、智能化、共享化、电动化，该四个词语的英文首字母合起来为CASE）中的技术创新将导致汽车产业发生巨大变革。在这种情况下，丰田需将业务模式转变为符合CASE时代的新型业务模式。

1. 网联化（Connected）：车企与互联网企业融合发展，丰田制定三项网联化发展战略

当前，随着互联网技术的发展，利用互联网技术建立车与人、车与路及车与车之间的连接，从而实现动态信息共享、智能车辆及交通管理，搭建智慧城市的基础设施，这就是汽车网联化的概念（见图2）。

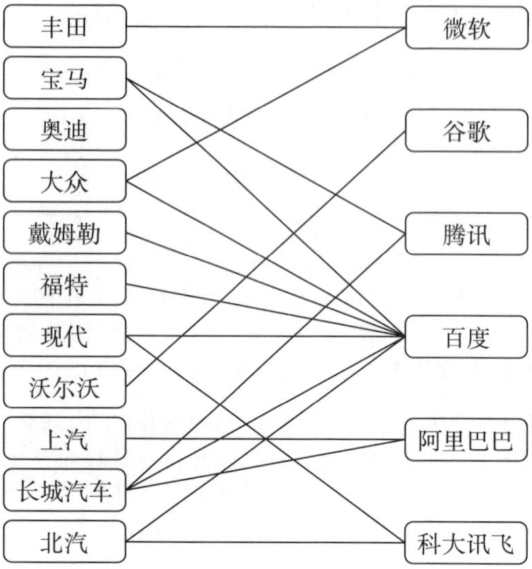

图 2　车企与互联网企业合作关系

资料来源:亿欧智库。

为了促进汽车网联化快速发展,大多数车企选择和互联网公司合作共同推进汽车网联化的进程,市场中形成了错综复杂的合作格局。丰田为了迎接汽车网联化时代的到来,2016 年在公司内部成立了 Connected Company,并制定了三项网联化发展战略:(1)搭载数据通信模块(DCMs),促建全球连接平台。(2)基于互联平台大数据,变革自身业务。(3)协调不同行业的公司,“创造全新移动出行服务”。

2018 年,丰田开始与软银进行战略合作以构建新型移动出行服务——MONET。2018 年 10 月,丰田与软银同意建立战略合作伙伴关系,并计划共同出资 20 亿日元建立合资公司 MONRT Tcorporation Inc.(MONET)。2019 年 2 月,MONET 开始运营,将通过丰田的移动服务平台 MSPF 协调丰田的互联汽车基础设施和 Soft Bank 的物联网平台,主要推动三项服务的发展:按需移动服务、数据分析服务以及 Autono - MaaS(见图 3)。

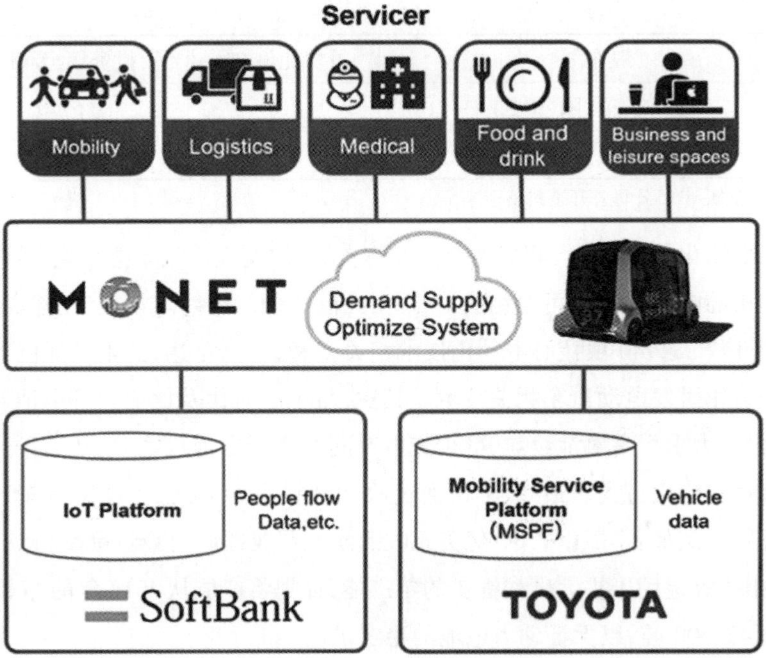

图 3 MONET 主营业务

2019 年 7 月，五十铃、铃木、斯巴鲁、大发各自计划投资 MONET，并收购其约 2% 的股份，日野和本田计划对 MONET 进行额外投资，并保持各自约 10% 的股权（见表 3）。

表 3 MONET 股东结构和投资比例（每家公司完成投资后）

股东	投资比例/%	投资额/万日元
软银公司	35.2	10,000
丰田汽车公司	34.8	99,950
日野汽车有限公司	10.0	28,560
本田汽车有限公司	10.0	28,560
五十铃汽车有限公司	2.0	5710
铃木汽车公司	2.0	5710
斯巴鲁公司	2.0	5710

续表

股东	投资比例/%	投资额/万日元
大发汽车有限公司	2.0	5710
马自达汽车公司	2.0	5710

资料来源：丰田公司公开资料整理。

2. 电动化(Electric)：积极整合产业链资源，加速全球汽车电动化发展

丰田的电动化布局可总结为“三步走”模式(见表4)。首先，创建联盟，宣布免费开放23,740项核心电动化技术相关专利，与马自达、铃木及斯巴鲁等传统车企合作研发电动汽车相关技术。其次，与宁德时代及比亚迪等电池制造商通力合作，力求提高电池续航、减少充电时间及降低电池成本等，从而推进电动汽车规模化应用进程。最后，丰田通过收购和投资的方式，为电动汽车规模化应用铺路。例如，丰田以2.32亿美元收购澳大利亚锂矿商Orocobre Ltd 15%的股份，相关资金用于扩大碳酸锂矿的年产能，计划将产能从2017年的17,500吨提高至42,500吨，以保证动力电池的稳定供应。

表4　2017～2019年丰田整合产业链资源相关事件

2017年	2018年	2019年
(1)丰田与马自达、电装合作研发，组建合资公司。 (2)丰田与松下合作研发电动车方形电池	(1)丰田推出多用途的移动服务“e－Palette Concept”，初期合作伙伴包括滴滴出行、亚马逊等。 (2)丰田与多家燃气公司合作成立“日本加氢站网络公司”	(1)丰田与宁德时代、比亚迪等汽车动力电池制造商合作。 (2)丰田宣布免费开放23,740项核心的电动化技术相关专利。 (3)丰田与现代、液化空气公司、壳牌公司等5家公司合作研发氢动力卡车技术。 (4)丰田与北汽福田合作，为公交车提供燃料电池。 (5)丰田将与电装成立合资芯片企业，专注电动汽车与自动驾驶技术

3. 共享化(Shared)：丰田与多方出行公司合作，深度布局未来汽车“共享化”

近几年，为了丰富MSPF的拓展业务，加强丰田汽车“共享化”领域的业务，丰田陆续投资了全球知名的头部出行公司，且金额较大，包括Uber、Garb及滴滴。此外，丰田和出行服务商、共享汽车服务商、租车服务商及出租车运营商展

开全面战略合作，共同推进汽车“共享化”布局（见图4）。

图4　丰田共享化业务布局

丰田与出行服务商的合作主要体现在以下两个方面：首先，丰田推出“灵活租车计划”，向驾驶员提供车辆，按月从驾驶员的收入中收取租金。其次，丰田投资的三家出行公司的业务几乎覆盖了全球，丰田可以在这些出行公司的车辆中搭载DCMs，开发利用MSPF收集到的行驶数据为这些出行公司提供车联网服务，同时利用这些通过车联网收集来的数据，更新和完善MSPF平台（见表5）。

表5　世界主要国家汽车出行服务商

国家或地区	主导者	参与者	国家或地区	主导者	参与者
中国	滴滴出行	Uber、易到、神州专车	澳大利亚	Cabcharge、Uber	Ingogo、Gocatch
英国	Uber、Gett	Hailo、Addiso Lee	加拿大	Uber	—
美国	Uber、Lyft（滴滴投资）	Sidecar、Flywheel Curs、Via	东南亚	Garb（滴滴投资）	Uber、Easy Taxi
日本	Line Taxi	Hailo、Uber	俄罗斯	Yandex	Uber、Gett
德国	MyTaxi	Uber、Blablacar Blacklane	印度	Olacabs（滴滴投资）	Uber、Meru

资料来源：腾讯《全球移动出行市场势力图谱》、亿欧智库。

4. 智能化（Autonomous）：以自研为基础，协同投资、并购推进技术升级

当前，全球自动驾驶产业发展迅速，且该领域衍生出三种自动驾驶商业模式，包括主机厂主导模式、自动驾驶解决方案提供商主导模式及合作运营模式（见图5）。

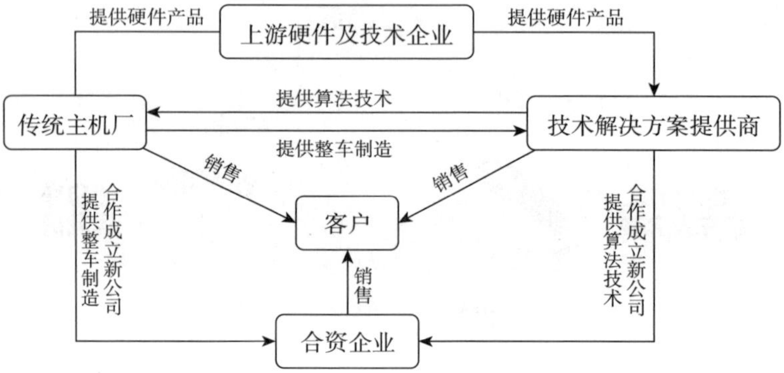

图5　自动驾驶产业链

丰田则是选择继续保持其主导地位，以投资或并购的合作方式与技术解决方案提供商共同推进丰田自动驾驶业务的发展（见图6）。丰田的自动驾驶基础理论研究始于1990年，以“交通事故零伤亡”为研究目标，通过多年研究，丰田已在全球建立了多个自动驾驶研究机构，有丰富的自研经验。丰田基于Mobility Teammate Concept从两个研发路径开发自动驾驶技术——高级驾驶辅助Guardian和完全自动驾驶Chauffeur，Mobility Teammate Concept旨在建立一个人与汽车共同驾驶的安全、便利和高效的驾驶环境。

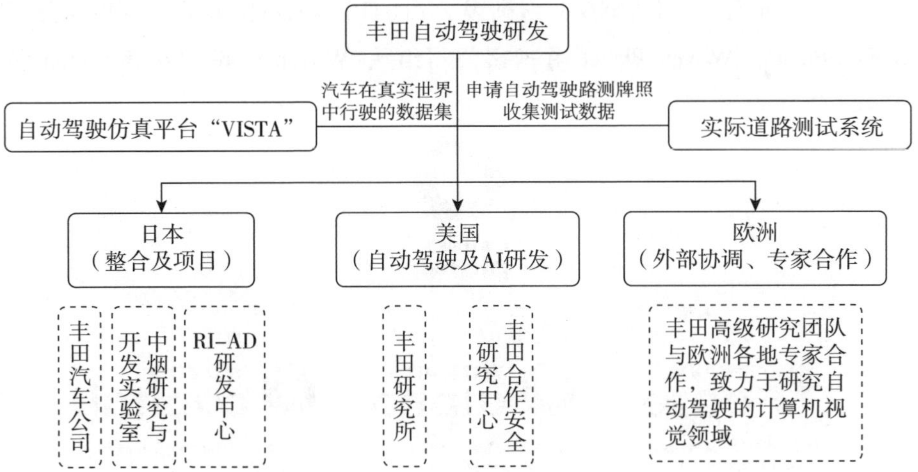

图6　丰田自动驾驶研发平台

因此，丰田没有像其他传统汽车主机厂一样急于落地测试自动驾驶，与各类玩家合纵连横，抢占自动驾驶的技术资源。一直以来，丰田都在有条不紊地布局自动驾驶领域的业务：

2018 年 5 月，丰田与 Albert 公司就大数据分析达成一致，共同研究自动驾驶技术的高级开发领域，同时，丰田以 4 亿日元收购 Albert 公司的股份，以此来优化丰田开发人工智能技术的数据分析流程并推动自动驾驶技术的发展。

2019 年 5 月，位于硅谷的丰田研究院的子公司丰田 AI Ventures 风险投资公司（TAIV）推出了 1 亿美元的基金 Fund II，致力于投资自动驾驶和机器人领域的早期创业公司（见表 6）。

表 6　Toyota AI Ventures 投资项目

项目名称	项目内容
Intuition Robotics	使用认知型人工智能创建社交伴侣技术
Elementary Robotics	开发机器人平台以协助自动化日常任务
Joby Aviation	开创电动垂直起降（Evtol）客机服务
May mobility	为社区提供 4 级自动驾驶班车服务
Sea Machines	为海运行业建立自动控制和导航系统

资料来源：丰田汽车公开资料整理。

2021 年 1 月，丰田研究院高级研发公司（TRI – AD）正式重组为控股公司 Woven Planet。Woven Planet 由三家公司组成：Woven Core、Woven Alpha 和 Woven Capital（见图 7）。

图 7　Woven Planet 组织架构

资料来源：《Woven Capital Makes Its First Investment, Backing Nuro》。

其中，Woven Core 主要负责自动驾驶技术的开发；Woven Alpha 探索新的业务拓展领域，孵化新的创新项目，包括 Woven City 和开放式软件平台（Arene、自动地图平台 AMP）；Woven Capital 是一个有着 8 亿美元的投资基金，关注在自动驾驶、自动化、人工智能、机器学习、数据和分析、互联互通和智能城市等领域的成长性公司。Woven Planet 成立半年来，丰田投资并收购了 4 家公司（见表 7）。

表 7　Woven Planet 投资项目

公司名称	项目详情
Nuro 公司——自动驾驶无人配送车	2021 年 3 月 25 日，Woven Capital 对 Nuro 公司进行了股权投资。Nuro 成立于 2016 年，由前谷歌无人车团队首席软件工程师朱佳俊以及谷歌计算机视觉和机器学习负责人、首席工程师 Dave Ferguson 联合创办。在美国，Nuro 已经与多家公司进行了合作，如克罗格、多米诺、沃尔玛、CVS 等，为社区居民所购买的日常用品，包括杂货、披萨、处方药等，提供无人配送服务

续表

公司名称	项目详情
Lyft Level 5 部门——自动驾驶软件	2021 年 4 月 27 日，Woven Planet 宣布收购 Lyft 的 Level 5 部门，以加速自动驾驶领域的软件创新，收购总金额为 5.5 亿美元。成立于 2012 年的 Lyft 是美国第二大网约车公司，在美国和加拿大开展业务。除收购 Level 5 之外，Woven Planet 和 Lyft 还签署了利用 Lyft 系统和车队数据的商业协议，以加强 Woven Planet 自动驾驶技术的安全性并促进其商业化落地
Ridecell 公司——车队数字化管理	2021 年 6 月 17 日，Woven Capital 宣布投资 Ridecell 公司，该公司专注于车队数字化转型和基于物联网的自动化平台开发。Ridecell 成立于 2009 年，总部位于美国旧金山，公司业务涉及汽车共享、汽车短期租赁以及为租赁公司提供自动驾驶车队管理服务等。Ridecell 推出了服务于车队的物联网驱动的自动化平台 Fleet IoT Automation，该平台能够将数据和车辆数字控制相集成，将目前的手动流程转换成自动化流程，从而生成自动化车队数字系统，改善车队管理和客户服务
Carmera——美国地图和道路数据提供商	2021 年 7 月 15 日，丰田汽车收购了美国无人驾驶汽车地图和数据提供商 Carmera。Carmera 的技术融合了现有的廉价摄像技术，可以在车辆经过时自动记录和上传高速公路和其他道路的变化。地图的精度可达到 12—20 英寸，因此将照相机、雷达和车辆的“惯性测量单元”等其他技术整合在一起至关重要。惯性测量单元是一个包含陀螺仪、加速计和全球卫星定位(GPS)等设备的主脑

资料来源：丰田汽车公开资料整理、《Woven Capital Makes Its First Investment, Backing Nuro》。

5. 财务表现：走出 2008 年金融危机，2014 年起净利润恢复至金融危机前水平

2008 年，受全球金融危机的影响，汽车产业成为受冲击最大的行业之一。几乎一夜之间，美国三大车企都陷入困境，通用等多家企业甚至宣布申请破产保护。而一向以高效运营、利润丰厚著称的丰田，也受到了波及。当年，丰田开始出现销量与盈利的严重下滑，最终出现了 4610 亿日元的巨额营业亏损，2009 年又出现大规模汽车召回事件。而在此前的 2007 年，顺风顺水的丰田还保持着每年 20% 的增长。丰田在 2011 年推出 TNGA 战略，并在随后的 10 年间紧沿核心产业汽车制造进行多元化并购扩张，增强其主业的竞争力。2019 年丰田正

式提出“新四化”转型，加速产业链并购整合步伐(见图8、图9)。

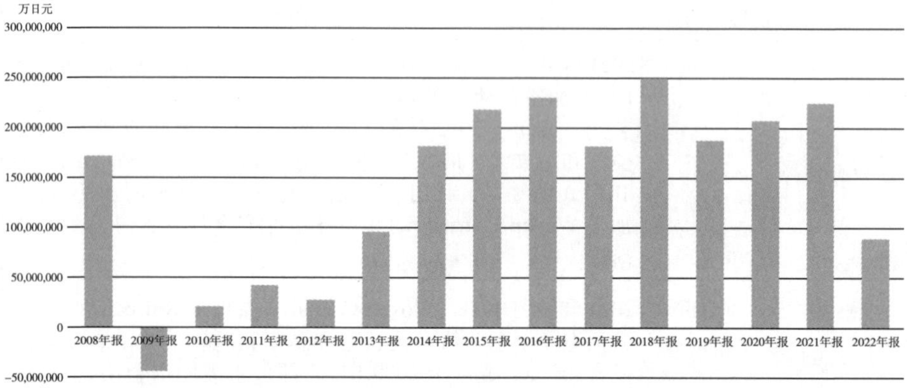

图8　2007～2021年H1丰田公司归母净利

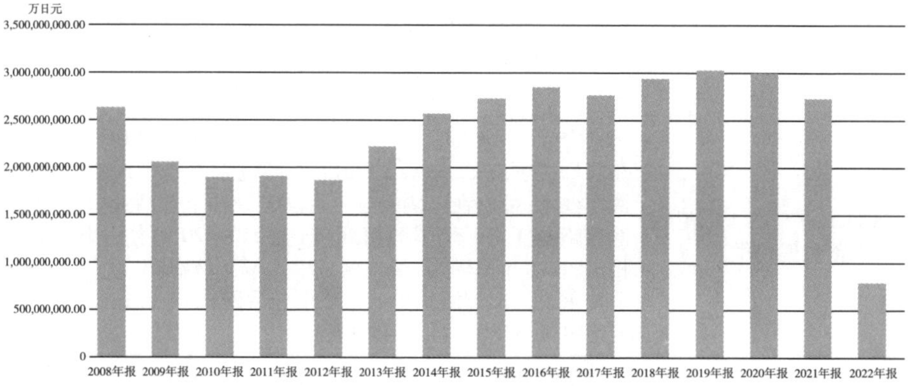

图9　2007～2021年H1丰田公司营业收入

三、启示

纵观全球，有许多传统制造业巨头盲目追求多元化，核心业务不突出，各板块发展参差不齐，亏损板块直接拖垮盈利板块的利润，导致净利低，进而拉低公司估值，给公司营运及下一轮并购扩张造成资金压力，最后陷入恶性循环难以抽身。丰田作为全球营收与净利规模最大的车企，净利率也维持在行业前列，这离不开其始终紧靠核心业务，不轻易重资押注与核心业务无关的行业的产业并购策略，避免了无头苍蝇式的资本并购扩张。

丰田的策略给国内很多造车新老势力都提供了很好的典范，例如蔚来汽车在公司成立的第二年便设立蔚来资本进行产业链上下游的关联并购，给公司的纵向发展构筑了一条稳固的护城河。丰田凭借自身严谨的生产成本压缩战略，对未来清晰的转型规划，在疫情的冲击下仍能位居全球榜首，在激烈竞争中保持领先优势。

如今，无论是外企BBA，还是国内造车巨头，都在产业转型中寻求突破以实现弯道超车。在这个过程中，应先明确转型方向，再分析具体并购标的，如果盲目地追求好企业，而错失对的企业，也将错失弯道超车的机会，最后竞争格局将如何重新洗牌，我们拭目以待。

本文写于2021年10月

立讯精密并购复盘：“应无所住，而生其心”

立讯精密上市10年以来的并购历程，确有不少可圈可点之处，内生发展和外延并购双管齐下，成就了立讯精密国内精密制造领域的龙头企业的地位。

欧阳柳生*

这些年立讯精密的风头很劲，但是我之前并没有对其过多关注，这些天仔细看了一下公司的发展历程，原来公司除有强劲的内生增长之外，更得益于大量成功的并购交易，仔细分析之下，立讯精密的并购之路非常值得回顾与总结。今天和一位央企投资部的朋友聊并购，他说他们现在比较担心的一件事情是他们目前并购的标的是轻资产公司，一旦并购完成，财务报表里就会增加大额的商誉。我认为，如果仅仅从会计角度来看待商誉，把商誉看成是未来随时会因为业绩不达标而减值进而影响利润的一颗地雷的话，那么潜台词就是商誉实质上是记在财务报表上的企业多花的

---

* 欧阳柳生，广慧并购研究院特约研究员。曾长期就职于戴尔电脑、丹纳赫、欧特克等外企，近年在券商从事投行并购业务，专注于产业并购，在公众号“并购行者”及《董事会》杂志发表多篇并购领域的文章。

钱，而非巴菲特所说的能够为企业创造内在价值，并且能够形成“护城河”的“经济商誉”。这从经济实质的角度，本质上彻底否定了并购交易本身，这种从并购伊始就担心商誉的并购既不值得做，也没必要做。我们一起来看看，立讯精密是如何做并购的？我们又能从中学到一些什么有价值的东西？

一、研究目的：找到立讯精密通过并购发展企业的内在规律

综观大部分的A股上市公司的并购交易，有太多出于良好愿望的并购交易最终都变成了一地鸡毛，更不用说那些出于纯短期套利的、以做所谓的“市值管理”为目的的并购，更是在大潮退去之后成为一个个裸泳者。

但是，反观立讯精密上市10年以来的并购历程，却有不少可圈可点之处，内生发展和外延并购双管齐下，成就了立讯精密在国内精密制造领域的龙头企业的地位。

中国目前还比较缺少通过大量并购而成为世界级的制造型企业的案例，更缺少类似伯克希尔哈撒韦和丹纳赫这样的从财务投资开始，通过几百个并购成为全球受人尊敬的企业的案例。要在中国当下的经济大环境下通过并购为企业创造内在价值，既需要研究国外企业在并购上的经验和教训，更需要对中国本土通过并购发展起来的优秀企业的并购经验进行总结，为广大A股上市公司进行并购提供可供参考和学习的案例。

因此，研究立讯精密在并购中所遵循的规律对中国本土企业具有重要的现实意义和价值。

二、研究方法：马克思主义唯物辩证法

马克思主义唯物辩证法是总结了自然科学和社会科学各个领域的规律之后所形成的认识世界、改造世界的方法论，是我们用来认识世界的强大武器。本文将尝试用其中的一些观点和方法来探寻立讯精密做并购的规律。

事物的发展主要是由其内在矛盾所推动的，在分析立讯精密的并购操作时，应尽量占有最广泛的资料，用辩证的观点、联系的观点、发展的观点、全面的观点，经过去粗取精、去伪存真、由此及彼、由表及里的过程，透过现象找到其中的内在本质联系，并且分清推动立讯精密发展的主要矛盾和次要矛盾。找到立

讯精密在并购中遵循的规律。

那么有哪些矛盾推动着企业的发展呢？

（1）企业生存所要解决的终极矛盾是企业的能力圈所形成的适应能力与外部环境变化之间的矛盾。

（2）企业发展中最核心的内在矛盾是由人所形成的组织形式与不断发展的生产力之间的矛盾。

（3）企业所面临的外部矛盾比较多，比如与客户之间的矛盾、与竞争者之间的矛盾、与供应商之间的矛盾，又如波特五力模型所提供的各种矛盾。

立讯精密是如何解决这些矛盾的呢？解决的效果如何呢？并购作为其中的一种手段发挥着怎样的作用呢？并购的效果如何呢？

本文所参考的资料主要是上市公司的招股说明书、年报和券商研报，由于条件所限，在研究过程中，缺少广泛的实地调查研究和访谈这一重要环节。所以，分析所得的结论从严格意义上说是还未得到验证的假设，这对最终的分析结果的客观性、准确性有影响。有条件去实地调查研究的朋友可以对本文分析的结论进行对比和验证。

三、对立讯精密的总的观感：与凤凰同飞的俊鸟

（一）创始人王来春女士

王来春女士曾经说过一句话："能与凤凰同飞的必是俊鸟。"用这句话来形容立讯精密再恰当不过了。

观察王来春女士的从业经历和她创立、发展立讯精密的过程，可以深切地感受到她身上"应无所住，而生其心"的力量。或者，用儒家或道家的观点就是：君子不器，无为而不为。王来春女士高中毕业后成为富士康生产线上的一个打工妹，并且做到了当时大陆员工的最高职位：课长。10 年之后她离开富士康，创立立讯精密，到现在公司已经成为苹果公司重要的生产制造服务商和国内精密制造领域的龙头企业。王来春女士做企业和做并购的智慧值得深入研究和学习。

王来春女士这种以"应无所住，而生其心"的状态做企业的态度体现在方方

面面:无论是纵向发展所体现的从零配件到模组到整机,还是横向发展所体现的从个人计算机到消费电子到通信及汽车领域;无论是加大投入提升研发、管理和精密制造能力,还是根据前瞻性的决策大举进行外延并购;无论是在市场开拓过程中广泛拓客,还是将富士康和苹果两个客户做到超过利润整体的50%。这种在自身能力圈和市场机会之间自然而然的切换,有如行云流水。

(二)公司的历史沿革

立讯精密(002475)成立于2004年,并于2010年在深交所上市,公司上市时的主营业务是电脑连接器,上市之后公司通过投资并购的方式进行纵向的垂直整合与横向的业务拓展,逐步成长为精密制造行业的龙头。目前,公司产品涉及连接线、连接器、射频天线、声学器件、无线充电器件、马达、TWS等,业务覆盖3C、汽车等领域。(见图1)

图1　立讯精密企业历史沿革

从立讯精密的发展过程来看,企业既善于顺势而为,顺应自己的能力圈和市场需求的势,又善于借势,擅长站在巨人的肩膀上发展,先是做富士康的"学徒",然后做苹果的"学生",严师出高徒,凤凰带俊鸟。这是王来春女士所领导的立讯精密的生存智慧。

（三）公司的财务状况

立讯精密刚开始时主要经营连接器和连接线，随着公司的发展，根据公司的核心能力和市场的需求，适时地以内生的方式和外延并购的方式切入到新领域。但是，并没有一开始就设定自己应该做什么，或者只做什么，有点“无为，而无不为”的感觉，公司的业务围绕自己的核心能力和市场机会展开。

通过内生研发投入和大举进行外延并购的方式，立讯精密的收入和利润都大幅增加，公司营收从2007年的3.51亿元增长至2019年的625.16亿元，年复合增长率高达54%；归母净利润从2007年的0.32亿元增长至2019年的47.14亿元，年复合增长率高达51.6%（见图2）。从增长速度来看，其增长速度的确有点超常规，这既得益于消费类电子产品市场规模的扩大，更在于立讯精密本身能力的提升和对机遇的把握。

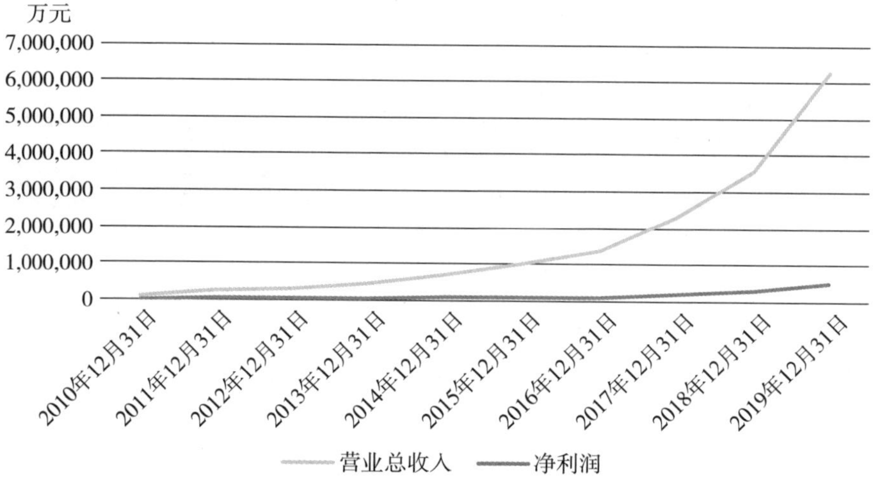

图2　立讯精密营业总收入、净利润变化

从立讯精密超常规的发展来看，单靠内生发展是无法实现的，主要是切合实际的并购战略制定和执行的结果。

从盈利能力与收益质量来看，立讯精密的毛利率和净利率都随着规模的扩大而有所降低，与工业富联相比，立讯精密的毛利率和净利率是其1.5倍，而研发费用占销售额的比例是其2倍以上（见表1）。

表 1　立讯精密盈利能力与收益质量

单位:%

项目	2020 年 9 月 30 日三季报	2019 年 12 月 31 日年报	2018 年 12 月 31 日年报	2017 年 12 月 31 日年报	2016 年 12 月 31 日年报	2015 年 12 月 31 日年报	2014 年 12 月 31 日年报	2013 年 12 月 31 日年报	2012 年 12 月 31 日年报	2011 年 12 月 31 日年报
净资产收益率(加权)	20.67	26.55	17.95	14.09	16.09	21.02	20.30	15.48	13.58	19.82
投入资本回报率	15.39	19.74	13.70	10.36	10.02	14.42	13.12	12.72	12.09	16.74
人力投入回报率(ROP)	94.88	67.91	64.30	53.59	52.90	59.80	54.06	57.97	55.68	77.39
销售净利率	8.11	7.88	7.85	7.66	8.59	11.16	10.12	10.06	10.74	14.45
销售毛利率	19.80	19.91	21.05	20.00	21.50	22.88	23.29	20.57	21.20	22.11
研发费用/营业总收入	7.50	7.00	7.01	—	—	—	—	—	—	—
成本费用利润率	9.71	9.40	9.41	8.36	9.54	12.76	11.48	11.18	12.33	17.33
主营业务比率	100.58	101.94	100.36	100.68	93.83	93.37	92.98	90.18	96.94	97.33

2018 年、2019 年立讯精密的净资产收益率分别为 17.95%、26.55%，远超同期的行业均值 12.13% 和 12.34%，这背后是立讯精密的资产运营效率。与韦尔股份、京东方 A 相比，立讯精密的净资产收益率指标和每股收益指标均表现优异，另外净利率和营业收入指标也略高于其他两家企业。

(四)公司核心竞争力

2019 年年报里，立讯精密向投资者阐述了公司的核心竞争力：

第一，与企业文化深度融合的人才选、育、用、留机制。企业核心竞争力，最后都体现为人才与企业文化的深度融合、相互滋养所形成的软实力。公司深谙如何吸引与留住人才，使人才与企业文化深度融合，形成人造环境、环境造人的良性循环，这也是企业最核心的竞争力。

立讯精密上市以来，无论是通过内生发展，加大研发和产能的投入，还是通过外延并购实现非常规的发展，都离不开一个最核心的要素：人。建立好人才的选、育、用、留的机制是解决企业生产关系与生产力之间矛盾的关键所在。立讯精密能够把这一条放在公司核心竞争力的第一条，足见公司的创始人及核心管理层已经充分认识到解决企业发展内部矛盾的关键所在。当企业不断通过研发投入发展生产力的时候，当企业不断通过并购重组开疆辟土的时候，人及人组织的方式将成为生产力发展的核心事项，此时下大功夫在人及组织的方式上，并且形成竞争对手的难以模仿的核心竞争力，将为企业长期发展提供最核心的内在驱动力。而后面衍生出来的运营管理能力、精密制造能力、高质量的交付能力，都是由“人”及“组织”这两个企业发展的主要矛盾的主要方面所生发出来的。

立讯精密先后于 2018 年 8 月、2019 年 3 月实施股票期权激励计划，深度绑定公司管理团队和核心骨干：2018 年股票期权激励计划向公司管理层及核心骨干共计 1899 人授予股票期权总量 9750 万份，占公司总股本的 2.37%。2019 年股票期权激励计划首次授予的激励对象为公司管理层及核心骨干共计 348 人，首次授予股票期权 5007.6 万份，占公司总股本的 1.21%；预留授予的激励对象为公司中层管理人员及核心技术骨干共计 258 人，预留授予股票期权 1624.17 万份，占公司总股本的 0.30%。有恒产者有恒心，有股权者有动力。这样能把公司的兴衰荣辱与员工紧紧地绑在一起，能让员工“不用扬鞭自奋蹄”的管理才是好的管理。

在公司快速发展的过程中，把握人才这个主要矛盾的主要方面，公司就牵住了企业发展的牛鼻子。

第二，前瞻布局与研发技术创新相结合。公司管理层时刻把握市场动态，顺应行业发展趋势，通过产业调研及内部研讨会议，检讨自身发展状况，分析当前产品及业务边界，持续探索企业多元化创新发展之路。公司向新产品、新领域的发展系基于核心管理层对行业及客户应用痛点的全方位梳理与详尽的沙盘推演。公司坚信，研发与技术创新是实现前瞻布局的重要抓手，是引领企业发展的原动力。

前面已经提到，企业生存最根本的矛盾是自身能力圈所形成的适应能力与外部环境变化之间的矛盾。在解决了人及人组织的方式这个关键之后，通过内生的研发和前瞻性的预测和布局，做好企业发展战略上的卡位是极为重要的。而对外部变化的预测和做出前瞻性的布局与卡位是非常难的，最容易犯主观主义的错误，想当然地从过往的经验出发做决策。立讯精密的管理层能够从产业调研出发，对来自市场的信息进行梳理又通过研讨会做沙盘演练，做出尽可能符合客观实际的决策，并且以评判和自我评判的形式进行检讨和复盘。这就为每年占销售收入7%以上的研发投入指明了方向、为公司的投资并购的决策指明了方向。研发的投入和投资并购的决策更多服务于企业的未来，此时以科学的方法进行决策和组织成为企业适应未来环境的重要保障。

第三，先进的质量管理体系。自成立以来，公司将“品质第一”深入企业价值观，除不断通过科学有效的质量管理方法，建立健全质量管理体系以外，更是将质量保证深度融入产品的设计、制造、检验全链条流程中。凭借着出色的品质保障能力，公司持续赢得了客户赞誉，客户黏性不断增强。

第四，全方位的客户导向文化。自成立以来，公司始终秉承“客户至上”理念，从响应速度、工程配合、服务质量、弹性交付及成本控制等方面全方位考虑，致力于为客户提供完整、极致的综合解决方案。核心客户的高标准、严要求也带动公司在生产制造、产品研发、内部管理及社会责任等方面持续进步。

外部的矛盾中，企业与客户之间的矛盾是最主要的矛盾，从与客户进行共同研发、从订单的接洽、从小样的生产与测试、从小规模的试生产、从大规模的商业化生产、从对客户的快速响应、从对成本的控制、从对客户体验的极致追求等方面，精心打造研发、生产、工艺、流程的每个环节和细节，通过高质量的交付来满足客户的需求是服务型制造业所面临的最大挑战。当然这个矛盾解决得好也容易形成企业的核心竞争力，而立讯精密正是把这些环节和细节做到了极致，从而形成了强大的运营管理能力，并为后续在并购整合过程中输出管理打下了坚实的基础。这既有立讯精密充满智慧地站在巨人的肩膀上，从全球卓越的精密制造服务商身上吸取经验，又有自身的艰苦奋斗的创造性工作，从获得富士康和苹果这两个要求极高、分量极重的客户的认同中可见一斑。

以上提到的几点核心竞争力看起来很虚，如果没有深入到企业一线去了解，对于一般的看研报的人的确是虚无缥缈的，远没有财务数据来得实在。但是，如果往深层次来思考，年报中所提到的四点核心竞争力正是企业解决所面临的适应环境变化这个最根本矛盾的关键，也是解决企业内部主要矛盾和外部矛盾的主要方面的关键所在。

四、立讯精密为什么做并购：服务于资本增值和业务发展的需要

从矛盾的普遍性来看，资本的本性，或者说天生的基因就是自我增值，在企业上市之前资本由于流动的自由度不是很高，所以，更多地通过内生发展实现增值的目的。但是，企业上市之后，上市公司成为实业和资本运作平台的混合体，资本也因此在上市公司的平台上获得了巨大的活动空间，此时的资本在增值的方式上自然会选择比以内生方式实现自我增值的速度更快的投资并购来获得技术、人才、市场、品牌，最终在短时间内实现资本的大规模扩张。从这一点来看，立讯精密上市后在资本的推动下选择通过并购的方式进行发展成为必然。

从矛盾的特殊性来看，立讯精密所处的行业是快速变化的消费电子行业，该行业快速变化的原因是客户需求的持续变化，企业为了满足客户不断变化的需求也需要快速变化。而可以最有效地对冲这种变化的是品牌效应，我们可以看到不少消费类的品牌在很长时间内屹立不倒。但是，立讯精密却处于消费电子产业价值链的边缘，消费者买一个手机可能会选择苹果，可能会选择华为，但

是，没有消费者会说我选择富士康代工的手机，还是选择立讯精密代工的手机。没有这种品牌所形成的定价权，像立讯精密这样的企业就需要投入大量的资本去适应由消费终端需求的变化所传导过来的需求变化。虽然立讯精密自我管理能力很强，但是从生意的角度来看，需要投入大量的资本在研发端和生产端才能获得这样的竞争优势。而即便如此，企业仅仅通过内生的发展也难以适应这样的变化，尤其是对于立讯精密这样成立时间不算太长，根基还不是太深的企业来说。所以立讯精密必须选择通过投资并购的方式快速获得应对变化的能力，这是由立讯精密所处的行业决定的。所以说，立讯精密的并购动因完全是从前瞻性的产业需求出发的。当然，立讯精密基于自身的能力能够给被投资并购的标的赋能，将自身的运营管理能力、人才团队、客户资源输出到标的中，使得并购整合取得很好的效果（见表2）。

以下是立讯精密公告的并且已经完成了的投资并购项目：

2010年通过收购江西博硕完善了线束加工能力；

2011年为了切入苹果产业链收购昆山联滔；

2012年为了切入柔性电路板市场收购珠海双赢；

2013年为了布局汽车电子，切入宝马、奔驰等一线汽车厂商的供应链而收购德国SUK公司；

2014年为了卡位Type C连接器，增持台湾宣德股份、增资东莞讯滔；

2016年、2017年为了切入声学领域及苹果声学供应链，控股苏州美特、上海美律及惠州美律；

2018年为了切入光学领域，收购光宝摄像头事业部；

2020年为了给苹果提供从零配件到模组到整机的代工服务，收购江苏纬创和昆山纬新；

2021年为了实现在电脑和消费电子领域的深度整合收购日凯电脑。

表 2　立讯精密投资并购项目一览

时间	交易标的	交易总价值/万元	币种	影响
2010 年 11 月 27 日	博硕科技（江西）有限公司 75% 股权	16,800.00	人民币	加强主营线缆业务
2011 年 4 月 19 日	昆山联滔电子有限公司 60% 股权	58,000.00	人民币	进入苹果产业链
2011 年 4 月 19 日	ICT – LANTO 100% 股权	205.00	美元	进入苹果产业链
2011 年 8 月 3 日	深圳市科尔通实业有限公司 75% 股权	7500.00	人民币	进入通信领域
2012 年 5 月 4 日	福建源光电装有限公司 55% 股权	10,300.00	人民币	进入汽车电子领域
2012 年 8 月 4 日	珠海双赢 100% 股权	11,800.00	人民币	进入 FPC 领域
2013 年 5 月 18 日	科尔通实业 25% 股权	3680.00	人民币	加强子公司控制
2013 年 10 月 25 日	SuK 公司 100% 股权	2172.00	人民币	拓展汽车零件
2014 年 3 月 4 日	苏州丰岛电子 100% 股权	6000.00	人民币	加码 FPC 布局
2014 年 3 月 4 日	博硕科技 25% 股权	9483.00	人民币	加强子公司控制
2014 年 3 月 5 日	联滔电子 40% 股权	60,000.00	人民币	加强子公司控制
2014 年 10 月 14 日	协讯电子 25% 股权	14,972.23	人民币	加强子公司控制
2015 年 4 月 15 日	宣德科技 6.98% 股权	6057.24	人民币	电子元件
2015 年 12 月 8 日	美律实业部分股权	80,000.00	人民币	进入电声器件及音射频模组
2016 年 4 月 22 日	湖州久鼎 30% 股权	6990.00	人民币	电子设备和仪器
2017 年 2 月 24 日	惠州美律 51% 股权；上海美律 51% 股权	6984.30	人民币	加强电声器件及音射频模组
2018 年 2 月 28 日	收购台湾光宝科技	约 225,000	人民币	进入光学 CCM 及 3D sensing

五、立讯精密怎么做并购：以产业扩张为外在形式，以资本增值为内在实质

立讯精密总是从实际出发，根据能力、资源和市场需求决定公司的方向，并且提前布局。这既贯穿于立讯精密的日常经营，同时贯穿立讯精密的并购过程。

（一）围绕产业扩张需求

立讯精密做并购不是短期的套利和投机行为，始终是围绕满足产业扩张需求展开的。并且确保自己有能力让被并购资产的运营效率提高，也就是并购必须能够为企业创造内在价值，最终实现投入资本的增值和效率的提升。这一条看似浅显易懂的常识，却少有企业能严格遵守。从A股上市公司的各种跨界并购行为及一地鸡毛的并购效果来看，就知道遵循产业并购应该满足产业扩张的需求这一常识有多难。

（二）以业务战略为牵引，前瞻性地通过并购提前布局

落实到具体操作层面时，产业并购战略的制定和执行是以公司前瞻性的业务战略作为牵引的，业务战略要打到哪里，那么并购战略就要提前布局到哪里，这样做的好处是确保并购不至于走偏。立讯精密为了服务好苹果，进行了一系列的并购，收购昆山联滔电子，控股苏州美特、上海美律及惠州美律，收购昆山纬新。

（三）以精密制造领域的投资并购标的为能力圈半径

立讯精密始终秉持在能力圈内做并购的原则，立讯精密很知道自己的能力圈在哪里，也很知道自己的业务战略是什么，所以做并购既不会逾矩，而且还会很精准，同时能将并购的协同效应发挥到极致。

通过并购的方式进行产业扩张，省去了内生发展过程中使用资本进行研发、生产、销售创造剩余价值而使得能力内化的过程。产业并购直接通过资本收购一个能够生产剩余价值的实体，相当于器官移植手术，并购完成之后，收购

方和被收购标的之间会产生排异反应。如果收购方对标的的整合能力不在自身能力圈之内的话，这种排异反应将直接导致并购的失败，造成的损失和不良影响会超过等量资本进行内生发展而失败给企业带来的影响，所以，做并购务必要实事求是地评估清楚自身的能力圈，这是至关重要的事情。纵观立讯精密所做的并购，都是在自身制造能力、管理能力、交付能力、客户资源等能力圈范围之内进行的，所以，并购后的整合效果都很好。

（四）以调查研究和沙盘演练为方法，以评判和自我评判的态度检讨自身业务的发展状况

为了避免犯主观主义的错误，立讯精密在2019年的年报中明确将以调查研究和内部沙盘演练的方法形成对市场动态及趋势的把握作为核心能力之一。企业上市之后，有太多的上市公司实控人在自主的或者不自主的情况下，不从实际出发，拍脑袋做并购决策，无视自身的能力圈，希望在三五年之内将企业做到千亿市值，在很短的时间内大量进行跨界并购。但是大部分情况下，上市公司对标的的整合能力不足，加之标的本身的质地要么一般，要么不符合自身的业务战略，上市公司自身的资金链也因为连续并购而变得很紧张。如果叠加经济环境和资本市场变化的影响，上市公司主体业务被并购标的拖累的案例屡见不鲜，大量上市公司的实控人变成了“失控人”。调查研究和沙盘演练是实事求是的工作方法，而进行评判和自我评判是避免犯主观主义和唯心主义错误的工作方法。从立讯精密的并购操作及效果可以看出，这样的工作方法是卓有成效的。

（五）以前瞻性的眼光确定并购战略

产业投资并购主要是面向未来进行布局，前瞻性的眼光极为重要，对产业未来的变化趋势要能够做出准确的判断，同时，对切入的时机要把握到位。这里有两个问题，首先是要有用前瞻性眼光确定并购战略的意识，其次是要有方法去获得这种前瞻性的眼光。而获得前瞻性的判断力同样需要正确的方法论，立讯精密的做法对很多上市公司来说具有很大的借鉴意义。

（六）以产业赋能进行并购整合

不同于巴菲特并而不整的并购方式，立讯精密对并购标的进行深度整合，向并购标的输出自己的运营管理能力，帮助被收购公司进行生产线改造，以降低成本、提升良率、提高订单的响应速度，进而提升关键大客户的满意度，从而获得更多的订单。如此一来，便形成了并购的复利效应：实现并购一个标的、整合一个标的、见效一个标的、成长一个标的，以并购带动收入利润规模的扩大，进而有更多的资金和资源进行并购，并且，先前并购及并购整合的经验又能够在下一次的并购中发挥作用。并购的复利效应也给企业的资本增值带来了复利效应。

六、立讯精密做并购的效果：大部分的业务收入都是并购资产所创造的

对立讯精密来说，并购的效果体现在：目前给立讯精密贡献利润的资产大部分都是上市后通过并购的方式取得的。

立讯精密 2011 年的商誉为 4.28 亿元，2020 年 3 季报的商誉为 5.32 亿元，经过近 10 年的并购，商誉仅增加 1.04 亿元。这当然和这个行业有关，重资产投入，收购的标的有收入但是没利润，收购的标的的估值基本不会超过净资产太多。比如立讯精密及大股东 33 亿元收购昆山纬新，纬新 2018 年营收 767 亿新台币，2019 营收 767.5 亿新台币，折合人民币 182 亿元。2018 年利润为 1.6 亿新台币，2019 年仅有 6081 万新台币，折合人民币 1444 万元，公司有给苹果供货的能力，但是由于运营效率低导致利润微薄。立讯精密利用自己的强大的运营管理能力、人才体系以及高质量的客户资源，与被收购标的的研发和制造能力进行协同，创造出巨大的协同效应。当然，笔者个人比较反对以商誉的多少来衡量一个企业并购的成功与否，事实上，一个真正能够创造长期价值的公司其最值钱的部分就是巴菲特所说的“经济商誉”，这才是一个企业发展的内在驱动力。

表 3 是部分被并购企业的经营状况，增长大都不错。

表3 被并购企业的经营情况

单位:亿元

公司	参股比例	项目	2014 年	2015 年	2016 年	2017 年
博硕科技(江西)有限公司	100%	营收	97,454.7	117,465	173,000	285,424
		净利润	12,929.1	12,855.7	19,252.7	25,072.6
昆山联滔电子有限公司	100%	营收	202,375	359,892	411,364	667,003
		净利润	12,183.5	33,295	31,204	29,613.6
深圳市科尔通实业有限公司	75%	营收	18,828.5	335.82	—	—
		净利润	725.7	4.61	—	—
福建源光电装有限公司	55%	营收	45,753.7	46,056.8	54,959.1	58,293.6
		净利润	1132.75	2074.57	2765.19	2171.71
SuK 公司	100%	营收	17,948.8	16,052.9	15,229.5	16,497.5
		净利润	-397.37	99.83	79.58	-399.8
苏州丰岛电子	100%	营收	21,740	76,080.8	—	—
		净利润	183.53	10,900.4	—	—

在服务关键大客户苹果这一战略的牵引下，立讯精密 2011 年并购了昆山联滔电子，对其输出管理和制造的经验。经过不到 3 年的整合，联滔电子抓住机遇，帮助立讯精密从当初只做苹果的数据线和电源线业务，切入苹果业务中的 Lighting 接口、耳机线、电源线和无线充电器件，并购整合的效果得到充分显现。

同样，2016 年、2017 年为了切入声学领域及苹果声学供应链，立讯精密控股苏州美特、上海美律及惠州美律，对标的公司的生产线进行了改造，以提高产品的良品率。2017 年立讯精密开始获得苹果 AirPods 订单，随后经过与标的公司的共同努力，将 AirPods 产品的良品率提高到近 100%，大大缩短了产品交付的时间，提高了交付产品的品质，获得了苹果公司的认可，使得立讯精密成为 AirPods 产品最重要的供应商，立讯精密也因为本次并购及其后续的整合实现了业务的大幅增长。

从图 3 可以看出经过多年的并购，立讯精密的总资产周转率、存货周转率、营运资本周转率都呈上升趋势，在并购标的资产营运效率比立讯精密低的情况下，可见并购的整合使得并购标的的运营效率得到了很大的提高。

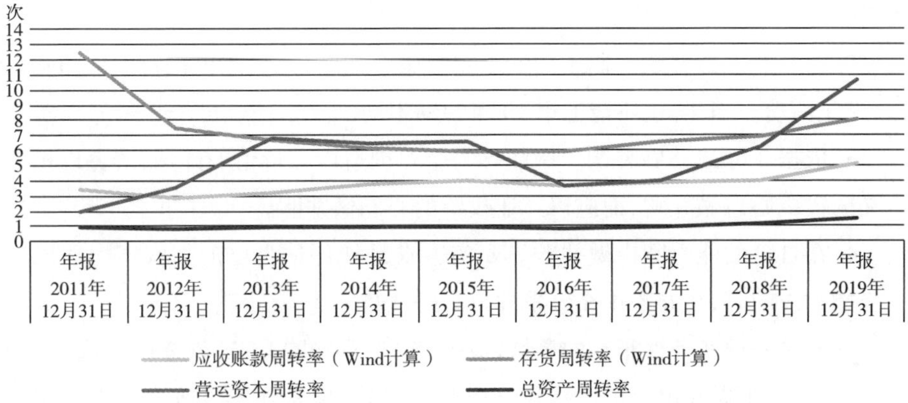

图 3　立讯精密营运能力

七、从立讯精密做并购的方式所得到的启发：按照并购的规律做并购才是王道

立讯精密通过并购得以快速发展壮大的规律有其特殊性，比如行业里立讯精密本身的运营管理能力非常强，而市场中正好存在大量的重资产、有制造能力、有客户资源，但是运营效率偏低的精密制造企业。立讯精密收购完成后正好可以通过其强大的运营管理能力和人才组织能力对并购标的进行整合，发挥出巨大的协同效应。与此同时，由于并购的是重资产但是低利润的公司，结果就是 10 年的并购后，其商誉仅仅增加了 1 个亿左右，因为商誉减值而影响当期利润的风险很低。另外，并购标的大都具有同样的文化（台系文化）和较高的职业素养，相对来说并购整合的难度有所下降。

我们可以从立讯精密做并购的经历找到一些 A 股上市公司做并购的普遍性规律，总的原则是做并购之前要广泛地调查研究，总结出并购的一般性规律，并且深入研究适合本行业、本企业的并购规律，按照客观规律做并购。同时，在做并购的过程中应不断复盘，使企业能够适应不断变化的外部环境。

以下四条我以为比较紧要：

1. 搭建并购团队。并购是一把手工程，一把手不能做甩手掌柜，一把手是第一决策人更是第一责任人，一把手要树立“成效是团队的，责任是自己的”的并购理念。对并购这件事情一把手自己要琢磨清楚。这是把并购做好的第一前提。

2. 深思熟虑做并购。制定并购战略及整合战略，并形成可执行的细则和方法，谋定而动。当然，也不能上市 10 年一动不动。

3. 依据业务战略做并购。做能够为企业创造内在价值的并购，避免以机会主义的投机心态做并购，而应以产业投资的心态做并购。

4. 在自己的能力圈内做并购。要实事求是地评估自己的驾驭能力和风险承受能力。同时，在并购中充分发挥自身的优势。

并购是一项实务性很高的事情，应秉持“专业并购服务，创造内在价值”的初心和理念，不做在电脑前面指点江山的键盘侠，要做现实里改变世界的实践家，唯此，我们才不会辜负这大江大河的新时代。

本文写于 2021 年 3 月

华测检测十年十倍股价的背后：只买对的

赵　晓*

经营策略决定着并购战略，并购战略又影响着下一步的经营策略，两者相辅相成，助力企业螺旋上升，所以并购战略的选择和运用往往先取决于行业自身的特性，再取决于企业自身的特点。

检验检测服务行业是一个与人们生活息息相关的行业，从买菜的菜市场，到装菜的布袋子，再到贴着买菜车车贴的汽车，都离不开提供质量验证的第三方——检验检测机构。华测检测成立于2003年，是一家呈"点—线—面—体"形态发展起来的第三方检验检测机构，2009年登陆资本市场，是国内首家检测认证行业的上市公司。2010年，华测检测开启了并购之路，自此凭借着精准的并购操作和优秀的内部管理造就了10年10倍股价的辉煌（见图1）。

* 赵晓，广慧并购研究院研究员。

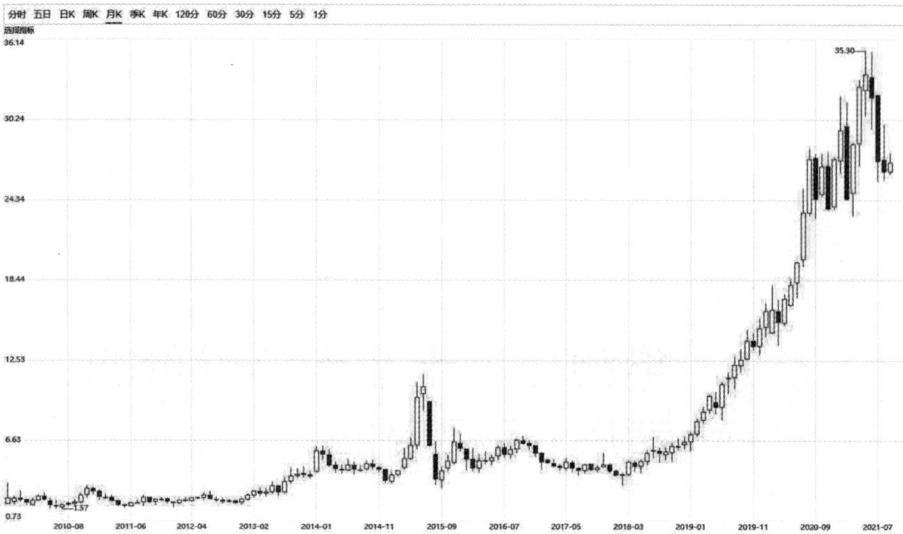

图 1　华测检测股价

资料来源：雪球。

华测检测 2020 年年报显示，其商誉为 4.42 亿元，占总资产的比例仅为 8.1%，但是年报中形成商誉的被投资单位就有 29 家，平均到每家的商誉约为 1524 万元。这种每次并购的标的额相对于市值都很小的打法，不像依靠并购来提升市场份额的正常操作，但是基于并购立足行业、改变自身格局的原则，才让这一个个买得对的点组成了线与面，进而形成了今日国内检测认证行业龙头的体。

一、并购的原因

（一）行业增长空间巨大

对于检验检测服务行业，市场监管总局统计数据显示，截至 2020 年年底，全国共有检验检测机构近 4.9 万家，营业收入超过 3570 亿元，市场规模约占全球的 20%。再结合各家营收数据，可以看出目前国内市场的竞争格局，前六家分别为中检集团、华测检测、广电计量、中国汽研、谱尼测试和国检集团（中检集团营收额按照华测检测调研纪要的数据得出）。通过计算可以得出国内龙头企业的 CR6 仅为 4.93%（CR6 指的是检测行业前 6 家企业的行业集中度），不过除第一名外,后五家净资产收益率(ROE)的平均值约为14.48%,体现出市场空间大、收益率高的特点(见图2、图3)。所以无论是从市场发展的纵向上看,还是从市场发展的横向上看,行业增长的空间都很巨大。

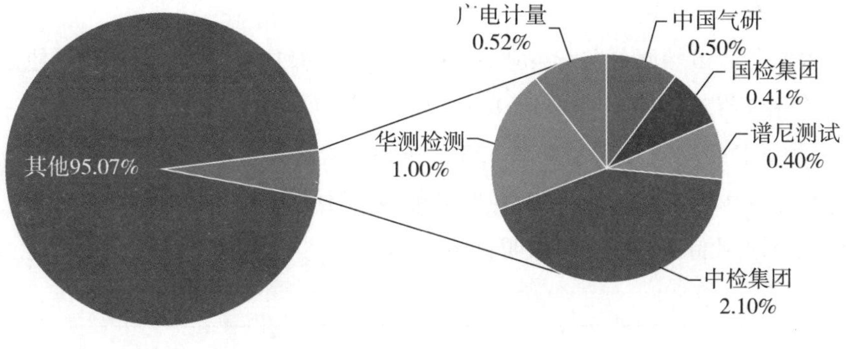

图2　国内市场CR6营收比例

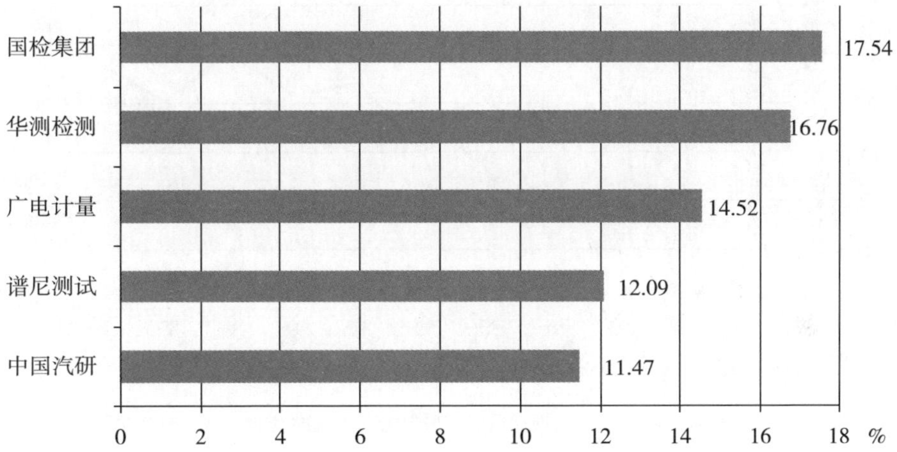

图3　净资产收益率

资料来源:各家2020年年报、调研纪要。

除现有经济增长带动市场规模扩大和企业格局成型助力营收增加之外,还有来自政策的松绑和助推。新修订的《检验检测机构资质认定管理办法》旨在简化行政审批,推动行业活力发展。另外,2020年举办的中国检验检测高质量发展暨"十四五"规划会议指出要培育一批有国际影响力的检验检测知名品牌。而华测检测在近几年的并购操作中,越来越善于用并购国外企业的方式去切入国际市场。

（二）行业特点

1. 高端人才丰富

检测行业虽然服务各行各业，但是同行业内都是基于同一套标准，使用同样的检测仪器出具检测报告，所以提升营业额和利润的主要手段便是加强管理，而加强管理则需要高端人才。2018 年华测检测发布公告，前 SGS 集团全球执行副总裁申屠献忠加盟华测，任职总裁，其到任后，华测检测的营业总收入和扣费归母净利润相较往年增速明显（见图 4）。

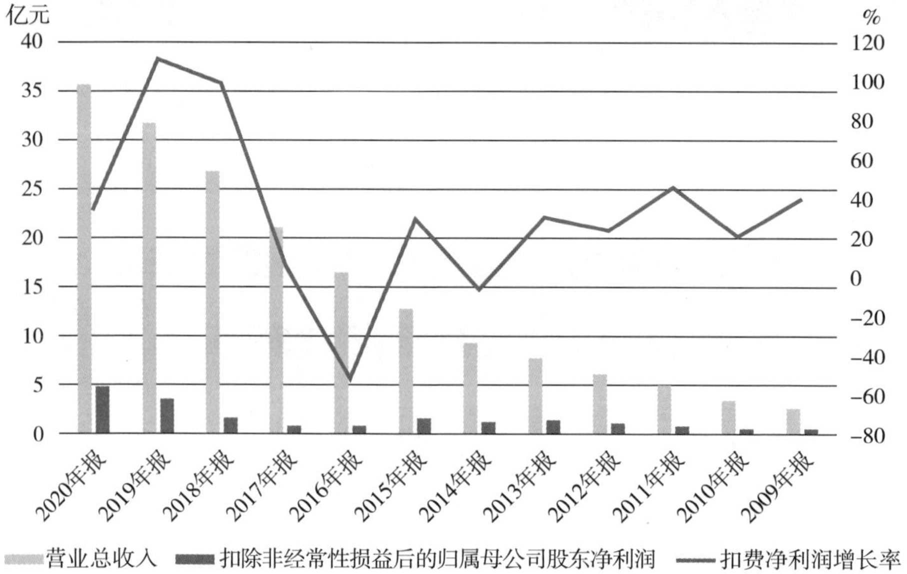

图 4　华测检测 2009～2020 年利润

资料来源：近年年报。

2020 年，华测检测参与国有企业改制，增资天津生态城并成为其第一大股东，随后与天津生态城投资开发有限公司、天津南开大学教育基金会以及南开大学环境科学与工程学院签署战略合作备忘录。意在强强联手，形成资源互补，充分发挥“政、校、企”的合作优势（见图 5）。

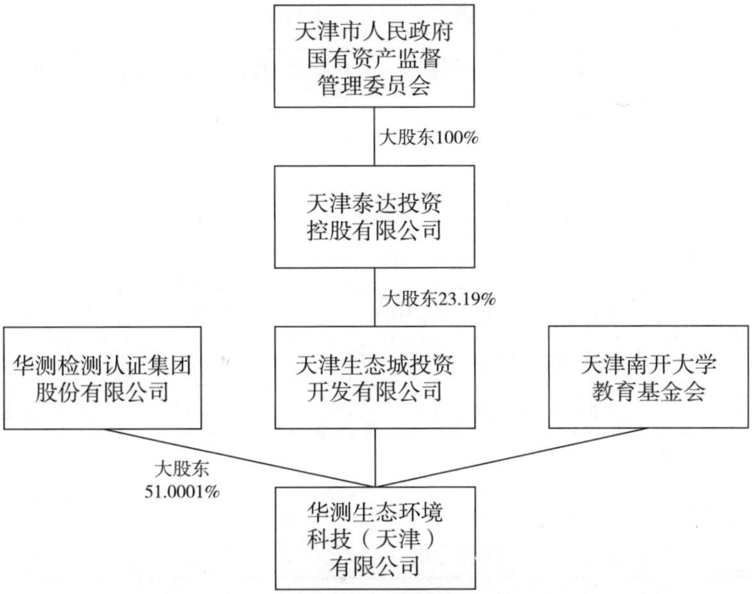

图5　天津生态城股权架构

广电计量的相关负责人曾在访谈中表示，引进人才发展的逻辑是，只要是进入某个领域，首先就是找到行业板块的业务带头人和领军人才，只有引进行业内的大量专家才能保持该业务的长足发展。国家“211 工程”重点建设高校的江南大学就与广电计量展开了深度合作，在食品检测领域协同创新。

2. 大客户多

虽然华测检测总裁申屠献忠说过检测认证行业不是一个严重依赖大客户的行业。但是在拼“人品”的检测行业，没有大客户是不行的。一是检测行业需要大企业所带来的公信力，二是多行业的检测业务不仅可以与大客户深度绑定，还可以通过现有大客户的关系拿下更多的大客户（见表 1）。

华测检测调研纪要中显示华测检测在并购领域上，往往选择较好的细分赛道；在地域上，国外标的看中大客户资源，国内标的看中改制企业的参股和控股机会，看中体制内的资源、固定客户、下沉市场的存量客户等。例如并购德国易马公司是希望获取大客户资源，使其在中国的汽车检测业务中德系客户的数量可以增长。

表 1　近年大客户占销售额比值

年份	客户名称	占年度销售总额比例/%	客户来源
2019	华为技术有限公司	0.65	并购后发展
2019	浙江天猫技术有限公司	0.54	并购后发展
2019	北京每日优鲜电子商务有限公司	0.38	并购后发展
2018	广东万创检测有限公司	1.75	并购后发展
2018	庆阳长庆工程检测有限责任公司	1.03	并购后发展
2017	东莞市万科建筑技术研究有限公司	2.92	直接并购
2017	河南航天金穗电子有限公司	2.76	直接并购
2017	金海重工股份有限公司	0.84	直接并购
2015	新疆油田开发公司	0.67	直接并购
2015	黑龙江省食品药品监督管理局	0.61	直接并购

3. 检测资质齐全

检测行业是政策导向性较强的行业，即检测机构通过政府或行业协会的考核、认可等市场准入标准，才可以将检测、合格评定的业务市场化。比如 CNAS（中国合格评定国家认可委员会）资质认证一般需要 12—19.5 个月，CMA（中国计量认证）认证一般需要 6 个月，所以资质齐全是公司运营的重要“护城河”。此外检测业务需要依照政策执行相关标准，导致检测使用的方法、标准和设备基本都是一样的，所以良好的企业公信力成了核心竞争力。从侧面可以理解为，检测企业的发展不仅需要实力，还需要“人品”。从并购企业的角度来看，不仅可以因为先有营收减少拖累企业实力的基础，更有多年经营从而积攒下来的“人品”。

4. 行业松散

市场监管总局的统计数据显示，就业人数在 100 人以下的小微检验检测机构数量占比达到 96.49%，74.44% 的检验检测机构仅在本省区域内提供服务，表明国内检测检验机构普遍布局单一，跨领域和跨区域的机构很少，也侧面显示出机构提供的服务同质化很严重。但是从企业管理的角度出发，同质化比例越高的企业，并购后的管理就越简单，而且在并购后不仅能够提升企业的知名度从而减少获客成本，更能发挥规模效应减少运营成本。

5. 客户需求差异化大

市场监管总局发布的2019年度检验检测服务业统计结果显示，国内检验检测服务业共有检验检测机构44,007家，全年实现营业收入3225.09亿元，从业人员128.47万人。共拥有各类仪器设备710.82万台套，仪器设备资产原值3681.17亿元，共对社会出具各类检验检测报告5.27亿份。平均每份报告带来的营业收入约为612元，平均每个从业人员出具了约410份检验检测报告，平均每台仪器资产原值约为5.2万元，平均每家拥有仪器设备约162台。可见检验检测服务业呈现行业客户杂、单笔金额小、检测频率高和行业做大门槛高的特点。而且随着经济的持续发展，检测需求越来越多元化，但是每个细分行业都有着不同的技术特点和监管要求。这意味着进入一个新的细分领域，不仅需要相对应的检测资质，更需要付出高昂的时间成本、机会成本和资金成本，所以并购成了企业做大做强的必要手段。例如，华测检测2010年11月30日发布的华测临床前临床研究机构（contarct research organization，CRO）研究基地一期项目可行性报告中就表示，当产量达到设计生产能力的66.03%时，项目才达到盈亏平衡点，而此项目的第一期投资金额就达到了0.9亿元。

二、并购的操作

（一）科学决策，步步为营

由于检测行业的特殊性，并购是切入细分领域/新领域的最佳选择，华测检测对于并购相关的操作有着详细的流程安排。此外，还成立了董事会战略与并购委员会，并发布了《董事会战略与并购委员会工作细则》（见图6）。工作细则中不仅写明了委员会人员组成、工作机制、标的金额、时间安排等，还根据市场环境的改变，及时对相关细节进行了迭代修订。

图 6　华测检测并购工作细则简化图

（二）并购基金，撬动杠杆

根据中国证券投资基金业协会的私募基金管理人综合查询网站提供的信息，华测检测的全资子公司深圳华测投资管理有限公司为私募基金管理人，登记时间为 2014 年。此外，2016 年和 2017 年，华测检测和合作对象分别成立了杭州华钛智测股权投资合伙企业（有限合伙）和南京元谷股权投资合伙企业（有限合伙）（见图 7）。成立并购基金不仅可以增强企业对并购市场的感知能力，还可以利用专业投资合作伙伴的投资经营，去寻求更佳、更契合的并购标的，加快外延式发展步伐。

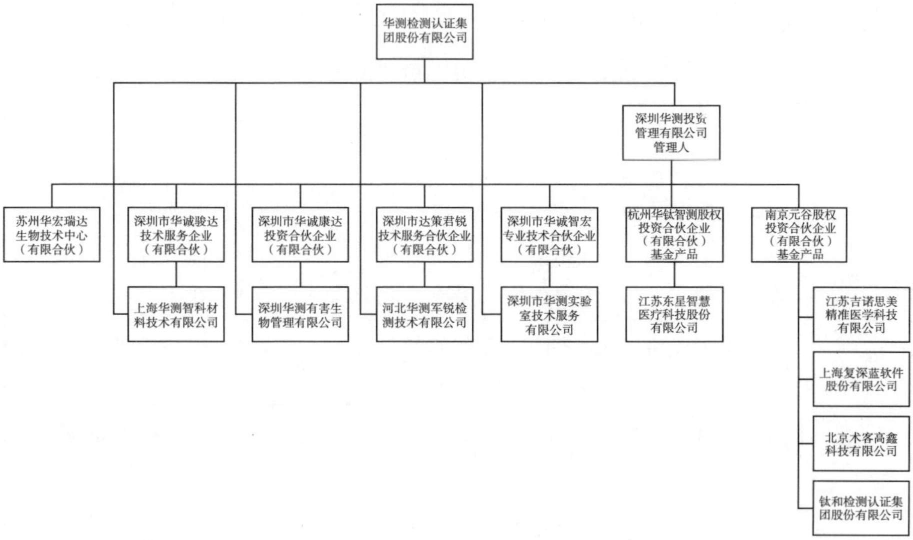

图 7　华测检测基金投资概览

（三）培养人才，整合内功

2020 年，华测检测启动了第二期“光华 LAP 领导力提升项目”，对具有高潜力的管理人才进行系统培养，聚焦于发展领导力、培养战略思维和训练管理技能三个方面。此外还邀请了具有丰富国际化战略并购经验的讲师为团队授课，旨在全面提高团队的战略并购及投后管理能力。鉴于其全球化的并购战略，华测检测鼓励标的公司的优秀骨干担任核心管理及技术岗位，并同时委派管理人员，助力并购后的团队稳定。此外，为了保持核心团队的稳定和吸引更多的优秀人才，华测检测还对团队进行了股权激励。

（四）战略清晰，精准卡位

从华测检测多年并购的结果来看，其并购战略路径清晰。一是随着市场规模的扩大，选择切入自身未涉足的领域，寻求相关资质，然后凭借自身的管理输出能力，快速扩大市场份额。比如汽车电子、工业和工程、消费品、电子科技、防火阻燃、医药健康等领域。二是随着国际化战略的深入，通过并购进行全球化布局、协调境内外业务。比如汽车检测、食品检测、船舶检测、油品检测等领域。

华测检测并购后获得的大客户以及部分并购标的的行业状况见表 2、表 3。

表 2　华测检测并购后获得大客户

年报年份	客户名称	并购标的	股权取得年份	并购目的
2017	东莞市万科建筑技术研究有限公司	广州市衡建工程检测有限公司	2015	增强自身在建筑业的检测业务
2016	河南航天金穗电子有限公司	华测电子认证有限责任公司	2016	扩展自身电子认证检测业务
2016	金海重工股份有限公司	舟山市经纬船舶服务有限公司	2015	扩展公司船舶无损检测业务
2015	黑龙江省食品药品监督管理局	黑龙江省华测检测技术有限公司	2014	强化公司食品业务在东北地区的布局
2015	新疆油田开发公司	杭州华安无损检测技术有限公司	2014	进入国内石油化工等特种设备无损检测市场

表 3　部分并购标的的行业状况

并购标的	并购年份	并购目的	行业情况
迈格安（南通）汽车安全检测服务有限公司	2021（未完成）	加快汽车检测领域布局	国内新能源车辆需求量增速明显
北京国信天元质量测评认证中心	2021	进入数据中心检测与认证领域	数字新基建背后数据中心行业快速增长
德国易马 Imatuve GmbH	2021（未完成）	进入国内德系豪华车辆检测市场	德系豪华车国内销量增长趋势明显
灏图企业管理咨询（上海）有限公司	2016/2020	提升化妆品和食品服务能力	国内网上买菜业务量增加
浙江方圆电气设备检测有限公司	2018	切入低压、中高压检测领域	完善公司的战略布局，国内高低压输电设备增长明显，新能源为其中代表
镇江华测金太医学检验所有限公司	2016	与医学健康形成协同效应	医学健康需求增速明显

续表

并购标的	并购年份	并购目的	行业情况
江阴华测职安门诊部有限公司	2016	进入医学健康检测领域	医学健康需求增速明显
杭州华安无损检测技术有限公司	2014	进入工业装备及制造领域	各省市轨道交通发展加速
深圳鹏程进出口商品检验鉴定事务所有限公司	2010	进出口商品检测	进出口商品贸易额增长迅速

三、并购的估值

并购的估值往往是并购交易成败的关键。市场上，大部分公司都选用三种估值方法，市销率估值法、市盈率估值法和市净率估值法。每一种估值方法都对应着不同的财务情况。当然，每一家被并购的企业背后的股东也都有着不同的估值诉求，毕竟每家所拥有的资源各有优劣。结合表 4 统计的华测检测多年并购的企业的估值，再对比当时华测检测在二级市场上的市盈率和市净率，不难发现，华测检测在选择并购标的时，并没有过多地压低估值。也许因为行业的特殊性，让并购团队在选择标的时并没有过多的选项，但从多年并购交易带来的结果可以看出，只选对的、不选便宜的，也不失为一种高明的并购交易策略。

表 4　并购标的估值概览

公司名称	被购买方名称	股权取得年份	估值/元	购买日至期末被购买方的收入/元	P/S	购买日至期末被购买方的净利润/元	P/E	取得的可辨认净资产公允价值/元	P/B	商誉价值/元
华测检测	MARITEC PTE. LTD.	2020	287,949,270.49	33,807,483.01	8.52	5,132,157.17	56.11	21,276,254.24	13.53	266,673,016.25
华测检测	天津生态城环境技术股份有限公司	2020	68,549,019.61	10,828,429.19	6.33	300,464.92	228.14	22,068,184.90	3.11	12,891,815.10
中国汽研	重庆德新机器人检测中心有限公司	2020	118,417,731.63	26,245,500.00	4.51	12,475,000.00	9.49	71,046,069.03	1.67	3,083,430.97
国检集团	湖南同力检测咨询有限公司	2020	94,997,927.32	7,600,901.28	12.50	1,114,744.76	85.22	30,949,550.48	3.07	37,800,449.52
国检集团	滕州市鲁工检验检测有限公司	2020	2,839,000.00	1,089,049.90	2.61	200,225.32	14.18	2,839,000.00	1.00	0
广电计量	中安广源检测评价技术服务股份有限公司	2020	194,712,815.14	85,935,760.27	2.27	25,666,230.54	7.59	94,628,903.78	2.06	178,371,096.22

续表

公司名称	被购买方名称	股权取得年份	估值/元	购买日至期末被购买方的收入/元	P/S	购买日至期末被购买方的净利润/元	P/E	取得的可辨认净资产公允价值/元	P/B	商誉价值/元
华测检测	苏州市吴中经济开发区佳康门诊部有限公司	2018	5,000,000.00	896,569.73	5.58	77,654.97	64.39	1,029,712.96	4.86	3,970,287.04
华测检测	浙江方圆电气设备检测有限公司	2018	584,615,384.62	127,452,170.87	4.59	63,982,159.99	9.14	36,820,754.18	15.88	39,179,245.82
国检集团	中国建材检验认证集团海南有限公司	2018	15,020,409.80	12,285,604.26	1.22	1,821,333.75	8.25	6,733,993.81	2.23	926,415.19
国检集团	北京奥达清环境检测有限公司	2018	54,832,100.00	33,318,418.34	1.65	8,150,722.48	6.73	16,539,024.77	3.32	16,360,235.23
华测检测	华测电子认证有限责任公司	2016	99,635,138.93	19,671,350.76	5.06	3,243,969.36	30.71	31,114,423.88	3.20	39,885,576.12
华测检测	舟山市经纬船舶服务有限公司	2015	17,000,000.00	1,631,907.75	10.42	1,011,829.52	16.80	1,933,47.67	8.79	8,266,652.33

四、总结

每个行业都有其自身的特殊性，这给企业的经营策略和并购战略都带来了极大的影响。因为一家企业的经营策略和并购战略往往是相辅相成的，经营目标决定着并购战略，而并购战略的结果常常体现在下一步的经营策略当中。当然，行业本身的特点不仅会影响并购标的的选择，还会影响并购交易当中最为关键的估值。

华测检测立足行业本身，根据行业特点去选择并购标的，从而达到自身设定的经营目标。近年来，华测检测以高端管理经营人才带来的经营视野和精细化管理，再结合执行只买对的的并购策略，10 年 10 倍的股价自然就来得水到渠成。

本文写于 2021 年 9 月

群雄争霸——四大连锁药店并购之道

赵　晓

假如并购是买菜，那么整合就是做菜，最终出品的菜肴是不是色香味美俱全，就要看企业自身有没有强大的整合能力。这过程如烹小鲜，急不得，也慢不得。全者，则所有的行动都恰好于此，且不拖泥带水。

根据四大连锁药店披露的年报，2020 年，四大连锁药店一共发生了 51 起并购，涉及门店将近 1400 家，交易金额约为 22 亿元。从上述数据来看，并购已经成为四大连锁药店扩大门店数量的常用方法。结合 2019 年发生了 38 起并购、2018 年发生了 47 起并购的数据可以看出，四大连锁药店在选择扩大营收和规模的方法时偏爱并购。

一、并购的原因

（一）产业零散，并购空间大

根据 2020 年药品监督管理统计年度报告，截至 2020 年年底，全国共有《药品经营许可证》持证企业 57.33 万家。

其中，零售药店24.10万家，占经营企业数量的42.04%，零售连锁企业和门店数量31.92万家，占55.68%，批发企业1.31万家，占2.29%。再结合四大连锁药店2020年年报里的数据，四大连锁药店总店数约为2.6万家，占全国药店数量的4.5%，行业发展空间巨大，并购可以加速四大连锁药店整合市场的步伐。此外，全国连锁药店的数量只占药店总数的五成多，意味着市场中还有24.10万家的小个体户，这为连锁巨头提供了很厚实的并购土壤。相较于往年的数据，全国药店连锁率的提升趋势是确定的，市场有着巨大的并购空间（见图1）。

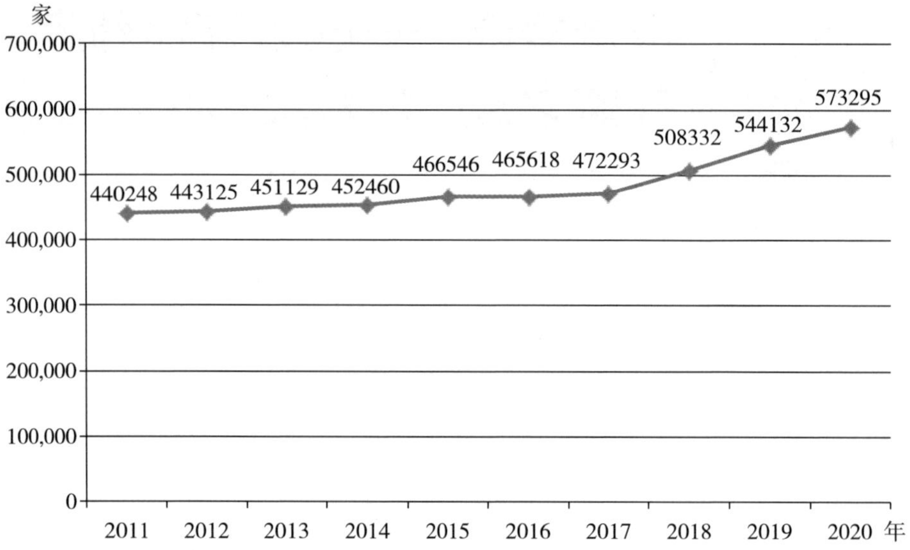

图1　2010～2019年药品经营企业数量变化

资料来源：药品监督管理统计年度报告（2020年）。

（二）处方外流，市场空间大

2021年2月1日起施行的《零售药店医疗保障定点管理暂行办法》第16条规定，定点零售药店可凭定点医疗机构开具的电子外配处方销售药品。这也就是零售药店行业盼望多年的处方外流。

根据2021年5月国元证券发布的零售药店行业深度报告，可以测算出，目前我国处方药的市场规模约为1.5万亿元。现在院外零售终端的处方药市场规模仅占12%，约1800亿元，而医疗机构（包括基层医疗机构）的处方药市场规模预计超过1.2万亿元，处方外流空间巨大。

（三）政策限制，快速开店难

药店门店间距有限制。以2021年9月1日发布的北京市药品监督管理局《关于药品零售经营许可审批改革有关工作的通知》为例。通知中指出为了进一步深化药品流通领域的“放管服”，改革优化营商环境，简化审批手续，提高审批效能。一是取消新开办药店间距限制要求，具体是取消了新办药品零售门店应与已有的药品零售门店之间350米以上可行进距离的限制要求。二是对于新申请的药品零售门店，或者原药品零售门店申请变更注册地址的，与已有药店的距离不再作为许可审查条件。而之前的规定只是同一零售连锁企业在开办直营门店时以及在大型购物中心和繁华商业街区开办药品零售企业或经营类别为乙类非处方药的药品零售企业，可以不受距离限制。

门店筹建审批时间长。上述通知取消了开办药品零售门店的筹建审批，将原来的“先筹建”“后验收”的两个审批流程合并为“新开办”一个流程，将相对应的审批流程进行调整，精简了审批程序。而且在此通知执行前已通过筹建审批取得《同意筹建通知书》的企业，可在原筹建决定作出之日起3个月内申请验收。此前新开门店的筹备周期多在1年以上。

门店营业面积有相关规定。上述通知中对药品零售门店营业场所面积有所调整，药品零售门店原则上营业场所药品经营使用面积不少于70平方米。相比之前的开办药品零售门店营业场所使用面积不得少于100平方米的规定，营业场所面积要求有所减少。这对于开店的自由度，有了进一步的提升。

（四）药店的隐形资产，位置+客户资源

客户关系管理系统（CRM）一直是一家药店的重要资产，也是隐形资产，尤其是慢性病人这一方面，更是药店的核心资产。毕竟药品是一种低频刚需的商品，而开一家药店需要大量的投入，如果没有固定的客源，很难让一家药店生存下去，此时像慢性病人这种长期客户就显得尤为重要。另外，药店通常分为院边店和社区店这两种。院边店承接的是医院外溢的客户，通常医疗耗材和器械的营收占比大。这种店卡位非常精准，且位置特殊，新来者很难切入进来。社区店则覆盖销售半径内的慢性病人等客户，客户关系管理极其重要，是花费了长时间的人力和物力所积攒的结果。

(五)执业药师有缺口

根据2020年药品监督管理统计年度报告，截至2020年年底，全国累计在有效期内的执业药师人数为59.40万人(见图2)。而在2018年11月22日商务部发布的《全国零售药店分类分级管理指导意见(征求意见稿)》中就指出二类以上的药店需配备执业药师。从目前全国的药店数量来看，执业药师数量依然有很大的缺口。

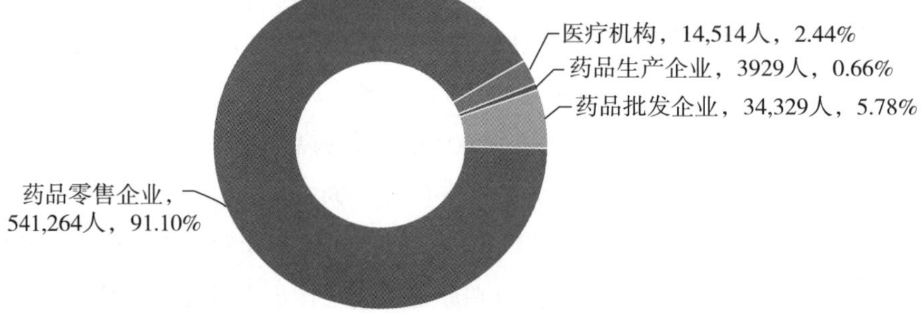

图2　在册执业药师执业领域分布

资料来源：药品监督管理统计年度报告(2020年)。

二、并购的操作

(一)并购目标选择及尽调——安全

四大连锁药店在选择并购目标时，基本原则是在本身市场的空白区域内选择龙头企业。以大参林为例，其2020年披露的并购业务中，并购标的收购定价最低的约为1200万元，最高的约为2.5亿元。

2019年11月大参林发布的《关于收购南通市江海大药房连锁有限公司51%股权的公告》中指明选择标的的原因为南通江海大药房属于南通市药店领域综合竞争力领先的企业，药品零售销售规模和品牌影响力名列前茅，具有较强的忠实会员资源，从门店布局及发展速度的角度看目标公司具备优秀的区域扩展能力。公告中还指出交易标的南通江海大药房权属清晰，不存在抵押、质押及其他任何限制转让的情况，也不存在诉讼、仲裁事项或查封、冻结等司法措施，亦不存在妨碍权属转移的其他情况。事实上，四大连锁药店都会在并购前对交易对方提供的公司经营资料及财务数据、门店经营资质及证照、门店租赁合同等，进行实地尽职调查，以确保并购标的的"安全性"（见表1）。

（二）标的估值方法——便宜

对并购标的进行估值有很多种方法，常见的有市盈率（PE）、市销率（PS）和市净率（PB）等。PE的计算以扣非净利润为基础，PS则以销售额为基础，而PB以净资产为基础。所以，不同的行业往往采用不同的估值方法。零售药店不是重资产行业，在选用估值方法时偏向PE和PS。当然，估值方法会因并购标的的实际情况的不同而发生变化。比如，老百姓在并购时，往往会采用PE为20倍的估值方法，但因标的的实际情况会上下浮动（见表2）。

表1　大参林 2020 年年度报告披露的并购情况

时间	并购标的	股权比例/%	交易金额/万元	门店数量/家	收购定价/万元
2019 年 9 月 ~2021 年 3 月	黑龙江灵之峰大药房连锁有限公司	51	9461.00	13	18,550.98
2019 年 10 月 ~	温迪	100	1451.75	41	1451.75
2019 年 12 月 ~2020 年 9 月	信阳大参林百姓福医药连锁有限公司	51	4171.80	52	8180.00
2020 年 1 月 ~2020 年 8 月	保定益民大药房连锁有限公司	51	5844.00	23	11,458.82
2020 年 1 月 ~2020 年 2 月	广东金康药房连锁有限公司	19	2953.00	50	15,542.11
2020 年 6 月 ~2020 年 9 月	泌阳县老百姓药业连锁有限公司	51	3231.41	58	6336.10
2020 年 7 月 ~2021 年 3 月	淮滨县康民堂药品零售连锁有限责任公司	51	1342.25	10	2631.86
2020 年 8 月 ~2020 年 12 月	河南佐今明大药房健康管理股份有限公司	51	12,559.82	105	24,627.10
2020 年 11 月 ~2021 年 1 月	建湖县时代大药房有限公司、建湖县时代盛世大药房有限公司、建湖县时代健宁大药房有限公司、建湖县时代文汇大药房有限公司、建湖县时代平民大药房有限公司、建湖县时代爱信大药房有限公司、建湖县时代兴建大药房有限公司	100	1500.00	7	1500.00
2020 年 11 月 ~	牡丹江天利医药连锁有限公司	19	2585.00	28	13,605.26
2020 年 12 月 ~2021 年 2 月	鸡西市长寿堂创新药房连锁有限公司	100	3829.00	17	3829.00
2020 年 12 月 ~2021 年 3 月	泰州市国泰大药房连锁有限公司	65	4296.00	39	6609.23
2020 年 12 月 ~	河北益友医药连锁有限公司	56	2330.80	26	4162.14
2020 年 12 月 ~	保定市旭康医药有限公司	56	711.00	15	1269.64
2020 年 12 月 ~	石华英、薛洁、盛国英、居晓霞、许建刚、常州市健安大药房有限公司	65	2298.00	19	3535.38

表 2　四大连锁药店近年并购估值情况

时间	并购方	并购标的	股权比例/%	交易金额/万元	财务数据	估值/万元	估值方法	估计计算
2020 年 12 月 21 日	老百姓	人川大药房	100	68,000.00	2019 年 1 ~ 11 月净利润 3258.90 万元	68,000.00	市盈率	19.13 倍
2019 年 11 月 7 日	大参林	南通江海大药房	51	12,746.64	2019 年 1 ~7 月实现销售额 12,816.04 万元,净利润 604.25 万元	24,993.42	市销率,以市盈率计算为 24 倍	2019 年化销售额 1.1376 倍计算
2019 年 3 月 28 日	大参林	保定盛世华兴	46	7424.50	2018 年全年含税收入 18,506.96 万元,净利润 266.01 万元	16,140.00	以市盈率计算为 61 倍	2018 年含税收入的 0.872 倍计算
2018 年 8 月 25 日	益丰药房	江苏市民大药房	53	13,250.00	2018 年 1 ~6 月营业收入 8361.97 万元,净利润 943.60 万元	25,000.00	以市盈率计算为 13 倍,以市销率计算为 1.5 倍	协商一致

（三）股权转让款的支付方式——稳妥

股权转让款的及时支付往往是确保并购成功的关键一步。以益丰药房2018年收购江苏市民大药房为例，益丰药房在签署意向书后支付定金。实务中，大多数并购方此时可以进场进行详细的尽职调查，以确认资产情况并与被收购方协商出最终收购价格。股权转让协议签署后，并购方支付第一笔款项，表明并购诚意并推动并购事项向前发展。工商变更登记办理完成后，支付第二笔款项。此时，并购方可以向被收购方派驻董事、财务等管理人员，与原有业务的整合之路就此开始。最后一笔款项在6个月之后再付出，主要是防止出现在前期尽职调查中未发现的问题，以及节约并购资金的成本。2020年，老百姓在并购人川大药房时，最后一笔款项的付款约定是等被收购方收回关联方借款之后再付出。

实际上，四大连锁药店在并购时，大多数以现金支付相关款项，因为现金支付清晰方便快捷，能够有效提高并购成功率（见表3）。

表3　益丰药房收购江苏市民大药房的款项支付情况

收购价款支付期限	金额/万元
签署合作意向书后7个工作日内付定金贰仟万元整	2000
甲方与乙方就市民公司签订股权转让协议后，甲方在收到乙方出具的付款通知单（含付款名称、金额、账号等信息）后7个工作日内，向乙方支付股权转让款贰仟万元整	2000
甲方与乙方完成目标股权工商变更登记，甲方在收到乙方出具的付款通知单后7个工作日内，向乙方支付第二期股权转让款	6500
剩余的股权转让款在完成工商变更登记6个月后，且甲方收到乙方出具的付款通知单后7个工作日内支付	2750
合计	13,250

资料来源：益丰药房20180825公告。

（四）后续管理——增值

2019年大参林在并购南通江海大药房后，公告里显示，在标的公司完成股权转让后，设置董事会，大参林向标的公司派驻2名董事，并约定董事会中应表决的重大事项及重大事项的表决通过比例。当然,四大连锁药店不仅会在董事会等公司管理层面下功夫,更会在产业整合方面上深耕。公告里表明并购后会共享采购平台,通过降低商品采购成本、加强门店专业水平及标准化、提升门店卖场及招牌等整体形象、优化区域消费品类及代理品种等措施,不断提升销售和毛利率水平,从而扩大公司品牌影响力。毕竟,买资产是为我所用,并购不仅仅是对原有标的的锦上添花,更是一种对其脱胎换骨的重生。

当然,大多数的并购中并购方的股权比例都在51%上下。以2020年度大参林15起行业并购来看,有10起的股权比例在51%—65%。不谋求最大的股权比例,不仅可以减少并购成本,还可以让原有的管理者继续发挥作用,这也是后续管理中的一招妙棋。老百姓就通过保留原创始人部分股权的"星火"模式控股区域龙头,实现跨省扩张和深耕优势市场的目的。

(五)符合公司战略目标——补齐短板

四大连锁药店作为药品行业中的零售业,最大的优势就是有足够大的地盘。这样,才会有更大的行业话语权,以至于可以降低采购及管理成本。2020年,老百姓并购内蒙古的人川大药房,不仅可以扩大公司市场版图,还能跟当地子公司强强联合,从而加强公司对上游供应商的议价能力,降低商品的采购成本,并能整合内蒙古自治区的采购资源。

三、并购后对财务指标的影响

四大连锁药店自登陆资本市场以来,不遗余力地用并购、自营、加盟三驾马车来扩大市场份额。其中,并购是最快的操作。从表4可以看出,四大连锁药店的并购操作,保持着较为稳妥的节奏,商誉占资产的比例处于合理的水平。其中益丰药房的商誉占资产的比例年年下降,虽然商誉的占比也在下降,但也表示出往年并购标的的质量高,给公司的资产带了一定的正增长,真正起到了补足短板的作用。从商誉占资产的比例的增长比率可以看出,大参林在2020年度的并购标的当年就对资产负债表起到了正反馈的作用,商誉增长了35.57%,但占资产总额却下降了4.67%。

表4　四大连锁药店三年商誉及资产增长比

单位:亿元

药店名称	指标	2020 年	资产增长比	2019 年	资产增长比	2018 年	资产增长比
老百姓	商誉	28.09	20.87%	23.24	16.96%	19.87	30.64%
	资产总计	112.84	13.70%	99.24	16.96%	84.85	26.66%
	比值	24.89%	6.28%	23.42%	0	23.42%	3.17%
益丰药房	商誉	33.38	9.62%	30.45	11.42%	27.33	293.80%
	资产总计	129.50	41.14%	91.75	16.61%	78.68	64.50%
	比值	25.78%	-22.33%	33.19%	-4.46%	34.74%	139.42%
一心堂	商誉	11.02	3.86%	10.61	-1.49%	10.77	1.80%
	资产总计	93.28	17.14%	79.63	8.25%	73.56	2.92%
	比值	11.81%	-11.34%	13.32%	-9.02%	14.64%	-1.08%
大参林	商誉	13.34	35.57%	9.84	84.27%	5.34	229.63%
	资产总计	123.32	42.20%	86.72	32.66%	65.37	12.26%
	比值	10.82%	-4.67%	11.35%	38.92%	8.17%	193.88%

从表5中可以得出,老百姓和大参林的并购动作频繁,但这两家的管理能力也不逊色,管理费用的增长比率没有超过商誉的增长比率。而且这两家商誉的增长比率小于净利润的增长比率,体现出它们整合能力的强大,以及扩大规模可以降成本的特点。当然,也侧面表现出并购标的的选择及尽职调查的重要性。

表 5　四大连锁药店三年营收及净利润增长比

药店名称	指标	2020 年报/万元	增长比/%	商誉增长比/%	2019 年报/万元	增长比/%	商誉增长比/%	2018 年报/万元	增长比/%	商誉增长比/%
老百姓	营业总收入	139.67	19.75	20.87	116.63	23.14	16.96	94.71	26.26	30.64
	管理费用	6.58	18.56		5.55	23.06		4.51	14.47	
	净利润	7.64	24.23		6.15	22.02		5.04	26.95	
益丰药房	营业总收入	131.45	27.92	9.62	102.76	48.65	11.42	69.13	43.81	293.80
	管理费用	5.46	24.37		4.39	63.81		2.68	34.67	
	净利润	8.67	42.36		6.09	37.78		4.42	39.43	
一心堂	营业总收入	126.56	20.77	3.86	104.79	14.20	-1.49	91.76	18.38	1.80
	管理费用	5.06	18.22		4.28	7.27		3.99	12.39	
	净利润	7.89	30.85		6.03	15.96		5.20	22.93	
大参林	营业总收入	145.83	30.89	35.57	111.41	25.76	84.27	88.59	19.38	229.63
	管理费用	7.02	35.00		5.20	25.30		4.15	19.94	
	净利润	10.83	55.38		6.97	32.51		5.26	10.74	

四、总结

在当今医改全面推行的背景下，四大连锁药店又迎来了新的挑战。并购作为扩大营收、降低成本的重要手段，看似是攻城利器，实则是一把“双刃剑”。如果并购标的较为优质再加上其本身强大的整合能力，将会是锦上添花；如果盲目地选择跑马圈地，内控管理却跟不上，刺伤的将会是自己。从上述分析可以看出，四大连锁药店在并购领域，并不像其他行业一样，做资本的野蛮人和股市里的镰刀，而是选择了踏踏实实做产业。

本文写于2021年7月

中国A股市场并购交易价值创造启示录——来自2006～2020年A股市场上市公司微观并购交易数据的证据

王　亮*

尝试使用回溯历史的量化方法，手工搜集近10年以来所有的A股市场上市公司并购交易的数据，以此来系统全面地回答上述问题，即我国A股上市公司并购交易行为背后有何显著特点？我国A股市场上并购交易行为是否存在价值创造的作用？并购发生后是否达到了“1+1>2”的效果？

引　言

斯宾塞·约翰逊曾经说过：“唯一不变的是变化本身。”

并购作为公司之间没有硝烟的战场，永远充斥着公司之间战略谋略的博弈与交易价值判断的考量。纵观近10

---

* 王亮，上海财经大学经济学博士，广慧并购研究院特约研究员，主要研究企业并购领域。

余年的A股市场上的并购，公司之间的并购活动十分活跃，公司之间进行着激烈的兼并和收购战略博弈，由于并购往往意味着“控制”与“被控制”，公司也面临着“To be or not to be”的艰难抉择，这导致不少公司“城头变幻大王旗”。纵使环境与时机千变万化，然而，背后总有不变的要素。正如丘吉尔的名言所强调的——“没有永恒的朋友，只有永远的利益”。因此，在商场如战场的A股市场上，并购硝烟四起，杀机此起彼伏。

但是，这些大大小小的并购交易背后整体呈现出什么显著特点？交易是否存在价值创造的作用？并购发生后是否达到了“1+1>2”的效果？这些正是并购交易发生的核心目的，也叩问着企业家的魄力。然而，现实中，我国A股市场中企业之间的并购交易是“不忘初心”还是“南辕北辙”？单纯依靠单薄的并购个案往往难以回答上述问题，因此，笔者尝试使用回溯历史的量化方法，手工搜集近十余年以来所有的A股市场上市公司并购交易的数据，以此来系统全面地回答上述问题，即我国A股上市公司并购交易行为背后有何显著特点？我国A股市场上的并购交易行为是否存在价值创造的作用？并购发生后是否达到了“1+1>2”的效果？

纵观我国A股上市公司并购交易十几年来的风风雨雨，笔者试图从整个上市公司全貌的角度，去抽丝剥茧，找出背后内在的动因和逻辑。笔者不想拘泥于一城一地的得失，不囿于具体个案的单薄分析。因为，具体个案中有经营者的远见与韬略，执行者的笃定与真心，中介者的灵活与变通，还有太多无法复刻的因素。这些因素可能是过往故事的精彩卖点，流传于街头巷尾和传奇经典中，但是却难以移植推广到所有的A股上市公司。

因此，笔者尝试搜集A股全部上市公司的并购交易数据，进而窥探我国A股上市公司的并购战场全貌。在此基础上，分析并购战役背后蕴含的深层次规律与内在动因。值得注意的是，本研究经过人工筛选整理构造了上市公司吸收合并的并购交易案例数据库，涉及近千条上市公司吸收合并的并购交易案例，且包含了较为详尽的交易信息。难能可贵的是，本研究基于学术文献主流做法针对每一笔并购交易的价值创造效应进行了严谨的测算，旨在揭示我国A股市场吸收合并的并购交易价值创造的驱动因素，以期为业界以及学术界朋友提供一个新的视角。

一、A 股市场上市公司并购交易状况洞察

在我国 A 股市场上市公司的并购交易中，基于笔者人工搜集的公司公告披露的数据，可以发现"并购"并非简单的"兼并收购"，根据不同的交易方式，其内容往往纷繁复杂，我们可以将其分成资产收购、资产剥离、资产置换、吸收合并、债务重组、要约收购和股权转让这七种主要类型。笔者通过 CSMAR 数据库搜集了 2006～2021 年所有上市公司披露的关于并购交易的数据，并将其细分为不同的并购交易类型，进而绘制出图 1。①

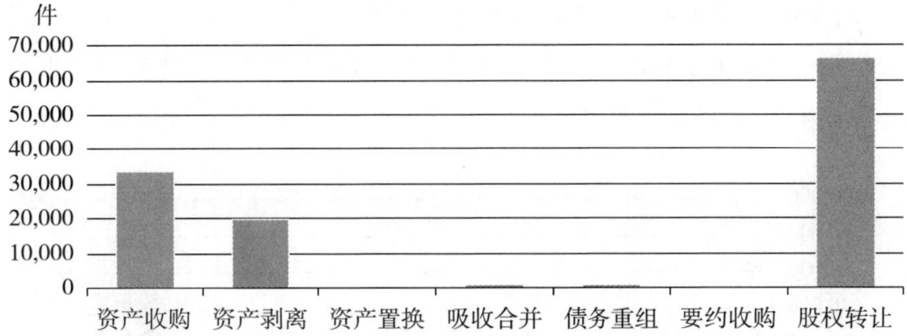

图 1　2006～2021 年上市公司并购交易类型分布

CSMAR 数据库（China Stock Market & Accounting Research Database）是深圳希施玛数据科技有限公司从学术研究需求出发，借鉴 CRSP、COMPUSTAT、TAQ、THOMSON 等权威数据库专业标准，并结合中国实际国情开发的经济金融领域的研究型精准数据库。经过 20 年的不断积累和完善，CSMAR 数据库已涵盖因子研究、人物特征、绿色经济、股票、公司、海外、资讯、基金、债券、行业、经济、商品期货等 18 大系列，包含 150 多个数据库、4000 多张表、4 万多个字段。

通过观察图 1，我们可以发现，在 2006 年至 2021 年这十几年中，上市公司之间的并购交易类型主要以股权转让、资产收购以及资产剥离为主。可见，在上市公司并购战场中，上市公司作为玩家，其核心在于：（1）获取目标公司的股权控制；（2）对优质资产这一重要企业战略资源的争夺；（3）"歼灭"目标公司并

---

① 图 1 至图 7 数据来源：公开信息、各公司官网、CSMAR 数据库、广慧并购研究院。

扩大自身规模。

然而，资产剥离、资产置换、要约收购、债务重组等则不为上市公司所重视，这可能是由于上市公司本身的特点所决定的，上市公司的决策往往受到资本市场的裹挟，资产剥离、债务重组等并购方式往往会给资本市场带来消极的信号，进而容易引起投资者对公司未来的担忧，容易引发股价“雪崩”。虽然资产剥离意味着公司规模的紧缩，其未必是一件坏事，关于该观点的论证详见俞铁成先生所著的《公司紧缩：资本运营新境界》一书。

根据不同的交易属性，我们可以根据产业链结构，将并购交易分成横向并购、纵向并购、混合并购和资产调整等类型。笔者搜集了2006～2021年的所有上市公司公布的关于并购交易的数据，按照产业链结构属性，将其细分为不同的并购交易类型，进而绘制出图2。

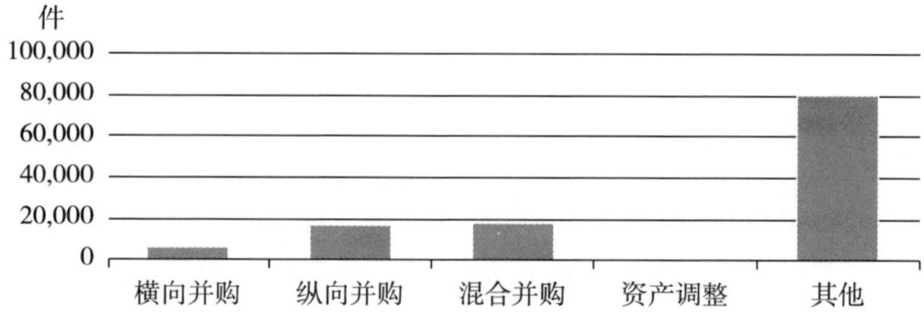

图2　2006～2021年上市公司并购交易类型分布

通过观察图2，我们可以发现，在2006年至2021年这十几年中，上市公司之间的并购交易呈现显著的供应链导向，横向并购、纵向并购、混合并购和资产调整这四种方式几乎占据了A股并购交易市场的“半壁江山”。其中以混合并购和纵向并购为主，这说明，上市公司多通过混合并购来实现主营业务的拓展与规模的扩张，进而为盈利模式寻找新的支点，可谓“为有源头活水来”。纵向并购则可以有效维护上市公司产业链上下游安全、降低内部成本、减弱不确定性风险，因此，也为众多上市公司在进行并购交易时所青睐。

根据并购交易发生地区的不同，我们可以对A股上市公司在不同省份发生的并购交易次数进行统计，进而绘制出图3。

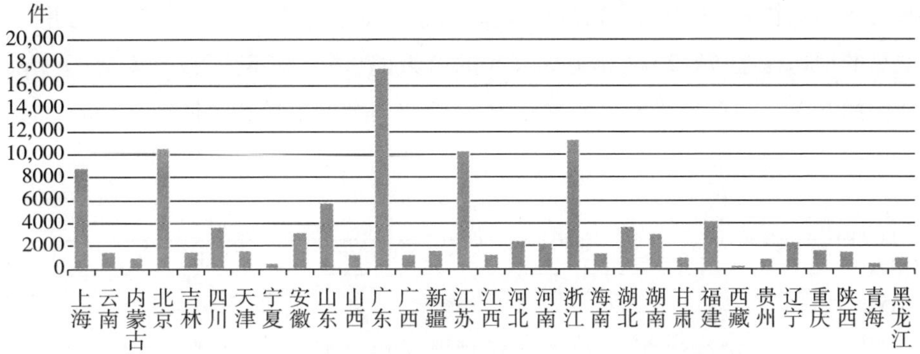

图3　2006～2021 年上市公司并购交易地区分布

通过观察并购交易的地理分布情况可以发现，并购在经济发达地区发生的次数更多，并购数量排名前 5 的地区分别为广东、浙江、北京、江苏、上海。

二、我国 A 股市场上市公司并购交易的发展历程

我们将 2006～2020 年每年的上市公司并购交易数量绘制成图 4 至图 7。可见，我国 A 股市场上市公司并购交易的发展历程可大致分为三个阶段：(1)2006年到 2012 年的“野蛮生长”阶段。(2)2012 年到 2013 年的“短暂回撤”阶段。(3)2013 年到 2020 年的“稳中有进”阶段。

观察图 4，可以发现 2006～2012 年，由于“四万亿”等经济刺激计划，流动性的激增导致 A 股市场流动性扩张，这也有效对冲了 2008 年金融危机。然而，我国资本市场中上市公司数量有限。由于流动性刺激等原因，上市公司规模必然因势扩张，而并购作为公司扩张的重要战略，也因此迎来了“野蛮生产”阶段。

观察图 4，可以发现 2012～2013 年，A 股上市公司的并购出现了短暂的“回撤”。2012 年，国内经济增速放缓，全球经济状况弱于预期，二级市场持续低迷，新股发行减速，上市数量和融资规模均大幅下滑。而并购作为公司的战略行为，必然因势而为，也因此迎来了“短暂回撤”阶段。

观察图 4，可以发现 2013～2020 年，A 股上市公司的并购出现了较为稳定的增长，呈现“稳中有进”的特点。由于国内经济增速加快，二级市场持续恢复，导致 A 股上市公司的并购交易稳步发展。进一步观察可以发现，2015～2016 年，由于中央经济工作会议明确提出“去杠杆”政策，上市公司的负债状况受此

政策的影响较大，进而从负债端的角度，导致企业扩张受阻，A 股上市公司并购交易的增速也趋缓。2019 年突如其来的黑天鹅事件——新冠肺炎疫情——给我国的并购交易市场造成了严重冲击，也给我国金融市场和实体经济发展造成了诸多的不确定性。

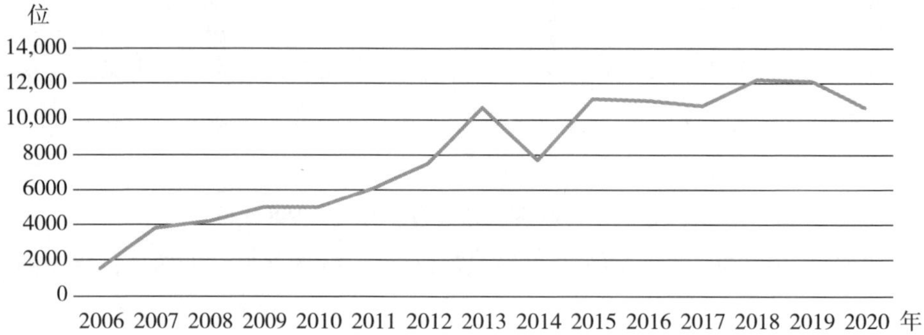

图 4　2006～2020 年上市公司并购交易数量

观察图 5，可以发现 2006～2020 年上市公司资产收购并购交易数量呈现明显的“阶梯”特征，表现为“阶梯式上升”，尤其在 2006～2018 年更为明显。2018 年之后便开始有下降的趋势。

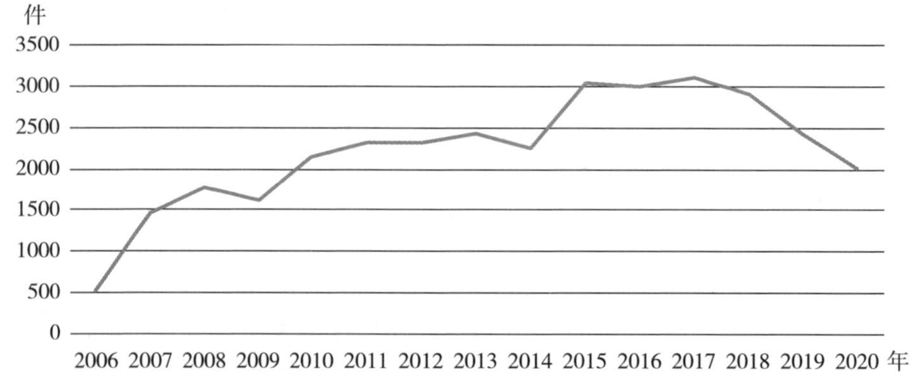

图 5　2006～2020 年上市公司资产收购并购交易数量

观察图 6，可以发现 2006～2020 年上市公司股权转让并购交易数量与图 4 中整体并购交易情况的发展趋势较为相近，可能的原因是，股权转让是上市公司并购交易的主要方式，也是上市公司与非上市公司的区别所在。

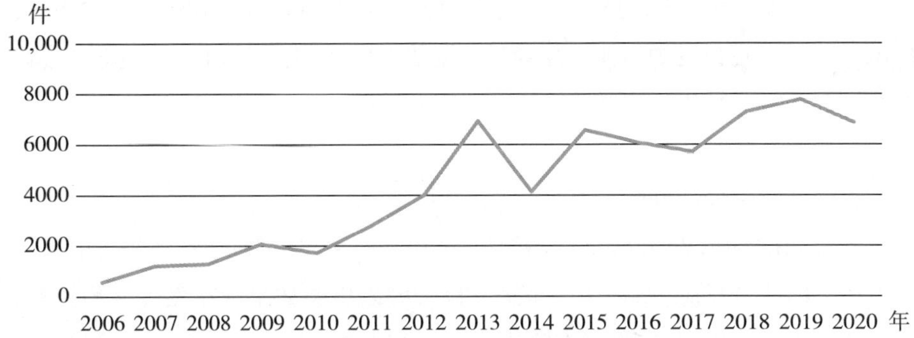

图 6 2006 ~ 2020 年上市公司股权转让并购交易数量

观察图 7,可以发现 2006 ~ 2020 年上市公司吸收合并并购交易的发展趋势有着独特的规律。上市公司吸收合并并购交易数量在 2006 ~ 2012 年呈现曲折上升的状态,在 2012 ~ 2013 年发生了较大幅度的回撤,在 2014 年之后继续稳步发展。

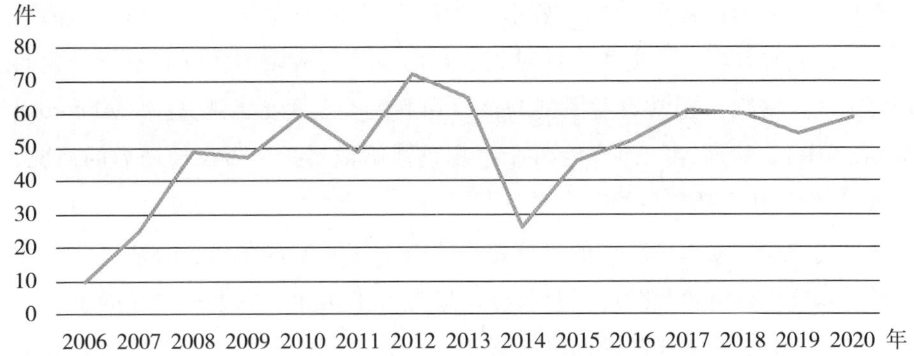

图 7 2006 ~ 2020 年上市公司吸收合并并购交易数量

三、我国 A 股市场上市公司并购交易的价值创造如何?

如何判断我国 A 股市场上市公司并购交易发挥了价值效应?长期来看,由于存在经济环境变化等诸多扰动因素,并购带来的价值创造效应难以识别计算。但是短期来看,如果资本市场是有效的,那么资本市场上的股价表现往往可以反映投资者对于相关并购交易的理性预期。因此,我们可以通过资本市场对于并购交易的股价反应来判断上市公司并购交易的价值创造效应。常见的做法是计算每一笔并购交易的累计超额收益率(Cumulative Abnormal Return, CAR),该指标可以反映并购交易的价值创造效应,本文计算出了A股上市公司每一笔并购交易的累计超额收益率,并进一步进行统计分析,以此来反映上市公司并购交易的价值创造效应。

如何理解累计超额收益率呢?

其实,对于每一笔并购交易,上市公司在首次披露该信息时,往往会引起资本市场上的股价反应。对于一个公司而言,可以想象如果没有发生并购交易,该公司的一个正常状态的股价状态,我们可以将其称为正常收益率(Normal Return,NR)。而当该公司披露了并购交易信息时,资本市场的反应会导致该公司的股价状态产生波动,进而产生并购事件发生时的实际收益率(Real Return, RR)。

对于一家发生并购交易的公司,我们可以通过资产定价模型(CAPM、Fama - French因子模型等)来计算在假设该公司未发生并购交易时的股价收益率,即为理想状况下的正常收益率,该收益率为反事实估计,是通过理论模型的估算得出的。此时,实际上,资本市场对该公司的股价反应则为实际收益率。我们用实际收益率减去正常收益率则为该公司并购交易的超额收益率(Abnormal Return,AR)。然而,由于可能存在信息提前泄露或者投资者反应滞后的情况,因此,我们往往会选择将并购交易日前后一段时期的超额收益率进行加总,进而计算出并购交易事件对应的累计超额收益率。因为本文关心的是:“公司之间的并购能否创造价值效应?”吸收合并作为A股上市公司并购交易的重要方式,理应得到关注,本文故而选取A股上市公司之间的吸收合并方式的并购交易进行量化分析。

本文参考主流学术文献的做法来计算累计超额收益率,使用并购交易首次宣告日前后的累计超额收益率表示并购交易的价值创造效应。学术文献中经常选取首次宣告日前后3天为事件窗口。然后,遵循学术文献的通常做法,选取事件发生前30天到发生后180天作为估计窗口,来估计出资本资产定价模型(apital Asset Pricing Model,CAPM)模型的参数,进而用以测算事件窗口的正常收益率。在此基础上,我们将在事件窗口内实际发生的收益率与我们测算的正常收益率进行对比,以测算事件窗口内的累计超额收益率。

(一)我国A股市场整体并购交易(吸收合并方式)的价值创造效应

我们首先将A股所有上市公司并购交易的累计超额收益率进行统计分析,具体结果见表1。

表1　累计超额收益率的描述统计

变量	样本量	均值	标准差	与0的差异
累计超额收益率	421	0.6%	0.05	在1%水平上显著差异

观察表1可以发现,整体而言,我国资本市场对于上市公司之间并购交易(吸收合并方式)的预期较为积极,我国上市公司的并购交易(吸收合并方式)具有显著的价值创造效应,这样回答了我们最初的问题,即并购交易(吸收合并方式)可以创造价值,发挥了“1+1>2”的作用。

(二)不同行业的价值创造效应

由于我国上市公司所处行业分布广泛且差异巨大,因此,有必要从行业角度去探究并购交易的价值创造效应。本文根据2012年证监会的行业分类标准,进一步计算了各个行业的并购交易(吸收合并方式)的累计超额收益率,进而分析不同行业的并购交易的价值创造效应。

观察表2,不难发现,农、林、牧、渔业的累计超额收益率最高,这意味着农、林、牧、渔业上市公司的并购交易(吸收合并方式)的价值创造效应最高,资本市场上对农、林、牧、渔业上市公司的并购交易往往最为看好。这可能是因为,农、林、牧、渔业的市场结构往往偏向于完全竞争市场,相较于其他行业,农、林、牧、渔业的并购交易(吸收合并方式)可以显著地提升该行业上市公司的市场势力,可以充分吸收市场份额,进而为其业绩提升打下坚实基础。可见聪明的资本市场投资者早已在股价的累计超额收益率中对此有所反应。

表 2　不同行业的累计超额收益率描述统计

变量	行业门类代码	行业名称	样本量	均值/%	标准差
累计超额收益率	A	农、林、牧、渔业	4	4.6	0.065
	B	采矿业	11	-0.09	0.05
	C	制造业	238	0.3	0.054
	D	电力、热力、燃气及水生产和供应业	16	0.3	0.041
	E	建筑业	9	0.4	0.029
	F	批发和零售业	15	3.4	0.088
	G	交通运输、仓储和邮政业	12	-0.4	0.023
	I	信息传输、软件和信息技术服务业	25	-0.5	0.067
	J	金融业	10	3	0.05
	K	房地产业	12	2.3	0.084
	M	科学研究和技术服务业	4	0.3	0.036
	N	水利、环境和公共设施管理业	5	1.9	0.077
	Q	居民服务、修理和其他服务业	2	-0.3	0.021
	R	文化、体育和娱乐业	3	3.2	0.025
	S	综合	3	1.2	0.017

（三）不同所有制企业的价值创造效应

由于我国上市公司所有制背景的不同会造成公司之间的系统性差异。因此，有必要从所有制角度去探究并购交易的价值创造效应。本文根据实际控制人标准，进一步计算了国有企业和民营企业的并购交易（吸收合并方式）的累计超额收益率，进而分析不同所有制企业的并购交易的价值创造效应（见表3）。

表 3　不同所有制企业的累计超额收益率描述统计

所有制类型	变量	样本量	均值/%	标准差
民营企业	累计超额收益率	167	0.9	0.061
国有企业		158	-0.2	0.051

观察表3,不难发现,民营企业的累计超额收益率高于国有企业,这意味着资本市场对于民营企业并购交易(吸收合并方式)的预期更为积极,其并购交易(吸收合并方式)的价值创造效应较高。这可能是因为,民营企业能够通过并购交易(吸收合并方式)整合规模和业务,这对其产生的积极作用高于同等条件下的国有企业。这说明并购交易(吸收合并方式)对于民营企业有着更大的积极作用,资本市场对其并购交易(吸收合并方式)有着更为正向的预期。

(四)不同地区企业的价值创造效应

由于我国上市公司所在地的经济环境以及营商环境有着显著差别,这可能是导致公司之间的并购交易的价值创造效应产生差异的原因之一。因此,有必要从公司所在地角度去探究并购交易的价值创造效应。本文根据公司所在地的不同,将其分为了东部、中部和西部地区三组,进一步计算了东部、中部和西部地区企业的并购交易(吸收合并方式)的累计超额收益率,进而分析不同地区企业的并购交易的价值创造效应(见表4)。

表4　不同地区企业的价值创造效应

所有制类型	变量	样本量	均值/%	标准差
东部	累计超额收益率	240	0.6	0.057
中部		62	0.1	0.04
西部		67	0.6	0.063

观察表4,不难发现,东部和西部企业的累计超额收益率高于中部企业,这意味着资本市场对于东部和西部企业并购交易(吸收合并方式)的预期更为积极,其并购交易(吸收合并方式)的价值创造效应较高。这可能是因为,东部经济发达,市场条件较为优越,营商环境较优,这些因素都会对企业并购交易后的整合发展带来益处。西部企业的并购多以获取资源为目标,且西部市场竞争压力较小,并购的规模优势较容易体现。

(五)我国A股市场上市公司并购交易的价值创造的内部影响因素分析

我们已经发现前述的一些宏观特征(行业、所有制、所在地等)因素是公司并购交易的价值创造产生差异的重要原因。然而，有哪些内部因素会导致不同企业之间并购交易（吸收合并方式）的价值创造产生差异呢？

为了回答这个问题，本文选取了企业总资产规模（Size）、企业总市值（Tobin）、企业杠杆率（Finlev）、企业营业收入（Sale）、企业研发投入占营业收入比重（Sale）、企业上市年限（Age）和企业总资产收益率（ROA）七个变量进行分析，逐一分析上述企业内部因素变量与企业并购交易（吸收合并方式）的价值创造的关系，见图8至图14。

观察图8至图14，可以发现公司总资产规模、企业总资产收益率和公司资产负债率都会抑制并购交易（吸收合并方式）的价值创造，这可能是并购交易（吸收合并方式）后会导致业绩利润稀释而造成的，公司资产负债率则意味着债务风险，这也是并购债务陷阱的信号。而公司市值、营业收入、研发投入占比则会促进并购交易（吸收合并方式）的价值创造，这可能是因为，公司市值和营业收入往往意味着公司具有良好的成长性，而研发投入占比则意味着公司的潜在竞争力，并购的重要目的之一也是为了获取技术专利，这都促进了并购交易（吸收合并方式）的价值创造。企业上市年限则对并购交易（吸收合并方式）的价值创造没有明显的影响。

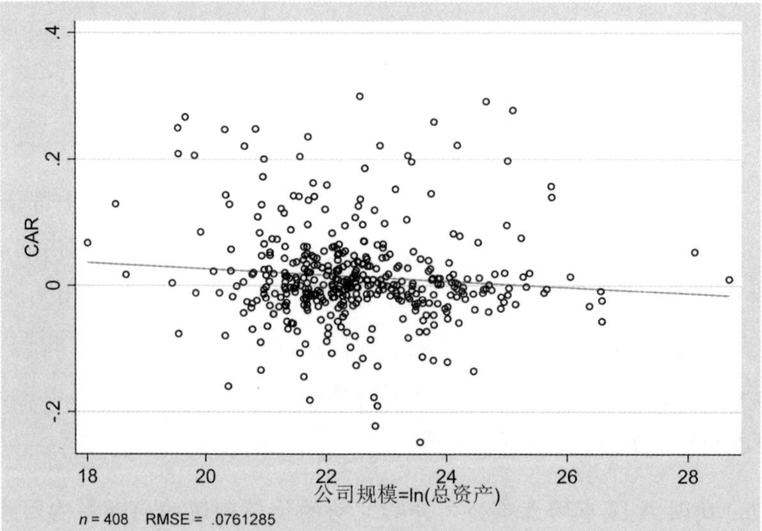

图8　公司总资产规模与并购交易（吸收合并方式）价值创造的关系

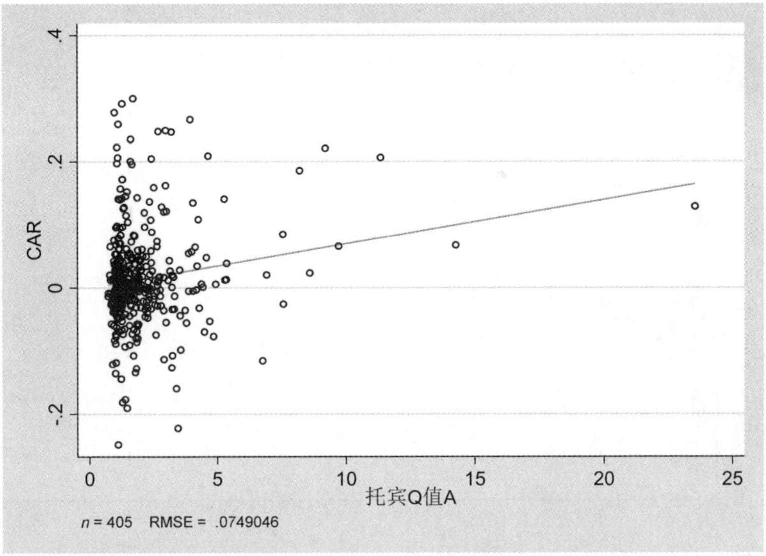

图 9　公司市值与并购交易(吸收合并方式)价值创造的关系

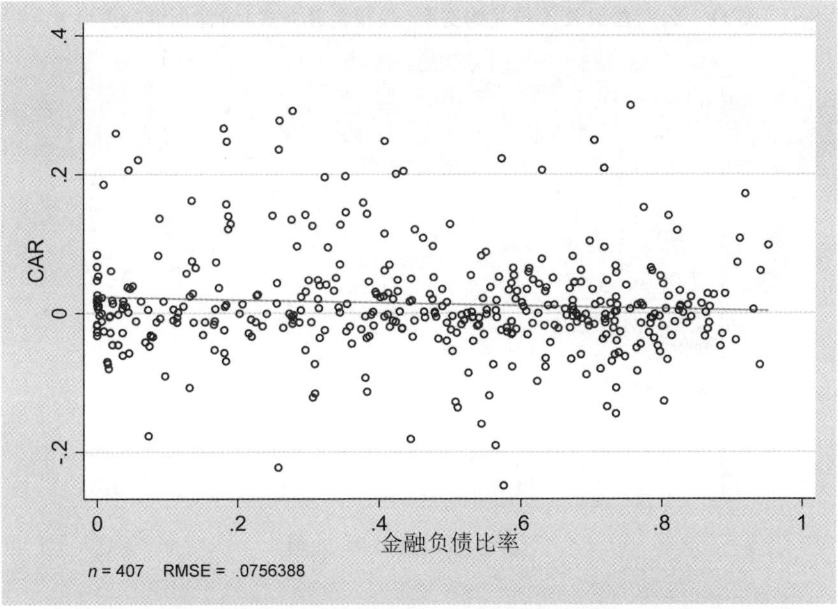

图 10　公司资产负债率与并购交易(吸收合并方式)价值创造的关系

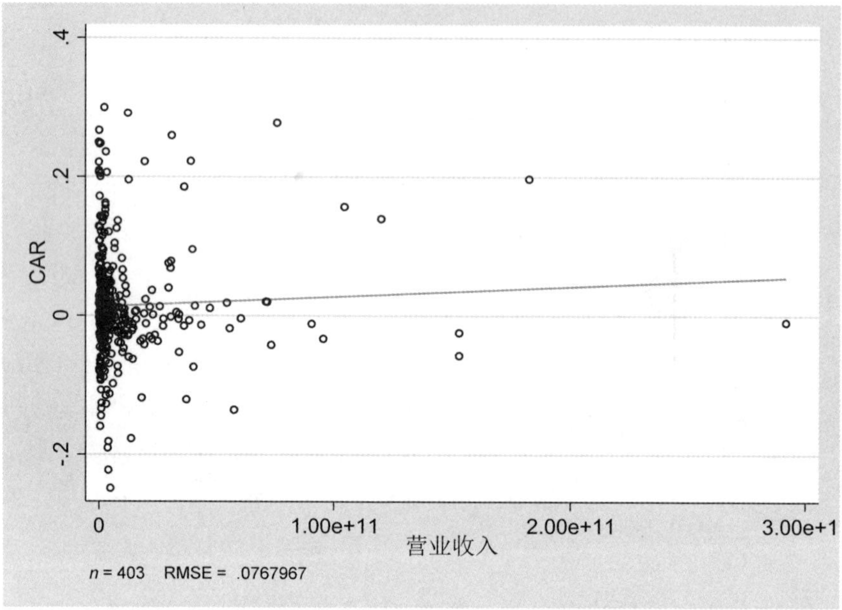

图 11　公司营业收入与并购交易（吸收合并方式）价值创造的关系

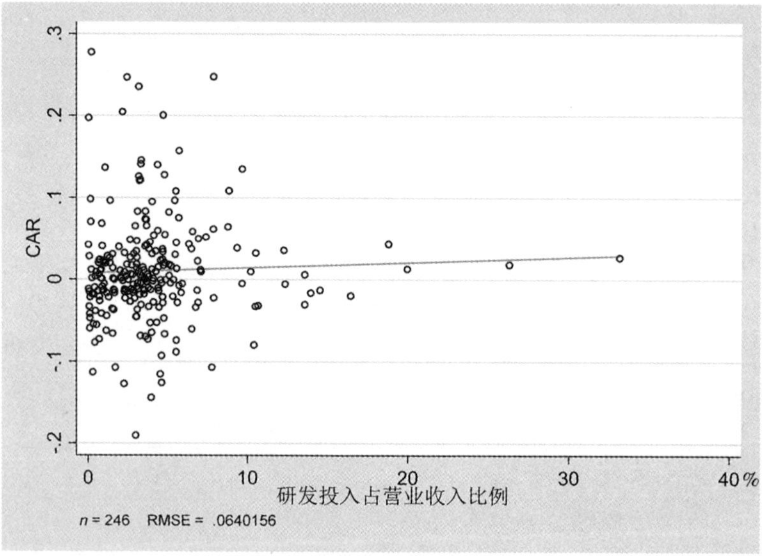

图 12　公司研发收入占比与并购交易（吸收合并方式）价值创造的关系

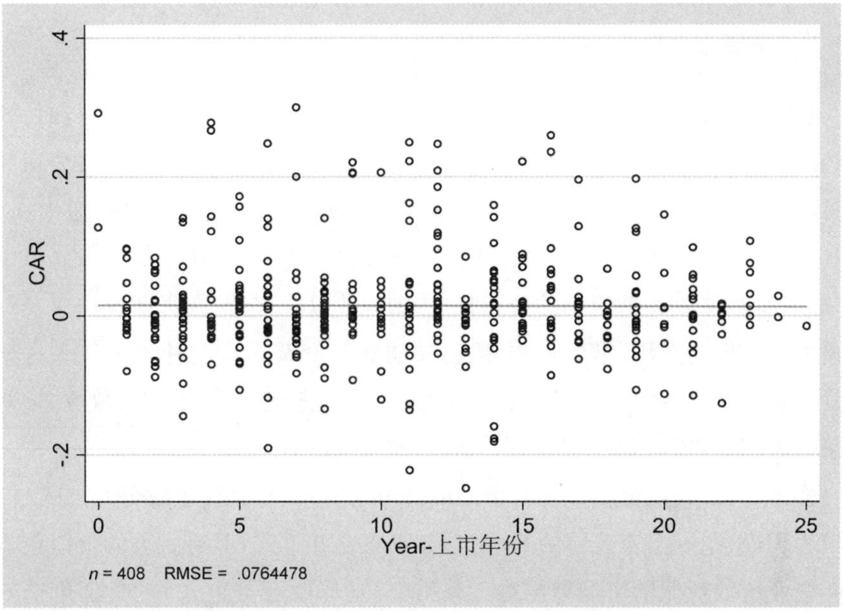

图 13　公司年龄与并购交易(吸收合并方式)价值创造的关系

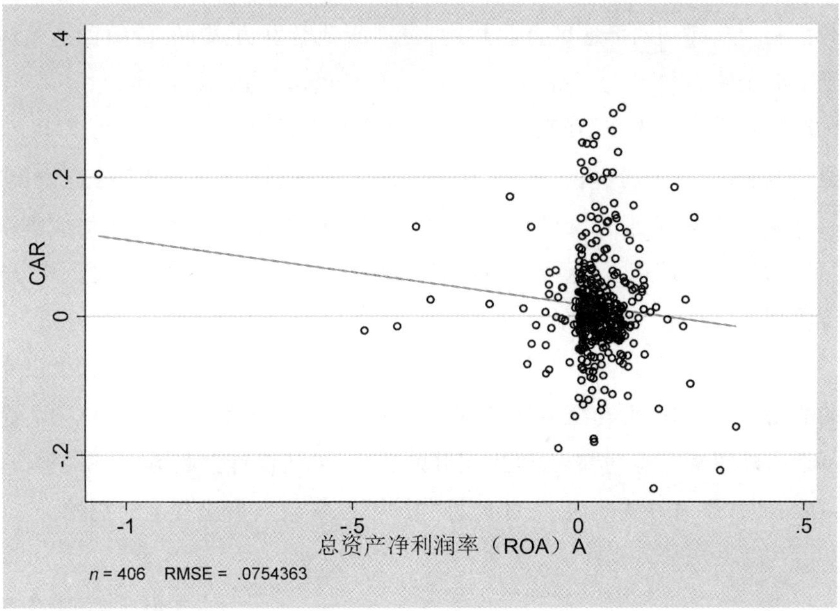

图 14　公司总资产收益率与并购交易(吸收合并方式)价值创造的关系

四、结语

总体而言，我国A股上市公司的并购发展历程还处于蓬勃的进行时，就我国经济基本面和资本市场市值而言，未来还有较大的成长空间。上市公司并购交易的发展历程可大致分为三个阶段：(1) 2006年到2012年的“野蛮生长”阶段；(2)2012年到2013年的“短暂回撤”阶段；(3)2013年到2020年的“稳中有进”阶段。具体到并购交易的分布特点，则主要以股权转让、资产收购以及资产剥离为主。横向并购、纵向并购、混合并购和资产调整这四种方式几乎占据了A股并购交易市场的“半壁江山”。并购在经济发达地区发生的次数更多，并购数量排名前5的地区分别为广东、浙江、北京、江苏、上海。

整体而言，我国资本市场对于上市公司之间并购交易（吸收合并方式）的预期较为积极，我国上市公司的并购交易（吸收合并方式）具有显著的价值创造效应。企业所处行业的市场结构对于并购交易（吸收合并方式）的价值创造效应有着重要影响，其中，农、林、牧、渔业上市公司的并购交易（吸收合并方式）的价值创造效应最高。民营企业并购交易（吸收合并方式）的价值创造效应要高于国有企业。东部和西部地区企业并购交易（吸收合并方式）的价值创造效应要高于中部企业。

在决定公司并购交易（吸收合并方式）的价值创造效应的内部因素上，公司市值、营业收入、研发投入占比会促进并购交易（吸收合并方式）的价值创造。公司总资产规模、企业总资产收益率带来的“稀释效应”和公司资产负债率带来的“债务风险信号”以及“债务并购陷阱”则都会抑制并购交易（吸收合并方式）的价值创造。企业上市年限则对并购交易的价值创造没有明显的影响。

斯宾塞·约翰逊曾经说过：“唯一不变的是变化本身。”在并购这个没有硝烟的战场上，外部环境与机遇转瞬即逝，内部状况也在不断动态调整中。企业要基于内外因素权衡利弊，合理做出并购选择、灵活设计并购方式、审慎管理并购风险、巧妙规避并购陷阱，方才能持“并购”之剑斩发展进程上的荆棘。

本文写于2021年8月